国家社科基金项目（教育学：BIA110068)

政府对大学生自主创业扶持模式及绩效研究

王万山　等著

中国商务出版社
CHINA COMMERCE AND TRADE PRESS

图书在版编目（CIP）数据

政府对大学生自主创业扶持模式及绩效研究 / 王
万山等著. -- 北京：中国商务出版社，2017.12
ISBN 978-7-5103-2129-0

Ⅰ. ①政… Ⅱ. ①王… Ⅲ. ①大学生 – 创业 – 研究
Ⅳ. ①G647.38

中国版本图书馆CIP数据核字(2017)第263448号

政府对大学生自主创业扶持模式及绩效研究

Study on the Government's Supporting Policy Model and Performance to University Students' Independent Entrepreneurship

王万山 等著

出　　版：中国商务出版社
地　　址：北京市东城区安定门外大街东后巷28号　邮编：100710
责任部门：国际经济与贸易事业部（010-64269744　bjys@cctpress.com）
审　　校：彭劲松 温韧 莫非 赵亮 周亚丽 罗兴庆
责任编辑：张高平
总 发 行：中国商务出版社发行部（010-64266119 64515150）
网购零售：中国商务出版社淘宝店（010-64269744）
网　　址：http://www.cctpress.com
邮　　箱：cctp@cctpress.com
印　　刷：北京建宏印刷有限公司
开　　本：787毫米×980毫米 1/16
印　　张：24.75　　　字　　数：352千字
版　　次：2017年12月第1版　印　　次：2017年12月第1次印刷
书　　号：ISBN 978-7-5103-2129-0
定　　价：60.00元

国家社科基金项目（教育学：BIA110068）

"政府对大学生自主创业扶持模式及绩效研究"课题组

负 责 人 王万山（九江学院副校长 教授）

主要成员 汤 明 洪 勇 刘 平
许礼生 曹钟安 张康华

序

我国高等教育已从精英教育、大众化教育进入普及化教育时代。按照国家教育"十三五"规划，至2020年，我国高等教育毛入学率要达到50%。一方面，高层次的知识分子队伍不断扩大有利于我国人力资源的提升和经济结构的优化；另一方面，随着高校毕业生不断增多，大学毕业生的就业压力必然会不断加大。扶持大学生自主创业，以创业带动就业，成为经济与教育的双重需求。

国家教育"十三五"规划明确提出："鼓励高等学校和职业学校建设学生创新创业服务平台，完善创新创业教育课程体系和管理制度，引导鼓励学生积极参与创新活动和创业实践，强化毕业论文、毕业设计的创新创业导向，开展创新创业竞赛，营造创新创业校园文化。支持本科生和研究生提前进入企业开展创新活动，鼓励高校通过无偿许可的方式向学生授权使用科技成果，引导学生创新创业。鼓励各省级政府统筹区域内高校、企业、产业园区、孵化基地、风险投资基金等资源，扶持大学生创业"。党的十九大报告要求："鼓励创业带动就业。提供全方位公共就业服务，促进高校毕业生等青年群体、农民工多渠道就业创业"，"加快建设创新型国家"。可见，"大众创业，万众创新"已成为新时期国家发展的重要战略之一，大学生的创新创业是其中不可或缺的有生力量。

近年来，我国大学生的自主创业活动如火如荼，形势喜人。我国各级政府为扶持大学生就业创业出台了许多扶持政策。特别是新一届政府上任以来，密集制定系列对大学生自主创业的扶持政策，力度持续加大，态势良好，成绩斐然。但相比之下，我国大学生的创业规模、成效与发达国家相比还有较大的距离。例如，美国大学生的创业成功率达20%左右，而我国仅3%左右。问题出在哪里，值得我们深入研究与思考。

由王万山教授主持的国家社会科学基金规划教育学项目"政府对大学生自主创业扶持模式及绩效研究"对此问题做了较深入的探讨。显然，大学生创业成功率的影响因素很多，但政府的扶持模式、政策与成效是其中的核心因素之一。政府的扶持模式选择与政策制定越有效率，大学生自主创业的规模与成功率就会越高。课题组经过几年的研究，进行了大量的调研，揭示了四种政策扶持模式的效率、满意度及其绩效，也发现了四种扶持模式政策与大学生创业激励及成功创业之间的因果关系。

课题组几个方面的工作是值得称道的：一是全面梳理和分析了近五年中央政府和各省市政府所出台的扶持大学生自主创业的政策，并把其归类到四种模式中。二是不断跟踪新政策，以保质量的正确科研态度展开多轮调研，获取最新的政策调研数据，保证研究结论与现行政策没有大的矛盾冲突。三是主要依据数据调研和实证研究提出有针对性的对策建议，而不是仅仅作理论分析和经验借鉴。

课题研究报告有以下几个亮点：一是研究的推理逻辑框架缜密，思路较为清晰，沿着核心命题层层推进，结果分析到位且有较强的说服力。二是采用的研究方法适当，包括理论部分采取机理分析法，经验借鉴部分采用比较研究法，实证部分采用Logit模型和双因变量Probit联合估计法，绩效评价部分采用的AHP法和Delphi法等。三是创新点不少，包括在理论部分提出正外部性"理性对应补偿"机理、"机会风险与机会收益供给均衡"机理；模式调研部分提出四种模式划分法；实证部分采用Logit模型和双因变量Probit联合估计法等。所得出的结论具有创新应用意义。

课题的应用价值在于所提对策建议有较强针对性与操作性。课题组针砭时弊，对当前大学生自主创业扶持模式及政策所存在的问题提出了率真的政策建议，包括了创业教育、投资基金、贴息贷款、税收优惠、创业基地、公共服务等多方面。其中几个建议，切中了我们创业教育中普遍存在的停留在"表面"阶段的痼疾，即创业教育在许多高校等同于创业课程教育，创业扶持在许多地方等同于政府优惠给大学生"练练手"。政府对大学生自主创业的扶持如何突破单一的初创期支持转变为"扶上马，送一程"的前、中、后系统扶持；如何突破单一依靠政府的力量，转变为与市场机构密切合作，是政策建议中关注的焦点和解决的重点。这无疑是正确的方向。

大学生的自主创业扶持，不仅是教育系统的问题，也是技术转化和产业更新问题，是大学生创业教育与政府、企业、技术、市场的多重耦合。对于超越校园系统的创业教育问题研究，必须超越单纯的教育本身，从经济、政策、市场、产学研合作等视野，以"大教育"的眼界来俯视研究这个新系统。因此，国外的经验总结与借鉴就不能缺少，理论创新也不能缺少，进而导致这个"系统"研究的复杂性。应该值得肯定的是，课题组努力创新做到了这一点，突破了单纯从创业谈创业，从教育谈教育，或是从创业教育到创业教育的局限。这也是教育学项目研究视角的一个创新。

无论是大学生的创业活动，还是大学生的创业教育，在我国都只有十几年的历史，可算是个新鲜事物。在创业的"意愿-行为-绩效"这个链条上，有着诸多的影响因素，这些影响因素与政府的四种扶持模式之间又产生交集。课题的实证结果揭示了这些因素是如何相互影响的，也给出了四种模式的影响方向、评价指标与绩效，这对高校创业教育的深化、政府扶持政策的优化及改革，都有着具体的应用意义和价值。应该为课题组的努力和成果点个赞。

是为序。

中国教育发展战略学会副会长

王建

2017年10月 于北京

摘　要

近年来，在中央"大众创业，万众创新"的号召下，大学生自主创业方兴未艾，中央和地方省市政府相继出台大量的支持大学生自主创业的政策文件及法规。这些扶持政策在执行中效果如何，扶持模式之间有无绩效差异，如何优化扶持模式及政策以提升大学生的创业率与创业成功率，都值得深入研究。

本书分为六部分。

第一部分从公共品理论和熊彼特的创新理论出发，研究政府扶持大学生创业的经济学理由。研究显示，由于创业的正外部性、风险性及机会收益性，政府必须对其大力扶持，才能达到创业的最大效益边界。

第二部分研究美国、韩国、印度的大学生创业扶持实践及其经验。研究发现，三国都在创业教育、政府的投资引导、创业投资基金的大量引入、税收优惠、政府创业支撑服务等方面，对大学生创业给予大力扶持。

第三部分是四种创业扶持模式的定性调研分析。从政府的税费优惠、财政投入、平台建设、创业服务四方面对大学生创业扶持政策进行分类，并从政策内容、政策效率与政策满意度三方面研究四种模式的执行效果。研究得出的结论是：（1）在政府对大学生扶持政策的宣传、传播和解答的媒体渠道中，政府网站是最重要的渠道。此外，创业教育与培训也是重要的渠道。在政策的解释与说明的清晰度上，财政投入和创业服务两种扶持模式的理解难度最大，需要加大政策的透明度和清晰度。在扶持政策宣传到位与否的问题上，大学生的满意度还是相对比较高的，只是创业服务和财政投入模式的宣传到位率相对低一些，原因是政策过于多头或是政策内容比较宽泛。（2）在四种政府扶持模式中，财政投入和税费优惠对大学生创业的动力激励最强，其次是创业服务和平台建设。创业大学生对于四种扶持模式的满意度，除平台建设外，都超预期有些低，特别是在税费优惠和财政投入方面。（3）创业大学生最渴求政府改进的创业扶持政策主要有"创业教育及培训""技术服务与知识产权保护""创业基地""投资基金""融资贴息""税收优惠""创客空间""收费优惠"和"融资担保"。

第四部分是大学生创业的"意愿–行为–绩效"影响因素实证研究。研究显示，四种模式在某些方面对大学生创业的"意愿–行为–绩效"发生了较显著的影响。研究得出的结论是：政府的财政投入和税费优惠扶持对大学生创业意愿提升达到显著水平，即有实质性的帮助，而政府提供的创业平台和创业服务，即使获得学生认可，其对提升大学生的创业意愿也没有达到显著性的作用水平；大学生对政府财政投入和创业平台的认可，有助于将大学生的创业意愿转化为实际的创业行为，而大学生对税费优惠措施和创业服务的认可，则对创业意愿向创业行为的转化没有显著性的帮助；获得政府财政投入和相关服务的支持，对大学生取得创业成功有实质性帮助，但是，即使接受过税费优惠措施和创业平台支持，也无法对大学生创业成功起到实质性的作用。

第五部分是四种模式的绩效评价体系建立与绩效结果验证。研究得出的结论是：税费优惠扶持模式是四种扶持模式中政府绩效最优的方案，有助于提升大学生创业企业的成功率；财政投入扶持模式更多关注对大学生创业行为的系统性扶持及带来良性连锁反应，有助于促进企业的快速成长；创业平台建设扶持模式和创业服务扶持模式在评价中权重分布相对较低，是税费优惠扶持模式、财政投入扶持模式两种方案的有效补充。

第六部分是政策建议，包括创业扶持政策的法律化、切实抓好创业教育、加大税收减免度、加大贴息贷款扶持的规模与精准度、加快建立全国性的大学生投资基金及大力发展创业投资基金、加强大学创业指导中心和创业平台的建设等方面。

本书采用的研究方法包括：比较研究法、基于多元排序选择Logit模型和双因变量Probit联合估计模型的大学生创业影响因素实证研究法，以及扶持模式绩效评价所采用的层次分析法（AHP法）和专家咨询法（Delphi法）。在调研中，我们主要采用随机抽样法。本书在理论分析、模式分类、政策应用调研、创业影响因素实证研究与扶持模式绩效评价研究上有创新。

关键词：大学生；自主创业；扶持模式；扶持政策

Abstract

In recent years, the entrepreneurship of university students develops rapidly under the call which mass entrepreneurship and millions of people innovation from the central government. In this environment, the Central government and local governments have issued a large number of policy documents and regulations to support university students' independent entrepreneurship. It is worthy of in-depth study which the effect of these supporting policies in the implementation, the different performance between the four policy models, and the methods to enhance the participation rate and success rate of the university students' independent entrepreneurship from optimizing the government's supporting model and policies.

The project research is divided into six parts.

In the first part, from the theory of public goods and the innovation theory of Joseph Alois Schumpeter, the economic reasons for the government to support university students' entrepreneurship are studied. The research shows that, because of the positive externality, risk and opportunity income of the entrepreneurship, the government must support it vigorously so as to achieve the maximum benefit boundary of entrepreneurship.

In the second part, the supporting practice and experience to university students' entrepreneurship of the United States, South Korea and India are studied. It finds that the three countries give vigorous support to university students' independent entrepreneurship from supporting entrepreneurship education, Guiding venture capital, providing tax incentives and quality entrepreneurship services.

The third part is the qualitative analysis of four kinds of government's entrepreneurial supporting policy model. From the four aspects of tax incentives, financial investment, entrepreneurial platform construction and entrepreneurship service to classify the government's entrepreneurship policy for the university students. Then, it studies the implementation effect of four policy models from the policy content, policy efficiency and satisfaction.

The research conclusions are as follows: (1) the government website is the most important media channel for university student to understanding the entrepreneurship policy in the process of propaganda, dissemination and explanation of policy. In addition, entrepreneurship education and training is also an important channel for understanding the entrepreneurship policy. In the interpretation and explanation of the entrepreneurship policy, it is the most difficult to understand the two supporting policy models of financial investment and entrepreneurial service. So, it is need to be increased the transparency and clarity of the entrepreneurship policy. The satisfaction of university student to the entrepreneurship policy propaganda is relatively high, but it is not much better for the entrepreneurship service policy and investment policy. The reason is that the both policy is coming from too many government's department and the policy content is covering a wide range. (2) In the four policy modes of government supporting entrepreneurship policy, the financial investment policy and tax incentives policy have the strongest incentive to university students' entrepreneurship, followed by policy modes of entrepreneurship services and entrepreneurship platform construction. The satisfaction degree of the four kinds of supporting policy model of the university students who are starting their own business, except the platform construction, is somewhat lower than expected, especially the policy model of tax incentives and financial investment. (3) Arranged in order, the most eager policy of the university student who is in the process of starting an undertaking is to improve the policy of entrepreneurial education and training, technical services and intellectual property protection, entrepreneurial base, investment fund, financing interest discount, tax incentives, maker spaces construction, service fee discount , and financing guarantee.

The fourth part is the empirical research on the influencing factors of willingness, behavior, and performance of university students' entrepreneurship, which shows that the four policy models have a significant impact on the willingness, behavior, and performance of university students in some aspects. The research conclusion is: the government's financial investment policy and tax preferential support policy is to be proved can enhance the entrepreneurial intention of university students in significant level, namely substantial help, and even if the students accepted the government to provide entrepreneurship platform and related entrepreneurship services, the level enhancing the role of entrepreneurial intention is not significant for university students. The government finance investment policy and entrepreneurship platform construction will help the students' entrepreneurial intention into actual entrepreneurial behavior, and the tax preferential measures and entrepreneurship service is to be proved that has no significant help on the transformation of entrepreneurial intention to entrepreneurial behavior. There is a substantial help for university students to obtain entrepreneurial success if they gain the finance investment help and related support services from government, but even they have accept tax or fee incentives and entrepreneurship platform support, the level enhancing the role of entrepreneurship success is not significant for university students.

The fifth part is the empirical research on the system establishment of the four policy modes and its performance valuation. The research conclusion is: tax incentives are the most effective method to improve the government's performance in enhancing the success rat of university students' independent entrepreneurship. The policy modes of finance investment take the role of system support for university students' independent entrepreneurship and it is good help growing to the enterprise which the student are operating. The policy models of entrepreneurship platform construction and entrepreneurship service have a lower weight in the performance evaluation; they are still important supplement for the models of tax incentives and finance support.

The sixth part is the policy suggestions from the research conclusion, include that entrepreneurship policy should be legalization, entrepreneurship education should be done the implementation of internal and external linkage, tax incentives policy should play a more important role, increase the financial loan to the university students and enhance its accuracy, speed up to establish the nationwide united venture investment found of university students' independent entrepreneurship, develop the venture investment found of entrepreneurship through market mechanism, enhance the construction for direction center of university students entrepreneurship and entrepreneurship platforms.

The project apply the research methods which include the comparing study, Logit Model of multiple data ordered choice and Probit Model of dual dependent variable united evaluation, AHP Model and Delphi method. Random sampling method is applied in the research investigation. The research's innovation include that give a mechanism explanation for the reason which government support entrepreneurship, classify the four policy model of supporting the university students' independent entrepreneurship, investigate the applied effect of entrepreneurship policy for university student, from a new angle to do the empirical research on the influencing factors of willingness, behavior, and performance of university students' entrepreneurship, and do the empirical research on the system establishment of the four policy modes and its performance valuation.

Key Words: University student; Independent entrepreneurship; The supporting policy model; Supporting policy

目 录

第1章 研究问题

1.1 研究目的

大学生是最具创新、创业潜力的群体之一。积极鼓励高校学生自主创业，是服务于创新型国家建设的重大战略举措；是深化高等教育教学改革，培养学生创新精神和实践能力的重要途径；是落实以创业带动就业、促进高校毕业生充分就业的重要措施。本项目选题从政府对大学生自主创业扶持模式入手，通过理论研究、经验借鉴、调查分析、实证研究、评价绩效等方面，探索符合我国实际国情且有实效的大学生自主创业扶持模式。

为了推进大学生创业工程，国家有关部委和地方政府2010年共同组织实施了"创业引领计划"，并切实落实若干政策：对高校毕业生初创企业，可按照行业特点，合理设置资金、人员等准入条件，并允许注册资金分期到位。允许高校毕业生按照法律法规规定的条件、程序和合同约定将家庭住所、租借房、临时商业用房等作为创业经营场所。对应届及毕业2年以内的高校毕业生从事个体经营的，自其在工商部门首次注册登记之日起3年内，免收登记类和证照类等有关行政事业性收费；登记求职的高校毕业生从事个体经营，自筹资金不足的，可按规定申请小额担保贷款，从事微利项目的，可按规定享受贴息扶持；对合伙经营和组织起来就业的，贷款规模可适当扩大。完善整合就业税收优惠政策，通过财政和社会两条渠道设立"高校毕业生创业资金""天使基金"等资助项目，重点扶持大学生创业。为鼓励高校毕业生自主创业，以创业带动就业，2010年底，财政部、国家税务总局发出《关于支持和促进就业有关税收政策的通知》（财税〔2010〕84号），明确毕业生从毕业年度起三年内自主创业可享受税收减免的优惠政策。其中，高校毕业生在校期间创业的，可向所在高校申领《高校毕业生自主创业证》；离校后创业的，可凭毕业证书直接向创业地县以上人力资源服务部门申请核发《就业失业登记证》，作为享受政策的凭证。自此后，国务院、国家各部委与各省市政府都加快出台支持大学生自主创业政策，特别是2015年政府工作报告把"大众创业、万众创新"确定为推动中国经济继续前行的"双引擎"。

各级政府加大对大学生自主创业的政策支持是个可喜的现象，但存在的一些问题也值得我们深入思考：比如，政府对创业教育的投入与支持力度不足，缺乏有效系统的大学生自主创业教育模式与手段。又如，财政金融政策扶持不够。我国目前还没有创立专门针对大学生创业的全国性创业基金，创业大学生主要是通过申请中小企业发展专项资金、中小企业创业基金等政府大众化融资项目得到扶持。再如，政府各项引领大学生自主创业政策缺乏相关专门机构管理和跟踪调查与分析。政府投入支持很多时候不持续，带有随意性，投入支持之后缺乏反馈机制、跟进措施与绩效评估。

基于政府对大学生自主创业扶持政策的现状与问题分析，找出我国当前大学生自主创业扶持政策的不足，根据政府投入模式分析与政府支持政策实效的追踪研究，在诸多的大学生自主创业支持政策中归纳出税费优惠、政府投入、创业平台和政府服务这四种扶持模式，研究其机制要点、实践成效、要素影响及绩效评价，从而提出对应性的旨在提高扶持效率的政策建议，是本项目的研究目标。

1.2 研究意义

联合国教科文组织在《21世纪的高等教育：展望与行动的世界宣言》中明确提出：培养学生的创业能力，应成为高等教育主要关心的问题，毕业生将愈来愈不再仅仅是求职者，将成为工作岗位的创造者。《国家中长期教育改革和发展规划纲要（2010-2020年）》明确提出：加强创业教育，增强大学生主动融入和服务地区经济、科技和社会发展的能力。《中华人民共和国就业促进法》^① 第七条规定："国家倡导劳动者树立正确的择业观念，提高就业能力和创业能力；鼓励劳动者自主创业、自谋职业。各级人民政府和有关部门应当简化程序，提高效率，为劳动者自主创业、自谋职业提供便利。"

我国经济正面临"就业弹性越来越低的经济增长"，而接受过高等教育的毕业生数量占适龄人口的比例不断增大，大学生就业形势日益趋紧。在就业也需要升级换代的条件下，加强创新创业支持力度和出台支持大学生创业政策，适时适地引导大学生自主创业，成为经济与社会发展的必要。

大学生自主创业是大学生将创造精神和独立思考的能力运用于实践的重要途径，也是"提高自主创新能力，建设创新型国家"的有效途径之一。项目期望通过对政府扶持模式的分析与政府扶持政策的实效追踪研究，深入细致地进行调查、研究、分析，寻找以政府、高校为引导，以企业、市场为运作机制的大学生自主创业的规范化政策扶持模式。

项目研究有助于大学生自主创业支持政策效率的提升。近年来，在中央的号召下，大学生自主创业率逐步提高，各种类型的创业方兴未艾。中央政府和省市级政府相继出台了大量的支持大学生自主创业的政策文件及法规。但总体看，我国大学生自主创业率与国外平均水平相比还明显偏低，特别是创业成功率差距较大。我国大学生创业成功率在3%左右，而美国在15%~20%。大学生创业成功率与团队能力、技术创新性、市场需求度和产业支撑度等多种因素相关，而政府扶持政策的成效是其中重要的核心因素之一。项目研究分析哪些扶持政策模式对大学生自主创业更有成效，模式间的政策如何协调和发挥作用，模式内政策如何优化，如何评价政策模式的绩效及验证结论等，这些研究的结论可为政府决策提供参考，将有助于提升政府制定大学生自主创业政策的效率。

① 2007年8月30日第十届全国人民代表大会常务委员会第二十九次会议通过，自2008年1月1日起施行。

1.3 研究假设

在以往研究与文献研究的基础上，课题组对项目研究提出如下假设：

（1）大学生自主创业是一种基于创新的创造新产品与新就业的行为，因此，这种行为具有公共产品特性，同时具备技术创新特性。政府对大学生自主创业扶持可以应用公共产品理论、熊彼特的创新理论等作机理解释。

（2）不同国家政府对大学生自主创业的扶持政策会有所不同，但注重创业教育与政府投入是核心与重要的手段。

（3）政府对大学生自主创业进行扶持的四种政策模式，包括税费优惠政策扶持、财政投入扶持、创业平台建设扶持和政府创业服务扶持，都对大学生自主创业产生深刻的影响，并直接影响到创业成功的绩效。

（4）通过抽样问卷调查及面对面访谈收集有关微观数据，利用微观计量多元Logit模型，能够有效揭示政府对大学生自主创业扶持政策的核心绩效影响因素、影响方式及影响的程度，由此也可揭示四种扶持模式所发挥的具体作用。

（5）通过评估指标的恰当选择，采用Delphi法（即专家咨询法）和AHP法（即层次分析法）进行评估指标的筛选和建立，可以对我国目前的大学生自主创业扶持政策绩效进行评估。根据评估结果，可以对我国大学生自主创业的政府扶持模式提出改进建议。

1.4 核心概念

(1) 大学生自主创业：大学生自主创业就是改变就业观念，利用自己的知识、才能和技术以自筹资金、技术入股、寻求合作等方式创立新的就业岗位，即毕业生不做现有就业岗位的竞争者，而是为自己、为社会更多的人创造就业机会。时间上，大学生自主创业一般指在校大学生的创业和大学毕业两年内的大学生创业。

(2) 创业扶持模式：创业扶持模式是对政府的大学生自主创业扶持政策进行总结和归纳，包括扶持的手段、方法、措施及制度等方面的归类，所得出的政策类型与作用相类似的政策模块。综合分析，大学生自主创业政府扶持模式可归类为税费优惠扶持、财政投入扶持、创业平台建设扶持和政府创业服务扶持四种类型。

(3) 绩效评价：绩效是效益、效率和有效性的统称，它包括行为过程和行为结果两个方面。就行为过程来说，它包括投入是否满足经济性要求、过程是否合规和合理；就行为结果而言，它又包括产出与投入相比是否有效率、行为结果是否达到预期的目标以及是否产生预期的影响，这里的影响既包括经济影响，又包括社会影响。绩效评价则是按照一定的标准，运用科学、规范的方法，对一项活动或制度的效益、效率和有效性进行评价。绩效评价的指标从选择的范围看，主要包括效益类指标、效率类指标和有效性指标三个方面。政府对大学生自主创业扶持绩效评价是采用科学、规范的方法，针对大学生自主创业的政府扶持的行为过程和行为结果进行扶持效益、扶持效率及扶持有效性进行定量评估。

第2章 研究背景和文献综述

2.1 研究背景

2.1.1 我国大学生就业所面临的困难

高等教育分为三个阶段，包括精英教育、大众教育和普及教育。当少数人能上大学的时候称之为精英教育，而更多的人能进入大学的时候称之为大众教育。国际上有一个概念叫适龄青年入大学率，即18～22岁的这些青年有百分之多少能够进大学，一般认为如果低于15%为精英教育，超过20%后称之为进入大众化教育时期。[①] 高等教育由精英化向大众化的转变，是社会发展和国民素质提高的要求与重要标志。

我国启动大众化高等教育是从1998年开始的，1999年正式大步扩招，仅1999年一年就扩招了47%。后来扩招政策不断推进，原来是一年招生100万，现在一年招收700多万，扩招了7倍（见表1.1）。根据2016年全国教育工作会议上的数据统计，我国2015年高等教育毛入学率达到40%，提前实现了国家教育规划纲要提出的"到2020年，高等教育毛入学率达到40%"的目标，超过中高收入国家平均水平。[②] 换言之，我国现在已进入大众化高等教育时代。按照国家教育"十三五"规划要求，到2020年，我国高等教育毛入学率达到40%，实现高等教育基本普及。十几年来，我国高等教育在规模上发生了天翻地覆的变化，但扩招也带来诸多问题，其中日益突出的是大学生的就业困难。

---

①引自MBA智库百科"精英教育"，http://wiki.mbalib.com/wiki，2017年3月20日。
②袁贵仁："以新的发展理念为引领，全面提高教育质量，加快推进教育现代化"——在2016年全国教育工作会议上的讲话。

表1.1　2001—2017年大学毕业生人数情况

年份	毕业生人数（万人）	增长人数（万人）	同比增长率（%）
2001	114	/	/
2002	145	31	27.2%
2003	212	67	46.2%
2004	280	68	32.08%
2005	338	58	20.71%
2006	413	75	22.19%
2007	495	82	19.85%
2008	559	64	12.93%
2009	611	52	9.3%
2010	631	20	3.27%
2011	660	29	4.6%
2012	680	20	3.03%
2013	699	19	2.8%
2014	727	28	4.01%
2015	749	22	3.03%
2016	765	16	2.13%
2017	795	30	3.92%

数据来源：《中国大学生就业报告》（2001—2017年）。

对我国高校近年来毕业生的就业情况，第三方评价机构麦可思公司进行过深入的调查研究。麦可思公司对全国大学毕业生跟踪调查数据分析显示：（1）我国大学培养和社会需求的匹配程度还有待提高。近几届毕业半年的大学毕业生，只有约六成从事的工作与其所学专业相关，而约四成在从事与所学专业不相关的工作。在2010届大学毕业生中，有34%的学生在毕业半年内发生过离职，并且有60%的学生认为毕业半年后的工作与自己的职业期待不吻合。初次就业质量不高反映出高校培养和社会需求之间的不匹配。（2）毕业时对基本工作能力掌握的水平均低于初始工作岗位要求的水平。高校对学生的培养还无法完全满足社会对大学毕业生的要求，这也导致一方面部分毕业生无法找到工作，而另一方面部分用人单位无法找到满足自己需求的毕业生。[①] 个别专业供大于求而导致的失业问题十分突出，且具有一定的持续性，解决问题的有效途径之一是解决专业结构性失业，其核心是调控各专业的供应量。

麦可思公司2017年6月对2016届大学毕业生的就业状况进行了全面调研分析：在中国2016届大学毕业生中，有91.6%的毕业生在毕业半年后受雇全职或半职工作；3.0%的毕业生选择自主创业；8.4%的毕业生处于失业状态，人数约为64.3万。2013届本科毕业时创业的大学生，三年后继续创业的比例只剩46.2%，即一半以上的本科毕业生创业失败或从创业中退出。[②]

与大众化高等教育相适应，要求大学生就业方式和就业格局要经历由精英化向大众化转变的过程，即大学毕业生要作为一个普通社会成员去求职和就业，昔日大学"象牙塔"的神话已渐渐远去，"天之骄子"也不能简单地用来描述当今的大学生，特别是大学毕业生的求职。在自主择业的大学生就业路径上，社会各类职业岗位的独特要求对高等教育与大学生来说都是一场考验，一方面不能把高等教育等同于职业教育，另一方面也不能把高等教育与社会职业需求相脱节。目前，我国的经济转型、社会转型和就业人口高峰期交织在一起，从而使大学毕业生就业问题显得格外突出。

2.1.2 大学生自主创业扶持政策密集出台

我国政府对创业支持自改革开放后才开始，至今只有30多年的历史，可大致分为五个阶段：1978—1992为放开创业阶段；1992—1999为鼓励创业、政策开始出台阶段；1999—2008为创业支持政策全面出台、大学生创业开始得到重视与支持阶段；2008—2012年为创业支持政策逐步全面覆盖阶段；2012年至今为"双创"战略确立、创业支持政策大幅度加强和政策

---

① 数据来源：麦可思官网http://www.mycos.com.cn/.

② 数据来源：《2017年中国大学生就业报告》[R],麦可思官网http://www.mycos.com.cn/.

密集出台阶段。政府对大学生自主创业的政策扶持，与后三阶段相一致。

　　政府对大学生自主创业的支持，开始于大学生的创业教育，后逐步扩展到税费优惠、财政支持和平台支持等其他方面。我国大学生创业教育起步较晚，正式的文件出台是1999年1月教育部公布的《面向21世纪教育振兴行动计划》，要求"加强对教师和学生的创业教育，采取措施，鼓励他们创办高新技术企业"。同年，团中央组织了首届"挑战杯"全国大学生创业计划大赛。2002年，教育部在中国人民大学、上海交通大学等9所高校开展了创业教育试点工作。[①]主要模式有创业选修课学习、创业实习基地培训、创业计划书大赛训练、创业孵化基地培养等。教育部等政府部门主要从项目和政策两方面支持大学生创业教育。项目方面，教育部给予创业教育较好的高校和试点高校项目经费支持；地方政府为大学生提供SYB、KAB等创业培训。

　　2003年5月，国务院办公厅在颁布的《关于做好2003年普通高等学校毕业生就业工作的通知》(国办发〔2003〕49号)中要求，凡高校毕业生从事个体经营的，除国家限制的行业外，自工商部门批准其经营之日起，一年内免交登记类和管理类的各项行政事业性收费。2004年4月，共青团中央、劳动和社会保障部联合发布了《关于深入实施"中国青年创业行动"促进青年就业工作的意见》(中青联发〔2004〕13号)，要求从普及创业意识、培养创业能力、提供创业服务、优化创业环境、完善对青年的就业服务五个方面采取措施，引导和帮助广大青年(包括大学毕业生)在创业中实现就业。2005—2007年，劳动和社会保障部发布的《关于进一步做好2006年高校毕业生就业有关工作的通知》(劳社部17号)、《关于进一步加强创业培训推进创业促就业工作的通知》(劳社部发30号)等文件中，对设立大学科技园以及创业孵化器机构实施创业税费减免，对在大学科技园和创业孵化器中创业的大学生提供小额担保贷款。

---

①董志霞.中国高校创业教育政策探析:1999—2010[J].北京航空航天大学学报(社会科学版),2012(1).

　　2008年全球金融危机爆发所带来的劳动力市场需求萎缩,以及大学扩招步伐加快所带来的越来越多的大学毕业生就业困难，使大学生自主创业得到更多的政策支持，政策内容也更加详细，政策发布主体涉及国家十几个部委机关，除教育部以外，还有劳动与社会保障部、科技部、共青团、国家工商行政管理总局、财政部、中国人民银行等。2010年人力资源和社会保障部连续发布了《关于实施2010 高校毕业就业推进行动大力促进高校毕业生就业的通知》和《关于实施大学生"创业引领计划"的通知》两个政策文件，强调继续加强创业教育、加大对大学生创业的税费优惠扶持，着重提出为大学生创业提供指导服务和孵化服务，为创业大学生提供低成本的生产经营场所和企业孵化服务等[①]。

　　2012年新一届中央政府任职以来，对支持大学生创业达到了前所未有的新高度。十八届三中全会《决定》指出，要"完善扶持创业的优惠政策，形成政府激励创业、社会支持创业、劳动者勇于创业新机制"。中央政府还提出了"万众创新、大众创业"的"双创"引领口号，密集出台了一系列支持大学生自主创业的新政策。我们把这一时期的政策梳理为专栏2.1。

专栏2.1　中央政府2012年以来出台的扶持大学生创业的优惠政策文件

国务院发布的政策文件：
2014年：国务院办公厅关于做好2014年全国普通高等学校毕业生就业创业工作的通知（国办发〔2014〕22号）
2015年：国务院办公厅关于发展众创空间推进大众创新创业的指导意见（国办发〔2015〕9号）
2015年：国务院办公厅关于深化高等学校创新创业教育改革的实施意见（国办发〔2015〕36号）

[①]夏人青,罗志敏,严军.中国大学生创业政策的回顾与展望（1999-2011 年）[J]. 高教探索,2012(1):123-127.

2015年：国务院关于进一步做好新形势下就业创业工作的意见（国发〔2015〕23号）

2015年：国务院关于大力推进大众创业万众创新若干政策措施的意见（国发〔2015〕32号）

2015年：国务院办公厅关于印发进一步做好新形势下就业创业工作重点任务分工方案的通知（国办函〔2015〕47号）

2015年：国务院关于加快构建大众创业万众创新支撑平台的指导意见（国发〔2015〕53号）

2016年：国务院办公厅关于加快众创空间发展服务实体经济转型升级的指导意见（国办发〔2016〕7号）

2016年：国务院办公厅关于建设大众创业万众创新示范基地的实施意见（国办发〔2016〕35号）

2016年：国务院关于促进创业投资持续健康发展的若干意见（国发〔2016〕53号）

2017年：国务院关于做好当前和今后一段时期就业创业工作的意见（国发〔2017〕28号）

2017年：国务院关于强化实施创新驱动发展战略进一步推进大众创业万众创新深入发展的意见（国发〔2017〕37号）

2017年：国务院办公厅关于建设第二批大众创业万众创新示范基地的实施意见（国办发〔2017〕54号）

教育部发布的政策文件：

2014年：国家税务总局办公厅关于《国家税务总局、财政部、人力资源社会保障部、教育部、民政部关于支持和促进重点群体创业就业有关税收政策具体实施问题的公告》的解读（2014.06.13）

2015年： 教育部关于做好2016届全国普通高等学校毕业生就业创业工作的通知（教学〔2015〕12号）

2016年：教育部办公厅关于促进2016届尚未就业高校毕业生就业创业的通知（教学厅函〔2016〕42号）

2016年：教育部办公厅关于进一步做好高校毕业生就业创业工作的通知（教学厅〔2016〕5号）

2016年：教育部办公厅关于做好2015年离校未就业高校毕业生就业服务工作的通知（教学厅函〔2015〕43号）

2016年：教育部办公厅关于开展首批深化创新创业教育改革示范高校认定工作的通知（教高厅函〔2016〕92号）

人力资源与社会保障部发布的政策文件：

2015年：人力资源社会保障部关于做好2015年全国高校毕业生就业创业工作的通知（人社部函〔2015〕21号）

2016年：人力资源社会保障部教育部关于实施高校毕业生就业创业促进计划的通知（人社部发〔2016〕100号）

2016年：人力资源社会保障部关于做好2016年全国高校毕业生就业创业工作的通知（人社部函〔2016〕18号）

2017年：人力资源社会保障部关于开展2017年全国高校毕业生就业服务月活动的通知（人社部函〔2017〕142号）

2017年：人力资源社会保障部关于做好2017年全国高校毕业生就业创业工作的通知（人社部函〔2017〕20号）

财政部发布的政策文件：

2014年：关于继续实施支持和促进重点群体创业就业有关税收政策的通知（财税〔2014〕39号）

2015年：关于将国家自主创新示范区有关税收试点政策推广到全国范围实施的通知（财税〔2015〕116号）

2015年：关于支持开展小微企业创业创新基地城市示范工作的通知（财建〔2015〕114号）

2016年：关于国家大学科技园税收政策的通知（财税〔2016〕98号）

2017年：关于继续实施支持和促进重点群体创业就业有关税收政策的通知（财税〔2017〕49号）

2017年：关于创业投资企业和天使投资个人有关税收试点政策的通知（财税〔2017〕38号）

科技部发布的政策文件：

2014年：科技部 教育部关于中国人民大学国家大学科技园等65家国家大学科技园通过2013年度享受税收优惠政策审核的通知（国科发高〔2014〕67号）

2015年：科技部关于印发《发展众创空间工作指引》的通知（国科发火〔2015〕297号）

2016年：科技部关于公布第二批众创空间的通知（国科发火〔2016〕46号）

2017年：科技部办公厅关于印发《国家科技企业孵化器"十三五"发展规划》的通知（国科办高〔2017〕55号）

资料来源：国务院及相关部委网站。

与此同时，各省市紧跟中央的大学生创业扶持政策，除贯彻执行外，还加大力度出台了系列的有地方特色的扶持大学生自主创业的政策文件。例如，北京2012-2017年就出台了下列文件：2014年：北京市人民政府办公厅印发《关于做好2014年普通高等学校毕业生就业创业工作的实施方案》的通知（京政办发〔2014〕45号）；2015年：《北京市人民政府关于大力推进大众创业万众创新的实施意见》（京政发〔2015〕49号）；2015年：《北京高校大学生就业创业项目管理办法》（京教学〔2015〕4号）；2015年：《北京市人力资源和社会保障局 北京市教育委员会 北京市财政局关于做好普通高等学校毕业生求职创业补贴发放工作的通知》（京人社毕发〔2015〕143号）；2015年：《关于实现创业的毕业年度内高校在校生办理《就业创业证》有关问题的通知（京人社就发）〔2015〕220号）；2016年：《关于进一步推进创业培训有关工作的通知（京人社能发）（〔2016〕150号）。

福建2012—017年就出台了下列文件：2012年：《福建省人民政府关于做好2012年普通高校毕业生就业工作的通知》（闽政〔2012〕23号）；2015年：《福建省人民政府关于大力推进大众创业万众创新十条措施的通知》（闽政〔2015〕37号）；2015年：《福建省人民政府关于进一步做好新形势下就业创业工作十五条措施的通知》（闽政〔2015〕44号）；2015年：《福建省人民政府关于做好2015年普通高等学校毕业生就业创业工作的通知》（闽政〔2015〕13号）；2016年：《福建省人民政府关于做好2016年普通高等学校毕业生就业创业工作的通知》（闽政〔2016〕25号）；2017年：《福建省科学技术厅关于公布2017年福建省众创空间评审结果的通知》（闽科高〔2017〕13号）。其他各省市出台的扶持大学生自主创业的特色文件，请参阅本书附录二。

2.1.3 政府对大学生自主创业扶持政策存在的问题

1999年以来，我国政府连续出台了多个扶持大学生自主创业的政策文件，特别是2012年新一届中央政府任职以来密集出台了更多的扶持政策，地方政府也相应出台了配套性且具有特色的政策措施，这对我国大学生自主创业的激励与发展起到了重要的作用。但这些政策仍然存在一些问题，仍有较大的改善优化空间，表现在以下方面：

（1）政策的系统化问题。近20年来，我国制定出台的支持大学生自主创业支持政策可谓不少，涉及到创业支持的各个层面，但大学生创业支持政策效果却并不令人满意。梳理和分析可以发现，这些政策还未能形成互相良好衔接、互相支持配套的创业支持系统。一个完整的创业支持政策体系包括创业前期的知识传授与意愿激励、创业开始阶段的服务支持、创业起步阶段的平台支持、税费补偿，以及创业中后期的信息服务、技术支持、金融支持等。在我国，大学生创业支持政策目前还更多针对特定领域和特定阶段，对整个创业流程、创业类别、创业重点扶持等方面还没有建立起周到细密的政策帮扶体系。如何改变政出多头，各项创业支持政策

"各自为政"的状况，是今后大学生自主创业扶持政策出台的着力点。

（2）政策的法律效力问题。我国的大学生创业扶持政策多以《意见》《通知》等行政文件形式存在，大多数的扶持政策还没有上升到法律法规的层次，因此执行的弹性空间很大，约束力较小。直至最近，许多新出台的大学生创业支持政策还更多体现为"意见"和"要求"，而不是权威和不可违反的程序与规定，使得政策的执行力大打折扣，创业者依然面对着"政策的不确定性"。如何把创业支持政策的"意见"和"要求"转变为实实在在、必须执行的法律法规，是创业支持政策法律化的改革方向。

（3）税收优惠幅度问题。从目前对大学生创业税收优惠政策看，创业的税收优惠往往只涉及到小型微利企业税率优惠和企业所得税减免。对于物价大幅上涨的今天，我国当前关于大学生创业的税收优惠的范围和力度都偏小，尤其与国外的税收优惠政策相比，优惠力度还远远不够。而且，国际通行的加速折旧、投资抵减、延期纳税等优惠措施均未得到采用。比如，在英美发达国家，对大学生创业实施优惠属于促进国内中小企业发展的范畴，小企业享受政府的特殊关怀，几乎不用缴纳公司所得税。[①]

（4）财政投入扶持问题。对于自主创业的大学生而言，如何获得创业所需的"第一桶金"是他们面临的主要瓶颈之一。根据调查显示，很多大学生都把缺少启动资金作为他们创业过程中遇到的最大困难。创业贴息贷款是大学生创业资金来源的主要方式之一，但从实际操作过程来看，获得这种贷款的门槛较高，设限较多。按照政策规定，在校大学生和刚毕业的大学生都可以申请10万元及以上的创业投资贷款，但一般创业者不容易申请到这类贷款，即使申请到，也没有适当的担保者为其担保（父母不一定符合担保条件）。并且，办理大学生创业贷款涉及多个部门与多个审批层次，最终结果是相当部分有意愿创业的大学生无法获得政府的贴息贷款。另外，目前我国尚未设立专门针对大学生的全国性创业基金。大学毕

---

①田永坡，王鹤昕. 国外大学生创业状况及影响因素分析[J].经济学动态,2011(9).

业生可申请的创业资金主要散见于中小企业创业基金、中小企业发展专项资金。而中央财政明确用于支持中小企业的资金规模较小，现有资金规模与现实需求相比还有较大的差距，大多数毕业生享受不到政府财政专项资金资助。

（5）创业平台问题。相对大学生的创业意愿而言，目前吸引大学生创业的孵化基地、大学科技园数量还不足。虽然目前我国许多地方政府和高校加强了对大学生创业园和孵化器的建设，但是与大学生的创业需求相比，依然存在较大差距。高校创业实训方面，全国大学中提供创业孵化中心的学校不仅少，做实的也不多。有些地方政府虽然为大学生提供了创业基地或创业孵化中心，但这些创业基地和创业孵化中心仅仅是提供一些创业场地给大学生练练手，并没有专业团队和项目支撑，科技含量低，实践性不强。另外，大学生创业园和孵化器多分布在一些发达地区和城市，欠发达地区明显供给不足，质量上的差距就更大。

（6）创业教育的实效问题。表面上看，中国的创业教育，不论高校的创业教育课还是政府创业培训，都普遍受到重视，但实际上大多形式重过内容。目前，我国的创业教育以高校和大学生为中心，多数以选修课形式在课堂讲授创业基本知识为主，而创业教育的核心内容如创业技能、创业环境、创业文化、创业法规等并没有太多的涉及，创业技能课和实践课也很少。虽然政府也为大学生提供了部分的SYB或SIYB等项目培训。但这些项目培训时间往往很短，课时量少，功利导向性很强。高校创业教育的另一个形式是创业比赛，比如现在的"创新春"与"互联网+"创业比赛。这本来是一条有效的创业教育路径，但我们的比赛结果更多停留在"为比赛而比赛"的层面，真正转化成创业实体公司的项目过少。这里的转化机制出了问题。

2.2 文献综述

2.2.1 关于政府对创业扶持政策与模式的研究

1. 一般研究

创业政策的本质就是刺激创业(Degadh，2004；Lundstrom & Stevenson，2001)。创业政策的作用是用来减少初创企业面临的不确定性 (Hart，2003)。创业政策是直接影响一个国家或地区的创业活动水平的手段或策略，更确切地说，创业政策表现在开始前阶段、开始阶段以及开始后42个月内的创业过程中，通过设计和传递动力、技能和机会这三个要素来鼓励更多的人选择创业，使他们开始步入创业幼儿期和早期阶段 (Lundstrom &Stevenson，2001)。创业是一个复杂的过程，哪些因素是创业的促进因素，以及如何通过合理的政策来促进这些因素形成并发挥应有的作用呢? 伦德斯特罗姆(Lundstrom) 和史蒂文森(Stevenson，2001) 通过对10个拥有不同的人口数量、GDP、人口增长和创业活跃程度的国家的研究 (6 个欧盟国家和4 个亚太国家)，提出了创业政策的框架和类型。创业政策的理论框架是围绕动机、技能和机会这三个要素来建立的框架。因此，制定创业政策应该考虑以下三个层面：（1）在个人层次上激发人们进行创业；（2）使创业者获得创业所需要的知识和技能；（3）为潜在创业者提供资源和环境支持。这样的创业政策体系需要包括六个方面的内容，即促进创业文化、开展创业教育、减少进入障碍、启动资金/ 金融支持、商务支持以及刺激目标群体。进一步的分析显示，创业文化属于动机要素范畴；减少进入障碍、启动资金/ 金融支持和商务支持属于机会要素范畴；创业教育则既属于动机要素，也属于技能要素范畴；而目标群体(即潜在创业者们) 最终会与这些政策体系整合，并创建新企业。

凯尼（Kayne，1999）把创业政策集中在新企业的出现及增长上。他认为创业政策应该包括: （1）创业共识。主要包括三个内容：一是把发展创业视为经济发展战略的一部分；二是在地区发展政策中区别小企业政策和创业政策；三是重视创业者。（2）税收和规制环境。政府通过减少税收及降低制度要求来减少人们创业的成本，并促进人们创业。（3）资金的获取尤其是创业初期的权益资本是重要的。国家通过鼓励商业银行为企业进行融资、贷款以及建立基金项目等计划来促进创业。（4）创业教育。通过学校的创业课程进行教育培训，使更多的人对创业产生兴趣。（5）知识资本。大学及相关的研究机构培养了很多人才，他们通过知识积累，为国家的创新和技术发展作出贡献，所以政府要积极鼓励私人部门与大学及研究机构之间进行合作，并推广知识。鲁贝尔（Rubel，2000）提出了三个为制定创业政策需要考虑的问题：（1）创业者在当前经济生活中扮演什么角色？（2）创业者为经济作出贡献需要哪些因素？（3）什么样的政策可以满足这些需要？他建议政府要完善金融机制，完善创业者的计划，重视创业对经济作出的贡献，建立知识型基础设施，改革企业注册和执照制度，完善税收政策，进行创业教育，以此来促进创业。目前，仅有很少的学者研究有关创业政策的类型。伦德斯特罗姆和史蒂文森（2001）根据10个国家和地区的经济结构、发展层级阶段、政府角色、创业发展动态以及自身的经济、政治和社会状况等一系列因素，并根据制定创业政策过程中遵循的政策结构和过程、目标策略和计划、促进创业阶段以及鼓励人们成为创业者等要素组合，提出了四种类型的创业政策。一国和地区通常以某一创业政策类型为主，其他的创业政策类型为辅，而且除了爱尔兰，其他国家均把细分创业政策作为参考。第一类是中小企业政策的推广，这是旨在促进创立企业、支持服务及种子基金的政策，是对初创企业的信息需求和建议方面的反应。特征是聚焦于对已存在的中小企业计划和服务的推广。采用这类政策较多的国家有美国、加拿大、瑞典和澳大利亚。第二类是新企业的创立政策，旨在减少进入和退出障碍。第三类是细分创业政策。这类政策旨在刺激特定人群增加创业活动。目标人群被分成两类：一类包括妇女、青年、少数民族、失业者在内，他们为解决失业问题而进行创业，代表了企业所有者。另一类是技术创业者，他们是基于研发、技术或知识投入而创立企业的。爱尔兰多采用此类政策。第四类是全面的创业政策，即旨在加强创业文化和创业能力的政策。该政策包含前三类创业政策的内容，包括促进创业文化建设，减少进入/退出障碍，进行创业教育，提供金融支持以及满足目标群体创立企业的各种需要等。它是对创业与教育系统以及建立创业文化方面的整合，荷兰、芬兰和美国都实行了该政策。

国内对于创业政策的研究也起步较晚，是在国外的影响下，慢慢深入对该领域进行研究。对创业政策研究的主要理论成果集中在创业政策的基本内涵、分析框架、基本类型和实施模式等方面。潘光林(2001)是目前对创业支持系统的构成论述较为全面的，他认为创业支持系统按照范围大小可分为宏观、中观、微观三个子系统，宏观子系统由"文化背景""社会政治经济制度""基础设施建设"等构成，其功能是培养和塑造创业环境。中观子系统由"创业教育""行业协会""风险投资机构"构成，其功能是提供创业技能和创业启动资金。微观子系统由"家庭环境""角色偶像""个人体验"构成，其功能是培养和形成创业者所需心理品质，完成创业对创业者非智力因素的要求。张茉楠（2007）在《面向创业型经济的政策设计与管理模式研究》中提出创业型经济，指出政策工具是政府达到发展和治理目标的重要途径和手段。可以把创业政策工具分为自由放任型政策、有限参与型政策、战略干预型政策和主导参与型政策。并指出我国创业政策存在的缺陷：（1）缺乏政策制定的系统性。（2）缺乏阶段细分。（3）缺乏对国情特色的考察。（4）缺乏对创业需求端的考察。（5）缺乏针对创业型经济这一新经济背景的考量。

辜胜阻（2008）等人在《完善中国创业政策体系的对策研究》中，针对中国创业活动存在问题和创业政策的缺陷，提出了构建和完善我国创业政策体系的战略对策，指出"创业政策是通过一系列的制度安排或政策工具来增加创业机会、提高创业技能、增强创业意愿，从而提升创业水平，促进'创业型经济'的发展"。创业政策一般可以分为四种类型：（1）中小企业政策的推广；（2）新企业的创立政策；（3）细分创业政策；（4）全面的创业政策（整体创业政策）。熊伟（2009）在《大学生创业政策体系的构建框架与实施模式》中提出，大学生创业政策构建应该确立

"关口前移、强化激励、优惠创建、重在服务、必要规范"的指导思想，应依托大学生就业工作体系和全民创业工作体系，建立健全支持大学生创业政策体系实施的组织结构、运行机制和整合模式，以教育政策为基础，以金融政策为核心，以财政政策为保障，有重点地实施大学生创业政策。

肖陆军（2014）从健全创业文化政策、教育政策、融资政策、财税政策、产业政策的角度提出了健全创业政策体系的对策。常荔和向慧颖（2014）通过实证研究分析了创业政策对科技型中小企业创业活动的影响，提出现阶段应整合政策资源突出重点，致力于降低创业市场中的经济壁垒和非经济壁垒、增加对创业投资支持、完善服务保障体系，并努力营造鼓励创新创业的文化环境，以实现政策效应的最大化。徐德英和韩伯棠（2015）以北京市创新创业政策为例，构建了创业政策供需匹配模型，提出提高政策匹配度的最佳途径不仅是侧重加大支持力度，更应该从积极拓宽政策宣传与辅导渠道、促进科技成果委托合作、提升项目执行辅助监管等方面入手。张再生和李鑫涛（2016）以天津市企业孵化器为分析对象，对基于DEA模型的创新创业政策绩效评价进行了探讨，认为应当健全企业孵化器的公共政策保障体系。刘刚等（2016）从价值创造、均衡驱动与企业家经济等三大维度剖析了国家层面与地区层面创业政策的示范与冲突，提出了创业政策系统的内容框架和行动逻辑。张成刚和廖毅（2017）通过文献综述的方式论证了创业与就业的关系，认为新创企业与就业之间的关系并非简单的"带动"关系，创业对就业的影响存在岗位创造效应、挤出效应与供给方效应。

2. 政府对大学生自主创业扶持研究

Autinetal（1997）对来自四个不同国家的学生的调查显示，职业倾向和创业信念是由对创业作为职业选择的态度和大学环境的支持程度所决定的。Begley（1997）对多个国家的MBA学生进行调查，调查显示，创业者的社会地位是创业兴趣的很好预示。从收集到的资料来看，国内对于创业政策与大学生创业的关系的研究还很少，对于该问题的研究主要是从如何构建大学生创业支持体系这一角度来探讨的。池仁勇(2000)分析了美国的创业支持体系，运用百森商学院的创业四阶段划分理论，分析美国创业支持体系主体和支持对象，分析了四个阶段的美国创业支持政策及其内容，提出了"民、官、学"的概念，分别从民间、政府、高校三个支持主体探讨了其在创业阶段的具体支援办法和措施以及三者起到的不同作用。崔万珍（2007）从创业人员、资金与项目的有机结合的这个角度提出，应该从知识、资金、政府三方面来构建大学生创业扶持体系。曹润林（2010）结合国内外大学生创业现状，从大学生创业政策供给的理论依据入手，探讨了政府为大学生创业供给政策的必要性，同时分析了当前我国促进大学生创业政策体系的缺陷，并提出了相关建议，以求进一步完善创业政策体系，更好地促进大学生自主创业。陈微微（2010）从支持和服务大学生创业的重要性和必要性出发，阐述了其支持与服务体系的构成要素，从创业政策环境体系、投资与融资体系、创业教育与培训体系、创业组织与信息体系这四个层面系统论述大学生自主创业支持与服务体系的构建。王辉等（2015）基于效能视域探讨了大学生创业政策优化策略，提出应强化政策本身的针对性、统筹性、可操作性与时效性，并在实践中从导向性、适应度、溢出性、满意度和延续性五个维度进一步提升创新创业政策效能。刘忠艳（2016）发现中国大学生创业政策与其所处的宏观境遇密切相关，日益受到相关部门的高度重视，现有政策表现出鲜明的阶段性特征，其连续性与精准性亟待进一步提高。宁德鹏和葛宝山（2017）从税收优惠政策、创业环境政策、金融支持政策和配套措施政策等四个维度探究了当代大学生对我国创业政策的满意程度，发现大学生对我国现行的创业政策总体满意度较高，同时建议应当加大税收优惠政策的力度。针对当前创业政策执行中的宣传渠道不畅通、深度解读不到位、执行主体缺乏协调、落地门槛过多过高、政策评估滞后等方面的诸多问题，两位作者提出了拓宽宣传渠道、推动创业立法、构建配套法律支持体系、完善府际合作及建立评估机制推动创业立法、拓宽宣传渠道、促进部门协同、提高政策普惠性及构建政策评估体系等对策建议。

大学生作为"大众创业"的主力军，高校创业平台、创业孵化器的建设近年来也逐步成为学者们关注的热点。李占平等（2012）对云创业平台的模式进行了研究，提出借助云技术平台，整合知名企业、指导教师、各高校创业团队，以打开大学生创新创业教育新局面，为大学生创新创业提供新平台。王鸿铭（2013）通过实证研究分析了科技创业孵化器对大学生创业绩效的影响，发现科技创业孵化器对于大学生创业团队建设、创业者素质、创业环境及创业战略都有重要作用，对大学生创业绩效的影响显著，有利于大学生创业绩效的提高。代君和张丽芬（2014）提出当前高校应把大学生创业孵化基地建设平台前移，运作环境前置，以多视角、多平台、多元化的建设思路，采用工作室、参赛牵引、模拟对抗、平台交流、项目驱动、订单介入等新型运作模式，探索出大学生创业校内孵化基地建设新机制。江汉等（2015）以东南大学国家大学科技园为例，探讨了学生创业孵化服务体系建设问题，阐述了"学校—政府—大学科技园"三位一体的大学生创业孵化服务体系的构建思路。吴小明（2017）以南京财经大学为例，对高等院校大学生创业孵化器管理模式中的决策系统、实施系统和支持系统进行了探讨。杨卫军、李选芒、何奇彦（2017）提出，高职院校需要建立包括创新创业课程体系、校内顶岗实习基地、学生社团和创业孵化基地及其保障机制的综合性创业平台，有针对性地对学生三维资本进行全面培养，从而提高其创业能力。

2.2.2 关于创业扶持的相关因素实证研究

一些学者从就业、失业和创业之间的关系出发来研究创业意愿。Thurik等(2008)认为个体的创业意愿主要取决于就业、失业和创业这三种状态的相对收入或价格，个体创业的相对收入越高，创业意愿也就越强。Blanchflower和Meyer r(1994)、Loayza和Rigolini(2006)发现，创业意愿具有逆经济周期的特征，即就业前景越不被看好，创业意愿往往就越强。但Baumgartner和Caliendo(2007)、Fiess等(2010)却认为创业意愿具有明显的顺经济周期的特征，失业率越高，创业意愿则越低。认知理论指出创业认知在判别创业者与非创业者中起着重要作用，它是影响创业意愿的关键变量

(Linan和Chen，2009)。Mitchell等(2002)也认为个体对自我能力与素质的认知水平会对创业意愿产生重要影响。Baron和Ward(2004)、Chen等(2009)、Cardon等(2013)关注创业激情对创业意愿的作用，结果发现，创业激情能够使创业者克服困难，提升创业成功的信心，进而强化创业意愿。个人特质、创业环境、家庭与教育背景、经济发展与社会舆论是影响大学生创业意愿的重要因素（周秋红，2009），而传统的就业观念、大学生创业的社会氛围缺失、人才培养模式的束缚不利于大学生创业意愿的形成（袁泉，2008）。蔡颖和李永杰（2015）的经验研究发现，大学创业教育与服务、个体财富禀赋与人口统计学特质、社会资本与人力资本、个体商业感知力是影响大学生创业意愿的重要因素。

众所周知，创业意愿对创业行为有正向影响，关于这一方面的研究比比皆是。但即使有创业意愿，也不一定必然导致创业行为的发生。中国青少年研究中心课题组（2010）的研究显示，青年的创业意愿虽然较高，但创业率却较低。因此，除了创业意愿外，学者们还对其他影响创业行为的因素进行了研究。Alvarez等(2013)认为，有效识别创业机会是实现创业行为的关键，而社会网络有助于创业者发现和识别创业机会(Watson，2007；李雯和夏清华，2013)。但Ozgen和Baron(2007)却认为，与家庭成员及朋友之间的社会关系对个体识别创业机会并没有促进作用。Burt(2000)的研究更是发现，创业者的社会网络资源与网络密度存在负相关关系，因此，社会网络密度的提高反而会对创业行为产生抑制作用。由此可见，社会网络对创业行为至关重要，但其对创业行为的影响并没有形成一致意见。王贤芳（2013）基于经济人的视角和经济博弈论方法研究了大学生的创业行为，结果发现，只有创业资金保障率、创业能力自我评价概率、创业市场可拓展率都超过79%时，大学生才会发生创业行为。张秀娥和方卓（2015）的研究发现，通过开展创业教育，可以提高创业素质和能力，进而激发大学生创业行为。

现有文献对大学生创业绩效的研究主要集中在大学生在创业过程中能否取得成功的影响因素上。Markman和Baron(2003)的研究指出，创业是否成功取决于创业项目与创业者内在特质的契合程度。金超帆等（2011）的研究发现，创业企业的稳定性、员工素质、政府对大学生创业的支持力度对大学生创业成功起着重要作用。Welpe等(2012)基于社会关系网络视角的研究显示，社会关系网络是提高创业绩效的关键因素，对大学生取得创业成功尤为重要；而创业的道德缺失、人力资源风险、财务分析和市场风险是造成大学生创业难以取得成功的主要原因（谭福成，2016）。王伟（2016）利用DEMATEL和ISM方法分析了影响大学生创业成功的因素，结果发现，创业资金支持和市场环境是大学生创业成功最重要的影响因素，而创业能力、创业平台建设和创业教育支持对大学生创业成功的影响最为直接。

从以上对文献的梳理、归纳可以发现，对大学生创业问题的研究已相当丰富，但对大学生创业意愿、创业行为和创业绩效的研究主要还是集中在理论分析层面，即使涉及到实证层面的研究，通常也是以统计相关分析为主，而通过建立计量模型进行实证分析的研究并不多见。

2.2.3 关于政府对创业扶持绩效评价的研究

1. 公共政策绩效评价研究

绩效评价是现代政府管理中一个行之有效的工具。罗森布鲁姆（1995）指出："这是千真万确的，即如果你不能评估某项活动，你就无法管理；也许更为正确的是，你评估什么你就得到什么。"评价标准和指标体系的建立有助于准确衡量和监督公共政策的实现状况，发现公共政策实施过程中存在的问题及其成因，加速推进政策目标的实现。20世纪80年代以来，公共管理运动在政府部门广泛展开，其主要特征是将企业或市场管理方法引入到政府管理领域，这使得"绩效"这个概念不仅被引入到政府管理领域，同样也被引入到公共政策研究中，成为公共政策评估中的一个重要概念。政策绩效按照美国公共政策专家邓恩（2002）的定义，是指政策行为对目标群体需要、价值和机会的满足程度。诸大建、刘淑妍和朱德米（2007）认为：政策绩效的评估，是指在特定的政策制度下，评估主体按照一定的评估标准和评估程序，对政策执行的效益、效率及价值进行判断的一种行为，最终目的在于取得有关政策执行和绩效方面的信息，作为调整和改善政策的依据。从评估所处的阶段来看，政策绩效的评估是对政策执行一段时间的结果和影响进行评估，因此不包括对政策方案的评估。

政策评估系统一般包括评估主体、评估客体、评估目的、评估标准、评估方法等组成要素。其中，评估方法是政策评估系统的重要组成部分，也是政策评估赖以完成的手段和途径。Wintjes和llarers(2007)从不同政策目的出发，设定了各政策类型所对应的评估模式，并强调了评估作用对于未来政策制定的学习作用，同时评估了政策组合的作用。卡伦（1988）则把绩效指标分为经济指标、效率指标和效益指标（通常称为"3E"），经济指标着眼于将实际输入与目标所规定的输入作比较，从而测量输入的节省情况，以免过多的花费；效率指标着眼于输入与输出的比较，通常是用现实的结果与现实的输入进行比较，从而考察资源使用情况，以追求成本最小化或收益最大化；效益指标着重衡量结果既定的目标是否已经实现，从而测量工作的有效性，以追求目标的完成。

2. 政府创业扶持绩效评价研究

国外针对政府创业扶持绩效评价的研究并不多，研究思路主要是探讨创业扶持政策措施的某个方面对于创业者和创业活动绩效的影响。

Fielde等（2000）、Kreft和sobel（2003)、Maria等（2005)、Bertrand和Kramarz(2002)通过实证研究，认为进入规制对于创业活动形成了进入壁垒，导致创业行为成本提高，从而阻碍了新企业的出现，妨碍了创业行为的发生，阻止了商业活动的建立和经济增长的途径，进入规制与创业活动之间呈明显的负相关关系，官僚机构所树立的进入壁垒，对新创企业的成功进入和成长构成致命的威胁。Klapper等（2004）、Joan—Lluis等(2006)、Van Stell等(2007)、Baumol(1990)、KaPlan(2007)的实证研究则认为，尽管进入规制阻碍了新企业的进入，但也提出并非所有的规制对创业活动都起抑制作用，不能认为政府干预与新创企业进入和增长之间就是简单的单向效应，鼓励进入和竞争的最好方法也不意味着就是要取消所有规制。基于此，Kenyon(2007)提出，消除新企业形成障碍的改革除了放松规制的标准方案以外，还必须有其他制度变革方案作为补充。

W.Li（2002）通过一个一般动态均衡模型，可以证明政府以利率补贴形式进行的信贷补贴项目，对于目标创业者的信贷分配具有很强的作用，使补贴目标群体内的创业率大大增加，但是以非补贴目标创业者为代价，均衡状态下，整个社会的创业活动被减少，大量的产出损失发生，总产出既低于最优补贴状态，也低于零补贴状态，利率补贴造成了一个更大的效率损失；相比之下，收入补贴和专门针对穷人和有能力创业者的资助计划，在促进创业活动和增加总产出方面更加有效。

税收是政府干预经济活动的一项主要工具，其对创业活动及其绩效的影响巨大。研究更多地集中于个人税率与公司税率之间的比较对于创业活动的影响。Gordon(1998)指出，个人所得税率与公司所得税率的比较影响了创业行为的发生，当个人所得税率超过公司所得税率时，个体就有将收入安排为企业所得而非个人所得的动机，即新创一个企业并将收入留存于内。不同活动类型之间的差别税率，在影响个体是否选择成为创业者时扮演了重要角色，特别是公司所得税率与个人所得税率之间的差别对于个人是选择创业还是受雇于他人的决策影响效应显著。Gentry和Hubbard(2000)研究指出，整体税收系统影响着个体的创业决策选择，这就如同个人在进行自我雇佣或受雇于人的决策时是受到了总体税收政策的影响，而累进税制对创业者的进入活动具有抑制作用。因此，同主张公共政策与经济自由化匹配一样，公共政策的设计取向应是一个低税环境。DeMooij和Nicodeme(2006)利用欧盟数据研究认为，低公司税率鼓励人们选择创业代替被雇佣，收入则从雇佣所得转换为企业所得，增加了创业活动。Baliamoune-Lutz和Garello(2014)给出一个关于OECD国家两者研究的总结列表，该表包括研究对象、税收解释变量以及经验研究的结论，整体上看，不同的研究有不同的结论。不论是跨国研究还是国内研究，税收对创业的影响方向和程度差异较大。Nastase（2016）通过个案研究发现税收工具影响到新办企业融资，风险资本融资与税率呈负相关关系。因此，税收对创业的影响机制较为复杂。至于哪一种理论更受欢迎通常由经验分析结果来定。

GomPers、Lerner和Seharfstein（2002）、Taymaz和Koksal(2007)实证研究显示，公共政策对于创业者活动条件的关注除资本约束之外还应该包括管理运营，政府对于创业活动的补贴与管理建议程度相关；保护投资者和知识产权以及扩大进入机会的规章制度，也会对创业产生积极的影响。对债权人的保护和执法力度的加强以及金融总体发展水平的提高，也会对创业产生作用，因为这会影响潜在企业家筹集创业资金的能力。那些在风险资本家结成网络的地区(如硅谷)工作的个人更愿意创建自己的公司。

3. 政府对大学生自主创业扶持绩效评价研究

针对大学生自主创业扶持绩效进行评价的文献不多。涉及到政府扶持措施与扶持绩效的文献如下：

陈成文（2008）从需求促进政策、供给促进政策和供求匹配促进政策三方面作为就业政策的操作化变量，研究了就业政策和大学生就业能力及就业机会的关系，认为需求促进政策、供给促进政策和供求匹配促进政策对大学生的就业能力和就业机会均有显著性影响。赵明(2008)通过对美国的大学生创业现状及美国高校的创业扶持体系进行分析，在对上海部分高校大学生创业情况进行实证后，提出应从创业政策支持、创业教育支持、创业资金支持、孵化扶持等四方面完善大学生创业支持体系。高耀，刘志民和方鹏（2010）基于江苏省20所高校大学生的调研数据，用Logistic回归法分析人力资本、家庭资本拥有情况对大学生就业政策绩效的影响，结果发现，人力资本、家庭资本对大学生的自主创业意愿，大学生到西部、基层和艰苦地区就业的意愿，以及大学生对"鼓励大学生创业政策"和"到西部、基层和艰苦地区就业政策"的了解程度有显著影响。为提高大学生就业政策绩效，必须针对具有不同"资本存量"的大学生群体实施分类指导和就业政策支持，从宏观层面上建立起促进大学生就业的长效机制，以缓解日益紧张的大学生就业压力。

2.2.4 文献研究简要评述

目前，国外对政府创业扶持的研究主要采取理论推导与实证分析相结合的方法，定量地评价公共政策对创业的影响及效果，以及由此产生的扶持对象的福利效应变化，并提出扶持政策如何被最优的设计等。但国外的研究多是侧重于扶持政策措施的某个方面，即从政府扶持的某些具体实践举措，如政府准入政策、政府融资政策、税收、创业培训等，去评价其对于创业者和创业活动所产生的福利效应，以及一系列相关的问题，而很少从一个综合的视角和从整体上去分析政府扶持模式及政策的总体绩效。

国内对政府扶持大学生创业方面的研究逐步增多，但整体上看尚处于初级阶段。多数的研究都在归纳和梳理各级政府出台的各种大学生自主创业扶持政策及经验做法方面，部分文献开始定性分析目前政府对大学生自主创业扶持模式存在的问题，并提出一些政策建议。在实证研究方面，对创业政策及其绩效因素的研究开始得到重视，但依然缺少对大学生自主创业政府扶持模式–政策–绩效的实证研究。

第3章 研究程序

3.1 研究设计

本项目的研究思路为：

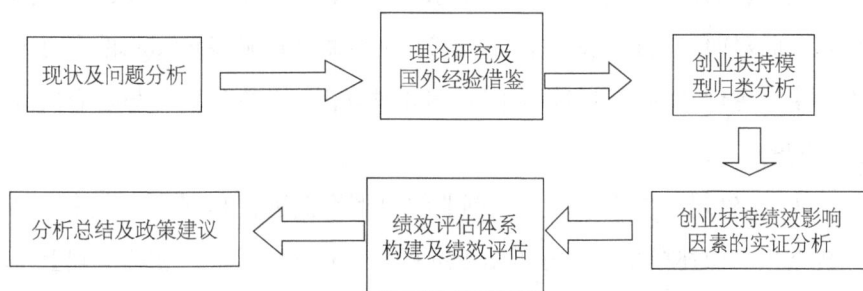

```
┌──────────────┐      ┌──────────────┐      ┌──────────────┐
│  现状及问题分析 │ ══▶ │  理论研究及    │ ══▶ │  创业扶持模   │
│              │      │  国外经验借鉴  │      │  型归类分析   │
└──────────────┘      └──────────────┘      └──────────────┘
                                                    ║
                                                    ▼
┌──────────────┐      ┌──────────────┐      ┌──────────────┐
│  分析总结及政策 │ ◀══ │  绩效评估体系   │ ◀══ │  创业扶持绩效影响 │
│  建议         │      │  构建及绩效评估 │      │  因素的实证分析  │
└──────────────┘      └──────────────┘      └──────────────┘
```

具体如下：

（1）本项目首先通过文献检索、资料搜集，对国内大学生就业的情况及所面临的严峻形势进行分析，随后对国家及各省各级政府出台的大学生自主创业扶持政策进行梳理和分析，找出其中存在的问题及原因。

（2）接下来基于公共产品理论和熊彼特的创新理论对大学生自主创业的政府扶持模式及政策进行经济学机理分析与研究。由于政府对大学生自主创业进行扶持，属于公共产品提供的范畴，所以我们首先基于公共产品理论对大学生自主创业行为进行理论分析，确定其行为的经济学属性。鉴于大学生自主创业不仅可以解决就业困难的问题，而且有利于提高一个国家的创新能力，本项目继而根据熊彼特的创新理论对大学生自主创业的政府扶持进一步进行研究，揭示创新与激励的机理。

（3）理论分析后，项目组分别针对发达国家、新兴国家和发展中国家选定美国、韩国和印度作为对比研究对象，对这三个国家在大学生自主创业政府扶持模式上进行政策与措施比较研究，希望能从中获得经验及教训，从而为后续研究提供实践题材与研究视野。

（4）接下来我们对大学生自主创业政府扶持模式归类分析。将政府对大学生自主创业进行扶持的政策措施归类为税费优惠扶持模式、财政投入扶持模式、创业平台建设扶持模式、政府创业服务扶持模式等四种模式，并进行抽样调查研究分析。

（5）政府对大学生自主创业扶持的绩效会受到多种因素的影响，其中最大的影响来自大学生的创业意愿和创业行为。我们计划通过问卷抽样调查及面对面访谈收集有关微观数据，利用微观计量多元Logit模型对影响大学生自主创业的意愿与行为因素作计量分析，从中发现其与政府扶持模式之间的关系。

（6）针对一些大学生自主创业的典型案例进行案例分析，并将案例分析结果与前述模型实证分析结果进行相互补充与验证，在此基础上，对我国各级政府对大学生自主创业扶持模式及其绩效做出分析并给出判断。

（7）建立政府对大学生自主创业扶持绩效的评估体系。绩效评估的关键在于评估指标的恰当选择。在政府对大学生自主创业扶持绩效的评估指标确定过程中，我们计划采用Delphi法（即专家咨询法）和AHP法（即层次分析法）进行评估指标的筛选和建立。评估体系建立后，对我国目前的大学生自主创业的政府扶持四种模式绩效进行评估。根据评估结果，对我国大学生自主创业的政府扶持模式提出进一步完善的政策建议。

本项目的研究内容为：

本项目研究内容分为六部分，具体如下：

1. 我国政府对大学生自主创业扶持的现状及存在问题

（1）我国大学生就业情况及所面临的困难

（2）政府已出台的大学生自主创业扶持政策及实施情况

（3）政府对大学生自主创业进行扶持存在的主要问题及原因

2. 政府对大学生自主创业扶持理论研究及国外经验借鉴

（1）政府对大学生自主创业扶持的经济学解释

①基于公共产品理论的研究

②基于熊彼特的创新理论的研究

（2）政府对大学生自主创业扶持的国外经验借鉴

①发达国家的经验借鉴——以美国为例

②新兴国家的经验借鉴——以韩国为例

③发展中国家的经验借鉴——以印度为例

3. 政府对大学生自主创业扶持模式的归类分析与调研

（1）税费优惠扶持模式

（2）财政投入扶持模式

（3）创业平台建设扶持模式

（4）创业服务扶持模式

4. 影响政府对大学生自主创业扶持绩效的相关因素实证分析

（1）微观计量多元Logit模型的选择

（2）数据调研与实证检验

（3）大学生自主创业的意愿–行为–绩效实证分析

（4）结论与判断

5. 政府对大学生自主创业扶持绩效的评估体系构建及绩效评估

（1）评估指标的筛选及评估体系的构建

（2）我国大学生自主创业的政府扶持模式绩效评估

6. 我国大学生自主创业政府扶持模式及政策改进的建议

（1）分析与总结

（2）政策建议

3.2 研究对象

项目根据研究内容、研究目标确定研究对象：

（1）主管大学生自主创业的政府部门所出台的扶持政策。政府对大学生自主创业的扶持模式体现在扶持政策的实施，因此，国务院、教育部、人社部等主管大学生创业的国家各部委、各省市政府及主管创业的厅局单位等出台的大学生自主创业扶持政策及其政策的实施方式，都是项目确定的研究对象。

（2）在校大学生及毕业两年内的大学生的创业意愿、创业行为及其对创业环境与扶持政策的满意度。意愿带来动机，动机带来创业行为，创业面对成功或失败。所以，在政府、高校、大学生、创业环境等组成的创业链条中，需要研究项目的核心主体大学生的创业意识、意愿、行为及其对扶持政策的反馈。

（3）政府对大学生自主创业扶持行为、模式的绩效。政府对大学生自主创业的政策实施归类到相应模式后，其行为与绩效需要相应的跟踪、反馈与评价方法，这其中涉及到业内专家、企业家、政府公务员、正在创业的大学生对特定模式及其绩效的评价。

（4）国外对大学生自主创业的扶持政策与模式。项目研究需要借鉴国外的实践经验，选取了美国、韩国、印度政府支持大学生自主创业的政策模式作为比较研究对象。

3.3 研究方法

本项目拟引进文献研究及理论分析法、比较分析法、实证分析方法、专家咨询法、层次分析法、抽样调查法等。具体如下：

（1）文献检索及理论分析法。本研究中主要通过文献搜集及研究，对大学生自主创业从政策、理论、机理、因素实证、绩效评价等方面展开研究，形成研究的文献综述及研究基础。将公共产品理论、熊彼特的创新理论引入大学生自主创业政府扶持的机理研究中，从经济学视角作出解释。

（2）比较分析法。项目研究需要借鉴国外相关经验与教训，因此采用比较分析法，选取了美国、韩国、印度政府支持大学生自主创业的政策模式作为比较研究，从中分析发达国家、新兴市场经济国家和发展中国家对大学生自主创业的扶持政策的异同及其普遍性的成功做法。

（3）实证分析方法。对大学生自主创业中的意愿、行为及政府扶持模式产生绩效的关联因素实证研究，项目组主要采用了多元排序选择Logit模型和双因变量Probit联合估计模型来进行实证。对于政府对大学生创业扶持模式的绩效评价，项目组主要运用层次分析法（AHP法）和专家咨询法（Delphi法），通过定性指标模糊量化，建立起政府对大学生自主创业扶持绩效的评估指标体系框架，在此基础上对四种扶持模式进行检验分析。

（4）抽样调查法。项目实证调研主要采取抽样调查方法，并结合典型调查和问卷调查法，以封闭型回答和开放型回答结合的方式设计问卷调查表。抽样调查在全国展开，重点调查地区为江西、浙江、广东和上海。扶持模式的案例调研也主要采用抽样调查法。

3.4 技术路线

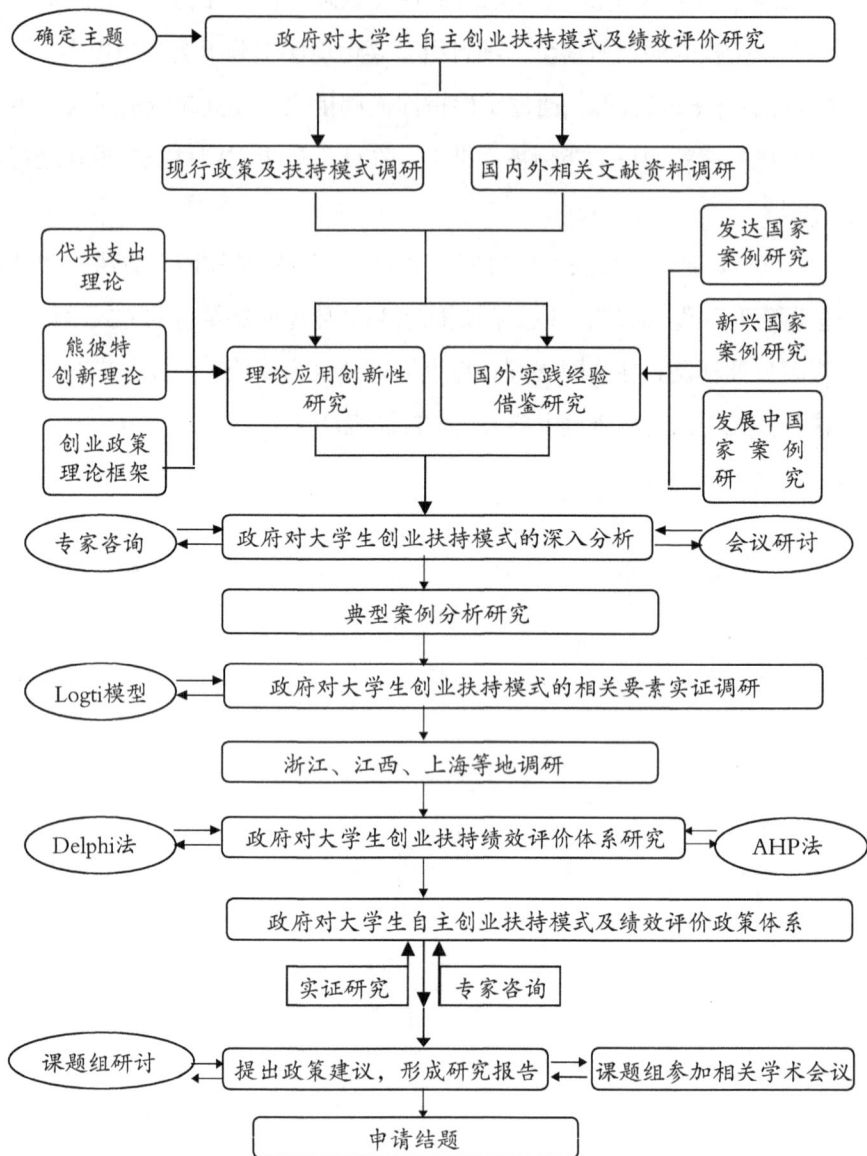

第4章　研究发现或结论

4.1 理论研究发现及结论

4.1.1 基于公共产品理论的经济学解释

从经济学视角理解，政府的存在及其提供的服务都是因为经济上要求有提供公共产品的主体，创业支持也不例外。创业既然是一项产权明确的私人经营活动，政府为何还要支持？理由必然是创业除了是私人的经济活动外，还同时包涵着一定的公共经济成分，即创业是一项私人产品与公共产品为合体的混合产品。这里先需要解释说明一下什么是混合产品。

1. 公共产品、私人产品与混合产品

公共产品（public goods）是与私人产品（private goods）相对应的概念，其定义由萨缪尔森于1954年首先提出："每个人对这种产品的消费，都不会减少其他人对它的消费。"这是公共产品的基本特征"消费的非竞争性"之一，用数学语言可表达为：

$$X=X_i=\sum_{i=1}^{n}X_i \ (\ i=1,2,3,\cdots,n) \tag{4.1}$$

式中，X为某一公共产品的消费量，X_i为某人i消费这一公共产品的消费量，即任意消费者i的消费量与其他人（包括自身）加总的消费量相等。从经济学意义上来说，公共产品的边际消费成本等于零。

而对私人产品来说，消费是具有竞争性的，增加一个人的消费必然减少另一个人的消费，消费量具有累加性。用数学公式可表达为：

$$X=X_i=\sum_{i=1}^{n}X_i \neq X_i \ (\ i=1,2,3,\cdots,n) \ \text{或} \ X=\sum_{i=1}^{n}X_i \ni X_i \ (i=1,2,3,\cdots,n) \tag{4.2}$$

即对任一群体的消费者，其消费私人产品的消费量是各自消费量的加总。[1]

---

[1]P. A. Samuelson. the pure theory of public expenditures[J]. Review of Economics and Statistics,

公共产品的另一基本特征为"消费的非排他性"，或称"消费的难排它性"，即在技术上无法将没有购买者排除在消费的范围之外，或是技术是可行，但由于排除成本高比排除带来的收益而造成经济上的不可行。

相对于纯公共产品，如果一个产品的消费容量有限，消费上是严格竞争和排他的，仅供一个人消费时其效用水平才最大和不变，则该物品为纯私人产品。有的私人产品消费上存在一定程度的非竞争性和非排他性，存在这种特征的私人产品常称"准公共产品"（quasi-public goods），即混合产品。

萨缪尔森从消费特性上来定义公私产品现在看来显然过窄。原因是，除了产品消费环节出现的非竞争性和非排他性，供给环节也同样会出现这样的问题。而且，对于外部性与市场失灵等问题所涉及的公共性，萨缪尔森的定义并没有包含。王万山（2003）在博士论文中，曾提出过用产权联合度来定义公共产品的概念，即一个产品或服务在生产、供求和消费上的产权是独立明确的，则为私人产品；如果产权是完全联结在一起的，则是纯公共产品；处于两者之中的，则为混合产品。

2. 创业因哪些公共性需要政府支持

政府界入经济活动的理由是公共产品和混合产品的存在。没有政府参与提供这两类产品，经济运行将失效，原因是经济人的"搭便车"行为和因为这两类产品的产权联结而导致市场失灵。因产权联结而导致市场失灵的主要原因有几方面，包括私有产权不安全或不存在、外部性、私权市场残缺或产权垄断、产权交易成本高昂、市场不确定性与信息不对称、产品供给风险过大等。创业作为政府积极倡导和支持的混合产品，其需要支持的公共性体现在创业的正外部性。

布坎南(Buchanan)和斯塔布尔宾(Stubblebine)1962年给外部性下了定义：只要某个人的效用函数或某一厂商的生产函数所包含的变量在另一个人或厂商的控制之下，即存在外部性。用公式表示为：

$$U_A=U_A(X_1,X_2,X_3,\cdots,Xn,Y_1) \tag{4.3}$$

式（4.3）表示，A的效用不仅受其所控制活动$X_1,X_2,X_3,\cdots,X_n$的影响，并且受B控制活动Y_1的影响，即A所受到的影响是A产权交易外被无意或有意附加的。如果Y_1为正，则U_A的经济活动为正外部性。

创业无疑是一项正外部性很强的经济活动，除增加就业、带动就业外，还能加快新技术的开发与推广，拓展经济增长点及空间，可谓一举多得。正外部性经济活动在没有政府的支持下，依然可以在市场机制中自动运行，问题是这种活动由于收益外溢而没有得到充分的激励，正外部性发出方在生产或消费时一般以私人边际收益作为供给或支出的预算约束线，其生产量或消费量低于社会福利最优量，因此无法达到经济帕累托最优。如图4.1所示：

图4.1中，MEB指外部边际效益，即$MEB=\sum_{i=1}^{n}MB_i=da=bc$（设MEB为常数）；MSB、MPB指社会、私人边际收益；MSC指社会边际成本。当S与DP于a点达到局部均衡时，$MPB<MSB(Q_pa<Qpd)$，$(MSC<MSB)$，社会福利没有达到$MSB=MSC$的帕累托最优均衡点b，$Q_p<Q_s$。此时创业正外部性发出方贡献的社会外部收益总和为面积$P_0adP'=$面积P'_0efP_1。若实施财政补贴、税收减免等创业支持政策，可使创业发出方的边际社会收益"内部化"，使$MSC=MSB$，此时要求创业支持边际补贴率为$MEB=da=bc$，创业发出方在b点达到新的局部帕累托最优均衡。此均衡下，创业发出方的正外部收益总和增加到面积P'_0cbP_1，但已全部以政府创业支持形式返还给发出方。由于创业发出方经营规模的扩大，生产者的福利增加面积P_0abP_1，消费者等社会福利增加面积P'_0caP_0。因此，社会净福利增加为：面积P_0adP_1+面积P'_0caP_0-面积$P'_0efP_1=$面积abf+面

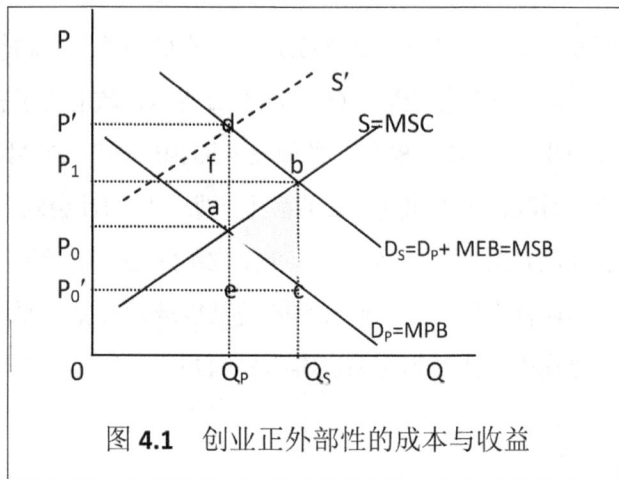

图 **4.1** 创业正外部性的成本与收益

积eca=面积abc，即三角形abc阴影部分面积。

从经济学原理上分析，消除创业正外部性所引致的市场失效途径只有一条，即政府通过特定的制度安排（创业支持政策）使创业正外部性带来的正效应内部化。在如何使正外部性内部化上，传统的经济学有着不同的看法，其中具有代表性的是以庇古为代表的政府税费支持法和以科斯为代表的通过重新界定和分配产权的市场解决法。但由于正外部性是一种"自愿"的捐献行为，即发出方生产经营决策以主产品为利润目标，对第三方公益品，其知道或不知道，由于交易成本太大的原因，都没有计划出卖，即没有纳入供求决策。因此，正外部性活动并非都能通过市场机制来内化，即科斯办法来解决。从这一点上观察，"科斯市场"在创业激励方面是失效的。用新制度经济学分析方法研究正外部性问题的重大进展来自诺斯的外部性理论，他从路径上扩展了科斯的外部性理论。诺斯认为：必须在制度上做出安排和确定所有权，以便造成一种激励，将个人的经济努力变成私人收益率接近社会收益率的活动。而这种对个人行为产生"激励相容"的有效制度，需要有效率的公共组织来提供。对创业者来说，这个组织就是政府。[①]

现在已明确创业是正外部性很强的混合产品，政府需要对其采取补偿性激励，政府给予创业支持的"庇古税"方法是必需的补偿办法。但这其中要关注两个问题：一是支持补贴的效率问题。政府面临着很多种类型的创业活动，有的正外部性强大，有的很小甚至有副作用，政府不可能对每一种创业都实行全额补贴。如图4.1所示，政府为了补贴创业正外部性以增加面积abc的社会福利，必须投入面积P'_0cbP_1公共财政资金，如果把这部分的财政资金投向其他公共品生产所产生的社会效益大于面积abc，政府将理性放弃前者的补贴。二是交易成本问题。由于经济生活中创业的正外部性活动种类繁多，创业外部效益难以准确计量等原因，创业正外部性在补偿过程中往往碰到交易成本高昂问题，补偿过程的成本有时甚至超过补偿

①[美]道格拉斯·C·诺思.经济史上的结构和变迁[M].北京：商务印书馆,1992.

收益，从而导致补偿失效。以"创业培训"为例，政府投入了大量的创业培训资金，但如果对创业培训过程监管不到位，培训经费有可能被个别官员与培训机构合谋套取，这种情况下，将出现创业支持补贴失效。

小结：政府对创业正外部性外部效益"内部化"激励政策应注意几点：第一，政府对创业正外部性激励的制度安排，必须依据其正外部性的影响程度和作用范围而定。如果某一创业的正外部性影响的范围很大，并且第三方效益占生产总效益的相当大部分甚至是主效益，例如新兴科技产业，那么政府应该实行全面的补偿激励制度；反之，如果某一创业的正外部性影响的范围有限，或外部性较小，就应该减少补偿激励。第二，政府可对不同的创业正外部性选择多样和合理的激励方法、手段。除直接给予财政补贴外，政府还可通过政策性金融支持、税收减免、技术支持、优先采购、创业基金支持等手段增强对扩大创业正外部性生产的激励。第三，在市场机制能起作用的地方，政府应让市场机制尽量发挥作用。政府虽然在规制创业正外部性"供给短缺"失灵上有优势，但政府规制过程中也易于由于规制被俘房等原因导致政府规制失灵，以一种失灵代替另一种失灵可能导致更大的经济失效。比如创业投资方面，如果政府过多直接介入和直接投资，效果可能没有更多鼓励和利用市场机制发展风险投资和天使投资好。

4.1.2 基于熊彼特创新理论的经济学解释

熊彼特是创新经济学的开拓者，其创新理论的基本观点是：所谓"创新"其实就是创造一种新的生产函数，"生产意味着把我们所能支配的原材料和力量组合起来，生产其他东西，或者用不同方法生产相同的东西，意味着以不同方式把这些原材料和力量结合走来"。创新包括以下五种情况:（1）采用一种新的产品——也就是消费者还不熟悉的产品——或一种产品的新特性。（2）采用一种新的生产方法，也就是在有关的制造部门中尚未通过经验检定的方法，这种新的方法决不需要建立在科学上新发现的基础之上；并且，也可以存在于商业上处理一种产品的新方式之中。

（3）开辟一个新的市场，也就是有关国家的某一制造部门以前不曾进入的市场，并不管这个市场以前是不是存在。（4）掠取或控制原材料或半制成品的一种新的供应来源，也不问这种来源是已经存在的，还是第一次创造出来的。（5）实现任何一种工业的新组织，比如创造一种垄断地位或打破一种垄断地位。[①]

熊彼特认为创新的本质就是创造性破坏的过程。他在自己的论著《资本主义、社会主义与民主主义》中强调："资本主义企业的创新，就是不断地从内部使这个经济结构革命化，不断地破坏旧结构，不断地创造新结构。这个创造性破坏的过程，就是资本主义的本质性的事实。"[②] 而他认为这个创造性破坏的执行者是企业家。"企业家的职能不是别的，只是通过利用一种新发明，或更一般地，利用一种生产新商品或用新方法生产老商品的没有试用过的技术可能性，通过开辟原料供应的新来源或产品的新销路，通过重组产业等来改革生产模式或使它革命化。"[③]

创业是创业者作为"企业家"进行创新经营的一种活动，哪怕生存型创业，也需要一种冒险精神。从熊彼特的创新理论出发，政府需要出台扶持政策去激励大学生自主创业，以使更多的"创造性破坏"来带动经济的发展而不是单纯的规模扩大。换言之，政府需要出台政策激励大学生去"创业冒险"。这里就需要分析创业的风险、成本与收益，以及政府如何填补创新风险所带来的创业风险成本。

1. 创业的风险性（不确定性）

创业是有风险的，创业者要面对不断变化的市场、持续进步的技术、意想不到的产业创新、变化莫测的金融市场等风险。风险是日常生活中的用词，在经济学的术语里，风险是个可以预测的概率事件，是相对可以测算的意外成本。而不确定性才是经济学中的"风险"，因为它是不可预知

---

①约瑟夫·熊彼特著.经济发展理论[M].商务印书馆，1990: 73-74.

②约瑟夫·熊彼特著.资本主义、社会主义与民主主义[M].商务印书馆，1990:147.

③约瑟夫·熊彼特著.资本主义、社会主义和民主主义[M].商务印书馆，1990:132.

和无法测算的，所带来的损失可能超越预计。

　　Knight（2005）对风险与不确定性进行了深入的研究。他将不确定性等同于完全不可概率化、不可保险化的情况，认为利润可以在静态意义下存在，并把利润归因于偏离了预期的条件，即未来的不确定性产生利润。另外，他认为风险不可能产生利润，因为风险是可测算的成本。他认为真正的不确定性与风险有着本质的区别：不确定性指经济行为人面临的直接或间接影响经济活动的外生和内生因素，无法准确地加以观测和预见，而风险是概率估计的可靠性。Knight的贡献在于明确区分风险与不确定性，并提出不确定性作为一种不可预计损失或不存在这种损失所带来的意外利润的"利润中心理论"。

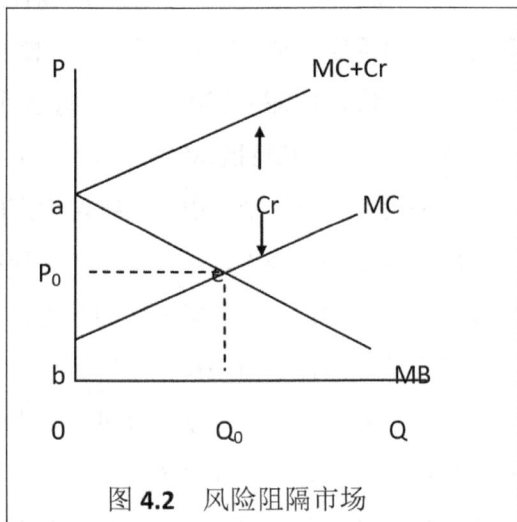

图 **4.2**　风险阻隔市场

　　创业的不确定性虽然没有让创业完全出清于市场，即创业不会在市场中消失，但却提高了创业者进入市场的成本与门槛。创业活动涉及新领域的开发及未来长期经营，而新领域的开发和未来都意味着不确定性，无论是否知道创业的未来结果，如若创业行动结果不止一个，就会存在不确定性。不确定性虽然可以带来尝试的利润，但不确定性在经济中同时是一种不可预计的成本，"风险"过大时，投资者将放弃进入市场。如图4.2，当风险成本 $Cr \geqslant ab$ 时，创业者将退出市场或拒绝投资。从企业经营角度看，创业者需要为未来收益牺牲当前收益，是否进入市场经营将取决于未来收益贴现值，社会特别高的贴现率和变化莫测的市场利率走向可能意味着一些生产经营领域的投资被拒绝。所以政府所应做的，就是要采取相应的扶持政策来降低这种不确定性带来的创业高贴现率。

由于创业不确定性的存在，政府要鼓励创业者更多"冒险"去创新、创办企业，就需要政府想办法去降低创业者的创新不确定性。从经济学角度，政府针对性地降低创业不确定性有几种可行的办法，包括参与投资降低投资不确定性，参与融资降低融资不确定性，提供技术投入支持降低技术不确定性，提供创业平台降低人才与环境的不确定性等。

小结：政府激励大学生自主创业的前提是激励其创新精神，按熊彼特理论，"创新是一种创造性破坏"，在推动社会进步的同时带给了创新企业家风险。政府的扶持政策应力求降低这种风险，从而降低创业的进入门槛。政府可采用的扶持措施包括：

一是投入引导资金。引导不确定性高的科技型和创新型创业，各国政府的经验做法都是投入引导资金，引导市场种子基金、天使投资和风险投资进入参与创投。各国的区别只是直接参与创投还是通过参与市场创业投资基金间接参与创投。不管哪种方式，都是一种风险分享型的经济模式。创业的不确定性是一种风险成本，同时又是一种风险利润，通过政府引导和参与的创业投资，创业者可将创业风险成本分散出去，同时也把风险利润分享出去。由于政府对创新型创业的风险鉴别能力通常比市场里的创业投资机构低，所以政府直接主导的创业风投在过往的经验中被证明是低效的，这是专业性分工带来的效率不同问题，容易从分工经济学上加以理解。

二是提供信用担保。由于不确定性风险的存在，银行对创业融资一般持谨慎态度，对其提供和质押要求也提高。这导致经常出现的创业融资难问题。各国政府的经验做法是提供各种类型的创投融资信用担保。从经济学原理上分析，政府是在用概率风险的分散原理进行着一种创业不确定性的利润投入。对一家企业进行信用担保风险的确不小，但是在全面评估的基础上对一大批创业企业进行信用担保风险将显著降低。政府在这其中虽然会有一定程度的资金损失，但这种损失可视作是创新型创业的补偿性投入，其将来所带来的利润和总的社会收益可以覆盖这种损失。

三是建设创业孵化器等平台。创新型创业面临着人才、技术、资源、法律等不确定性带来的风险，政府建设创业孵化器、创业科技园能够从综合效应上减轻这些风险。创业平台不仅是提供一个创新型投资的共同场所，更重要的是增强了人才、技术、资源、法律、市场、政策等方面的保障。创业平台的圈内市场效应是一种外部规模效应，经济学性质是一种综合型的产业集群，或可说是综合型的创业集群。用克鲁格曼的话说是一种外部规模效应，其结果是降低了不确定性风险。

四是财税补偿支持。对于小微型的创新型创业，各国政府经验做法是给予直接的财税补偿支持。小微型创新创业需要的资金量不大，但这类型的创业者自有资金也较少，直接的财税补贴对他们来说更有利于撑住资金流以坚持到创业成功。政府的做法从经济学视角看，就是直接降低小微型科技创业门槛，以达到鼓励创业者博取将来不确定利润的激励。

2. 创业的机会成本与机会收益

机会成本与机会收益在经济学中是一对概念。机会成本在消费上指为了选择某种产品和服务而不得不放弃某些产品和服务中某一个的最大效用价值；机会成本在生产上指企业或厂商利用一定的时间或资源生产一种商品时，而失去的利用这些时间和资源去生产其他最佳替代品(substitute)的价值。综合定义时，机会成本指对多方案做出决策时，被舍弃的选项中的最高价值选择是本次决策的机会成本。机会收益的概念争议比较多，目前在经济学上还没有权威定义，国内经济界对其概念主要有两种界定：一是与机会成本严格对立，把放弃某种选择时同时放弃的成本视为机会收益，体现在生产上是生产成本，体现在消费上则为消费价格（陶丘山2004）[①]。另一种界定则是指从一种选择向另一种选择转移的过程所获得的机会性的收益，即从机会成本小的选择向机会成本大的选择转移（王广金等，2009）[②]。我们认为，机会收益概念并非是机会成本的反面，即机会收益并非是两选一或是多选一的问题，而是指起用一种新选择（不一定废弃原

[①]陶丘山.机会收益论.

[②]王广金等.机会收益——水权转换中一个值得关注的理论和实践问题[J].农业科学研究，2009（4）.

有的选择）或转移一种新选择所带来的机会性收益。这里，我们部分同意了王广金等学者的观点。

创业对创业者和政府而言，都具有机会成本和机会收益的双重性。创业者如果选择就业而不创业，那么创业收入就是创业者的机会成本；创业者如果创业，他将获得重新选择的机会收益，同时还可提供没有就业的人获得工作，政府获得税收，消费者获得新产品或更多产品等机会收益。对政府而言，如果创业者不在本地创业而是选择一般就业，政府就产生了创业所带来诸多收入和好处的机会成本；同时，创业者创业并不影响政府的选择，而是多一种选择，多一个发展机会，创业者选择不创业，政府将失去这种增加选择所产生的机会收益。简要地说，如果政府不鼓励创业，政府就可能失去增加一个企业的机会，同时也失去了此机会所能带来的机会收益。用通俗的语言表达，就是多一个机会，多一份收益。

小结：每一个创业都能给政府带来多一个创新和多一个市场机会，有利于政府扩大一份市场和增加一份收入。这就是政府应扶持创业的一个重要的创新理由。从经济学上解释，政府支持创业就是降低创业者进入市场的门槛，让创业者有信心和低成本进入"创新市场"，从而为政府、为社会增加一份市场机会。为何政府对一般市场里的企业没那么大的支持力度？原因是只要创业者创办的企业在市场里站稳脚跟，它就能自行运转成为市场的主体之一，即使政府不再支持，也不会再失去这一机会收益。正如播种的小树需要浇水，移植的小树需要浇水，但一旦成活，它就能独自成长为一棵参天大树。简言之，机会成熟了，就不再是机会。

政府所要做的，就是评估和判断哪一种类型的创业所带来的机会收益较大，从而选择不同的支持力度与政策。这里涉及到前面所提到的创业的创新性带来的正外部性大小的问题，也涉及到风险成本对创业的阻隔问题。一般而言，技术创新型创业能带来扩大产业空间的正外部性；商业模式创新型创业能带来商务空间扩展和商务环境优化的正外部性，两者都属机会型创业，都对社会进步起到显著作用，都受政府和社会所欢迎。但即使是传统型的一般创业（即生存型创业），尽管正外部性效应小些，或其至没有正外部性，却也能给政府带来增加就业、增加市场收入的机会收益。因此，政府也应重视和扶持生存型创业。从这点上理解，政府多支持创业，就等同于政府多栽树，成活后便可带来即期或中长期的机会收益，带来乘凉的好处。

4.2 经验借鉴研究发现及结论

世界上不管是发达国家、新兴市场经济国家，还是发展中国家，政府对大学生自主创业都从政策上给予大力支持，虽然模式多种多样，力度有所不同。

4.2.1 发达国家的经验借鉴——以美国为例

美国作为发达国家代表，其支持大学生创业的政策力度到位且一同既往，一直是其他国家学习的对象。美国最好的大学，往往也是大学生创业做得最好的大学，如斯坦福大学、哈佛大学、麻省理工学院等。美国支持大学生创业的政策着力点在以下几方面：

（1）创业教育。美国是世界上最早开展创业教育的国家，可追溯到1947年哈佛大学开设的《新创企业管理》。目前，美国开设立有创业课程的大学接近2000所。不仅如此，为了培养小学生及中学生的创业意识，美国还在小学和中学开设创业教育课程，并在中学生中进行创业融资为主要内容的"金融扫盲"。美国政府专门设立了国家创业教学基金，创业教育的发展还得到了众多社会机构的资金支持。早在1951年，美国就成立了第一个主要赞助创业教育的科尔曼基金会（Coleman Foundation）。此后，考夫曼创业流动基金中心、国家独立企业联合会、新墨西哥企业发展中心等相继成立。这些基金会每年都会以商业计划大赛奖金、论文奖学金等形式向高校提供大量的创业教育基金。美国政府还开设了多样化创业机构，主要有小企业管理局（SBA）、美国堪萨斯州青年创业家、柯夫曼创业中心等。此外，美国的大学也开设了形式多样的创业教育中心。

（2）创业投融资支持系统。美国政府对创业投融资支持没有划分社会各界群体，大学生创业与其他公民创业获得资金支持的渠道基本一致。政府对创业投资和融资的支持主要通过1953年设立的小企业管理局（SBA）实施。创业投资方面，美国通过四条途径给予支持。一是1958年通过《小企业投资法案》，批准成立小企业投资公司（SBIC），由SBA通过向SBIC提供低息贷款、购买债券和加入SBIC风险投资的方式支持创业企业投资。1992年通过《小企业股权投资促进法案》，规定小企业管理局需为从事股权投资的小型社会投资公司提供融资担保；1993年《信贷担保法案》，降低了商业银行向小企业发放贷款的风险。在2008年金融危机冲击后，美国出台的《小企业贷款基金法案》，进一步为小企业提供减税和贷款支持，并帮助资产少于100亿美元的社区银行增加向小企业放贷①。二是小企业创新研究投资支持（Small Business Innovation Research，SBIR）。美国于1982年正式实施该项目，由联邦政府机构负责科研经费，SBA负责监管，以合同或捐赠形式把科研经费交给小企业，特别是由高校教师与学生创办的科技型初创企业。在SBIR项目起动实施20年中，共投入资金130亿美元，资助了近7万个科研投资项目。三是实施新市场创业投资项目（New Market Venture Capital，NMVC），用以弥补SBIC的投资盲区。SBIC的投资规模一般在30万～500万美元之间，而在5万～30万美元之间的创业投资需求得不到满足，产生小规模资金需求的企业一般是中低收入地区的小企业，SBIC支持的正是这类科技小企业。融资方面，美国主要通过SBA为小创业融资提供信用担保。经国会授权，SBA与7000多家商业银行合作，为中小企业提供贷款担保。通常SBA为少于15万美元的贷款提供85%的担保，为15万～200万美元之间的贷款提供75%的担保，贷款期限平均为7年。此外，还有区域性和社区性创业担保体系。②

①成蓉.美国、日本中小企业融资支持政策的演进——兼论对浙江省建设中小企业金融中心的启示[J].生产力研究,2011(11):138-143.

②The report to the president by SBA——the small business economy for date year 2006[R].United States Government Printing Office Washington，2007（12）.

（3）提供税收优惠。1978年，美国政府将创业投资资本利得税从49%降至28%，1981年进一步降至20%，极大地激励了创业投资的发展。税收激励措施是美国政府促进天使投资发展的重要手段。政府给予天使投资者一定程度的税收抵免或者某些优惠措施，以此来鼓励民间投资者投资于初创企业。美国大多数州都推出了针对天使投资的税收优惠措施，例如夏威夷州对投资于高新技术企业的天使投资项目给予五年的税收抵免优惠；爱荷华州不仅为创业者提供向天使投资者展示其投资计划的平台和机会，还给予个人天使投资者和共同基金高达千万美元的税收抵免。

（4）政府与高校紧密合作。为了支持高校大学生创业，紧密与企业的联系与沟通，美国政府出台多种政策措施鼓励各高校建立各种校企合作服务机构。例如MIT的机构分为两大类：一是创业服务机构，这些机构既注重理论教育，又注重实践锻炼，还为企业家与创业者提供交流平台，通过资金资助、提供咨询等服务催生新企业。二是科技成果转化机构，如成立技术许可办公室（Technology Licensing Office，TLO），其主要任务是对在MIT、林肯实验室（Lincoln Laboratory）和怀特黑得研究所（Whitehead Institute）的研究成果进行技术许可和商业化投资，通过这些投资促进新产品的出现和经济的发展，使大学的技术直接服务于社会。例如，斯坦福大学的技术授权部门给各类创业公司颁发过8000多份技术授权，据学校公共关系部门统计，至少有5000家公司，追根溯源，其创业者是斯坦福的教师或学生，其中包括惠普、雅虎、思科、太阳、eBay、Netflix、Intuit、LinkedIn等。[1] 美国的教育部门还允许高校的教师停职创业或兼职创业，允许学生休学创业。

（5）提供良好创业服务及环境。体现在四个方面：一是简化小企业创办手续并降低进入门槛。在美国，新有限责任公司从注册到正式运营所需程序仅为6个，从开始申请注册到新公司开业只需要6天，开办公司

---

[1]Technology Licensing office:An Inventor's Guide to Technology Transfer at the Massachusetts Institute of Technology[DB/OL].[2011-09-08].
http://web.mit.edu/tlo/www/community/index.html.

所需的最低法定资本金为零。二是制定了一系列的小企业经营保护法。为保护创业小企业的成长和保证其有一个公平的市场环境，美国政府制定出台了一系列的小企业促进法案，如《小型企业投资刺激法》《小型企业经济政策法》《小企业公平法》《小企业创新发展法》《小企业研究和开发促进法》等。三是建立较完备的社会保障体系，即使创业失败了，也有失业保障，衣食住行依然无忧。美国社会对创业精神的认可和对创业失败的宽容态度也为创业者提供了良好的文化环境。[①]四是提供专业服务。美国政府参与设立了小企业发展中心(Small Business Development Center, SBDC)，为大学生创业提供各类咨询，咨询内容包括财务、经营计划、市场营销、技术和融资等。对大学生创业起到了更为直接的积极作用。SBDC是对中小企业进行技术支援的机构，中心由 SBA、教育机构、社会团体等共同出资成立。全美 57 个主要的SBDC都设在大学内。以马萨诸塞州的SBDC为例。该州SBDC由SBA出资50%，州政府出资25%，州内五所大学出资25%成立。中心设在马萨诸塞州大学内。SBDC的基本理念是活跃社会的创业，为现有中小企业的维持、发展提供服务。它们通过在大学和社会团体的固定场所，向正准备创业的个人提供咨询和举办研讨会。每年全美接受咨询超过 60 万人次。

4.2.2 新兴国家的经验借鉴——以韩国为例

韩国作为新兴市场经济国家的代表，其对大学生创业支持也十分重视，大学生创业率与成功率近年一直位居新兴市场经济国家前列。韩国出台的对大学生创业支持主要政策如下：

（1）税收优惠。为使优秀创业想法和项目变成现实，韩国政府为其提供了比普通企业更优惠的税收政策支持。韩国政府积极鼓励各种资本对高科技创新企业进行投资，特别是高校创业孵化器或科技园项目。个人对创新项目进行投资时，政府会给予30%的税款返还。对于创业投资企业，

①莫荣,王莹莹.美国如何支持创业[J].中国人力资源社会保障，2015（12）.

国家税、所得税和法人税两年内减免50%，地方税、取得税和注册税两年内全免。对于从事创业投资业的人才，政府给予一定的所得税减免；对于在韩国国内创业投资企业工作的外国专家，政府给予5年的所得税减免。

（2）金融扶持。与美国一样，韩国政府对创业的金融支持并不区分大学生群体与其他社会群体，而是一视同仁。1994年韩国政府资助成立了综合技术金融股份公司（KTB），通过股本投资、垫付、附条件贷款、技术开发贷款、租赁和代理融资等形式，为技术开发活动提供全面的资金支持。1999年9月韩国政府出资1000亿韩元建立创业投资公共资金机构"韩国创业投资组合"，并规划到2020年政府出资规模扩大到2000亿韩元。韩国中小企业厅设立了一项创业基金，奖励扶持大学生创业。创业基金2009年达到6亿韩元，扶持120多个优秀大学生创业小组，平均每个小组获得800万韩元。金融信贷方面，韩国政府把年均贷款利率维持在4%~5%的低水平上，以重点支持中小创业企业和出口部门。仅2003年，政府贷款金额就高达76.4万亿韩元。2004年12月，韩国政府颁布"刺激创业企业政策"，规定在2005-2008年间向需要创业投资的企业提供了12万亿韩元的资金，其中10万亿韩元作为技术信用保证基金为这些企业提供担保。韩国政府创业资金的投入和运作采取投资引导和市场化运行两条途径，政府投资的创业基金按规定50%必须投入创业企业；由政府全额投资设立的创业公司，严格按市场方式运作，政府在其中仅是一般意义上的股东。

（3）创业平台支持。韩国政府允许教授、研究人员利用自己的实验室注册企业，进行研究及产品的开发生产。这一特例为大学的科研人员、教授创业提供了便利。在大城市，政府为扶持创业企业，不惜划地造楼，并将所建房屋以极低的租金租给创业企业使用，以供其建立办公室、实验室、试验工场等。韩国政府还鼓励地方政府划出专门的地区以供创业企业安家落户，从基础设施上给予保证，如交通、道路水电、保险等。此外，韩国政府积极建设创业投资企业孵化器，创业孵化器保育中心租金非常便宜，有技术含量的创业企业可申请进入中心两年，经政府审查后还可以延长。

（4）注重财政资助。韩国是G20亚洲国家中创业生态系统最好的国家，非常重视对创业的政策支持，亦是世界上对创业公司进行资助投资力度最大的国家之一。自2013年以来平均每年政府投资支出为20亿美元左右，从2017年开始预计每年达37亿美元。在对创业企业财政资助方面，2011年由政府出资的中小企业公司，成立了青年创业者创业学院（Young Entrepreneurs Start-up Academy），旨在推进制造业或知识经济领域的创业，对缺少创业经验的企业予以资助，包括不超过项目成本70%且金额不超过1亿韩元的资助，以及办公场所、创业辅导等方面的支持。到2013年，该项目的年度预算已达到254亿韩元。首尔市于2009年启动了《年轻企业1000》（Youth Business 1000），该计划每年挑选1000名年轻创业者，对其每个月资助100万韩元，并提供免费孵化中心孵化服务一年，同时接受成功创业者指导。该项目每年的资助预算为190亿韩元。项目启动三年来，创立了1400家企业。[1]

（5）建设大学创业支援中心。韩国政府高度重视大学生创业。除大力支持高校开设创业课程外，韩国政府还在大学投资设立了技术转移中心和"创业支援中心"。韩国大学创业支援中心实行严进宽出政策，对大学生创业项目选择有非常严格的筛选程序，专注于知识型创业的扶持。创业支援中心对大学生优秀创业项目给予一定的经费支持。在创业支援中心，大学生可以得到一条龙的创业服务，大学生创业所急需的人员、场地和资金，在这里都很容易得到解决。目前，在韩国拥有创业支援中心的高校已超过200所。[2]

4.2.3 发展国家的经验借鉴——以印度为例

发展中国家印度也重视支持大学生创业，特别是在扶持大学生从事软件与IT产业创业方面。印度政府扶持大学生创业的政策着力点在以下四个

---

[1]Jones, R.S.,Kim, M. Promoting the Financing of SMEs and Start-ups in Korea,OECD Economics Department Working Papers,2014.

[2]左泉.韩国创业政策简介[J].科技创业月刊，2011（4）.

方面：

（1）支持创业教育。印度政府1966年就提出"自我就业教育"的口号，鼓励大学生毕业后自谋出路，使他们"不仅是求职者，还应是工作机会的创造者"。印度政府致力于建立创业型大学，鼓励高校发挥创业中心的作用。印度的大学创业教育基本普及全国的大学和学院，开设创业知识、创业管理、创业技能、企业文化等创业教育课程，还为迎合印度国情专门开设了为期两年的家族企业管理项目。

（2）促进创业孵化器建设。印度政府通过建立教育园区、科技园、科技企业孵化器、企业集群等方式促进创业孵化器建设。印度尤其重视软件创业孵化器建设。1990年，印度电子工业部首批建设了三个软件科技园区：班加罗尔（BangaloRe）、浦那（Poona）和布巴尔斯瓦尔（Bnubaneshuar）。1991年印度政府耗资60亿卢比在班加罗尔设立了国家软件科技园，被誉为印度的"硅谷"。印度软件孵化器为创业企业提供优质的服务，标准化的管理，为国内外软件企业孵化创造了良好的条件。

（3）促进创业投资发展。印度政府对创业投资的政策支持体现在印度证券监督管理委员会（SEBI）出台的相关政策上。1996年SEBI颁布了创业投资基金管理条例，促进了国内创业基金的运行与发展。2000年又颁布了国外创业投资基金管理条例，允许外国创业投资机构和个人投资者在SEBI注册，并享受到相关的权利。[1] 2016年，印度总统Shri Pranab Mukherjee进一步宣布启动由印度技术教育委员会制定的《国家学生创业政策》，旨在未来10年实现10万名技术背景的学生创业和由此带来的百万人就业机会。《国家学生创业政策》主要从如下方面推动大学生创业：1）在国家和国际层面建立支持大学生创业的投资基金，其约1000亿卢比的风险基金将投向大学生创业企业；2）将在学术机构投资实验室的软硬件建设，每年投资额约为2亿卢比，以帮助学生创业。

（4）政府与非政府组织联手支持大学生创业。为了推动大学创业，

---

①丘文敏.如何在印度创业[J].大经贸，2009（2）.

印度政府与非政府组织协力合作，发挥各自的独特作用。中央、地方政府创业发展部门为印度创业发展学院提供资金支持，包括非常规性的设施建设、设备维护与其他服务投入，与EDI的资金投入达到50%配比。^①

（5）设立机构提供创业服务。印度中央政府、各联邦政府、金融机构、教育与培训学校、工业协会以及非政府组织等都提供与创业相关的服务。小型企业工业部和科学技术部设立了创业培训和服务机构，如创业和小企业发展国家研究所（NIESBD）、工业综合培训中心（ITCI）、印度创业研究所（IIE）、小企业创业者推广与培训学院（SEPTI）、印度创业发展研究所（EDII）等。各联邦政府设立的创业机构包括产业董事会及地区产业中心及产业投资机关。

（6）提供创业一篮子支持政策。2015年印度总理Narendra Modi宣布发起"创业印度，崛起印度"（Start-up India and Stand-up India）计划，每年除拨款250亿卢比支持创业外，还提供一篮子创业支持政策，包括：1）国有银行的12.5万个分支机构必须对印度基层阶层创业者提供最少一笔贷款，政府实施对创业企业的信用担保计划。2）政府首先出资250亿卢布，引导私人资本共同出资1000亿卢布建立针对创业公司的股权投资基金。3）开办企业的政府登记仅需要一天，而非原来的15～20天。4）创业企业三年内免所得税；资本利得如用于投资其他创业企业将免除资本利得税。5）放松针对创业企业为供应商的政府公共采购标准，如在行业经历和营业收入方面的标准。6）在国家机构中建立创新中心，鼓励建立孵化中心，在50万学生中开展鼓励创新计划。

4.2.4 结论

通过总结美国、韩国、印度三国政府对大学生创业支持政策及成功做法，我们得到的基本结论是：不管是发达国家、新兴市场经济国家，还是发展中国家，其政府对大学生创业都给予充分的扶持与帮助，重点体现在

---

①徐小洲,李娜. 印度高校创业教育发展动因与模式[J]. 比较教育研究,2013,35(05).

支持大学创业教育、实行税收优惠、投入财政支持、加强创业平台建设、实施金融支持、提供良好的政府创业服务等方面。而且，这三个国家政府都有一个共同特点，就是政府在扶持大学生创业过程中，重视与大学合作，重视与中介组织或机构合作，重视利用市场的力量。

4.3 政府对大学生自主创业扶持的四种模式调研

4.3.1 四种模式划分的构想

改革开放30多年，中国经历了几次创业浪潮，20世纪80年代初的乡镇企业创业潮，90年代初的民营创业潮，到了21世纪之初迎来了大学生的创业春天。虽然政府对大学生自主创业扶持的历程不到20年，但各级政府出台的扶持政策可以用多种多样来形容。特别是在"大众创业、万众创新"的"双创"战略确定后，从中央到省、市、县，甚至镇，各级政府出台的扶持大学生自主创业的政策，如"井喷"一样涌现出来。由于这些政策很多是指导性的意见或要求，或是地方优惠政策或措施，因而这些扶持大学生自主创业的政策让人感到琳琅满目，归类分析时有些难以下手。课题组在归类扶持模式时，按照模式政策不重叠的基本原则，采取"政府该收的不收，该给的应给，该建的应建，该做的应做"的划分法，把政府对大学生自主创业的扶持模式划分为税费优惠、财政投入、平台建设、创业服务四种扶持模式。其中，税费优惠指税收、收费优惠；财政投入指政府对大学生自主创业投入财政资金支持；平台建设指政府为大学生自主创业建设创业基地、创业孵化器、创业科技园等创业平台[1]。创业服务指政府为大学生自主创业提供的政策咨询、便捷服务、创业教育及培训、知识产权保护、市场公平竞争环境等多种便捷性、安全性、保障性的服务，旨在为大学生自主创业保驾护航。这四种扶持模式及其相应的模式政策基本囊括了

---

[1]创业平台政策包含了税费优惠、投入支持和创业服务，是一体化的创业硬件投入。项目研究为了不重复，重点研究政策该如何为大学生创业建设平台的问题。

各级政府对大学生自主创业出台的各种政策。

4.3.2 税费优惠模式调研

1. 2012年以来中央与地方政府出台的大学生自主创业扶持税费优惠政策

2012年以来，国务院、中央各部委都出台了不少扶持大学生自主创业的税费优惠政策，包含税收优惠、行政事业费优惠、场地出租费优惠等方面。我们把这些税费优惠政策要点整理为专栏4.1。

专栏4.1　中央政府2012年以来出台的扶持大学生创业的税费优惠政策

国务院出台的税费优惠政策要点:
实行奖励和补助政策。有条件的地方要综合运用无偿资助、业务奖励等方式，对众创空间的办公用房、用水、用能、网络等软硬件设施给予补助。（国办发〔2016〕7号）
对首次创办小微企业或从事个体经营并正常经营1年以上的高校毕业生、就业困难人员，鼓励双创示范基地开展一次性创业补贴试点工作。探索适应灵活就业人员的失业、工伤保险保障方式，符合条件的可享受灵活就业、自主创业扶持政策。（国办发〔2017〕54号）
教育部出台的税费优惠政策要点:
2014年规定高校毕业生在学校期或者毕业规定时间内进行创业，可以持《高校毕业生自主创业证》，向当地申请创业税收优惠：在年度减免税限额内，依次扣减营业税、城市维护建设税、教育费附加、地方教育附加和个人所得税。（教育部网2014.06.13）
税收减免，毕业年度内高校毕业生从事个体经营，在3年内以每户每年8000元为限额依次扣减当年应缴纳的营业税、城市维护建设税、教育费附加、地方教育附加和个人所得税，限额标准最高可上浮20%。（教育部网2014.06.13）

财政部出台的税费优惠政策要点:

对持《就业失业登记证》(注明"自主创业税收政策"或附着《高校毕业生自主创业证》)人员从事个体经营的,在3年内按每户每年8000元为限额依次扣减其当年实际应缴纳的营业税、城市维护建设税、教育费附加、地方教育附加和个人所得税。限额标准最高可上浮20%,各省、自治区、直辖市人民政府可根据本地区实际情况在此幅度内确定具体限额标准,并报财政部和国家税务总局备案。(财税〔2014〕39号)

对商贸企业、服务型企业、劳动就业服务企业中的加工型企业和街道社区具有加工性质的小型企业实体,在新增加的岗位中,当年新招用在人力资源社会保障部门公共就业服务机构登记失业一年以上且持《就业失业登记证》(注明"企业吸纳税收政策")人员,与其签订1年以上期限劳动合同并依法缴纳社会保险费的,在3年内按实际招用人数予以定额依次扣减营业税、城市维护建设税、教育费附加、地方教育附加和企业所得税优惠。定额标准为每人每年4000元,最高可上浮30%,各省、自治区、直辖市人民政府可根据本地区实际情况在此幅度内确定具体定额标准,并报财政部和国家税务总局备案。(财税〔2014〕39号)

自2015年10月1日起,全国范围内的有限合伙制创业投资企业采取股权投资方式投资于未上市的中小高新技术企业满2年(24个月)的,该有限合伙制创业投资企业的法人合伙人可按照其对未上市中小高新技术企业投资额的70%抵扣该法人合伙人从该有限合伙制创业投资企业分得的应纳税所得额,当年不足抵扣的,可以在以后纳税年度结转抵扣。(财税〔2015〕116号)

有限合伙制创业投资企业的法人合伙人对未上市中小高新技术企业的投资额,按照有限合伙制创业投资企业对中小高新技术企业的投资额和合伙协议约定的法人合伙人占有限合伙制创业投资企业的出资比例计算确定。(财税〔2015〕116号)

对持《就业创业证》（注明"自主创业税收政策"或"毕业年度内自主创业税收政策"）或《就业失业登记证》（注明"自主创业税收政策"或附着《高校毕业生自主创业证》）的人员从事个体经营的，在3年内按每户每年8000元为限额依次扣减其当年实际应缴纳的增值税、城市维护建设税、教育费附加、地方教育附加和个人所得税。限额标准最高可上浮20%，各省、自治区、直辖市人民政府可根据本地区实际情况在此幅度内确定具体限额标准，并报财政部和税务总局备案。（财税〔2017〕49号）

对商贸企业、服务型企业、劳动就业服务企业中的加工型企业和街道社区具有加工性质的小型企业实体，在新增加的岗位中，当年新招用在人力资源社会保障部门公共就业服务机构登记失业半年以上且持《就业创业证》或《就业失业登记证》（注明"企业吸纳税收政策"）人员，与其签订1年以上期限劳动合同并依法缴纳社会保险费的，在3年内按实际招用人数予以定额依次扣减增值税、城市维护建设税、教育费附加、地方教育附加和企业所得税优惠。定额标准为每人每年4000元，最高可上浮30%，各省、自治区、直辖市人民政府可根据本地区实际情况在此幅度内确定具体定额标准，并报财政部和税务总局备案。（财税〔2017〕49号）

公司制创业投资企业采取股权投资方式直接投资于种子期、初创期科技型企业（以下简称初创科技型企业）满2年（24个月，下同）的，可以按照投资额的70%在股权持有满2年的当年抵扣该公司制创业投资企业的应纳税所得额；当年不足抵扣的，可以在以后纳税年度结转抵扣。（财税〔2017〕38号）

有限合伙制创业投资企业（以下简称合伙创投企业）采取股权投资方式直接投资于初创科技型企业满2年的，法人合伙人可以按照对初创科技型企业投资额的70%抵扣法人合伙人从合伙创投企业分得的所得；当年不足抵扣的，可以在以后纳税年度结转抵扣。个人合伙人可以按照对初创科技型企业投资额的70%抵扣个人合伙人从合伙创投企业分得的经营所得；当年不足抵扣的，可以在以后纳税年度结转抵扣。（财税〔2017〕38号）

天使投资个人采取股权投资方式直接投资于初创科技型企业满2年的，可以按照投资额的70%抵扣转让该初创科技型企业股权取得的应纳税所得额；当期不足抵扣的，可以在以后取得转让该初创科技型企业股权的应纳税所得额时结转抵扣。天使投资个人在试点地区投资多个初创科技型企业的，对其中办理注销清算的初创科技型企业，天使投资个人对其投资额的70%尚未抵扣完的，可自注销清算之日起36个月内抵扣天使投资个人转让其他初创科技型企业股权取得的应纳税所得额。（财税〔2017〕38号）

从2017年1月1日起至2019年12月31日，在小微企业各项税收优惠政策中，大学生创业成立的企业符合小型微利企业条件的，即工业企业年度应纳税所得额不超过50万元、从业人数不超过100人、资产总额不超过3000万元的；其他企业年度应纳税所得额不超过50万元、从业人数不超过80人、资产总额不超过1000万元的，减按20%的税率减半征收企业所得税。（财税〔2017〕43号）

税务总局出台的税费优惠政策要点:

为贯彻落实《财政部 税务总局关于创业投资企业和天使投资个人有关税收试点政策的通知》（财税〔2017〕38号，以下简称《通知》），现就创业投资企业和天使投资个人税收试点政策有关问题公告如下：

（一）《通知》第一条所称满2年是指公司制创业投资企业（以下简称"公司制创投企业"）、有限合伙制创业投资企业（以下简称"合伙创投企业"）和天使投资个人投资于种子期、初创期科技型企业（以下简称"初创科技型企业"）的实缴投资满2年，投资时间从初创科技型企业接受投资并完成工商变更登记的日期算起。

（二）《通知》第二条第（一）项所称研发费用总额占成本费用支出的比例，是指企业接受投资当年及下一纳税年度的研发费用总额合计占同期成本费用总额合计的比例。

（三）《通知》第三条第（三）项所称出资比例，按投资满2年当年年末各合伙人对合伙创投企业的实缴出资额占所有合伙人全部实缴出资额的比例计算。

（四）《通知》所称从业人数及资产总额指标，按照初创科技型企业接受投资前连续12个月的平均数计算，不足12个月的，按实际月数平均计算。具体计算公式如下：

月平均数＝（月初数＋月末数）÷2

接受投资前连续12个月平均数＝接受投资前连续12个月平均数之和÷12

（五）法人合伙人投资于多个符合条件的合伙创投企业，可合并计算其可抵扣的投资额和分得的所得。当年不足抵扣的，可结转以后纳税年度继续抵扣；当年抵扣后有结余的，应按照企业所得税法的规定计算缴纳企业所得税。

所称符合条件的合伙创投企业既包括符合《通知》规定条件的合伙创投企业，也包括符合《国家税务总局关于有限合伙制创业投资企业法人合伙人企业所得税有关问题的公告》（国家税务总局公告2015年第81号）规定条件的合伙创投企业。（国家税务总局公告2017年第20号）

为贯彻落实《财政部 税务总局 人力资源社会保障部关于继续实施支持和促进重点群体创业就业有关税收政策的通知》（财税〔2017〕49号）精神，现就具体操作问题公告如下：

（一）申请

1.在人力资源社会保障部门公共就业服务机构登记失业半年以上的人员、零就业家庭或享受城市居民最低生活保障家庭劳动年龄内的登记失业人员，可持《就业创业证》（或《就业失业登记证》，下同）、个体工商户登记执照（未完成"两证整合"的还须持《税务登记证》）向创业地县以上（含县级，下同）人力资源社会保障部门提出申请。县以上人力资源社会保障部门应当按照财税〔2017〕49号文件的规定，核实创业人员是否享受过税收扶持政策。对符合条件人员在《就业创业证》上注明"自主创业税收政策"。

2.毕业年度高校毕业生在校期间从事个体经营享受税收优惠政策的，凭学生证到公共就业服务机构申领《就业创业证》，或委托所在高校就业指导中心向公共就业服务机构代为其申领《就业创业证》。公共就业服务机构在《就业创业证》上注明"毕业年度内自主创业税收政策"。

3.毕业年度高校毕业生离校后从事个体经营享受税收优惠政策的，可凭毕业证直接向公共就业服务机构申领《就业创业证》。公共就业服务机构在《就业创业证》上注明"毕业年度内自主创业税收政策"。

（二）税款减免顺序及额度

符合条件人员从事个体经营的，按照财税〔2017〕49号文件第一条的规定，在年度减免税限额内，依次扣减增值税、城市维护建设税、教育费附加、地方教育附加和个人所得税。纳税人的实际经营期不足一年的，应当以实际月份换算其减免税限额。换算公式为：减免税限额＝年度减免税限额÷12×实际经营月数。

纳税人实际应缴纳的增值税、城市维护建设税、教育费附加、地方教育附加和个人所得税小于减免税限额的，以实际应缴纳的增值税、城市维护建设税、教育费附加、地方教育附加和个人所得税税额为限；实际应缴纳的增值税、城市维护建设税、教育费附加、地方教育附加和个人所得税大于减免税限额的，以减免税限额为限。

上述城市维护建设税、教育费附加、地方教育附加的计税依据是享受本项税收优惠政策前的增值税应纳税额。

人力资源与社会保障部出台的税费优惠政策要点：

符合条件的毕业年度高校毕业生，及时发放《就业创业证》，落实好相关政策；对申领求职补贴并符合条件的，要在离校前全部发放到位，补贴标准较低的要适当调高标准。积极推进国有企业招聘应届高校毕业生信息公开工作，加大监督检查力度，切实保障毕业生公平就业权益。（人社部函〔2015〕21号）

落实好税费减免、创业担保贷款及贴息、社保补贴、培训补贴、求职创业补贴等政策，促进毕业生多渠道就业和创业。（人社部函〔2016〕18号）

提供创业经营场所支持，统筹利用资源建设大学生创业园、留学人员创业园和创业孵化基地，支持发展一批众创空间等新型平台，为高校毕业生提供低成本场所支持和孵化服务，并对符合条件的给予一定场租补贴。对持《就业失业登记证》（注明"自主创业税收政策"或附着《高校毕业生自主创业证》）人员从事个体经营的，在3年内按每户每年8000元为限额依次扣减其当年实际应缴纳的营业税、城市维护建设税、教育费附加、地方教育附加和个人所得税。限额标准最高可上浮20%，按规定给予税费减免优惠，为高校毕业生创业开辟"绿色通道。（人社部发〔2016〕100号）

科技部出台的税费优惠政策要点：

自主创业持有《高校毕业生自主创业证》的人员从事个体经营的，在3年内按每户每年8000元为限额依次扣减其当年实际应缴纳的营业税、城市维护建设税、教育费附加、地方教育附加和个人所得税。限额标准最高可上浮20%；国家级科技企业孵化器税收具有优惠政策；取消《高校毕业生自主创业证》，毕业年度内高校毕业生从事个体经营的，持《就业创业证》（注明"毕业年度内自主创业税收政策"）享受税收优惠政策；部分参加免税审核的国家大学科技园可进行免税。（国科发高〔2014〕67号）。

资料来源：根据中央政府相关政府部门网站发布的政策文件整理。

2. 地方政府税费优惠模式实施调研

各省市地方政府对中央政府的大学生自主创业税费优惠政策实施往往结合自己的省情"加码"来执行。我们调研了江苏、湖南、江西三省在这一政策上的执行情况，见专栏4.2。

专栏4.2 江苏、湖南、江西三省对大学生自主创业税费优惠"加码"的政策

江苏省出台的税费优惠政策要点：

对大学生实行取消注册资本最低限额、先照后证等改革措施，放宽住所（经营场地）登记条件，并对符合条件的创业大学生免收登记类和证照类行政事业性收费，对在校生创业提供一次性创业补贴；将从事个体经营税收抵扣额度从每户每年8000元提高到9600元，并将地方教育费附加纳入抵扣税种；月销售额不到2万元的小微企业可暂免征收增值税和营业税。（苏政办发〔2014〕71号）

对月销售额不超过2万元的小型微型企业，暂免征收增值税和营业税，符合小型微利企业条件的，可享受小型微利企业所得税优惠政策；对直接从事种植业、养殖业、林业、牧业、水产业生产的企业，其销售自产的初级农产品免征增值税；对企业从事农业、林业、牧业、渔业项目的所得，可免征或减征企业所得税；对创办的软件企业经认定后，可按规定享受软件企业相关税收优惠政策。（苏政办发〔2014〕71号）

湖南省出台的税费优惠政策要点：

企业建设众创空间投入符合规定条件的，享受研发费用税前加计扣除政策。众创空间及入驻的小微企业发生的研发费用，企业和高校院所委托众创空间开展研发活动发生的研发费用，符合规定条件的，适用研发费用税前加计扣除政策。众创空间的研发仪器设备符合规定条件的，按照税收有关规定适用加速折旧政策。进口科研仪器设备符合规定条件的，适用进口税收优惠政策。完善科技企业孵化器税收政策，符合规定条件的众创空间适用科技企业孵化器税收等优惠政策。推动股权投资企业税收优惠政策在长株潭国家自主创新示范区先行先试，对符合一定条件的股权投资企业的自然人有限合伙人，其从有限合伙企业取得的股权投资收益，按照《中华人民共和国个人所得税法》及其实施条例的规定，符合"利息、股息、红利所得"的应税项目，按20%税率计算缴纳个人所得税。（湘政办发〔2016〕74号）

对众创空间内企业和团队获得国内授权的发明专利按每件3000元标准给予一次性资助，对择优评定的重点发明专利按其上年实际交纳的发明专利维持费50%予以资助，对专利权质押融资评估费予以补贴。（湘政办发〔2016〕74号）

江西省出台的税费优惠政策要点：

对已进行就业失业登记并参加社会保险的自主创业高校毕业生，人力资源和社会保障部门可按照灵活就业人员待遇给予社会保险补贴，补贴缴费基数按当地上年度在岗职工平均工资的60%计算，养老保险补贴12%，医疗保险补贴3%，失业保险补贴1%，期限最长不超过3年。（赣府厅字〔2013〕96号）

对高校毕业生创办的小微企业，按规定落实减半征收企业所得税，月销售额或月营业额不超过2万元的暂免征收增值税和营业税等政策。（赣府厅发〔2014〕24号）

各市、县（区）财政要按规定落实对劳动密集型小企业25%、对促进就业基地75%的地方配套贴息资金；提高创业费用补贴标准。对入驻创业孵化基地的企业、个人，在创业孵化基地3年内发生的物管费、卫生费、房租费、水电费等给予补贴，补贴标准由原来不超过50%提高到60%，所需资金由就业资金统筹安排。（赣府发〔2015〕51号）

资料来源：湖南、江西两省政府及相关部门网站。

各省市在大学生自主创业的税费优惠扶持上，都有一定程度的"加码"鼓励。但由于税率是中央政府规定的，所以这种加码的程度往往不会太大。下面介绍江西省在创业扶持方面的"特殊"税收政策。

《江西省地方税务局支持服务全省全面深化改革促进发展升级若干政策和服务举措》（赣地税发〔2015〕35号）规定：对符合条件的小型微利企业，减按20%的税率征收企业所得税；从2015年1月1日起至2017年12月31日止，将享受减半征收企业所得税优惠政策的小微企业范围，由年应纳税所得税额10万元以内（含10万元）扩大到20万元以内（含20万元），并按20%的税率缴纳企业所得税。《江西省地方税务局关于开展降低企业成本优化发展环境专项行动的通知》（2016.5.18）规定：2017年12月31日前，对年应纳税所得额在30万元（含30万元）以下的小型微利企业，减按50%计入应纳税所得额，并按20%的税率缴纳企业所得税。对符合条件的小微企业免征教育费附加、地方教育费附加、防洪保安资金、文化事业建设费、残疾人就业保障金等政府性基金。多渠道加大政策宣传力度，让企业应知尽知、应享尽享，助推大众创业、万众创新。《江西省地方税务局关于深入推进降低企业成本优化发展环境若干政策措施的公告》（2017.6.23）规定扩大小型微利企业所得税优惠范围。自2017年1月1日至2019年12月31日，将享受小型微利企业所得税优惠的年应纳税所得额上限由30万元提高至50万元，对年应纳税所得额低于50万元（含50万元）的小型微利企业，其所得额减按50%计入应纳税所得额，按20%的税率缴纳企业所得税。

江西省财政厅下发通知，对国家大学科技园税收政策进行了明确。通知指出，自2016年1月1日至2018年12月31日，对符合条件的科技园自用以及无偿或通过出租等方式提供给孵化企业使用的房产、土地，免征房产税和城镇土地使用税；自2016年1月1日至2016年4月30日，对其向孵化企业出租场地、房屋以及提供孵化服务的收入，免征营业税；在营业税改征增值税试点期间，对其向孵化企业出租场地、房屋以及提供孵化服务的收入，免征增值税。符合非营利组织条件的科技园的收入，按照企业所得税法及其实施条例和有关税收政策规定享受企业所得税优惠政策。

3. 创业大学生对税费优惠政策实施满意度调研

为调查在校创业的大学生与刚毕业2年内创业（包括继续创业）的大学生对政府出台的税费优惠政策的认识与反映，我们制作了简要的调查问卷[①]，主要通过面对面调查与电子邮件调查两种方式调研。2014年初，我们开展了第一轮调研，后因政府扶持大学生创业的政策不断出台，为保证

---

①调查问卷见附件。

调查的准确性，我们2016年初进行了第二轮调研①，共发放调查问卷500份，收回的有效调查问卷462份，有效率为92.4%。在创业的时期划分上，我们把2年内的大学生创业划分为初创期，2～4年的创业划分为发展期，4年以后的创业划分为成熟期。调研结果见表4.1、表4.2。

表4.1　创业大学生对政府税费优惠政策满意度一般性调查结果

调查选项	1. 你与你的同伴自主创业已有几年（　　　）				
选项	A. 1年以内　B. 2年以内　C. 3年以内　D. 4年以内　E. 5～6年				
结果	A. 161	B. 123	C. 98	D. 44	E. 36
占比（%）	34.8	26.6	21.2	9.5	7.8
调查选项	2. 你主要从哪里了解政府对大学生创业的税费优惠政策（　　　）				
选项	A. 政府网站　B. 创业课程　C. 创业培训　D. 电视报纸　E. 亲友同				
结果	A. 183	B. 123	C. 60	D. 37	E. 59
占比（%）	39.6	26.6	12.9	8.0	12.8
调查选项	3. 你认为政府对大学生创业的税费优惠政策占你创业动力中多大比重				
选项	A. 无关　B. 20%左右　C. 40%左右　D. 60%左右　E. 80%左右				
结果	A. 42	B. 155	C. 147	D. 76	E. 42
占比（%）	9.0	33.5	31.8	16.5	9.0
调查选项	4. 你认为政府对大学生创业的税费优惠政策容易理解吗（　　　）				
选项	A. 容易　B. 还好　C. 勉强可以　D. 不容易				
结果	A. 108	B. 211	C. 87	D. 56	
占比（%）	23.4	45.7	18.8	12.1	
调查选项	5. 你认为政府对大学生创业的税费优惠政策宣传到位吗（　　　）				
选项	A. 到位　B. 还好　C. 勉强可以　D. 不到位				
结果	A. 195	B. 151	C. 75	D. 41	
占比（%）	42.2	32.7	16.2	8.9	
调查选项	6. 你认为政府对大学生创业的税收优惠做得如何（　　　）				

①其他三种模式调研同第一种模式在同一时期进行。

续表

选项	A. 很好 B. 好 C. 一般 D 勉强可以 E 不够，还有较大提升空间				
结果	A. 39	B. 88	C. 134	D. 97	E. 104
占比（%）	8.4	19.0	29.0	29.9	22.5
调查选项	7. 你认为政府对大学生创业的收费优惠做得如何（ ）				
选项	A. 很好 B. 好 C. 一般 D. 勉强可以 E. 不够，还有较大提升空间				
结果	A. 44	B. 97	C. 128	D. 98	E. 95
占比（%）	9.5	21.0	27.7	21.2	20.6

数据来源：全国抽样调查。

表4.2 不同创业期创业大学生对政府税费优惠政策满意度调查结果

创业初创期(创业2年内)，共计284人

调查选项	3. 你认为政府对大学生创业的税费优惠政策占你创业动力中多大比重（ ）				
选项	A. 无关 B. 20%左右 C. 40%左右 D. 60%左右 E. 80%左右				
结果	A. 9	B. 35	C. 39	D. 45	E. 14
占比（%）	7.0	24.6	27.5	31.7	9.9
调查选项	6. 你认为政府对大学生创业的税收优惠做得如何（ ）				
选项	A. 很好 B 好 C. 一般 D. 勉强可以 E. 不够，还有较大提升空间				
结果	A. 9	B. 21	C. 43	D. 39	E. 30
占比（%）	6.3	14.8	30.2	27.5	21.1
调查选项	7. 你认为政府对大学生创业的收费优惠做得如何（ ）				
选项	A. 很好 B. 好 C. 一般 D. 勉强可以 E. 不够，还有较大提升空间				
结果	A. 32	B. 64	C. 77	D. 51	E. 60
占比（%）	11.3	22.5	27.1	17.9	21.1

创业发展期(创业2~4年内)，共计142人

调查选项	3. 你认为政府对大学生创业的税费优惠政策占你创业动力中多大比重（ ）				
选项	A. 无关 B. 20%左右 C. 40%左右 D. 60%左右 E. 80%左右				
结果	A. 9	B. 35	C. 39	D. 45	E. 14
占比（%）	7.0	24.6	27.5	31.7	9.9

续表

调查选项	6. 你认为政府对大学生创业的税收优惠做得如何（　　）				
选项	A. 很好　B. 好　　C. 一般　D. 勉强可以　E. 不够，还有较大提升空间				
结果	A. 9	B. 21	C. 43	D. 39	E. 30
占比（%）	6.3	14.8	30.2	27.5	21.1
调查选项	7. 你认为政府对大学生创业的收费优惠做得如何（　　）				
选项	A. 很好　B. 好　　C. 一般　D. 勉强可以　E. 不够，还有较大提升空间				
结果	A. 10	B. 28	C. 37	D. 37	E. 30
占比（%）	7.0	19.7	26.1	26.1	21.1

创业成熟期(创业5~6年)，共计36人

调查选项	3. 你认为政府对大学生创业的税费优惠政策占你创业动力中多大比重（　　）				
选项	A. 无关　B. 20%左右　C. 40%左右　D. 60%左右　E. 80%左右				
结果	A. 2	B. 8	C. 10	D. 12	E. 4
占比（%）	5.6	22.2	27.8	33.3	11.1
调查选项	6. 你认为政府对大学生创业的收费优惠做得如何（　　）				
选项	A. 很好　B. 好　　C. 一般　D. 勉强可以　E. 不够，还有较大提升空间				
结果	A. 1	B. 4	C. 13	D. 9	E. 9
占比（%）	2.8	11.1	36.1	25.0	25.0
调查选项	7. 你认为政府对大学生创业的收费优惠做得如何（　　）				
选项	A. 很好　B. 好　　C. 一般　D. 勉强可以　E. 不够，还有较大提升空间				
结果	A. 2	B. 5	C. 14	D. 10	E. 5
占比（%）	5.6	13.9	38.9	27.8	13.9

数据来源：全国抽样调查。

调查表4.1显示：自主创业的大学生主要从政府网站了解到政府对大学生自主创业的税费优惠政策，这一比例占到39.6%，其次是从创业课程上了解到，占比为26.6%。这说明政府的网络宣传还做得不错，创业教育也发挥了一定的作用。在创业动力方面，33.5%的创业大学生认为税费优惠政策有20%左右的动力，31.8%的学生认为有40%左右的动力。这说明政府的税费优惠政策还是起到了较大的动力激励。在税费优惠政策的理解方面，有69.1%的学生表示容易理解，而30.9%的学生表示理解有一定的困难。这说明我们的税费优惠政策设计或解释还不够清晰，或者是地方政府在实施税费优惠政策时有一定的模糊度。在税费优惠政策的宣传方面，有74.9%的学生表示满意，16.2%的学生表示一般，8.9%的学生不满意。这说明政府的税费优惠政策宣传工作做得不错，这应该是受益于网络宣传、创业教育和创业培训。在政府的税收优惠政策满意度方面，27.4%的学生认为政府做得好，29.0%的学生认为政府做得一般，52.4%的学生认为政府做得还不够。这说明自主创业的大学生多数希望政府加大减税的力度。在政府的收费优惠政策满意度方面，29.5%的学生认为政府做得好，27.7%的学生认为政府做得一般，41.8%的学生认为政府做得还不够。这说明自主创业的大学生不少还是希望政府加大收费减免的力度。

调查表4.2显示：在创业动力方面，创业初创期的学生认为有40%以上激励作用的占比是49.7%，创业发展期的占比是68.4%，创业成熟期的占比是72.2%，明显有随着创业期的延长认为这一政策日益重要的趋势。这说明自主创业的年限越长，创业学生越认识到税收政策的影响力和对企业发展的重要性。在政府的税收优惠和收费优惠政策满意度方面，也出现了类似的情况，即随着大学生创业年限的增长，他们对税收、收费优惠的满意度在降低。初创期对税收的满意度是32.4%，收费的满意度是33.7%，而发展期的满意度分别是21.1%和26.7%，成熟期的满意度分别是13.9%和19.4%。这说明大学生创业越到后面，越注重成本，越面临着规模与竞争的压力。同时，也越希望政府加大税费优惠的力度。

4. 小结

中央政府对大学生自主创业的税收优惠政策，简要概括主要有四条：（1）持《就业创业证》创业的大学生，在3年内可按每户每年9600元为限额，依次扣减其当年实际应缴纳的增值税、城市维护建设税、教育费附加、地方教育附加和个人所得税（财税〔2014〕39号）。（2）月销售额不超过3万元的缴纳义务人可以免征增值税、教育费附加、地方教育附加、水利建设基金和文化事业建设费；此外，金融机构与小型、微型企业签订的借款合同，免征印花税；符合条件的小型微利企业，其所得减按50%计入应纳税所得额，按20%的税率缴纳企业所得税（国办发〔2014〕22号）。（3）从2017年1月1日起至2019年12月31日，在小微企业各项税收优惠政策中，大学生创业成立的企业符合小型微利企业条件的，即工业企业年度应纳税所得额不超过50万元、从业人数不超过100人、资产总额不超过3000万元的；其他企业年度应纳税所得额不超过50万元、从业人数不超过80人、资产总额不超过1000万元的，减按20%的税率减半征收企业所得税（财税〔2017〕43号）。（4）大学生创业投资企业（合伙制或公司制）采取股权投资方式直接投资于种子期、初创期科技型企业满2年的，可以按照投资额的70%在股权持有满2年的当年抵扣该公司制创业投资企业的应纳税所得额；当年不足抵扣的，可以在以后纳税年度结转抵扣（财税〔2017〕38号）。

中央政府对大学生自主创业的收费优惠政策，简要概括主要有三方面：（1）行政事业性收费减免。持《就业创业证》创业的大学生，自工商部门首次注册登记之日起三年内，可免交管理类、登记类和证照类等有关行政事业性收费（国发〔2011〕16号）。主要有26项行政事业性收费：a.工商行政管理部门收取的个体工商户注册登记费（包括开业登记、变更登记、补换营业执照及营业执照副本）；b.税务部门收取的税务登记证工本费；c.卫生部门收取的行政执法卫生监测费、卫生质量检验费、预防性体检费、卫生许可证工本费；d.民政部门收取的民办非企业单位登记费（含证书费）；e.劳动保障部门收取的劳动合同签证费、职业资格证书工本费；f.国务院以及财政部、国家发展改革委批准设立的涉及个体经营的其他登记类、证照类和管理类收费项目。各省、自治区、直辖市人民政府及其财政、价格主管部门按照管理权限批准设立的涉及个体经营的登记类、证照类和管理类收费项目。（2）经营性收费减免。主要是地方政府按中央政府的政策指导意见而出台的收费减免政策，主要包括在政府投资建设的创业基地、创业孵化器、创业科技园、创业型特色小镇等创业平台创业的大学生，可以获得的租金、水电、网络等费用减免（人社部发〔2016〕100号）。（3）服务性收费。主要包括政府为大学生创业提供的法律、政策、信息、咨询等公共服务减免（国发〔2015〕23号）。

各省市在执行与实施中央政府对大学生自主创业扶持的税费优惠政策时，都在严格执行的基础上，有一定程度的"加码"推进政策，同时结合省情有一定的政策弹性空间。通过对全国自主创业的大学生抽样调查发现：政府的税费优惠政策对创业的创业动机与热情是重要的激励因素，创业大学生对政府的税费优惠政策宣传总体满意，但部分学生对政策的理解存在一定的困难。创业大学生总体认为政府的税费优惠政策还做得不够，希望有进一步的减免空间，特别是进入创业发展期和成熟期的学生这种诉求更强。

结合前面的理论研究、经验借鉴研究和本节的抽样调查研究，我们认为，政府对大学生自主创业的税费优惠政策近年来一直取得进步与优化，特别在科技型企业与创业投资税收减免方面。同时，我们认为，对大学生自主创业的税费优惠还有较大的调整与减免空间，需要政府根据创业的类型、创业所处时期、创业企业规模及收入情况等，制定出相对容易理解和执行的支持大学生自主创业的税费优惠体系。

4.3.3 财政投入模式调研

1. 2012年以来出台的对大学生自主创业财政投入扶持政策

2012年来，国务院、中央各部委连续出台了不少扶持大学生自主创业的财政投入扶持政策，包含创业贷款贴息、创业贷款担保、设立创业投资基金、经营性和政策性创业补贴等方面。我们把这些财政投入扶持政策要点整理为专栏4.3。

专栏4.3 中央政府2012年以来出台的扶持大学生创业的财政投入扶持政策

国务院出台的财政投入扶持政策要点:

发挥国家科技成果转化引导基金作用,综合运用设立创业投资子基金、贷款风险补偿、绩效奖励等方式,促进科技成果转移转化。发挥财政资金杠杆作用,通过市场机制引导社会资金和金融资本支持创业活动。发挥财税政策作用支持天使投资、创业投资发展,培育发展天使投资群体,推动大众创新创业。(国办发〔2015〕9号)

将职业介绍补贴和扶持公共就业服务补助合并调整为就业创业服务补贴。(国发〔2015〕23号)

将小额担保贷款调整为创业担保贷款,针对有创业要求、具备一定创业条件但缺乏创业资金的就业重点群体和困难人员,提高其金融服务可获得性,明确支持对象、标准和条件,贷款最高额度由针对不同群体的5万元、8万元、10万元不等统一调整为10万元。鼓励金融机构参照贷款基础利率,结合风险分担情况,合理确定贷款利率水平,对个人发放的创业担保贷款,在贷款基础利率基础上上浮3个百分点以内的,由财政给予贴息。简化程序,细化措施,健全贷款发放考核办法和财政贴息资金规范管理约束机制,提高代偿效率,完善担保基金呆坏账核销办法。(国发〔2015〕23号)

鼓励国家自主创新示范区、国家高新技术产业开发区设立天使投资基金,支持众创空间发展。选择符合条件的银行业金融机构,在试点地区探索为众创空间内企业创新活动提供股权和债权相结合的融资服务,与创业投资、股权投资机构试点投贷联动。支持众创空间内科技创业企业通过资本市场进行融资。(国办发〔2016〕7号)

实行奖励和补助政策。有条件的地方要综合运用无偿资助、业务奖励等方式,对众创空间的办公用房、用水、用能、网络等软硬件设施给予补助。(国办发〔2016〕7号)

拓宽融资渠道。落实好创业担保贷款政策，鼓励金融机构和担保机构依托信用信息，科学评估创业者还款能力，改进风险防控，降低反担保要求，健全代偿机制，推行信贷尽职免责制度。促进天使投资、创业投资、互联网金融等规范发展，灵活高效满足创业融资需求。有条件的地区可通过财政出资引导社会资本投入，设立高校毕业生就业创业基金，为高校毕业生创业提供股权投资、融资担保等服务。（人民银行、国家发展改革委、财政部、人力资源社会保障部、银监会、证监会等负责）（国发〔2017〕28号）

推广专利权质押等知识产权融资模式，鼓励保险公司为科技型中小企业知识产权融资提供保证保险服务，对符合条件的由地方各级人民政府提供风险补偿或保费补贴。持续优化科技型中小企业直接融资机制，稳步扩大创新创业公司债券试点规模。支持政府性融资担保机构为科技型中小企业发债提供担保。推动国家新兴产业创业投资引导基金、国家中小企业发展基金、国家科技成果转化引导基金设立一批创业投资子基金。（国发〔2017〕37号）

充分发挥国家新兴产业创业投资引导基金、中小企业发展基金作用，支持设立一批扶持早中期、初创期创新型企业的创业投资基金。引导和规范政府设立创业投资引导基金，建立完善引导基金运行监管机制、财政资金绩效考核机制和信用信息评价机制。根据国务院统一部署，支持双创示范基地按照相关规定和程序开展投贷联动、专利质押融资贷款等金融改革试点。落实好创业担保贷款政策，鼓励金融机构和担保机构依托信用信息，科学评估创业者还款能力，改进风险防控，降低反担保要求，健全代偿机制，推行信贷尽职免责制度。研究建立有利于国有企业、国有资本从事创业投资的容错机制。（国办发〔2017〕54号）

对首次创办小微企业或从事个体经营并正常经营1年以上的高校毕业生、就业困难人员，鼓励双创示范基地开展一次性创业补贴试点工作。（国办发〔2017〕54号）

教育部出台的财政投入扶持政策要点:

教育部颁布国家大学生级创新创业训练项目,包括创新训练项目、创业训练项目和创业实践项目三类。规定:在经费上,中央部委所属高校参与国家级大学生创新创业训练计划,由中央财政按照平均一个项目1万元的资助数额,予以经费支持;对中央部委所属高校创业实践项目,每个项目经费不少于10万元,其中,中央财政经费应资助5万元左右。

财政部出台的财政投入扶持政策要点:

中央财政给予小微创业示范城市奖励支持。示范期内,计划单列市及省会城市奖励总额为9亿元,一般城市(含直辖市所属区、县)奖励总额为6亿元。示范期为3年,奖励资金分年拨付。(财建〔2015〕114号)

人力资源与社会保障部出台的财政投入扶持政策要点:

让符合条件的高校毕业生和用人单位都能享受到政策扶持。会同有关部门全面落实和完善鼓励小微企业吸纳高校毕业生就业社保补贴、培训补贴等政策,落实好高校毕业生创业税收优惠、小额担保贷款、离校未就业高校毕业生灵活就业社保补贴等政策,促进毕业生多渠道就业和创业;对申领求职补贴并符合条件的,要在离校前全部发放到位,补贴标准较低的要适当调高标准。(人社部函〔2015〕21号)

协调有关方面细化落实工商登记、税费减免、创业担保贷款及贴息、场地支持等创业扶持政策,并为创业大学生提供财政资金、金融资金、社会公益资金和市场创投资金等多渠道资金支持。对落实政策中"优亲厚友"、"将享受创业担保贷款与参加创业培训简单挂钩"等做法要及时予以纠正,帮助符合条件的创业大学生都能获得相应的政策扶持。提供资金支持,强化担保基金的独立担保功能,适当延长担保基金的担保责任期限,落实银行贷款和财政贴息,重点支持吸纳大学生较多的初创企业,设立重点支持创业大学生的天使投资和创业投资基金。(人社部函〔2016〕18号)

落实好税费减免、创业担保贷款及贴息、社保补贴、培训补贴、求职创业补贴等政策，促进毕业生多渠道就业和创。（人社部函〔2016〕18号）

拓宽多元化资金支持渠道，落实创业担保贷款政策，鼓励天使基金、风险投资和创业投资基金等社会资本，以多种方式支持高校毕业生创业。（人社部发〔2016〕100号）

科技部出台的财政投入扶持政策要点：

强化创业融资服务。利用互联网金融、股权众筹融资等方式，加强与天使投资人、创业投资机构的合作，完善投融资模式，吸引社会资本投资初创企业。拓展孵化服务模式，在提供一般性增值服务的同时，以股权投资等方式与创业企业建立股权关系，实现众创空间与创业企业的共同成长。（国科发火〔2015〕297号）

鼓励孵化器针对创业企业，设立创业投资基金；引导加速器为成长期企业设立创业投资基金、股权投资基金；推动专业孵化器配套产业创业投资基金。鼓励各类孵化器充分利用政府创业投资引导基金、科技成果转化引导基金等各类母基金建立子基金，积极与专业投资机构、金融机构等外部资本合作设立各类子基金。支持孵化器采取自投、跟投、领投等方式，投资在孵企业和毕业企业；支持科研院所、大型集团企业、上市公司、境外投资机构投资众创空间、孵化器、加速器在孵和毕业企业；吸引知名企业家、成功创业者、企业高管、行业专家和孵化器从业人员等为在孵企业提供创业投资服务。（国科办高〔2017〕55号）

建立健全由孵化器、创业企业、担保机构、投融资机构、政府机构等组成多元的投资风险分担机制。引导孵化器、加速器以联合授信、内部担保、与其他机构联合担保等方式，协助担保公司、小额贷款公司、商业银行等金融机构为在孵企业提供融资服务。探索与互联网金融服务机构合作，协助在孵企业利用股权众筹方式融资。支持孵化器与各类金融服务机构开展长期战略合作，探索包括融资租赁、知识产权质押、打包贷款、小微贷、优先股、可转换债券等针对创业企业的融资服务。（国科办高〔2017〕55号）

> 支持孵化器建设创业金融服务平台，提供投融资方案设计、项目对接、信息共享等一体化服务。加强孵化器联合证券公司、律师事务所、审计师事务所、会计师事务所、资产评估机构、投资银行机构等专业机构，开展上市辅导和咨询服务，推动优质在孵企业和毕业企业在各类证券交易市场挂牌。（国科办高〔2017〕55号）

资料来源：相关政府部门网站。

2. 地方政府财政投入扶持政策模式实施调研

各省市地方政府对中央政府的大学生自主创业财政投入扶持政策实施有一定的差异性，原因是中央政府的财政投入扶持政策的硬指标少，而软件指标多。我们调研了江西、浙江、江苏、上海、陕西、广东六省在这一政策上的执行并出台本省（市）"特色"财政投入政策情况，见专栏4.4。

专栏4.4 江西、浙江、江苏、上海、陕西、广东的财政投入"特色"扶持政策

江西省出台的财政投入扶持政策要点：

> 强化财政资金杠杆作用，运用"财园信贷通""财政惠农信贷通"等融资模式，强化对创业创新企业、新型农业经营主体的信贷扶持。通过省级小微企业创业园创业风险补偿引导基金，择优筛选部分小微创业园启动小微企业创业风险补偿金试点，引导金融机构为入园小微企业、科技创新型企业提供流动资金贷款。建立完善金融机构、企业和担保公司等多方参与、科学合理的风险分担机制。
>
> 加强创业担保贷款扶持。将小额担保贷款调整为创业担保贷款，个体创业担保贷款最高额度为10万元；对符合二次扶持条件的个人，贷款最高限额30万元；对合伙经营和组织起来创业的，贷款最高限额50万元；对劳动密集型小企业（促进就业基地）等，贷款最高限额400万元；降低创业担保贷款反担保门槛，对创业项目前景好，但自筹资金不足且不能提供反担保的，通过诚信度评估后，可采取信用担保或互联互保方式进行反担保，给予创业担保贷款扶持；对获得国家和省有关部门、单位联合组织的

创业大赛奖项并在江西登记注册经营的创业项目，给予一定额度的资助，其中获得国家级大赛奖项的，每个项目给予10万元～20万元；获得省级大赛前三名的，每个项目给予5万元～10万元。对创业大赛评选出的优秀创业项目，给予创业担保贷款重点支持，鼓励各种创投基金给予扶持。（赣府发〔2015〕36号）

高校学生休学创业最多可保留7年学籍，财政每年注入1000万元资金充实青年创业就业基金，重点支持1000名大学生返乡创业。（赣府厅字－2016）

浙江省出台的财政投入扶持政策要点：

政策享受范围扩大至在校大学生及毕业3年以内大学生；自主创业自筹资金不足可申请30万元小额担保贷款，全额贴息，贴息期不超过3年；对符合条件且带动3人以上就业的给予每年2000元的带动就业补助，补助期不超过3年。（浙政办发〔2014〕107号）

江苏省出台的财政投入扶持政策要点：

小额担保贷款及财政贴息政策扩大到大学生开办的"网店"，贷款额度提高到不超过10万元，合伙经营和组织起来就业的，还可适当提高贷款额度。（苏政办发〔2014〕42号）

支持创业担保贷款发展。将小额担保贷款调整为创业担保贷款。扩大创业贷款担保基金规模，各省辖市和县（市）担保基金总额要在2～3年内增加到不低于3000万元和1000万元。个人贷款最高额度统一调整为10万元，有条件的地区可适当提高。鼓励金融机构参照贷款基础利率，结合风险分担情况，合理确定贷款利率水平，对个人发放的创业担保贷款，在贷款基础利率基础上上浮3个百分点以内的，由财政给予贴息。进一步降低创业担保贷款的门槛，对信用良好的创业者经综合评估后可取消反担保。健全贷款发放考核办法和财政贴息资金规范管理约束机制，提高代偿效率，完善担保基金呆坏账核销办法。加大对高校毕业生自主创业信贷支持力度，有条件的地方可适当提高担保贷款的额度，降低担保贷款的门槛，延长担保贷款的期限。对毕业2年以内的高校毕业生初次自主创业、经营6

个月以上、能带动其他劳动者就业且正常申报纳税的，按规定给予一次性创业补贴。（苏政发〔2015〕90号）

上海市出台的财政投入扶持政策要点：

完善小额贷款担保工作：（一）符合条件的个人申请15万元及以下开业贷款担保的，可免于提供个人担保。贷款金额在15万元以上30万元及以下的，申请人应提供不低于贷款额10%的有效个人担保；贷款金额在30万元以上50万元及以下的，申请人应提供不低于贷款额20%的有效个人担保：（二）本市小微企业法人申请开业贷款担保的，最高担保贷款金额调整为200万元。贷款金额在15万元及以下的，申请人免于个人担保；贷款金额在15万元以上30万元及以下的，申请人应提供不低于贷款额10%的有效个人担保；贷款金额在30万元以上50万元及以下的，申请人应提供不低于贷款额20%的有效个人担保；50万元以上100万元及以下的，申请人应提供不低于贷款额30%的有效个人担保；100万元以上200万元及以下的，申请人应提供不低于贷款额40%的有效担保。（沪人社就发〔2013〕38号）

探索建立创业投资、天使投资早期奖励机制和风险补偿机制。充分发挥上海市大学生科技创业基金支持青年大学生创业融资的积极作用。（沪府发〔2015〕36号）

将小额担保贷款调整为创业担保贷款，对象范围扩大到本市高校毕业且在沪创业的青年大学生，并适当提高个人免担保额度。（沪府发〔2015〕36号）

发挥大学生科技创业基金支持创业融资的积极作用。进一步发挥上海市大学生科技创业基金的政策效应，将基金扶持的对象范围扩大到高校毕业5年以内在沪创业的高校毕业生。研究制定港澳台大学生在沪创业资助办法。（沪府办发〔2015〕43号）

将初创期创业扶持政策对象范围，扩大到注册登记3年以内的本市小微企业。将初创期创业组织经营场地房租补贴对象范围，扩大到在沪创业并带动就业的所有创业者。（沪府发〔2015〕36号实施初创期创业社会保险费补贴政策。青年大学生在沪创办3年以内的本市小微企业、个体工商户、农民合作社、民办非企业单位等创业组织，新招用本市劳动者并按规定缴纳社会保险费的，可按新招人数，申请社会保险费补贴。补贴标准为本市上年职工月平均工资60%作为缴费基数计算的单位缴纳社会保险费的50%，补贴期限最长3年，每个创业组织每年最多补贴2万元。所需资金从失业保险基金中列支。（沪府办发〔2015〕43号）

创业场地房租补贴标准根据创业组织吸纳本市失业人员、协保人员和农村富余劳动力并稳定就业的情况来确定，每吸纳一人每年最高补贴金额不超过3000元。补贴总额以创业组织在同一区县内注册地或经营地的实际发生租金为限。（沪人社就发〔2015〕44号）

定期组织开展上海创业计划大赛、创业新秀评选等活动，积极推荐本市创业者参加国家各类创业竞赛活动。对获得市级优胜的创业团队给予5万元的创业启动金，对获得国家级优胜的创业团队给予10万元的创业启动金。对获得市级优胜的创业组织给予10万元的助力发展金，对获得国家级优胜的创业组织给予20万元的助力发展金。所需资金从市就业专项资金中列支。（沪人社就发〔2015〕44号）

定期组织开展市级创业孵化示范基地的认定和评估工作，委托第三方社会中介机构对创业孵化成效进行分级评估。根据评估结果，对达到A级、B级、C级的创业孵化示范基地，分别给予50万元、30万元、10万元的运作经费补贴，用于补贴房租、管理费等经费支出。所需资金从市就业专项资金中列支。（沪人社就发〔2015〕44号

对于符合创业指导站功能定位、具备一定软硬件建设条件、创业指导成效突出的高校，可以提出创业指导站启动资金和工作经费补贴的申请。由市人力资源社会保障部门和教育部门委托第三方社会中介机构开展定期评估，根据评估结果，给予高校一次性15万元的启动资金补贴。对经评估达到A级、B级、C级的高校创业指导站，分别给予15万元、10万元、5万

元的工作经费补贴。所需资金从市就业专项资金中列支。（沪人社就发〔2015〕44号。

加大创业贷款担保和贴息政策支持力度。将小额担保贷款调整为创业担保贷款，其对象范围扩大到本市高校在校及毕业且在沪实现创业的青年大学生。符合条件的对象，按规定可以申请个人最高50万元、法人最高200万元的创业贷款担保，其中20万元以下的创业贷款免于个人担保。（沪府办发〔2015〕43号）

各区县发放的一次性求职创业补贴列入政府收支分类科目规定的科目，补贴标准为每人1000元，每人限领一次。（沪人社就〔2016〕91号）

在本市注册开业的小微企业、个体工商户、农民合作社、民办非企业单位，其法人或法定代表人（负责人）获得本市商业银行或小额贷款公司发放的200万元及以下小额贷款，并按期还本付息的，可根据吸纳本市失业人员、协保人员和农村富余劳动力且稳定就业的情况，按以中国人民银行公布的贷款基准利率计算的贷款利息给予贴息，但每人每年贴息最高不超过2000元。贴息期限最长不超过一年。对于未进行工商登记注册，但在网络平台实名注册、稳定经营且信誉良好的网络商户创业者，可按规定申请最高15万元的创业前贷款担保。在贷款期限内还清贷款本息，按规定给予银行贴息扶持。（沪人社就发〔2015〕44号）

见习学员在见习后六个月内实现创业的，按照实际成功创业人数给予创业见习基地每人5000元的一次性带教费补贴。（沪人社规〔2017〕22号）

陕西省出台的财政投入扶持政策要点：

鼓励支持众创空间参加科技保险，不断扩大保险险种和保费补贴范围；探索设立校园微种子、微天使基金，推进高等院校科技成果转化。（陕政办发〔2016〕96号）

学生自主创业可申请最高10万元创业担保贷款，合伙创业可申请最高50万元创业担保贷款。大学生回原籍创业，可获不高于2万元的一次性大创业补贴。（陕政发〔2016〕10号）

支持科技成果孵化和各类人才创业，对初创项目给予额度不超过5万元、期限不超过2年的贷款，鼓励各类基金收购和转化初创成果。（陕政发〔2016〕10号）

对于符合要求的种子基金，省科技成果转化引导基金可采取股权投入形式予以支持（投资金额不超过基金规模的10%，单个基金支持金额不超过1500万元）。到2017年，全省创业风险投资基金数量达到100支以上，资金规模超过100亿元。拓宽创客融资渠道，鼓励银行等金融机构为创客提供个人担保贷款、知识产权质押贷款、股权质押贷款等融资服务。建立知识产权质物处置机制，对以专利权质押获得贷款并按期偿还本息的创业企业，按同期银行贷款基准利率的30%～50%（总额最高不超过50万元）予以贴息。（陕政发〔2016〕10号）

通过市场化方式引导和调动社会资本支持创业示范基地、创客天地、新型孵化器等众创空间发展。社会资本投资建设的"众创空间"孵化基地，对其相关硬件建设给予不超过30万元的补贴，并根据运行情况、新入驻企业的数量、获得种子基金或者天使基金投资等择优给予不超过20万元的奖励。对于基地内孵化项目形成的专利，给予代办费70%的补助。（陕政发〔2016〕10号）

广东省出台的财政投入扶持政策要点：

将小额担保贷款调整为创业担保贷款，将个人贷款最高额度提高至20万元。完善相关政策规定，简化申请程序、降低担保及反担保要求。建立健全贷后管理、到期催收、逾期代偿追偿、呆坏账核销等工作机制，提高贷款发放、贴息及代偿效率。探索开展二次担保贷款工作。鼓励各地通过竞争性方式引入积极性高、服务质量好的银行业金融机构作为经办银行。（粤府〔2015〕78号）

各地级以上市对管理制度健全、发展前景良好、孵化效果明显的孵化基地，可认定为市级示范性创业孵化基地，由所在市按每个30万元的标准给予一次性奖补。市级示范性创业孵化基地的评价和认定办法，由各地级以上市制定并公布。省每年结合资金预算和工作推进等情况，按照"优中选优、示范引领"的原则，组织评审认定一批省级示范性创业孵化基地，并按每个50万元的标准给予一次性奖补。（粤人社发〔2015〕166号）

运用财政激励机制，引导示范基地企业普遍建立研发准备金制度，推进实施科技创新券政策。积极落实高新技术企业科技成果转化股权奖励税收政策，以及支持新型孵化机构和创业投资发展的税收优惠政策。优化财政性创业引导基金运作模式，引导创业投资加快发展。在珠三角地区全面开展科技保险和专利保险试点。按照国家部署，争取示范基地所在地市优先开展投贷联动试点。（粤府办〔2016〕108号）

鼓励银行业金融机构在科技资源集聚区域设立专门从事创新金融服务的科技信贷专营机构，通过建立贷款绿色通道等方式，提高科技贷款审批效率。支持银行业金融机构利用互联网、大数据、云计算等新技术，构建金融公共云服务平台，积极向创业企业提供融资理财、资金托管、债券承销、信息咨询、财务顾问、并购贷款等一站式系统化金融服务。（粤府〔2016〕20号）

对经认定并按规定为创业者提供创业孵化服务的创业孵化基地，按每户不超过3000元标准和实际孵化成功户数给予创业孵化补贴；落实创业培训补贴、一次性创业资助、租金补贴、创业带动就业补贴等各项扶持政策。（粤府〔2016〕20号）

资料来源：湖南、江西等省政府及相关部门网站。

地方政府对大学生自主创业的财政投入扶持政策及实施方式"波动"较大，除省（直辖市）一级政府外，各省会城市、地级市等都有自己的特色做法，这与地方各级政府的财政支出安排有关，也与各地政府支持大学生创业的特色方法有关。下面我们比较东、中、西的广东、贵州和湖北三省近年的大学生创业财政投入扶持政策及其特点。

根据广东、湖北和贵州三省的大学生创业引领计划（2014-2017）及相关后续配套文件，发现上述三省均对创业教育、培训、辅导、完善公共创业服务体系、实施创业文化培育等方面有着类似的推进政策，且三省几乎都对大学生创业的全流程进行了财政补贴扶持，包括创业培训补贴、创业补贴、场地租用补贴、优秀项目资助、担保贷款及贴息等，并均对孵化基地项目进行政策支持。下面逐项对比分析：

（1）创业补贴。广东一次性创业资助5000元，条件是创业成功。湖北一次性创业资助5000元，条件是初创者正常经营6个月以上、带动就业3人以上的。贵州一次性创业资助5000元，条件是领办创业项目并带动就业，连续正常经营1年及以上。

（2）场地租用补贴。广东大学生创业最长租金补贴不超过3年（租用经营场地创业）。湖北大学生创业租金补贴面积不超过50平方米，每天每平方米补贴1元的标准，补贴期限不超过3年（注册资本不超过50万，成立时间2年内，正常开展生产经营半年以上）。贵州大学生创业每月按300元标准给予经营场所租金补贴，补贴期限最长不超过3年。

（3）优秀创业项目扶持。广东每个省级优秀项目资助5万~20万元；对获得省级以上创业大赛（包括广东省外的省级比赛）前三名并在广东登记注册的创业项目，给予资助5万元至20万元。湖北吸纳3人以上就业的，根据吸纳就业能力、科技含量、经济社会效益等，可申请2万~20万元的"湖北省大学生科技创业专项"和湖北省教育厅"金种子"大学生创业扶持项目的无偿扶持。贵州科技厅设立1000万的创业扶持引导专项资金，用于扶持大学生创业。

（4）担保贷款及贴息。广东大学生创业小额担保贷款不超过20万元；合伙经营或创办小企业的，可按每人不超过20万元、贷款总额不超过200万元的额度贷款；劳动密集型和科技型小微企业，贷款额度不超过300万元。按照基准利率最高上浮3个百分点据实给予贴息；劳动密集型和科技型小微贷款，按基准利率的50%贴息。湖北大学生创业小额担保贷款不超过10万元；合伙经营或创办小微企业的，按每人不超过10万元、总额不超过50万元的额度贷款；贷款期限不超过2年，在期限内给予全额财政贴息；符合贷款条件的劳动密集型小企业，可申请不超过200万元的小额担保贷款，并按贷款基准利率的50%给予贴息。贵州小额担保贷款不超过10万元；合伙经营和组织起来就业的，按每人不超过10万元、总额不超过200万元小额担保贷款；从事微利项目的，两年内享受不超过10万元贷款的财政贴息扶持；劳动密集型和科技型小微企业招收应届高校毕业生达到或超过现有在职职工总数15%(职工总数100人及以上为10%)的，可申请不超过200万元小额担保贷款，并享受财政贴息。

（5）基金支持。广东设立重点支持大学生的天使投资和创业投资基金；如规模5亿的广东粤科大学生创新创业投资基金。贵州设立以市(州)为单位的大学生创业天使投资、创业扶助基金，基金规模不小于1000万元，采取无偿支助、债权、担保、贴息、跟投股权等形式向创业大学生实体提供支持。

（6）创业平台建设。广东规定达到市级示范性基地建设标准的，给予不超过50万元的一次性奖补；达到国家和省级示范性基地建设标准的，给予50万元的一次性奖补。湖北，鼓励各地建设创业孵化基地。贵州规定各市(州)要建立1个以上大学生创业园或创业孵化基地。

（7）税费减免。三省均执行中央政府税费减免政策：大学生毕业年度内从事个体经营，在3年内以每户每年9600元为限额依次扣减当年应缴纳相应税；小微企业月销售额不超过2万元的，暂免征收增值税；年应纳税所得额在规定限额内的小微企业，所得减按50%记入应纳税所得额，实行20%税率 。[①]

通过以上的比较分析，我们可以简要总结这三省的财政投入扶持特点：一是广东、湖北和贵州三省均对大学生的创业实行全流程财政补贴政策，这值得各地方政府借鉴。二是广东、湖北和贵州均鼓励社会资本特别是天使投资、风险投资等资本向创业大学生提供股权融资支持。但力度有所不同，广东省进一步设立了政府引导并注资的股权投资基金，专注于对大学生创业项目的股权投资；贵州省亦在大学生创业引领计划中规定各市

---

①这一项我们列入税费减免扶持模式，从另一角度也可以理解为财政支持。

（州）可设立股权投资的天使投资基金；湖北省则未对建立股权投资基金作出要求。三是财力较好的广东扶持力度更大些。广东设置的针对大学生创业的股权投资基金，有助于满足大学生创业的融资需求；广东对示范性孵化基地建设给予财政补贴的做法，也有助于降低进入基地创业的大学生的创业成本。

在财政投入扶持的具体模式上，各省市的做法也有所不同，有的偏好无偿资助，有的喜欢融资担保，有的喜爱贴息贷款。下列是几个典型的案例。

（1）无偿资助。2016年，河北省财政厅、河北省科学技术厅印发了《河北省资助大学生科技创新创业实施方案（试行）》，资助资金主要用于资助大学生在"大学生创新创业试点市"辖区内众创空间中开展的创新创业项目，重点是电子信息、生物技术、现代农业、高端装备制造、新能源、新材料、节能环保、医药卫生、文化创意和现代服务业等产业领域。资助资金优先资助中国创新创业大赛和各省（区、市）创新创业大赛优胜项目团队，其他各类、各级、各地创新创业大赛获奖项目团队，已有天使投资和风险投资等社会资本介入的项目团队。资助项目需经专家评审，资助金额不超过10万元。省科技厅、省财政厅遴选支持大学生创新创业积极性高、本级财政专项投入高的设区市列为大学生创新创业试点市。根据试点情况逐步扩大试点范围。确定大学生创新创业试点市的参考指标包括：市政府是否制定、出台促进众创空间发展的政策措施；是否开展了市级众创空间认定、备案工作，拥有一批市级众创空间及省级众创空间；是否拥有良好的大学生创新创业氛围，形成了一批成功从众创空间进入市场开展商业化运营的大学生创新创业企业；是否设立了市级大学生科技创新创业资助专项资金、众创空间发展专项资金；是否拥有一批知名创业导师等。

（2）融资担保。2015年，新设立的黑龙江省大学生创业贷款担保有限公司是由黑龙江省政府出资2亿元设立的省级政策性担保机构，用于担保贷款方式鼓励和支持大学生群体创新创业，这也是全国首家专门为大学生创新创业提供贷款担保的融资平台。黑龙江省政府出资2亿元设立的省级政策性担保机，是全国首家专门为大学生创新创业提供贷款担保的融资平台。公司坚持"政策性资金、专业化管理、市场化导向"的经营理念，以"规范、高效、透明"为经营原则，积极倡导"诚者、成己、成物"的价值观，为在龙江有创业意愿的学子提供专业、贴心、便捷的融资担保服务，有效解决大学生创业融资难、融资贵、融资繁等问题。

黑龙江省政府投入2亿元成立大学生创新创业贷款担保公司，专门为大学生创业提供资金支持；每年安排1亿元大学生创业"种子资金"，支持在校和毕业五年以内的大学生创新创业活动；每年安排3000万元用于支持全省科技企业孵化器为大学生创新创业建设孵化基地。黑龙江省大学生创业贷款担保公司分别与龙江银行、黑龙江省信用联社、哈尔滨银行签订了合作协议，与首批28位大学生创业者签署了贷款担保协议，并当场发放贷款191万元。[①]

（3）贴息案例。2017年，四川高校毕业生创业可申请贷款额度最高不超过10万元、贷款期限最长不超过3年的创业担保贷款，贷款利率可在贷款合同签订日贷款基础利率的基础上上浮一定幅度。其中：贫困地区（含国家扶贫开发工作重点县、全国14个集中连片特殊困难地区）上浮不超过3个百分点，其余地区上浮不超过2个百分点（含）。对贫困地区高校毕业生由财政部门给予全额贴息；对其余地区高校毕业生由财政部门第1年给予全额贴息，第2年贴息2/3，第3年贴息1/3。同时，由政府设立担保基金提供担保。对领办创业实体的在校大学生，可向就读高校申请额度不超过10万元、期限不超过2年的创业担保贷款[②]。成都高新区建立创业带动就业的"创业型就业模式"，开展"大学生创业引领计划"，为创业大学生提供创业担保贷款，对优秀创业项目给予最高100

---

① 黑龙江省成立大学生创业贷款担保公司 支持大学生群体创新创业.
http://news.163.com/15/0805/20/B09J25SF00014JB6.html.

② 四川为大学生就业创业放大招 你能享受哪些政策？http://www.sc.gov.cn/10462/12771/2017/2/23/10414886.shtml.

万元全额贴息贷款支持①。

　　（4）投资基金。截至2017年8月底，上海市大学生科技创业基金（简称"天使基金"）累计受理创业项目申请6464个，资助项目1805个，带动近3万人就业；越来越多的有梦想、有激情、有准备、有能力的青年创业者在"天使基金"的陪伴下起航、成长，优秀创业企业不断涌现。上海市大学生科技创业基金会成立于2006年8月，是中国首家传播创业文化、支持创业实践的公益机构。"天使基金"是上海市政府设立的专注于扶持大学生青年创新创业的公益基金。创业基金会以培育创业环境、播撒创业种子、激发创业力量为使命，联合社会各界开展创业资助、创业教育、创业倡导等业务，迄今已建立了23个分会及专项基金，形成了全方位支持创业实践、培养创业人才、传播创业文化的工作网络。

　　上海市大学生科技创业基金会为鼓励和扶植大学生的科技创业活动，引导大学设立大学生科技创业专项资金，促进大学生科技创业企业加入科技企业孵化辅导抚育体系，科技型中小企业技术创新基金（以下简称创新基金）在初创期小企业创新项目内设立大学生创业项目给予引导和支持。创新基金以无偿资助方式支持立项项目，资助额度为每个项目20万~40万元。

　　主要适用对象为：1）大学生是指高等院校在读和毕业未超过二年的大学生、研究生、博士和回国留学生（留学生按照国家有关规定确认）。大学生团队是指符合大学生条件的几个人共同创办的企业。创办企业时年龄一般不超过35岁。2）大学生创业企业注册资本不少于30万元（实际到位的货币资金），不超过200万，注册成立时间不超过18个月（申请2008年小企业创新项目的企业注册时间为2006年12月1日以后）；大学生团队或大学生法定代表人在企业的股份应大于1/3，其中应有不少于50%的资金投入。②

---

①成都高新区最高贴息百万 支持大学生优秀创业项目.http://news.163.com/17/0316/22/
　CFMC0QUK00018AOQ.html.

②创业基金会简介.http://www.stefg.org/about/about.aspx.

（5）财政补贴。聊城市委、市政府《关于进一步推进大众创业万众创新的意见》(聊发〔2016〕16号)等创业创新扶持政策，市财政局、市人社局近期印发了《聊城市创业带动就业扶持资金管理暂行办法》(聊财社〔2017〕39号)。

一是首次创办小微企业最低可领1.5万元创业补贴。《办法》规定，对首次领取小微企业营业执照、正常经营并在创办企业缴纳职工社会保险费满12个月的创业人员，给予不低于1.5万元一次性创业补贴。创业时如果积极招用了登记失业人员和毕业年度高校毕业生，符合相关其他条件的还可以按照创造就业岗位数量，享受到每个岗位不低于2000元的一次性创业岗位开发补贴。同时，《办法》对创业带动就业效果明显的部分创业孵化载体也有扶持奖补。比如，对评为省级创业孵化示范平台的，在省级奖补的基础上，市级再按照省级标准的50%再给予一次性奖补；给予市级创业孵化示范平台每处不超过50万元的一次性奖补；对年度复核合格的市级以上创业孵化示范基地(园区)，每年给予不超过20万元的运营补助，减轻孵化平台的运营负担，让其"轻装上阵"，为创业者提供更优质的创业服务。

二是大学生创业最高可获2万元创业场所租赁补贴。毕业年度的高等院校毕业生(含技师学院高级班毕业生)，在人社部门认定的创业孵化基地(园区)外租用经营场地创办小微企业，并且未享受场地租赁费用减免的，自注册登记之日起正常运营6个月以上，创业者在本企业缴纳职工社会保险费6个月以上，吸纳3人以上(含3人)就业并与其签订1年及以上期限劳动合同，按月向招用人员支付不低于当地最低工资标准的工资报酬，给予最长2年、每年不超过1万元的租金补贴。　创业者在创业孵化基地(园区)内可以享受房租减免等相关优惠政策，为了缩短大学生在创业孵化基地(园区)内外的创业成本差距，最大程度地调动起大学生创业的主动性、积极性，我市出台了此项一次性创业场所租赁补贴，让大学生无论在创业孵化基地(园区)内或在外创业时，都能享受到租金减免政策。

三是设立"就业扶贫车间"可获得一次性奖补。为了帮助农村贫困人员通过就业实现稳定脱贫，全省各级人社部门大力推进和鼓励"就业扶贫车间"建设，支持扶贫任务重的县(市、区)利用乡镇、村集体闲置土地、房屋创办厂房式"扶贫车间"，或设置分散加工的居家式"扶贫车间"。对与劳动年龄内建档立卡农村贫困人口签订承揽合同，并在12个月内给付达到当年省定贫困线标准以上报酬的"扶贫车间"，可按每人1000元的标准给予一次性奖补。

四是举办创业活动或获创业大赛奖项可获一定奖补。《办法》提出，对经市人力资源社会保障部门批准举办的市级创业大赛(创新创业大赛、创业孵化平台创业大赛等)，给予不超过50万元的补助资金；对市委、市政府每年新评选的"聊城市创业之星"，给予每名5万元奖励；对市人力资源社会保障部门举办的"聊城市创业大赛"前十名，根据获奖等次(特等奖、一等奖、二等奖、三等奖)由高到低分别给予5万元、3万元、1万元、0.5万元奖励；对在聊城市登记注册经营的创业创新项目，其中获得国家级、省级大赛奖项的，每个项目按照国家、省奖金同等标准给予资金奖补。此外，《办法》还明确了职业培训补贴、创业大学及创业培训示范教学点奖补、创业型城市、街道(社区)奖补和创业师资培训补贴等一系列创业扶持政策。

3. 财政投入政策实施满意度调研

为调查在校创业的大学生与刚毕业2年内创业（包括继续创业）的大学生对政府出台的财政投入扶持政策的认识与反映，我们制作了简要的调查问卷[①]，主要通过面对面调查与电子邮件调查两种方式调研。共发放调查问卷500份，收回有效调查问卷435份，有效率为87.0%。在创业的时期划分上，我们把2年内的大学生创业划分为初创期，2~4年的创业划分为发展期，4年以上的创业划分为成熟期。调研结果见表4.3、表4.4。

表4.3 创业大学生对政府财政投入扶持政策满意度一般性调查结果

调查选项	1. 你与你的同伴自主创业已有几年（　　）				
选项	A. 1年以内　B. 2年以内　C. 3年以内　D. 4年以内　E. 5~6年				
结果	A. 109	B. 124	C. 89	D. 56	E. 57

①调查问卷见附件。

占比（%）	25.1	28.5	20.5	12.9	13.1
调查选项	2. 你主要从哪里了解政府对大学生创业的财政投入扶持政策（　　）				
选项	A. 政府网站　B. 创业课程　C. 创业培训　D. 电视报纸　E. 亲友同学				
结果	A. 114	B. 93	C. 87	D. 44	E. 97
占比（%）	26.2	21.4	20.0	10.1	22.3
调查选项	3. 政府对大学生创业的财政投入扶持政策占你创业动力中多大比重（　　）				
选项	A. 无关　B. 20%左右　C. 40%左右　D. 60%左右　E. 80%左右				
结果	A. 32	B. 96	C. 151	D. 98	E. 58
占比（%）	9.0	22.1	34.7	22.5	13.3
调查选项	4.你认为政府对大学生创业的财政投入扶持政策容易理解吗（　　）				
选项	A. 容易　B. 还好　C. 勉强可以　D. 不容易				
结果	A. 77	B. 103	C. 174	D. 81	
占比（%）	17.7	23.7	40.0	18.6	
调查选项	5. 你认为政府对大学生创业的财政投入扶持政策宣传到位吗（　　）				
选项	A. 到位　B. 还好　C. 勉强可以　D. 不到位				
结果	A. 97	B. 147	C. 132	D. 59	
占比（%）	22.3	33.8	30.3	13.6	
调查选项	6. 你认为政府对大学生创业的财政投入扶持做得如何（　　）				
选项	A. 很好　B. 好　C. 一般　D. 勉强可以　E. 不够，还有较大提升空间				
结果	A. 31	B. 72	C. 122	D. 123	E. 87
占比（%）	7.1	16.6	28.0	28.3	20.0
调查选项	7. 你认为政府对大学生创业的财政投入扶持最应该加强的是哪一项（　　）				
选项	A. 无偿资助　B. 融资担保　C. 融资贴息　D. 投资基金　E. 创业补贴				
结果	A. 56	B. 89	C. 114	D. 117	E. 59
占比（%）	12.9	20.5	26.2	26.9	13.6

数据来源：全国抽样调查。

表4.4 不同创业期创业大学生对政府税费优惠政策满意度调查结果

创业初创期(创业2年内)，共计233人

调查选项	3. 政府对大学生创业的财政投入扶持政策占你创业动力中多大比重（　　）				
选项	A. 无关　B. 20%左右　C. 40%左右　D. 60%左右　E. 80%左右				
结果	A. 12	B. 36	C. 81	D. 66	E. 38
占比（%）	5.2	15.5	34.8	28.3	16.3
调查选项	6. 你认为政府对大学生创业的财政投入扶持做得如何（　　）				
选项	A. 很好　B. 好　C. 一般　D. 勉强可以　E. 不够，还有较大提升空间				
结果	A. 20	B. 43	C. 54	D. 63	E. 53
占比（%）	8.5	18.5	23.2	27.0	22.7
调查选项	7. 你认为政府对大学生创业的财政投入扶持最应该加强的是哪一项（　　）				
选项	A. 无偿资助　B. 融资担保　C. 融资贴息　D. 投资基金　E. 创业补贴				
结果	A. 45	B. 57	C. 56	D. 48	E. 27
占比（%）	19.3	24.7	24.0	20.6	11.6

创业发展期(创业2～4年内)，共计145人

调查选项	3. 政府对大学生创业的财政投入扶持政策占你创业动力中多大比重（　　）				
选项	A. 无关　B. 20%左右　C. 40%左右　D. 60%左右　E. 80%左右				
结果	A. 14	B. 42	C. 50	D. 24	E. 15
占比（%）	9.7	28.9	34.5	16.6	10.3
调查选项	6. 你认为政府对大学生创业的财政投入扶持做得如何（　　）				
选项	A. 很好　B. 好　C. 一般　D. 勉强可以　E. 不够，还有较大提升空间				
结果	A. 9	B. 21	C. 50	D. 39	E. 26
占比（%）	6.2	14.5	34.4	26.9	17.9
调查选项	7. 你认为政府对大学生创业的财政投入扶持最应该加强的是哪一项（　　）				
选项	A. 无偿资助　B. 融资担保　C. 融资贴息　D. 投资基金　E. 创业补贴				
结果	A. 9	B. 25	C. 41	D. 47	E. 23
占比（%）	6.2	17.2	28.3	32.4	15.9

创业成熟期(创业5～6年),共计57人				
调查选项	3. 政府对大学生创业的财政投入扶持政策占你创业动力中多大比重( )			
选项	A. 无关 B. 20%左右 C. 40%左右 D. 60%左右 E. 80%左右			
结果	A. 6 B. 18 C. 20 D. 8 E. 5			
占比(%)	10.5 31.6 35.1 14.0 8.8			
调查选项	6. 你认为政府对大学生创业的财政投入扶持做得如何( )			
选项	A. 很好 B. 好 C. 一般 D. 勉强可以 E. 不够,还有较大提升空间			
结果	A. 2 B. 8 C. 18 D. 21 E. 8			
占比(%)	3.5 14.0 31.6 36.8 14.0			
调查选项	7. 你认为政府对大学生创业的财政投入扶持最应该加强的是那一项( )			
选项	A. 无偿资助 B. 融资担保 C. 融资贴息 D. 投资基金 E. 创业补贴			
结果	A. 2 B. 7 C. 17 D. 22 E. 9			
占比(%)	3.5 12.3 29.8 38.6 15.8			

数据来源:全国抽样调查。

调查表4.3显示:自主创业的大学生对财政投入扶持政策的了解来自多个信息渠道,不同于税费优惠政策主要来自政府网站。除电视报纸渠道占比10.1%少一些以外,来自政府网站、培训课程、创业培训、亲友同学的占比都在20%左右。在创业动力方面,68.9%的创业大学生认为财政投入扶持政策有40%以上的动力。这说明政府的财政投入扶持政策对大学生自主创业还是起到了较大的动力激励作用。在财政投入扶持政策的理解方面,有41.4%的学生表示容易理解,而58.6%的学生表示理解有一定的困难。这说明我们的财政投入扶持政策设计或解释还比较模糊,或是政策过于多头,或是地方政府在实施财政投入扶持政策时程序较为复杂。在财政投入扶持政策的宣传方面,有57.1%的学生表示满意,30.3%的学生表示一般,13.6%的学生不满意。这说明政府的财政投入扶持政策宣传工作做得还可以,这反映出地方政府网络宣传、创业培训等方面发挥了作用。在政府的财政投入扶持政策满意度方面,23.7%的学生认为政府做得好,

28.0%的学生认为政府做得一般，48.3%的学生认为政府做得还不够。这说明自主创业的大学生多数希望政府加大财政投入扶持的力度。在政府的财政投入扶持政策最应该加强哪方面选项方面，6.5%的学生认为政府做得好，27.7%的学生认为政府做得一般，41.8%的学生认为政府做得还不够。这说明自主创业的大学生不少还是希望政府加大收费减免的力度。12.9%的创业大学生认为是无偿资助，20.5%认为是融资担保，26.2%认为是融资贴息，26.9%认为是投资基金，13.6%认为是创业补贴。可见，自主创业的大学生对资金的需求是强烈的，特别希望政府在投资基金、融资贴息和融资担保方面给予扶持和帮助。

调查表4.4显示：在创业动力方面，创业初创期的学生认为财政投入扶持政策有40%以上激励作用的占比是79.3%，创业发展期的占比是61.4%，创业成熟期的占比是57.9%，这说明随着创业期的延长，认为财政投入扶持政策对创业的激励作用有所下降，但还是保持了很高的水平，反映出政府财政投入对大学生创业意愿与动力激励的重要性。在政府的财政投入扶持政策满意度方面，初创期的满意度是27.0%，不太满意度为49.7%，不满意度为22.7%；发展期的满意度为21.1%，不太满意度为44.8%，不满意度为17.9%；成熟期的满意度为19.4%，不太满意度为50.8%，不满意度为14.0%。这说明在各个创业时期，创业大学生对政策的财政投入扶持政策在需求与满足之间还有较大的差距，可能与创业融资需求压力有关。在政府财政投入扶持选项方面，不同创业时期的学生还是显示不同的需求，初创期的学生对政府的无偿援助和融资担保较感兴趣，两者占比达到44.0%。而创业发展期和成熟期的学生对融资贴息和投资基金更感兴趣，两者占比达到62.9%。这说明越到创业后期，对创业投资基金需求越大，对贷款的成本越敏感，也越希望政府参与投入与扶持。

4. 小结

政府对大学生自主创业的财政投入扶持政策主要包括下列几个方面：（1）无偿资助。国务院鼓励和要求各地方政府要依据各自的财力无偿资助大学生自主创业。各级政府在全国创新创业的大潮中，也出台力度不同的无偿资助政策。财政部的无偿资助政策主要体现在对小微创业示范城市的资助上，教育部的无偿资助则体现在对大学生创新创业训练项目的资助上。（2）创业贴息贷款。国务院（国发〔2015〕23号）文规定，大学生创业贴息贷款统一调整为10万元，符合条件的给予财政贴息。要求各地简化程序，细化措施，健全贷款发放考核办法和财政贴息资金规范管理约束机制，提高代偿效率，完善担保基金呆坏账核销办法。（3）创业贷款担保。国务院（国发〔2017〕28号）要求金融机构有条件的地区通过财政出资引导社会资本投入，设立高校毕业生就业创业基金，为高校毕业生创业提供股权投资、融资担保等服务。持续优化科技型中小企业直接融资机制，稳步扩大创新创业公司债券试点规模。支持政府性融资担保机构为科技型中小企业发债提供担保（国发〔2017〕37号）。（4）投资基金。国务院鼓励国家自主创新示范区、国家高新技术产业开发区设立天使投资基金，支持众创空间发展。选择符合条件的银行业金融机构，在试点地区探索为众创空间内企业创新活动提供股权和债权相结合的融资服务，与创业投资、股权投资机构试点投贷联动（国办发〔2016〕7号）。推动国家新兴产业创业投资引导基金、国家中小企业发展基金、国家科技成果转化引导基金设立一批创业投资子基金（国发〔2017〕37号）。（5）财政补贴。国务院规定将职业介绍补贴和扶持公共就业服务补助合并调整为就业创业服务补贴（国发〔2015〕23号），要求有条件的地方要综合运用无偿资助、业务奖励等方式，对众创空间的办公用房、用水、用能、网络等软硬件设施给予补助（国办发〔2016〕7号）。人力资源与社会保障部要求落实好税费减免、创业担保贷款及贴息、社保补贴、培训补贴、求职创业补贴等政策，促进毕业生多渠道就业和创业（人社部函〔2016〕18号）。推广专利权质押等知识产权融资模式，鼓励保险公司为科技型中小企业知识产权融资提供保证保险服务，对符合条件的由地方各级人民政府提供风险补偿或保费补贴。（国发〔2017〕37号）

从目前看，对大学生自主创业的财政投入扶持主角是各地方政府，包括地、县级地方政府。地方政府有发展经济、提升产业结构的动力，因此在扶持大学生自主创业的财政投入方面表现出了"一致性"的积极性。只是各地的财力不同,扶持的力度也相差较大。在硬件指标的创业贴息贷款方面,许多地方政府的执行面依然较低,不少有意愿创业的学生还是很难获得贴息的创业贷款。

从调研的结果观察,正在创业的大学生对政府财政投入扶持是渴望的,体现在他们对资金的渴求和对扶持政策的诉求方面。对初创企业的大学生而言,他们更多希望政府提供无偿资助或是融资担保。而对创业发展期和成熟期的大学生而言,他们更多希望政府提供贴息贷款和投资基金帮助。不管是哪个创业时期,大学生创业者都认为政府的财政投入扶持是他们开始创业的重要动力之一。课题组也认识到,财政补贴对大学生创业而言不是不重要,只是重要相对融资创投而言对创业大学生更重要而已。所以政府也应重视对创业大学生的财政补贴,尤其是场地租金、水电、网络等经营性补贴。

综合前面的研究和调研,课题组认为,随着大学生创业扶持政策的不不断制定出台,政府在对大学生创业的财政投入扶持上内容也不断丰富,制度在走向不断完善之中。政策执行方面,实践中,各地方政府都很努力和积极推动大学生创业,经济发达的城市力度更大,政策创新执行的方式也更多样。基于创业的公共支出理论和国外的实践经济,我们认为,政府在财政投入扶持政策上应更多确定一些硬指标,更多使政策条款明晰易懂,中央政府也应从中央财政更多投入资源。特别是,政府应早日建立全国性大学生创业投资基金,更多的通过第三方金融机构、创投基金联手合作来扶持大学生创业。

4.3.4 平台建设扶持模式调研

1. 2012年以来中央政府出台的大学生自主创业平台建设扶持政策

创业首先需要"场地"和"场所",这个"场地"和"场所"的集合区块就是创业的硬件平台。这里所研究的平台指硬件平台,软件平台列入政府的创业服务部分。2012年来,政府十分重视创业平台的建设,希望以平台建设来促动大学生创业。从大学生众创空间到创业基地，从大学创业孵化器到科技园再到创业型的特色小镇，中央政府都出台了不少的扶持政策。我们把这些平台建设扶持政策要点整理为专栏4.5。

专栏4.5 中央政府2012年以来出台的扶持大学生创业平台建设政策

国务院出台的平台建设扶持政策要点：
鼓励各地充分利用现有资源建设大学生创业园、创业孵化基地和小企业创业基地，为高校毕业生提供创业经营场所支持。（国办发〔2014〕22号） 　　总结推广创客空间、创业咖啡、创新工场等新型孵化模式，充分利用国家自主创新示范区、国家高新技术产业开发区、科技企业孵化器、小企业创业基地、大学科技园和高校、科研院所的有利条件，发挥行业领军企业、创业投资机构、社会组织等社会力量的主力军作用，构建一批低成本、便利化、全要素、开放式的众创空间。（国办发〔2015〕9号） 　　落实科技企业孵化器、大学科技园的税收优惠政策，通过盘活商业用房、闲置厂房等资源提供成本较低的场所。可在符合土地利用总体规划和城乡规划前提下，或利用原有经批准的各类园区，建设创业基地，为创业者提供服务，打造一批创业示范基地。鼓励企业由传统的管控型组织转型为新型创业平台，让员工成为平台上的创业者，形成市场主导、风投参与、企业孵化的创业生态系统。（国发〔2015〕23号） 　　支持国家科技基础条件平台为符合条件的众创空间提供服务。符合条件的众创空间可以申报承担国家科技计划项目。（国办发〔2016〕7号） 　　促进众创空间专业化发展，通过龙头企业、中小微企业、科研院所、高校、创客等多方协同，打造产学研用紧密结合的众创空间。（国办发〔2016〕7号） 　　引导众创空间向专业化、精细化方向升级，支持龙头骨干企业、高校、科研院所围绕优势细分领域建设平台型众创空间。（国发〔2017〕37号）

试点推动老旧商业设施、仓储设施、闲置楼宇、过剩商业地产转为创业孵化基地。双创示范基地可根据创业孵化基地入驻实体数量和孵化效果，给予一定奖补。（国办发〔2017〕54号）

教育部出台的平台建设扶持政策要点:

各地各高校要建设和利用好大学科技园、大学生创业园、创业孵化基地、大学生校外实践教育基地等创新创业平台。高校实验室、实验设备等各类资源，原则上向全体在校学生开放。高校要通过合作、转让、许可等方式，向高校毕业生创设的小微企业优先转移科技成果。（教学〔2015〕12号）

大学科技园、创业园要努力创造条件为创业毕业生解决场地、资金和人力资源等问题，让毕业生敢创业、会创业、创成业。（教学厅函〔2016〕42号）

财政部出台的平台建设扶持政策要点:

中央财政通过中小企业发展专项资金给予示范城市奖励支持，由示范城市统筹使用。示范城市不得将中央财政奖励资金安排用于基地楼堂馆所等基建工程支出，要重点强化对创业创新基地（众创空间、小企业创业基地、微型企业孵化园、科技孵化器、商贸企业集聚区等）服务能力的支持，并以创业创新基地为载体。（财税〔2015〕114号）。

自2016年1月1日至2018年12月31日，对符合条件的科技园自用以及无偿或通过出租等方式提供给孵化企业使用的房产、土地，免征房产税和城镇土地使用税；自2016年1月1日至2016年4月30日，对其向孵化企业出租场地、房屋以及提供孵化服务的收入，免征营业税；在营业税改征增值税试点期间，对其向孵化企业出租场地、房屋以及提供孵化服务的收入，免征增值税。（财税〔2016〕98号）

人力资源与社会保障部出台的平台建设扶持政策要点:

提供创业经营场所支持，统筹利用资源建设大学生创业园、留学人员创业园和创业孵化基地，支持发展一批众创空间等新型平台，为高校毕业生提供低成本场所支持和孵化服务，并对符合条件的给予一定场租补贴。

（人社部函〔2015〕21号）

提供创业经营场所支持，统筹利用资源建设大学生创业园、留学人员创业园和创业孵化基地，支持发展一批众创空间等新型平台，为高校毕业生提供低成本场所支持和孵化服务，并对符合条件的给予一定场租补贴。（人社部发〔2016〕100号）

发挥好创业孵化基地、大学生创业园、创客空间等创业服务载体的作用，扩大创业导师队伍，为毕业生创业提供咨询辅导、项目孵化、场地支持等服务。（人社部函〔2017〕20号）

科技部出台的平台建设扶持政策要点:
推进国家自主创新示范区、国家高新区和特色产业基地合理布局专业孵化器，壮大当地特色产业、发展战略性新兴产业；引导高校、科研院所等围绕优势专业领域建设专业孵化器，促进产学研结合，加快科技成果转化；加快新型研发机构和行业龙头企业围绕产业共性需求和技术难点，建设特色产业孵化器；促进一批综合技术孵化器转型为专业孵化器，面向细分市场实施精准孵化；新建孵化器结合区域产业发展方向与当地技术、市场、产业等优势资源，建设专业孵化器。动员各方面力量，继续发展切合当地条件禀赋与实际需求的综合孵化器、留学生创业园等，推动大众创业、万众创新。（国科办高〔2017〕55号） 科技部在各地方科技管理部门推荐的基础上，对模式新颖、服务专业、成绩突出、运营良好的众创空间进行了审核，对拟备案的进行了公示。现将第二批通过备案的362家众创空间予以公布，通过备案的众创空间纳入国家级科技企业孵化器的管理服务体系。（国科发火〔2016〕46号）

资料来源：国务院及相关政府部门网站。

2. 地方政府平台建设扶持政策实施调研

各省市地方政府对中央政府的大学生自主创业平台建设扶持政策实施有一定的差异性，原因是中央政府的平台建设扶持政策的硬指标少，而软件指标多。北京、山东、辽宁、浙江、湖南五省市出台本地"特色"平台建设政策，见专栏4.6。

专栏4.6 北京、山东、辽宁、浙江、湖南的平台建设"特色"扶持政策

北京市出台的平台建设扶持政策要点：

北京高校示范性创业中心建设项目按照每个高校50万元标准给予支持，主要用于示范性创业中心建设高校的创业教育与指导、创业教师培训、创业工作场地建设、大学生创业场地建设、专家咨询费、劳务费、会议费、差旅费、出版。（京教学〔2015〕4号）

打造郊区县创新创业特色园区。建设郊区县高端创新成果转化和产业化基地，聚焦纳米科技、通用航空、新能源、新能源汽车、智能制造、数字信息等重点领域，在郊区县建设一批技术支撑和创业投资能力强、专业服务水平高、领域特色鲜明的产业孵化平台和小企业创业基地。（京政发〔2015〕49号）

山东省出台的平台建设扶持政策要点：

按照"政府搭台、社会主导、市场化运作"的原则，鼓励支持通过盘活老旧商业设施、仓储设施、闲置厂房楼宇、过剩商业地产等方式建设创业载体，推动建设一批返乡创业园、乡村旅游创客基地，被认定为创业孵化示范基地、创业示范园区的，按规定给予奖补。2018年前被认定为省级创业孵化示范基地、创业示范园区的，给予最高500万元的一次性奖补。各地可根据创业孵化基地入驻实体数量和孵化效果，给予一定奖补。加强科技企业孵化器和众创空间建设，对孵化高新技术企业成效显著的给予奖补，培育一批品牌科技企业孵化器和众创空间。加强大学科技园建设，推动高等院校科技成果转移转化。支持各市结合本地实际，打造一批不同主题的特色小镇（街区），向创业者提供免费工位或场所。（鲁政发〔2017〕27号）

高校要充分整合校内场地资源，依托现有实验实训场所、科技园、孵化基地、学生活动中心等，盘活改造其他闲置场所，加强专业实验室、虚拟仿真实验室、创业实验室和训练中心建设，建设一批低成本、便利化、

全要素、开放式的高校众创空间，全天候免费向师生开放，实现创新与创业相结合、线上与线下相结合、孵化与投资相结合。"十三五"期间，在全省高校重点支持建设20个左右省级开放式资源共享的大型实验教学中心、100个左右省级大学生创新创业教育示范中心。（鲁政办发〔2016〕13号）

辽宁省出台的平台建设扶持政策要点:

集聚创新创业要素，形成全过程孵化链条，建立"创业苗圃＋孵化器＋加速器"的梯级孵化体系；建立省级创业创新实习基地，为有意愿的大中专学生和复员转业退伍军人提供3个月的创业创新实习机会。鼓励有意愿的大中专学生和复员转业退伍军人到处于创业期的企业实习，共同体会创业感受，培育创业创新精神。比照高校毕业生就业见习补贴政策，对实习单位予以补贴。（辽政办发〔2015〕70号）

鼓励创业投资和天使投资参与普通高校大学科技园、产学研合作基地、创业孵化基地等建设。可将投资收益中归属政府部分的50%分配给投资管理团队。（辽政发〔2015〕61号）

浙江省出台的平台建设扶持政策要点:

建立创业学院。创业学院设立理事会，由学校领导、相关部门负责人、合作企业、风投机构和创业教育专家等组成。依托校内二级学院、就业创业指导中心，校外地方科技园、大学生创业园和特色小镇，开展建设创业学院探索，制定创业学院人才培养培训方案。（浙政办发〔2015〕79号）—（浙政发〔2015〕21号）

全省普通高校普遍建设创业学院，并完善相应的管理体制和运行机制。探索创业学院建设与运行新模式，选择若干所高校开展本专科"3＋1""2＋1"、研究生专业硕士融合创业教育等不同类型的创业教育模式改革试点。（浙政办发〔2015〕79号）

湖南省出台的平台建设扶持政策要点:

引导市州依托高新区、经开区创建大学生科技创业实习基地和大学生创业服务中心；筹建网上大学生创业孵化基地，依托中南大学创建全国首

家大学生创新创业服务网站"中国大学生创业网",搭建创业信息交流平台。（湘政办发〔2013〕40号）

　　针对大学生自主创业需求，省教育厅建立了面积达到5000㎡的湖南省大学生创新创业孵化基地，遴选全省高校优秀的大学生创业项目入驻孵化。成立由创业专家和工商、法律、税务等专家组成的创业导师库，定期对入驻项目进行"一对一"精准指导，扶持大学生创新创业。开展全省高校大学生创新创业示范基地评建工作，推动全省所有本科高校和大部分高职院校均建立了校级创新创业孵化基地，在此基础上，组建湖南省大学生创新创业孵化基地联盟，实现资源共享、项目互融、成果互惠，精准帮扶大学生创新创业。

资料来源：北京市、山东省等政府及相关部门网站。

　　如何为打算创业的大学生筹建创业的场地，提供创业的场所，是地方政府在实施执行中央政府创业平台建设扶持政策时重点解决的核心问题。地方政府为此创新推出各自有特色的创业平台建设方法，包括投资新建、入股新建、审批补贴第三方新建、出台政策鼓励厂区改造为创业基地等。下面介绍几个有特色的案例。

　　（1）山东推广海尔"人人创客"经验。山东推出扶持创新创业平台载体建设的政策，推广创客空间、创业咖啡、创新工场等新型孵化模式，加快发展市场化、专业化、集成化、网络化的众创空间，形成市场主导、风投参与、企业孵化的创业生态系统。鼓励各县（市、区）盘活商业用房和破产、困难企业闲置厂房等资源作为众创空间，为创业者提供成本较低的场所。允许众创空间等新型孵化机构从省、市奖补资金中拿出部分资金，通过入股、借款等形式，扶持入驻初创小微企业发展。对符合国家规定条件的众创空间等新型孵化机构适用科技企业孵化器税收优惠政策。学习推广海尔"人人创客"做法，鼓励企业由传统的管控型组织向新型创业平台转型，让员工成为平台上的创业者。对评估认定的省级、市级创业孵化示范基地、创业示范园区，分别给予每处最高500万元、200万元奖补资金，其中直接购买或租赁已开发闲置房地产楼盘的，奖补资金提高到最高1000万元、300万元，市级创业孵化示范基地（创业示范园区）奖补资金从市级创业带动就业扶持资金中列支。对原创业孵化基地补助资金，可按政府购买服务原则调整支出方向，对认定的孵化基地按规定为创业者提供创业孵化服务的（不含场租减免），按实际孵化成功（注册登记并搬离基地）户数给予创业孵化补贴。

（2）天津大学的"搭伙"创客空间。2015年，为了培养和鼓励大学生创新创业精神，天津大学在大学生活动中心二层成立了"搭伙"创客空间，提出了"大伙来大活搭伙创业"的口号，为有志于创业的同学提供舒适的场所。搭伙创客空间摆放有沙发、桌子，有咖啡屋，还有免费WiFi覆盖。"搭伙"创客空间里的每一个元素都带着"创新创业"的气息。比如，109创业咖啡，既是"创业咖啡"又是"创业体验平台"，所有的店长和咖啡师都是在校生。这间咖啡屋，每年都会招募两支队伍在一年期分别运营咖啡，实际参与财务、营销、管理等环节体验创业的全过程。"207"是大学生创新创业中心，主要职能是服务大学生创业，是创客空间的线下实体基地。"搭伙"创客空间不仅局限在大学生活动中心二层，还包括线上的"92home"创业云平台。在这个云平台上，学生的idea或创业项目可以发布或"求助"；"云"的另一端是与天津大学合作的超过15个创业扶持机构以及校内外创业导师，他们可以及时对接学生项目，解决学生问题。当然，投资人和企业家也可以发布自己青睐的创新创业项目，"云"的另一端有创业梦想的同学们也可以申请加入到团队里。"搭伙"创客空间采用网络预订场地的方式向同学们开放。同学们只需通过92home线上平台提前预订，便可在搭伙创客空间举行创业沙龙，既可分享自己的创业经历，也可在此寻找志同道合的同学一同创业。"搭伙"创客空间本学期成立以来，每个周末都会举办"搭伙"创业周活动。目前，通过线上线下的交互，"搭伙"创客空间已经为超过50个创业团队牵线搭桥寻找到创投服务机构的支持，为超过15名企业家和投资人发布了创新创业项目。①

（3）贵阳国家高新区大数据产业孵化器。贵阳国家高新区大数据产业孵化器为入孵企业提供公共技术服务平台、中试基地、知识产权平台、人才培育平台等，采用政府引导、多元化投资、市场化运作、提供专业增值服务的创新经营管理模式，实现孵化企业从"苗圃"到"孵化"最后到"加速"的升级过程。目前，该孵化器已成功孵化贵州力创科技发展有限公司等一批大数据企业。得益于孵化培育条件和发展环境的持续优化，2016年高新区新增大数据企业1152家，累计聚集大数据企业2639家，大数据营业收入达360亿元，并带动新增注册工商企业2928户，累计注册工商企业11579家，成为全市创新创业最活跃、大数据企业最密集的发展高地。

作为贵州省唯一的国家级高新区以及人才特区，贵阳国家高新区始终坚持实施创新驱动战略，以大数据为引领，相继出台了"科技创新十条""大数据十条""创客十条""大数据技术创新十条"等优惠政策，为发展大数据打造软环境。

2014年1月，《贵阳国家高新区、贵阳综保区、贵阳市白云区促进科技创新十条政策措施（试行）》（筑高综白字〔2014〕8号）发布，扶持力度之大、政策体系之健全，全国鲜有，被称为"钻石十条"。主要内容包括：鼓励设立科技型内资公司，注册资本中无形资产所占比例可达70%；科技企业可以实行股权激励，成果转化中按约定成效兑现股份期权；鼓励创建新型研发机构，国家级研发机构资助500万元；扶持科技创新服务机构发展，国家级服务机构补贴200万元；鼓励发展科技金融，对投资初创期企业的股权投资机构和个人，予以十年税收全额奖励；遴选培育"瞪羚企业"，全额补贴入选企业房租及贷款利息；实施知识产权战略，知识产权"零"突破企业首件发明专利奖励2万元；促进技术交易及

---

①天大"搭伙"创客空间 让学生激发创新创业灵感.
　http://news.enorth.com.cn/system/2015/04/24/030186816.shtml.

成果转化，成功实现重大技术转移或成果转化的机构可获300万元奖励；鼓励新产品开发，省级以上鉴定的新产品三年内税收全额奖励企业；支持科技人员创新创业，最高给予500万元创业资助。

贵阳高新区紧紧围绕创业、创客、创新三个重点要求，打造开放、高效、富有活力的大数据创新创业生态系统。2015年5月21日，发布《贵阳国家高新区关于支持众创空间建设促进大众创新创业的政策措施(创客十条)（试行）》（筑高新管发〔2015〕10号）针对入园创客的扶持内容涉及项目落地、项目运营、知识产权、项目融资、人才集聚、免费云服务、科技创新券、创业载体建设、导师团队建设、支持创业活动十个方面，全过程支持创客进行创新创业，最高扶持金额可达100万元。

作为贵阳发展中的急先锋，高新区坚持以大数据引领，相继出台了《贵阳国家高新区大数据产业招商引智十条政策措施的通知（试行）》（即"大数据十条"）、《贵阳国家高新区促进大数据技术创新十条政策措施（试行）》（筑高新管发〔2016〕9号）（即"大数据技术创新十条"），引领大数据技术创新、加快大数据产业集聚，全力打造创新型中心城市示范区。

"大数据十条"从用电补贴、应用市场、用地优惠、设备采购、成果转化、税收奖励等方面对落户该区的大数据产业项目给予扶持。其中，每年将设立5000万元的贵阳高新区大数据产业发展专项引导资金，专项用于大数据企业的培育和引进、项目建设、科技研发和交流培训等；同时，设立不低于1亿元的产业扶持资金，通过投资入股、定额补助、对发行企业债券和贷款实行贴息等方式，扶持区内重点大数据产业项目。

"大数据技术创新十条"是贵阳高新区建区以来力度最大的创新扶持政策，其主要内容包括三个方面：一是支持大数据技术创新主体，包括对研发平台及企业的支持；二是扶持大数据技术创新"全过程"，包括对关键技术及产品研发、知识产权创造和运用、科技成果转移和转化、示范应用和开放共享等"创新过程"的扶持；三是支持大数据技术创新保障要素，包括对领军人才、服务平台、金融机构、空间载体等的支持。对在高新区内从事大数据技术研发创新的企业，最高可获得一次性500万元的扶持奖励。

（4）中关村的创业大街。中关村创业大街是北京市、海淀区政府共同打造的我国第一条以创新创业为主题的特色街区，位于我国创新创业资源最为密集的中关村核心区，是北京市"一城三街"的重要组成部分，按照"政府引导、市场化运作"的方式，着力建设以产业创新和全球创新为特征的全球创新创业高地。2015年3月23日，北京市科委对首批"北京市众创空间"中的11家进行了授牌，同时授予中关村创业大街"北京市众创空间集聚区"的称号。截至2016年12月，大街及入驻机构累计孵化创业团队1581个，其中海归团队和外籍团队超过194个，655个团队获得融资，总融资额达到65.34亿元。引入的知名的创新创业服务机构包括车库咖啡、3W咖啡、联想之星、创业黑马、36氪、创业邦、京东智能、并购咖啡、飞马旅、亚杰商会、北大创业训练营、清华经管创业者加速器、因果树、IC咖啡等。引导创业服务机构形成差异化、特色化发展格局，推动创业大街在智能硬件、全球创新领域提前布局，抢占国际创新创业制高点。

中关村创业大街自2015年接待了李克强总理亲自考察后，来自中央各部委、全国各省市、地区的数百个团体纷纷到中关村创业大街参观考察。中关村创业大街的"双创"经验成为全国的样板。中关村创业大街作为中关村国家自主创新示范区中核心区打造"一城三街"的重要组成，是全国首个以创业服务为特色定位的集聚区，随着街区业态升级和创业服务机构的引进，已经初步形成具有国际国内影响力的创业生态，其发展的经验与启示主要体现在以下几个方面。

一是率先推广和落实相关优惠鼓励政策。中关村高新技术示范区在全国率先试点研发费用加计扣除、国有科技型企业股权和分红激励、高新技术企业认定等政策，由财政部、税务总局印发《完善股权激励和技术入股有关所得税政策的通知》（财税〔2016〕101号），就是在中关村股权奖励所得税试点政策基础上，进一步将期权、限制性股票纳入政策适用范围，然后进行全国推广。

二是推进外籍人才出入境管理改革。2016年3月，公安部支持北京创新发展的20项出入境政策措施正式实施，为外籍人才提供签证、出入境、居留等方面便利化服务，其中"绿卡直通车"、在华永久居留积分评估等10项政策为全国首创，在中关村先行先试。公安部在中关村设立了外国人永久居留服务大厅受理相关政策。

三是推进食品药品监管及产业发展改革试点。为鼓励药品医疗器械创新、提升技术支撑和服务能力、促进食品药品产业协同发展，经积极沟通、争取支持，2015年11月30日，国家食药总局颁布了《关于支持中关村食品药品监管及产业发展若干政策事项的批复》（京食药监〔2016〕2号）。批复内容包括加快创新药审评审批、开展药品上市许可持有人制度试点、开展国际多中心临床试验、开展药品跨区域生产试点等12项试点政策。

四是推进工商行政管理改革。北京市工商局印发了《北京市工商行政管理局贯彻落实国家工商总局关于促进中关村示范区创新发展若干意见的通知》（京工商发〔2015〕78号），按照有关工作安排，同时印发了《中关村示范区企业名称自主预查管理办法（试行）》（京工商发〔2016〕9号）和《关于优化审批程序简化登记手续支持中关村示范区企业发展的意见》（京工商发〔2016〕11号）两项细则，积极落实相关政策。

五是推进科技金融服务改革，加快建设国家科技金融创新中心。2016年4月，银监会等部门启动投贷联动试点，中关村纳入首批试点区域。中关村管委会联合市金融工作局、北京银监局发布了《关于支持银行业金融机构在中关村国家自主创新示范区开展科创企业投贷联动试点的若干措施（试行）》（京金融〔2016〕14号），提出支持银行业金融机构在中关村开展投贷联动的十条支持措施，引导金融机构不断探索金融支持科技发展的新机制、新产品和新模式，加大对中关村示范区科创企业投资力度，为中关村示范区科创企业发展提供坚实的资金保障和优质的金融服务，同时实现试点银行风险可控、商业可持续，进一步完善服务新经济的新金融生态体系。积极开展民营银行试点，支持用友、碧水源等中关村领军企业设立"中关村银行"，通过"通存科贷、投贷联动、互联网金融"等业务模式，为示范区企业提供综合金融服务。

北京市政府及中关村管委会支持创业大街深度链接全球创新创业资源，不断增加街区服务机构，引入药明康德、韩国技术风险财团、中美创新创业孵化器等机构入驻。加快与英特尔、普华永道、海尔、航天科工等一批海内外产业巨头开展深度合作。加速优秀项目孵化成长，举办全球性的创业文化交流活动，其中"全球创新青年领袖计划"、盛景网联"全球AR/VR领袖峰会"等国际化活动得到高度关注。打造集"2+5"功能于一体的全链条创新创业服务体系："2"大核心功能即创业投融资和创业展示，"5"大重点功能即创业交流、创业会客厅、创业媒体、专业孵化和创业培训。

加强对行业协会、产业联盟等社会组织的指导服务，支持社会组织服务示范区中心任务，中关村社会组织联合会依托八个专委会组织会员单位在行业政策研究、标准创制推广、公共服务平台搭建、区域合作等方面开展了一系列创新性活动；成立了"中关村京企云梯科技创新联盟"，联盟首批成员包括电控、北控、京城机电、首农、北汽等国企和百度、奇虎、滴滴、桑德集团、佳讯飞鸿等民企。打造集成"政府政务服务+社会专业服务"的创业会客厅。创业会客厅内设有6个服务窗口，联合政府部门及知果果、51社保、掘金控股、FESCO、拉钩、盛大资本、德恒律所等专业服务机构，向创业者提供工商登记、政策咨询、科技金融、人力社保、知识产权、财务法务等各类项服务；同时，通过开发创业会客厅线上平台，实现线上线下联动，搭建中关村创业大街的创新资源网络，延伸和拓展服务链条。

（5）浙江创业型的特色小镇。浙江2015年起先于全国开展特色小镇的建设。自2015年至2017年，浙江陆续公布了3批共183个特色小镇创建名单和培育名单，基本代表了浙江特色小镇的全部类型与形式。在第一批公布的79个创建类特色小镇名单中，以创业驱动为主要特色的小镇有12个，占比为15.2%，而在第三批公布的35个创建类特色小镇名单中，以创业驱动为主要特色的小镇达23个，占比高达65.7%。由此可见，浙江特色小镇向创业小镇转型的力度日益加大。

浙江创业型特色小镇迅猛发展的主要理由是创业平台建设已进入新阶段，众创空间、创业示范基地、创业孵化器、科技园等创业平台，都具有功能上的单一性和组织上的单层性局限，而创业型小镇却是个综合体，是城市里的创业集成小单元和生态生活小区块，有着其他创业平台无法替代的"创业科技共同体功能"。浙江建设创业型特色小镇的主要经验包括：

第一，从产业制高点上战略定位。浙江创业型特色小镇实施产业高起点高定位，以云计算、大数据、人工智能等互联网高科技产业为主，几乎所有的创业型特色小镇支柱产业均超越了传统的制造业、轻工业、旅游业、商业，代之以智慧密集型的高科技产业为主导，具有明显的"科创小镇"特征。例如，余杭"梦想小镇"坚持"资智融合"，重点发展互联网创业和天使基金两大领域；西湖"云栖小镇"则侧重于云计算产业，涵盖移动互联网、APP 开发、游戏、互联网金融、数据挖掘等云计算产业链。

第二，布局"一镇一产业"。浙江每个创业型小镇都瞄准新兴产业中自身最有基础、最有优势、最有发展潜力的产业来建设，突出培育在全国乃至全球的"单打冠军"。例如，江干丁兰"智慧小镇"主攻电子商务，西湖"云栖小镇"主攻云计算，余杭"梦想小镇"主攻互联网创业，富阳"硅谷小镇"主攻信息技术，临安"云制造小镇"主攻智能装备制造，德清"地理信息小镇"主攻地理信息，萧山"信息港小镇"主攻软件信息服务，余杭"梦栖小镇"主攻高端工业设计，桐乡乌镇"互联网小镇"主攻互联网产业，上虞"e游小镇"主攻信息经济，瓯海"时尚智造小镇"主攻都市时尚，滨江"物联网小镇"主攻物联网，桐庐"智慧安防小镇"主攻智慧安防，杭州"人工智能小镇"主攻人工智能。

第三，把"产、学、创"融合一体。浙江的创业型特色小镇融入了产业、生活、教育、互联网、大数据等科技+生活+创业要素，形成了较为完整的科创生态链。西湖"云栖小镇"的规划设想是通过几年的发展，聚集千余家云企业，涉及应用开发、游戏产业、互联网+ 金融产业、数据挖掘等企业。已建成的余杭"梦想小镇"以青年创业、众创为主，创业人才的不断聚集与科创产业的蓬勃发展，使得梦想小镇成为青年创客的天堂，在进行互联网+创业的同时，小镇内具备科研创新功能，同时配置有生活、居住、商业、会议、休闲、游憩等基础设施。

第四，政府主导推动。浙江在创业型特色小镇建设中，坚持企业主体、政府主导、市场化运作的模式，鼓励以社会资本为主力投资建设。政府重点做好规划引导、资源整合、服务优化、政策完善工作，坚决摒弃"先拿牌子、政府投资、招商引资"的传统做法，敞开大门欢迎各类建设主体参与创业型特色小镇建设。在这一理念引导下，国企、民企、外企、高校、行业领军人物纷至沓来投资建设创业小镇，产业基金、股权众筹、PPP等融资路径创新推出，特色小镇成了各类社会资本争相进入的投资"洼地"。浙江还通过一系列的制度供给来提升创业型特色小镇的创建效率。例如，明确将创业小镇定位为"综合改革试验区"，凡是国家的改革试点，创业小镇优先上报；凡是国家和省里先行先试的改革试点，创业小镇优先实施；凡是符合法律要求的改革，允许创业小镇先行突破；在创业小镇中开展50天高效审批试点等。

第五，优惠政策扶持。浙江出台多种优惠政策推动创业型特色小镇发展，在用地指标奖励、财政收入返还等方面给予大力支持。例如，浙江省经信委在支持特色小镇实施智能制造工程、"互联网+"行动计划等方面出台了一批高含金量的人才、土地、资金优惠政策。杭州市对市级创业型特色小镇内的众创空间，认定为市级众创空间的，每年给予20万元补助；认定为省级、国家级科技企业孵化器的，每年分别给予25万元和30万元补助。江干丁兰智慧小镇提供了较为优厚的招商政策，在财政政策上享受省、市、区对特色小镇的财政支持，在金融扶持上优先享受产业引导基金、科技风险投资基金支持，在智慧建设奖励上享受上级政府对特色小镇智慧建设的资金奖励，在人才政策上对符合"国千、省千、市521、区百人计划"的海内外高层次人才可享受到资助、住房、贷款贴息等多方面的优惠政策。

3. 平台建设政策实施满意度调研

为调查在校创业的大学生与刚毕业2年内创业（包括继续创业）的大学生对政府出台的平台建设扶持政策的认识与反映，我们制作了简要的调查问卷，主要通过面对面调查与电子邮件调查两种方式调研。共发放调查问卷500份，收回有效调查问卷471份，有效率为94.2%。在创业的时期划分上，我们把2年内的大学生创业划分为初创期，2~4年的创业划分为发展期，4年以上的创业划分为成熟期。调研结果见表4.5、表4.6。

表4.5 创业大学生对政府平台建设扶持政策满意度一般性调查结果

调查选项	1. 你与你的同伴自主创业已有几年（　　）				
选项	A. 1年以内	B. 2年以内	C. 3年以内	D. 4年以内	E. 5-6年
结果	A. 95	B. 129	C. 102	D. 49	E. 96
占比（%）	20.2	27.4	21.7	10.4	20.4
调查选项	2. 你主要从哪里了解政府对大学生创业的平台建设扶持政策（　　）				
选项	A. 政府网站	B. 创业课程	C. 创业培训	D. 电视报纸	E. 亲友同学
结果	A. 178	B. 61	C. 104	D. 45	E. 83
占比（%）	37.8	12.9	22.1	9.6	17.6
调查选项	3. 政府对大学生创业的平台建设扶持政策占你创业动力中多大比重（　　）				
选项	A. 无关	B. 20%左右	C. 40%左右	D. 60%左右	E. 80%左右
结果	A. 22	B. 316	C. 81	D. 36	E. 16
占比（%）	4.7	67.1	17.2	7.6	3.4
调查选项	4.你认为政府对大学生创业的平台建设扶持政策容易理解吗（　　）				
选项	A. 容易	B. 还好	C. 勉强可以	D. 不容易	
结果	A. 110	B. 203	C. 103	D. 55	
占比（%）	23.4	43.1	21.9	11.7	

续表

调查选项	5. 你认为政府对大学生创业的平台建设扶持政策宣传到位吗（ ）			
选项	A. 到位 B. 还好 C. 勉强可以 D. 不到位			
结果	A. 134 B. 222 C. 66 D. 49			
占比（%）	28.5 47.1 14.0 10.4			
调查选项	6. 你认为政府对大学生创业的平台建设扶持做得如何（ ）			
选项	A. 很好 B. 好 C. 一般 D. 勉强可以 E. 不够，还有较大提升空间			
结果	A. 125 B. 216 C. 78 D. 31 E. 21			
占比（%）	26.5 45.9 16.6 6.6 4.5			
调查选项	7. 你认为政府对大学生创业的平台建设扶持最应该加强的是哪一项（ ）			
选项	A. 创客空间 B. 创业基地 C. 创业孵化器 D. 科技园 E. 特色小镇			
结果	A. 120 B. 133 C. 76 D. 81 E. 61			
占比（%）	25.5 28.2 16.1 17.2 12.9			

数据来源：全国抽样调查。

表4.6 不同创业期创业大学生对政府税费优惠政策满意度调查结果

创业初创期(创业2年内)，共计224人

调查选项	3. 政府对大学生创业的平台建设扶持政策占你创业动力中多大比重（ ）			
选项	A. 无关 B. 20%左右 C. 40%左右 D. 60%左右 E. 80%左右			
结果	A. 6 B. 122 C. 52 D. 30 E. 12			
占比（%）	2.7 54.5 23.2 13.4 5.4			
调查选项	6. 你认为政府对大学生创业的平台建设扶持做得如何（ ）			
选项	A. 很好 B. 好 C. 一般 D. 勉强可以 E. 不够，还有较大提升空间			
结果	A. 64 B. 119 C. 27 D. 8 E. 6			
占比（%）	28.6 53.1 12.1 3.6 2.7			
调查选项	7. 你认为政府对大学生创业的平台建设扶持最应该加强的是哪一项（ ）			
选项	A. 创客空间 B. 创业基地 C. 创业孵化器 D. 科技园 E. 特色小镇			
结果	A. 82 B. 74 C. 26 D. 32 E. 10			
占比（%）	36.6 33.0 11.6 14.3 4.5			

创业发展期(创业2~4年内),共计151人

调查选项	3. 政府对大学生创业的平台建设扶持政策占你创业动力中多大比重(　　)				
选项	A. 无关	B. 20%左右	C. 40%左右	D. 60%左右	E. 80%左右
结果	A. 6	B. 120	C. 19	D. 4	E. 2
占比（%）	3.9	79.5	12.6	2.6	1.3
调查选项	6. 你认为政府对大学生创业的平台建设扶持做得如何(　　)				
选项	A. 很好	B. 好	C. 一般	D. 勉强可以	E. 不够,还有较大提升空间
结果	A. 41	B. 71	C. 22	D. 10	E. 7
占比（%）	27.2	47.0	14.6	6.6	4.6
调查选项	7. 你认为政府对大学生创业的平台建设扶持最应该加强的是哪一项(　　)				
选项	A. 创客空间	B. 创业基地	C. 创业孵化器	D. 科技园	E. 特色小镇
结果	A. 30	B. 48	C. 24	D. 28	E. 21
占比（%）	19.9	31.8	15.9	18.5	13.9

创业成熟期(创业4-6年),共计96人

调查选项	3. 政府对大学生创业的平台建设扶持政策占你创业动力中多大比重(　　)				
选项	A. 无关	B. 20%左右	C. 40%左右	D. 60%左右	E. 80%左右
结果	A. 10	B. 74	C. 10	D. 2	E. 0
占比（%）	10.4	77.1	10.4	2.1	0
调查选项	6. 你认为政府对大学生创业的平台建设扶持做得如何(　　)				
选项	A. 很好	B. 好	C. 一般	D. 勉强可以	E. 不够,还有较大提升空间
结果	A. 20	B. 26	C. 29	D. 13	E. 8
占比（%）	20.8	27.1	30.2	13.5	8.3
调查选项	7. 你认为政府对大学生创业的平台建设扶持最应该加强的是哪一项(　　)				
选项	A. 创客空间	B. 创业基地	C. 创业孵化器	D. 科技园	E. 特色小镇
结果	A. 8	B. 11	C. 26	D. 21	E. 30
占比（%）	8.3	11.5	27.1	21.9	31.3

数据来源：全国抽样调查。

调查表4.5显示：自主创业的大学生对平台建设扶持政策的了解主要来自政府网站和创业培训，分别占比37.8%和22.1%。这说明两者对平台建设的政策发布起到了重要的作用。在创业动力方面，71.8%的创业大学生认为平台建设扶持政策的动力在40%以下，而认为其有20%的动力学生达到超预期的67.1%。这说明政府的平台建设扶持政策对大学生自主创业还是起到了较大的动力激励作用，只是学生认为其重要性没有财政投入和税费优惠大。在平台建设扶持政策的理解方面，有66.1%的学生表示容易理解，只有11.7%的学生表示理解有困难。这说明地方政府的平台建设扶持政策解释还是比较清楚。在平台建设扶持政策的宣传方面，有75.6%的学生表示满意，14.0%的学生表示一般，10.4%的学生不满意。这说明政府的平台建设扶持政策宣传工作做得不错，这反映出地方政府网络宣传、创业培训等方面发挥了桥梁与宣传作用。在政府的平台建设扶持政策满意度方面，有高达72.4%的学生认为政府做得好，16.6%的学生认为政府做得一般，4.5%的学生认为政府做得还不够。这说明这些年政府在"双创"努力得到了创业大学生的认可，特别体现在平台建设方面。在政府的平台建设扶持政策最应该加强哪方面选项方面，25.5%的创业大学生认为是创客空间，28.2%认为是创业基地，16.1%认为是创业孵化器，17.2%认为科技园，12.9%认为是特色小镇。可见，自主创业的大学生对创业平台的需求更贴近于学校，贴近于低门槛。

调查表4.6显示：在创业动力方面，创业初创期的学生认为平台建设扶持政策激励作用在40%以下的是57.2%，而创业发展期和创业成熟期分别是83.4%和87.5%。这可能与前期地方政府的平台建设不足有一定的关系。另外，三个创业期分别有54.5%、79.5%、77.1%的学生认为平台建设政策的正动力在20%左右，这说明创业的大学生在不同的创业时期都认可平台建设对创业动机激励起到比较重要的作用。在政府平台建设扶持政策满意度方面，初创期的满意度是81.7%，不满意度为4.6；发展期的满意度为74.2%，不满意度为4.6；成熟期的满意度为47.9%，不满意度为8.3%。这反映出在各个创业时期，创业大学生对政策的平台建设扶持政策的满意度都较高，不满意度都较低，这显示出随着创业时期的延长，学生对平台建设的满意度有下降的趋势。在政府平台建设扶持选项方面，不同创业时期的学生还是显示出比较明显的不同的需求，初创期的学生更倾向于创客空间和创业基地，两者需求合计为69.6%。创业发展期的学生也表现出对创客空间和创业基地较浓的兴趣，两者需求合计为41.7%。而创业成熟期的学生更倾向于创业孵化器、科技园和特色小镇，三者需求合计为80.2%。这说明创业后期，创业学生对平台有升级的需求，政府应根据大学生不同的创业期提供不同的平台支撑。

4. 小结

这一节我们主要从"政府该建的就要建"来讨论分析和调研政府对大学的创业平台建设问题。政府建设创业平台的渠道主要有四个：一是自建；二是与第三方公司合股建；三是按招标要求建，然后给予运营补助；四是在评选的基础上给予非政府所建的创业平台授牌并资助。由于渠道多样，各个平台对大学生创业各给予的综合优惠政策也不一样，效果的评价也存在一定难度。

中央政府对大学生自主创业的平台建设扶持政策主要体现在指导性方面，硬指标比较少，主要包括下列几个方面：（1）给予创业平台建设财税等优惠政策。国务院要求落实科技企业孵化器、大学科技园的税收优惠政策，通过盘活商业用房、闲置厂房等资源提供成本较低的场所。可在符合土地利用总体规划和城乡规划前提下，或利用原有经批准的各类园区，建设创业基地，为创业者提供服务，打造一批创业示范基地（国发〔2015〕23号）。财政部制定税收优惠政策：自2016年1月1日至2018年12月31日，对符合条件的科技园自用以及无偿或通过出租等方式提供给孵化企业使用的房产、土地，免征房产税和城镇土地使用税（财税〔2016〕98号）。（2）以项目形式鼓励建。国务院支持国家科技基础条件平台为符合条件的众创空间提供服务。符合条件的众创空间可以申报承担国家科技计划项目（国办发〔2016〕7号）。（3）鼓励以旧改新建。国务院试点推动老旧商业设施、仓储设施、闲置楼宇、过剩商业地产转为创业孵化基地。双创示范基地可根据创业孵化基地入驻实体数量和孵化效果，给予一定奖补（国办发〔2017〕54号）。（4）大学科技园转化为创业平台。教育部要求大学科技园要努力创造条件为创业毕业生解决场地、资金和人力资源等问题，让毕业生敢创业、会创业、创成业（教学厅函〔2016〕42号）。（5）利用创业示范城市资助基金建。财政部要求，中央财政通过中小企业发展专项资金给予示范城市奖励支持，由示范城市统筹使用。示范城市不得将中央财政奖励资金安排用于基地楼堂馆所等基建工程支出，要重点强化对创业创新基地（众创空间、小企业创业基地、微型企业孵化园、科技孵化器、商贸企业集聚区等）服务能力的支持，并以创业创新基地为载体（财税〔2015〕114号）。（6）评比和授牌鼓励建。科技部在各地方科技管理部门推荐的基础上，对模式新颖、服务专业、成绩突出、运营良好的众创空间进行审核，对拟备案的进行公示。现将第二批通过备案的362家众创空间予以公布，通过备案的众创空间纳入国家级科技企业孵化器的管理服务体系（国科发火〔2016〕46号）。

对地方政府而言，建设创业平台：一是按中央的政策要求执行，二是量自己的财力做好支出预算。在调研中我们发现，地方财力不同，创业平台建设的力度差距较大，有一定的"马太效应"存在。对创业的大学生而言，除了有创业平台可以进驻外，创业平台的优惠政策对他们的创业动力与成效有明显的不同影响，这种影响不仅体现在地区之间，也体现在同一地区的平台之间。

从创业大学生对平台建设的满意度调研情况看，这些年，地方政府为大学生创业所做的努力得到了创业大学生的高度认可，这体现在不同的创业时期。另外，不同创业时期的大学生对创业平台的需求有一定的不同，初创期与发展期更倾向于众创空间和创业基地，而成熟期却倾向于创业孵化器、科技园和特色小镇。政府有满足创业学生平台升级的要求。

综合分析，课题组认为，这些年地方政府创业平台的建设对大学生自主创业的推动已发挥了一定的成效，创业平台的多样性发展也较好地满足了各时期创业大学生的需求，反映出硬件平台支撑是大学生创业扶持政策的一个亮点。在创业平台政策的制定方面，我们认为中央政府的平台建设优惠政策还不够明确，中央财政对平台建设的投入也相对较小，示范作用不够。在创业平台政策的成效上，主要取决于各地方政府对创业平台的政策制定与执行，也包含对平台的运营与管理水平。这方面，课题组还待深入研究。

4.3.5 创业服务扶持模式调研

1.2012年以来中央政府出台的扶持大学生自主创业的创业服务政策

政府创业服务政策的内容比较宽泛，包括创业教育及培训、创业手续便捷化、创业公共服务、公平的市场机制、良好的商务环境、知识产权保护、创业技术服务、创业文化培养等方面。2012年来，国务院、中央各部委连续出台了不少扶持大学生自主创业的创业服务政策，我们把这些政策要点整理为专栏4.7。

专栏4.7 中央政府2012年以来出台的扶持大学生创业的创业服务政策

国务院出台的创业服务扶持政策要点：
各高校要广泛开展创新创业教育，将创业教育课程纳入学分管理，有关部门要研发适合高校毕业生特点的创业培训课程，根据需求开展创业培训，提升高校毕业生创业意识和创业能力。（国办发〔2014〕22号） 各地区、各有关部门要进一步落实和完善工商登记，简化工商注册登记手续。（国办发〔2014〕22号） 降低创新创业门槛。深化商事制度改革，针对众创空间等新型孵化机构集中办公等特点，鼓励各地结合实际，简化住所登记手续，采取一站式窗口、网上申报、多证联办等措施为创业企业工商注册提供便利。（国办发〔2015〕9号） 鼓励高校开发开设创新创业教育课程，建立健全大学生创业指导服务专门机构，加强大学生创业培训。（国办发〔2015〕9号）

继续办好中国创新创业大赛、中国农业科技创新创业大赛等赛事活动，积极支持参与国际创新创业大赛，为投资机构与创新创业者提供对接平台。建立健全创业辅导制度，培育一批专业创业辅导师，鼓励拥有丰富经验和创业资源的企业家、天使投资人和专家学者担任创业导师或组成辅导团队。鼓励大企业建立服务大众创业的开放创新平台，支持社会力量举办创业沙龙、创业大讲堂、创业训练营等创业培训活动。（国办发〔2015〕9号）

营造宽松便捷的准入环境。深化商事制度改革，进一步落实注册资本登记制度改革，坚决推行工商营业执照、组织机构代码证、税务登记证"三证合一"，年内出台推进"三证合一"登记制度改革意见和统一社会信用代码方案，实现"一照一码"。继续优化登记方式，放松经营范围登记管制，支持各地结合实际放宽新注册企业场所登记条件限制，推动"一址多照"、集群注册等住所登记改革，分行业、分业态释放住所资源，全面清理中央设定、地方实施的行政审批事项，大幅减少投资项目前置审批。对保留的审批事项，规范审批行为，明确标准，缩短流程，限时办结，推广"一个窗口"受理、网上并联审批等方式。（国发〔2015〕23号）

充分发挥公共就业服务、中小企业服务、高校毕业生就业指导等机构的作用，为创业者提供项目开发、开业指导、融资服务、跟踪扶持等服务，创新服务内容和方式。健全公共就业创业服务经费保障机制，切实将县级以上公共就业创业服务机构和县级以下（不含县级）基层公共就业创业服务平台经费纳入同级财政预算。将职业介绍补贴和扶持公共就业服务补助合并调整为就业创业服务补贴。（国发〔2015〕23号）

取消和下放一批行政审批事项，深化网上并联审批和纵横协同监管改革，推行政务服务事项的"一号申请、一窗受理、一网通办"。最大限度减少政府对企业创业创新活动的干预，逐步建立符合创新规律的政府管理制度。（国办发〔2016〕35号）

开展知识产权综合执法，建立知识产权维权援助网点和快速维权通道，加强关键环节、重点领域的知识产权保护。将侵犯知识产权行为情况纳入信用记录，归集到全国信用信息共享平台，构建失信联合惩戒机制。建立健全科研人员双向流动机制，落实事业单位专业技术人员离岗创业有关政策，促进科研人员在事业单位和企业间合理流动。（国办发〔2016〕35号）

强化公共就业创业服务。着力推进公共就业创业服务专业化，合理布局服务网点，完善服务功能，细化服务标准和流程，增强主动服务、精细服务意识。创新服务理念和模式，根据不同群体、企业的特点，提供个性化、专业化的职业指导、就业服务和用工指导。加强公共就业创业服务从业人员职业化建设，建立定期培训、持证上岗制度。落实政府购买基本公共就业创业服务制度，充分运用就业创业服务补贴政策，支持公共就业创业服务机构和高校开展招聘活动和创业服务，支持购买社会服务，为劳动者提供职业指导、创业指导、信息咨询等专业化服务。加强公共就业创业服务信息化建设，在充分利用现有平台基础上，建立"互联网+"公共就业创业服务平台，推动服务向移动端、自助终端等延伸，扩大服务对象自助服务范围，推广网上受理、网上办理、网上反馈，实现就业创业服务和管理全程信息化。

推进人力资源市场建设。加强人力资源市场法治化建设，逐步形成完善的市场管理法规体系。建立与经济社会发展需求相适应的人力资源供求预测和信息发布制度。开展人力资源市场诚信体系建设，加快出台人力资源市场各类标准，创新事中事后监管方式，营造规范有序的市场环境。推进流动人员人事档案管理服务信息化建设。大力发展人力资源服务业，实施人力资源服务业发展推进计划。简化劳动者求职手续，有条件的地区可建立入职定点体检和体检结果互认机制，尽力避免手续过于烦琐、重复体检。（国发〔2017〕28号）

建立完善知识产权运用和快速协同保护体系，扩大知识产权快速授权、确权、维权覆盖面，加快推进快速保护由单一产业领域向多领域扩展。搭建集专利快速审查、快速确权、快速维权等于一体，审查确权、行政执法、维权援助、仲裁调解、司法衔接相联动的知识产权保护中心。探索建立海外知识产权维权援助机制。发挥国家知识产权运营公共服务平台枢纽作用，加快建设国家知识产权运营服务体系。（国发〔2017〕37号）

推动科技成果、专利等无形资产价值市场化，促进知识产权、基金、证券、保险等新型服务模式创新发展，依法发挥资产评估的功能作用，简化资产评估备案程序，实现协议定价和挂牌、拍卖定价。促进科技成果、专利在企业的推广应用。财政资金支持形成的科技成果，除涉及国防、国家安全、国家利益、重大社会公共利益外，在合理期限内未能转化的，可由国家依法强制许可实施转化。（国发〔2017〕37号）

推进"多证合一"登记制度改革，将涉企登记、备案等有关事项和各类证照进一步整合到营业执照上。对内外资企业，在支持政策上一视同仁，推动实施一个窗口登记注册和限时办结。推动取消企业名称预先核准，推广自主申报。全面实施企业简易注销登记改革，实现市场主体退出便利化。建设全国统一的电子营业执照管理系统，推进无介质电子营业执照建设和应用。（国发〔2017〕37号）

鼓励双创示范基地设立专业化的行政审批机构，实行审批职责、审批事项、审批环节"三个全集中"。实施市场准入负面清单制度，出台互联网市场准入负面清单。放宽民间资本市场准入，扩大服务领域开放，推进非基本公共服务市场化、产业化和基本公共服务供给模式多元化。探索实行信用评价与税收便利服务挂钩制度，将优惠政策由备案管理和事前审批，逐渐向加强事中事后监管转变，提高中小企业优惠政策获得感。（国办发〔2017〕54号）

深化商事制度改革，全面实施企业"五证合一、一照一码"、个体工商户"两证整合"，深入推进"多证合一"。推动整合涉企证照登记和审批备案信息，建设电子营业执照管理系统，推进无介质电子营业执照应用，实现电子营业执照发照、亮照、验照、公示、变更、注销等功能。鼓励推行商标网上申请，将网上申请由仅对商标代理机构开放扩大至对所有申请人开放。扩大商标网上申请业务范围，将网上申请由仅接受商标注册申请逐步扩大至接受续展、转让、注销、变更等商标业务申请。鼓励双创示范基地结合实际整合市场监管职能和执法力量，推进市场监管领域综合行政执法改革，着力解决重复检查、多头执法等问题。加快创业投资领域信用体系建设，实现创业投资领域信用记录全覆盖。（国办发〔2017〕54号）

教育部出台的创业服务扶持政策要点：

各地各高校要积极鼓励和支持尚未就业毕业生创新创业，高校创业指导教师要继续为准备创业的毕业生提供公司开办、创业政策咨询等指导服务，邀请他们参加学校组织的创新创业活动。高校要充分发挥科研技术优势，为创业毕业生解决产品研发、成果转化等难点问题，高校实验室、实验设备等各类资源，要为创业毕业生提供支持，并落实好通过合作、转让、许可等方式，向高校毕业生创设的小微企业优先转移科技成果政策。（教学厅函〔2016〕42号）

要抓紧制定鼓励学生创新创业的学分转换、弹性学制、保留学籍休学创业等具体政策措施。要根据学生创新创业不同阶段的实际需求，不断提高指导服务的针对性和有效性。（教学厅〔2016〕5号）

要组织举办好第二届中国"互联网＋"大学生创新创业大赛和2016年全国职业院校技能大赛，通过各类大赛激发学生创新创业热情。要做好全国高校创新创业总结宣传工作，提供各类学校可借鉴的典型经验。（教学厅〔2016〕5号）

从2016年起所有高校都要设置创新创业教育课程，对全体学生开发开设创新创业教育必修课和选修课，纳入学分管理。对有创业意愿的学生，开设创业指导及实训类课程。对已经开展创业实践的学生，开展企业经营管理类培训。要广泛举办各类创新创业大赛，支持高校学生成立创新创业协会、创业俱乐部等社团，举办创新创业讲座论坛。高校要设立创新创业奖学金，并在现有相关评优评先项目中拿出一定比例用于表彰在创新创业方面表现突出的学生。（教学〔2015〕12号）

要按照《普通高等学校学生管理规定》要求，制定本地本校创新创业学分转换、实施弹性学制、保留学籍休学创新创业等具体措施，支持参与创业的学生转入相关专业学习，为创新创业学生清障搭台。（教学〔2015〕12号）

各地各高校要配齐配强创新创业教育专职教师，聘请各行各业优秀人才担任兼职教师，建立全国万名优秀创新创业导师人才库。要创新服务内容和方式，为准备创业的学生提供开业指导、创业培训等服务，为正在创业的学生提供孵化基地、资金支持等服务。高校要建立校园创新创业导师微信群、QQ群等，发布创业项目指南，实现高校学生创业时时有指导、处处有服务。要进一步完善高校学生创业服务网功能，为高校学生提供项目对接、产权交易、培训实训、政策宣传等服务。（教学〔2015〕12号）

财政部出台的创业服务扶持政策要点:
改进对小微企业的公共服务，并运用大数据、云计算等信息化手段，促进形成服务平台互联互通、资源共享的服务体系；协调落实支持创业就业以及鼓励创新的相关政策措施；进一步实施简政放权等。（财建〔2015〕114号）
人社部出台的创业服务扶持政策要点:
开发开好创新创业教育课程，制定学分转换、弹性学制、保留学籍休学创业等措施，开展各类创业实践活动，增强大学生创新精神、创业意识和创新创业能力。加强创业培训，针对高校毕业生创业不同阶段的需求，优先安排优质培训资源，开发合适的创业培训课程，使每一个有创业意愿和培训需求的毕业生都有机会获得创业培训。落实好支持创业的便利化措施，会同有关部门简化工商登记手续，提供企业开户便利。（人社部发〔2016〕100号）

加强创业公共服务，探索建立公共服务机构与市场主体合作机制，协调有关方面构建覆盖院校、园区、社会的创业公共服务体系，建立创业服务专家队伍，组织开展创新创业大赛等活动，加强全国大学生创业服务网建设，为高校毕业生创业提供全方位支持。（人社部发〔2016〕100号）

确保符合条件的高校毕业生都能享受到各项就业创业扶持政策。要集中开展政策宣传，将政策打捆打包，通过微信、手机APP等渠道向毕业生推送。在公共就业人才服务机构大厅、招聘活动现场设立咨询台，开展政策解读，提供政策汇编，告知毕业生政策申请渠道。各地要推行一个窗口受理、一站式办理等服务，指导帮助毕业生做好材料准备和手续申报，加快审批办理进度，及时兑现政策。（人社部函〔2017〕142号）

要进一步简化政策审批办理流程，推行一个窗口受理、一站式办理、在线办理，指导帮助毕业生和用人单位做好政策申请、手续申报，加快审批和资金拨付，确保政策兑现。运用报纸、电视、互联网等各类媒体广泛开展政策宣传解读，深入高校和用人单位组织政策宣讲、咨询等活动，提高政策知晓度和覆盖面；组织高校毕业生参加创业模拟、实训等创业实践活动，帮助毕业生增强创业能力。要进一步做好创业服务工作，强化公共就业服务机构创业服务功能。（人社部函〔2017〕20号）

科技部出台的创业服务扶持政策要点：

支持各类孵化器聘请天使投资人、企业家、成功创业者、技术专家、行业专家等担任创业导师，形成专业化导师队伍，为创业者提供专业性、实践性辅导服务。鼓励创业导师与被辅导企业形成投资关系，建立创业者与创业导师共赢机制。支持孵化器选拔优秀人才成为专职创业辅导师，加强创业辅导师培养，强化创业辅导师在创业孵化工作中的作用，打造一支精干的创业辅导师队伍。推动成立"中国火炬创业导师联盟"，进一步扩大"中国火炬创业导师行动"活动覆盖范围，向中西部地区倾斜，并促进经验交流总结、资源对接共享。落实创业导师和创业辅导师认证备案制度，建立全国创业导师和创业辅导师数据库，完善创业导师和创业辅导师

评价、激励机制。（国科办高〔2017〕55号）

开展创业教育培训。积极与高校合作，开展针对大学生的创业教育与培训，引导大学生科学创业。鼓励众创空间开展各类公益讲堂、创业论坛、创业训练营等活动，建立创业实训体系；建立创业导师队伍。建立由天使投资人、成功企业家、资深管理者、技术专家、市场营销专家等组成的专兼职导师队伍，制定清晰的导师工作流程，完善导师制度，建立长效机制；链接国际创新资源。（国科发火〔2015〕297号）

资料来源：相关政府部门网站。

2. 地方政府实行的创业服务"特色"政策调研

由于创业服务政策的内容较广，各省市地方政府在创业服务政策的履行方面呈现多样性与差异性。中央政府在创业服务政策的规定上的硬指标相对较少，因此各省市地方政府也有了较多的表现机会与执行特色。我们调研了黑龙江、湖北、山东、四川、北京、天津六省市在这一政策上的"特色"做法，见专栏4.8。

专栏4.8 黑龙江、湖北、山东、四川、北京、天津出台的创业服务"特色"政策

黑龙江省出台的创业服务扶持政策要点：

支持大学生通过科技成果转化实现创业。大学生在校期间参与教师科研项目或自己研究取得发明专利成果，其创业成果转化成功的，可利用省科技成果转化引导基金，按照技术交易额的10%，给予不超过20万元的资金奖励。建立创新创业兼职导师库，已入库近700人。为支持大学生创新创业训练计划等项目，14所高校已设立了创新创业奖学金；深入实施了创新创业训练计划，在以往每年支持400项基础上扩展到1317项；加快发展"互联网＋"创业网络体系，建立了全省大学生创新创业网站，打造大学生创业服务体系信息网络平台。筹建高等学校创业教育指导委员会，开展高校创新创业教育的研究。（黑政办发〔2013〕42号）

湖北省出台的创业服务扶持政策要点:

鼓励和支持网络创业。对网络商户从业人员,经工商登记注册的,同等享受各项就业创业扶持政策;未进行工商登记注册的,可认定为灵活就业人员,参加社会保险及享受灵活就业人员扶持政策,其中在网络平台实名注册、稳定经营且信誉良好的网络商户创业者,可享受创业担保贷款及贴息政策。(鄂政发〔2015〕46号)

毕业学年大学生和高校毕业生参加创业培训,可按规定享受800—1200元/人的创业培训补贴。(鄂政办发〔2014〕33号)

高校建立办学联盟,支持学生跨校组建创新创业团队,推动校际间课程互选、学分互认。支持校地、校企通过共建非独立设置二级学院、面向基层和行业一线劳动者定向招生等形式,联合开展技术技能型人才培养。(鄂政发〔2016〕45号)

继续实施大学生创新创业训练计划,每年遴选支持1000项国家级、省级大学生创新创业训练项目。组织开展大学生学科竞赛、创新创业大赛、职业技能大赛,支持学生参加各类科技创新、创意设计、创业计划等专题竞赛;建立学生创新创业档案和成绩档案,对创新创业成绩突出的学生在校内转专业、评优评先、奖助学金、研究生推免等方面予以倾斜。(鄂政发〔2016〕45号)

山东省出台的创业服务扶持政策要点:

支持省级教学指导委员会、行业企业和高校多种形式举办各类专题竞赛,鼓励高校参加各类创新创业竞赛,并将参赛情况纳入高校评估体系。对优秀竞赛项目和获奖选手、指导教师等按规定给予奖励。深入实施大学生创新创业训练计划,进一步扩大项目覆盖面。实施"齐鲁创新创业雏鹰计划",每年立项支持500个优秀大学生创新创业项目。(鲁政办发〔2016〕13号)

每年组织20万人参加创业培训。继续开展创业助推"1+3"行动,为每一个有创业意愿且创业培训合格的城乡各类劳动者推荐一个创业项目、

协助落实一处经营场地、帮助办理一笔小额担保贷款，帮助创业者成功创业。（鲁政办发〔2016〕13号）

四川省出台的创业服务扶持政策要点：

开展企业"三证合一""五证合一"登记改革，除法律、行政法规另有规定外，取消有限责任公司最低注册资本3万元、一人有限责任公司最低注册资本10万元、股份有限公司最低注册资本500万元的限制。放宽无产权证明房屋作为经营性用房的企业住所或经营场所登记限制，对利用家庭住宅或租用居民住宅申请从事电子商务、设计等不影响居民正常生活的创新型企业，经利害关系人同意，允许将其住宅登记为经营场所。（川办发〔2017〕32号）

北京市出台的创业服务扶持政策要点：

完善公平竞争市场机制。按照国家公平竞争审查工作安排，建立完善公平竞争审查机制，加大对不利于创新创业的垄断协议和滥用市场支配地位以及其他不正当竞争行为的调查和处置力度。完善全市企业信用信息体系，建立统一共享的小微企业名录，推进统一社会信用代码工作；推动行政机关行政处罚、司法机关司法裁决，以及行业协会、商会对会员实施惩戒的信息归集到企业信用信息公示系统，完善以信用管理为基础的创新创业监管模式。完善政府和社会资本合作模式，扩大社会资本投资途径，引导社会资本参与教育、医疗、养老、文化等领域的公共产品与服务供给；鼓励非公有资本以参股、独资、合资、合作、项目融资等方式参与垄断行业经营。（京政发〔2015〕49号）

强化区域创新创业载体共建，依托京津冀"4+N"功能承接平台，支持本市制造业龙头企业新增产能在津冀地区布局，引导和推动本市部分创新创业项目向曹妃甸协同发展示范区、张(家口)承(德)生态功能区、天津滨海—中关村科技园区、新机场临空经济区等区域转移，以创新创业带动战略合作功能区共建。（京政发〔2015〕49号）

各区人力社保局要积极探索不同群体、不同阶段、创业培训与技能培训、创业培训与区域产业相结合的培训模式，针对创业需求，开展内容丰富、针对性强的培训。创业定点培训机构要积极采取互动式教学培训方式，辅以创业实训、考察观摩、创业指导等培训方式，大力开展能力培训、知识传授、政策咨询等服务，切实提高培训的实效。各区人力社保局要指导创业定点培训机构按照《创业培训一体化教程》和《北京市大学生创业培训课程教学大纲》（试行）的要求，面向本市失业人员和农村转移就业劳动力、高校毕业生、复转军人等重点人群开展创业培训。鼓励和支持有条件的创业定点培训机构充分利用互联网、信息化实训平台等载体，试点推广"慕课""微课"等"互联网＋"创业培训新模式。各创业定点培训机构所开发的课程模块经北京市劳服管理中心组织专家进行认证后方可实施。（京人社能发〔2016〕150号）

天津市出台的创业服务扶持政策要点：

大学生创业扶持期由3年延长至7年，即毕业前2年和毕业后5年。外地高校毕业生在津创业的，准予落户，并给予相应政策扶持。（津政发〔2015〕9号）

定期举办创新创业大赛，获奖项目的创业者获得金融机构发放的"创业卡"，无须抵押可直接获得贷款。鼓励各类社会团体组织创新创业论坛、草根创业者大会、科技创业产品展等活动。利用夏季达沃斯论坛、融洽会、津洽会等会展活动，为创新创业者搭建交流平台。（津政发〔2015〕9号）

将大学生创业扶持期由3年延长至7年，即毕业前2年和毕业后5年。外地高校毕业生在津创业的，准予落户，并给予相应政策扶持。高校毕业生创办企业的，按照政策将放宽企业注册资本登记条件，首次出资额允许为零。（来源：天津市人力资源发展促进中心；发布时间：2015-05-26）

资料来源：黑龙江、湖北等六省市政府及相关部门网站。

基于地方政府对大学生自主创业的创业服务政策多种多样、各具特色，课题组在创业服务的不同领域有选择地进行了案例调研，下面是我们的调研案例。

（1）浙江大学的创业教育：在实践中前行。1999年，由共青团中央、中国科协、全国学联主办，清华大学承办的首届"挑战杯"中国大学生创业计划竞赛成功举行。同一年，浙江大学就开办了ITP全称为创新与创业管理强化班（Intensive Training Program of Innovation and Entrepreneurship，ITP）。这是一个关注创新与创业的特色专业辅修班级，隶属于竺可桢学院和管理学院，主要面向各个专业、有志于投身于创新创业事业的同学。2002年，浙江大学国家大学科技园管委会创办了未来企业家俱乐部。这是一个精英型学生社团，社团以创业论坛、创业素质培养课程等为主要活动。浙江大学的学生创业教育不仅起步早、起点高，而且层次高。2006年浙江大学管理学院就获批了全亚洲唯一的创业管理博士点。2017年4月7日，浙江大学又成立了创新创业学院，由学校党委副书记郑强教授担任院长。

浙江大学在学生创业工作中摒弃了广种薄收的工作方式，而是采取精耕细作的工作风格，注意培植浙大学生创业的优势与基础，避免盲目性，抓好成功率。在创业教育中，浙江大学抓住了学生们既是教学客体又是实践主体的特点，将课堂教育的方式与学徒式的个性化教育方式结合起来，将科研创新精神教育与风险投资意识教育结合起来，培养复合型的未来企业领导者。强调学生创业必须有创业意识、眼高手巧，避免纸上谈兵。浙江大学在创业教育的手段上，区分并结合了全真模拟与实际经营的不同与优势，形成了科学有效的考核机制。浙江大学的创业教育还实现了学生、校方、社会、政府的四方联动，拥有了一支来自多方的雄厚创业导师队伍。浙江大学的创业学生还拥有丰富的创业实习、创业实战机会。

浙江大学充分利用创业导师资源为大学生创新创业实践搭建有效平台。同时打破传统"课堂教授式"的常规，利用"师傅带学徒式"的培养模式，充分调动学生在学习中的主动性、积极性和创造性，使学生从被动接受的教学客体转变为主动参与的实践主体，真正做到学有所得、学有所成和学有所用。在学生成为优秀企业家导师的"学徒"后，导师便直接带领学徒走入企业高层，体验企业创业文化内核，聆听成功人士创业心得，跟随名企决策层管理人员进行工作实践，学生能够直接向导师学习大型企业管理实践经验、商务交往礼仪等。在这一系列模拟实战的训练中，创新创业的理念与在书本上学到的知识较好地融为一体。这打造的不仅仅是一个导师带徒弟的圈子，更是一个云集优秀浙商和浙大杰出校友的创业精英培养平台。

相对于服务创业，作为具有理工科背景的研究型一流大学，在学生创业工作中，浙江大学更强调学生们的科技创业。因此，针对学生们科技创业中的瓶颈，浙江大学特别强调对于学生们的科研创新精神和科研创新能力的培养和培训，反复对学生们强调学业是创业的基础。

身在杭州的浙江大学的学生创业还拥有得天独厚的地域优势。杭州所处的长三角地区是中国经济最活跃的区域，浙江省是中国民营经济最发达的地区，杭州市被称为正在升起的全球"互联网+"的创新创业中心。浙江省以及杭州市历来有"想创业、敢创业、会创业"的社会氛围。浙江大学因势利导，与学生、社会、政府等一道营造了"鼓励创新、宽容失败、崇尚合作"的创业文化。塑造了浙江大学自主创业支持体系，形成了浙江大学的创业集群。浙江大学很早就成立了"大学生创业工作领导小组"，全面领导学生创业工作。在外依托世界创业论坛、创新创业大讲堂和各类沙龙等阵地，以及杭州市蒲公英计划、杭州高新区等实体、浙江经视等媒体，在内组织亚太学生创业联盟、浙江大学KAB创业俱乐部、浙江大学研究生创新创业中心等学生社团，依托浙大创新科技园、大学科技园、虚拟创业园、创业苗圃、商街等平台，并且制定了求是强鹰实践成长计划、大学生创业训练营等规划，对浙江大学学生创业的前期、中期、后期进行延伸扶持。在发挥市场拉动的订单式就业模式以外，也充分发挥浙江大学毕业生中自主创业的学兄学姐们的老马识途的领路人和伙伴的作用。浙江大学以"创新创业，勇立潮头"的创业精神、"勇于创新，敢于开拓"的浙商精神为旗帜，将大学生的求是创新精神、创业实践活动和科技探索相融合，探索出了校企合作、相互交流、共同发展的大学生创新创业人才培养的新模式。

浙江大学已经成为中国创业率和创业成功率最高的大学之一，值得全国高校在创业创新方面所借鉴。

（2）青岛拓展创业培训：通过建立"创业大学"来实现。2013年1月，根据青岛市政府部署要求，市人力资源社会保障局组织筹建青岛创业大学。2013年5月，青岛创业大学本部和创业云平台完成建设并投入使用。当年年底，在全市范围内共建成了包括山东科技大学、山东外贸职业学院等在内的17个区市教学点和驻青高校教学点。同时，积极开展国际合作，与美国巴布森学院正式签订合作协议，加入其发起成立的全球创业教育联盟。青岛创业大学是由政府主导成立的专门从事创业教育培训和创业服务的非学历教育机构，建立起集创业培训、项目孵化和产业发展助推功能于一体的创业服务平台。青岛创业大学自主研发了大学生创业培训四级课程体系，有效弥补了高校学历教育在学生创业能力提升方面的不足。青岛创业大学本部设在青岛市大学生创业孵化中心，以培养创业者最实用、最直接的创业能力为目的，根据初创企业、成长企业和成熟企业的实际需要，通过创业模拟、导师辅导、商业模式开发等手段，采取集中授课、跟踪扶持和商机交流等形式，为创业者和企业提供服务。作为青岛创业大学的网上虚拟校区，网上创业大学同步成立。网上创业大学包括门户网站、网上商城、灵动T台和商机PARTY平台，可实现远程在线授课和学员管理功能。

（3）上海张江高新技术创业服务中心：创投"飞马服务"。上海张江高新技术创业服务中心成立于1993年，位于张江高科技园区、主要宗旨是研发创新、孵化企业、转化辐射和机制创新，1997年被国家科技部火炬中心批准为国际企业孵化器，1999年被国家科技部认定为国际级高新技术创业服务中心。

2006年以来，以张江创投资广场为运作中心，创业中心搭建了适应张江科技创新企业发展的一系列完善的投融资服务体系，包括引进了softbank、IDG、BIOVEDA、同华、联讯等一些著名的创业投资机构，并且为近30多家的高新技术企业成功融资了2亿多美元的投资。张江创业服务中心的服务范围非常广泛，它构建了各类专业技术开发平台，开设了多个创业服务窗口，提供多元化的投资渠道和融资体系，还与国外知名机构和知名企业进行了合作，已经为创业者整合了各类社会创业资源和创业项目，定期开展一些创业活动，加强创业人员的沟通，建立了完备的信息渠道，为创业者提供良好的创业服务和创业环境。

上海张江最为著名的创业服务为"飞马旅"，"飞马旅"创业服务是由中国顶级服务业创业家共同发起组建的，主要是提供创新服务，包括飞马服务机构、飞马资本筹集、飞马创业基金、飞马创业学堂、飞马园区和飞马国际君子会、飞马投资基金联盟等。2015年，上海张江又推出了一种全新的创业服务模式：项目池+资金池+空间池，一种全新服务创新、创业、创客的立体模式——飞马"新立方"，这种模式在5SiCENTER创客空间里进行推广，而5SiCENTER是上海第一个利用存量商业资源发展的创客空间。要说以往的创业孵化器是创客空间第一代，园区是创客空间第二代，那么能够实现全要素、全流程、全周期、全时间服务的创业综合体——5iCENTER就是上海张江首创的创客空间第三代。这是一个有创新冲动的空间，是一个能够带给新一代创业者更多更好选择的空间，是一个环境与人的特质相切合的空间，是一个深度服务、深度互动的空间，也是一个从创业孵化到投融资全方位多角度服务的空间，更是一个成就梦想的空间。

（4）杭州高新技术创业服务中心：用心做好"桥梁服务。杭州在1990年成立高新技术创业服务中心，到2010年，杭州高新区科技创业服务中心新接收孵化企业57家，新增就业人员577人；孵化企业技工贸收入总和超过4.7个亿，毕业企业9家；11家在孵企业被浙江省科技厅认定为国家高新技术企业。

杭州高新技术创业服务中心提供形式多样的综合性孵化服务，存在多个服务窗口。2010年，创业中心组织了员工培训，加强员工的业务能力，修改和完善了创业服务中心的规章制度。一年来，创业中心的窗口服务处一共处理了2449件创业相关事件。中心设立企业全程代理服务27家，申报多起国家创新基金申请和创业种子基金申请、筛选了多个优秀的创业服务项目。创业中心的员工不仅在创业中心工作，一些联络员还自动走访了91家企业，进行了创业后期的良好沟通，做好了反馈工作。同时还通过qq、微信和电话与创业者保持联系。员工还帮助企业寻找创业基地和办公场所，提供知识产权申报咨询、协助质量体系的认证，定期宣讲创业扶持政策，提高群众的创业意识和加强创业者对创业的风险了解。

杭州创业服务中心还提供融资桥梁服务。2011年，创业中心继续与创投中心、高新担保公司、建设银行、科技银行合作，及时为有资金需求的孵化企业提供资金供给。并且，还在中心的门户网站上专门开设专栏介绍科技银行、建设银行和杭州银行、高新担保公司的各种针对小企业的各类金融产品和金融政策。中心与杭州市经济委员会中小企业服务中心进行合作，协商"金融超市"的相关条款，并和民生银行的相关工作人员进行商量，设立创业融资的制度章程。中心还协助举办高新区中小企业投融资洽谈会，组织邀请多家孵化企业参加，促成企业达成融资协议。中心针对企业的孵化需求、定期举办孵化企业见面会、联谊交流会、专题培训会等活动。促进中心与企业、企业与企业、企业与中介、金融机构与创业者等之间的有效交流，搭建起沟通合作渠道。并要筛选出一批诚信、优质的中介服务机构，组建中介服务联盟，通过将孵化企业的需求打包，有针对性地推荐为联盟成员，搭建一个社会化、专业化和网络化的可交互中介服务平台，采用减免、让利等优惠措施，降低孵化企业创业成本。

（5）江西：努力做好成果转化。2016年，江西省政府印发了《江西省鼓励科技人员创新创业的若干规定》（赣政发〔2016〕20号），指出鼓励科研院所、高等院校自主转移转化科技成果。科研院所、高等院校可自主通过转让、许可或者作价投资等方式，向企业或者其他组织转移转化科技成果，除涉及国家秘密、国家安全外，不需审批或者备案。对科技人员在科技成果转移转化工作中开展技术开发、技术咨询、技术服务等活动给予的奖励。科研院所、高等院校有权依法以持有的科技成果作价入股确认股权和出资比例，并通过发起人协议、投资协议或者公司章程等形式对科技成果的权属、作价、折股数量或者出资比例等事项明确约定，明晰产权。通过协议定价、技术市场挂牌交易、拍卖等方式确定成果交易、作价入股的价格。科研院所、高等院校在研究开发和科技成果转移转化中获得的净收入、股份或出资比例可提取60%~95%奖励，给研究开发和科技成果转移转化的团队，其中，作出主要贡献的人员，获得奖励的份额不低于奖励总额的50%。科研院所、高等院校的主管部门以及财政、科技等相关部门根据单位科技成果转移转化年度报告情况等，对单位科技成果转移转化绩效予以评价，并将评价结果作为予以支持的参考依据之一。在职称评审中，将技术应用、成果转移转化、有效专利等一并作为评审的重要条件，对业绩突出的可破格评审职称。

2017年，为主动适应经济发展新常态，对接国家和我省重大战略需求，大力推动我省新制造经济、新服务经济、绿色经济、智慧经济、分享经济等新经济的发展，着力培育壮大新动能，改造提升传统动能，加快新旧动能转换，全面提升教育支撑经济转型、产业升级和社会发展的能力，江西省教育厅制定了《关于贯彻新理念培育新动能提升教育服务能力的实施意见》。深入开展增强高等教育服务区域经济社会发展能力专项行动，继续组织实施"百校联百园""千博（教授）进千企"系列活动，深入园区、企业开展信息咨询、技术改造、科技帮扶等活动，推动地方产业和企业加快发展和转型升级。依托赣江新区国家级开放型体制，引导高校将资源、力量、人才聚焦赣江新区建设。积极参与特色小镇建设，重点在城镇规划、经济发展、人才培养等方面提供支持，助推打造一批新时期高水平的特色小镇。推进江西教育与经济社会发展智库建设，推动江西百家高校智库联盟工作，发挥智库教育、人才输送、指导实践等方面作用，强化应用对策研究，为发展新经济培育新动能提供决策服务。

（6）九江市创业公共服务：力求细致。第一，努力降低创业准入门槛。九江市落实注册资本登记制度改革，放宽新注册企业场所登记条件限制。推动"一址多照""集群注册"等住所登记改革，分行业、分业态释放住所资源。加快实施工商营业执照、组织机构代码证和税务登记证"三证合一""一照一码",简化工作流程。允许创业者依法将家庭住所、租借房、临时商业用房等作为创业经营场所。

第二,加强创业企业转型服务支持。对初创者个体工商户转型为企业的,在不违反法律法规的前提下,简化有关办理手续。对转型后企业参加失业保险符合条件的,按规定给予稳岗补贴。对转型后企业在政策性担保贷款上给予倾斜支持。及时对接落实个体工商户转型为企业的税收优惠政策。利用融资担保和财园信贷通等方式,积极帮助困难企业做强做大。

第三,激发创业主体活力。对离岗创业的,经原单位同意,可在3年内保留人事关系,与原单位其他在岗人员同等享有参加职称评聘、岗位等级晋升和社会保险等方面的权利。国有企业和事业单位(参照公务员法管理的事业单位除外)职工经单位批准,可停职领办创办企业。3年内不再领办创办企业的职工允许回原单位工作,3年期满后继续领办创办企业的职工按辞职规定办理。经单位批准辞职的职工,按规定参加社会保险,缴纳社会保险费,享受社会保险待遇。

第四,实施大学生创业引领计划。将求职补贴调整为求职创业补贴,对象范围扩展到已获得国家助学贷款的毕业年度高校毕业生。对符合条件的大学生(在校及毕业5年内)给予一次性创业补贴,补贴标准由2000元提高到5000元。在对入驻创业孵化基地的大学生创业企业,在基地3年内发生的物管、卫生、房租、水电给予实际费用60%的补贴。

第五,鼓励对众创空间等孵化机构的办公用房、用水、用能、网络等软硬件设施给予适当优惠,并将九江市中小企业信用担保有限公司担保费用由2%降低至1.5%。积极推广政府与社会资本合作(PPP)模式,引导社会资金支持大众创业,使社会投资和政府投资相辅相成。

第六,加强信贷服务与支持。强化财政资金杠杆作用,运用"财园信贷通""财政惠农信贷通"等融资模式,强化对创业创新企业、新型农业经营主体的信贷扶持。将小额担保贷款调整为创业担保贷款,个体创业担保贷款最高额度为10万元;对符合二次扶持条件的个人,贷款最高限额30万元;对合伙经营和组织起来创业的,贷款最高限额50万元;对劳动密集型小企业(促进就业基地)等，贷款最高限额400万元。对入驻创业孵化基地的企业、个人，在创业孵化基地3年内发生的物管费、卫生费、房租费、水电费等给予补贴，补贴标准由原来不超过50%提高到60%。

第七，注重创业竞赛项目的孵化。鼓励举办各种类型创业创新大赛，主办单位可对获奖项目给予一定的资助。其中获得国家级大赛奖项的，每个项目给予10万元～20万元；获得省级大赛前三名的，每个项目给予5万元～10万元；获得市级大赛前三名的，每个项目给予1万元～5万元。对创业大赛评选出的优秀创业项目，给予创业担保贷款重点支持，鼓励各种创投基金给予扶持。

第八，着力培育一批众创空间。全市将打造15个以高校为主的包括"创业咖啡""创新工场""创新创业实验室"在内的各种形式众创空间，鼓励众创空间所在高校提供不少于100平方米工作场所。对获得市级认定的科技企业孵化器等优秀众创空间给予10万元支持。

第九，搭建创业公共服务平台。九江市还采取政府扶持、整合资源、市场化运作的方式，搭建促进创业的公共服务平台，探索采取政府和社会资本合作(PPP)模式共同投资建设。全面推动高校建立大学生创业孵化基地，鼓励和引导大学生进驻孵化基地创业创新，对符合条件的大学生项目享受创业优惠政策，同时开展市级、省级、国家级创业孵化基地认定推荐工作，全市每年评估2个左右市级创新带动创业的孵化示范基地，每个给予30万元的一次性奖补。

3. 政府创业服务扶持政策实施满意度调研

为调查在校创业的大学生与刚毕业2年内创业（包括继续创业）的大学生对政府出台的创业服务扶持政策的认识与反映，我们制作了简要的调查问卷[①]，主要通过面对面调查与电子邮件调查两种方式调研。共发放调查问卷500份，收回有效调查问卷429份，有效率为85.8%。在创业的时期划分上，我们把2年内的大学生创业划分为初创期，2～4年的创业划分为

---

①调查问卷见附件。

发展期，4年以上的创业划分为成熟期。调研结果见表4.7、表4.8。

表4.7 创业大学生对政府创业服务扶持政策满意度一般性调查结果

调查	1. 你与你的同伴自主创业已有几年（　　）				
选项	A. 1年以内　B. 2年以内　C. 3年以内　D. 4年以内　E. 5～6年				
结果	A. 86	B. 88	C. 73	D. 89	E. 93
占比（%）	20.0	20.5	17.0	20.7	21.7
调查	2. 你主要从哪里了解政府对大学生创业的创业服务扶持政策（　　）				
选项	A. 政府网站　B. 创业课程　C. 创业培训　D. 电视报纸　E. 亲友同学				
结果	A. 124	B. 136	C. 70	D. 46	E. 55
占比（%）	28.9	31.7	16.3	10.7	12.8
调查	3. 政府对大学生创业的创业服务扶持政策占你创业动力中多大比重（　　）				
选项	A. 无关　B. 20%左右　C. 40%左右　D. 60%左右　E. 80%左右				
结果	A. 45	B. 196	C. 94	D. 66	E. 28
占比（%）	10.5	45.7	21.9	15.4	6.5
调查	4.你认为政府对大学生创业的创业服务扶持政策容易理解吗（　　）				
选项	A. 容易　B. 还好　C. 勉强可以　D. 不容易				
结果	A. 44	B. 166	C. 164	D. 55	
占比（%）	10.3	38.7	38.2	12.8	
调查	5. 你认为政府对大学生创业的创业服务扶持政策宣传到位吗（　　）				
选项	A. 到位　B. 还好　C. 勉强可以　D. 不到位				
结果	A. 87	B. 150	C. 132	D. 60	
占比（%）	20.3	34.9	30.8	13.9	
调查	6. 你认为政府对大学生创业的创业服务扶持做得如何（　　）				
选项	A. 很好　B. 好　C. 一般　D. 勉强可以　E. 不够　还有较大提升空间				
结果	A. 42	B. 109	C. 103	D. 84	E. 91
占比（%）	9.7	25.4	24.0	19.6	21.2

续表

调查	7. 你认为政府对大学生创业的创业服务扶持最应该加强的是哪一项（　　）				
选项	A. 创业教育及培训　B. 手续便捷化　C. 创业公共服务 D. 公平市场机制　　E. 创业技术服务与知识产权保护				
结果	A. 136	B. 39	C. 61	D. 64	E. 129
占比（%）	31.7	9.0	14.2	14.9	30.1

数据来源：全国抽样调查。

表4.8 不同创业期创业大学生对政府税费优惠政策满意度调查结果

创业初创期(创业2年内)，共计174人

调查	3. 政府对大学生创业的创业服务扶持政策占你创业动力中多大比重（　　）				
选项	A. 无关　B. 20%左右　C. 40%左右　D. 60%左右　E. 80%左右				
结果	A. 13	B. 64	C. 41	D. 36	E. 20
占比（%）	7.5	36.8	23.6	20.7	11.5
调查	6. 你认为政府对大学生创业的创业服务扶持做得如何（　　）				
选项	A. 很好　B. 好　　C. 一般　D. 勉强可以　E. 不够，还有较大提升空间				
结果	A. 28	B. 56	C. 33	D. 28	E. 29
占比（%）	16.1	32.2	18.9	16.1	16.7
调查	7. 你认为政府对大学生创业的创业服务扶持最应该加强的是哪一项（　　）				
选项	A. 创业教育及培训　B. 手续便捷化　C. 创业公共服务 D. 公平市场机制　　E. 创业技术服务与知识产权保护				
结果	A. 68	B. 30	C. 26	D. 14	E. 36
占比（%）	39.1	17.2	14.9	8.0	20.7

创业发展期(创业2～4年内)，共计162人

调查	3. 政府对大学生创业的创业服务扶持政策占你创业动力中多大比重（　　）				
选项	A. 无关　B. 20%左右　C. 40%左右　D. 60%左右　E. 80%左右				
结果	A. 17	B. 88	C. 33	D. 18	E. 6
占比（%）	10.5	54.3	20.4	11.1	3.7
调查	6. 你认为政府对大学生创业的创业服务扶持做得如何（　　）				
选项	A. 很好　B. 好　C. 一般　D. 勉强可以　E. 不够，还有较大提升空间				

续表

结果	A. 9	B. 44	C. 39	D. 32	E. 38
占比（%）	5.6	27.2	24.1	19.8	23.5
调查	7. 你认为政府对大学生创业的创业服务扶持最应该加强的是哪一项（ ）				
选项	A. 创业教育及培训 B. 手续便捷化 C. 创业公共服务 D. 公平市场机制，E. 创业技术服务与知识产权保护				
结果	A. 48	B. 6	C. 20	D. 26	E. 62
占比（%）	29.6	3.7	12.3	16.0	38.3

创业成熟期(创业4~6年)，共计93人

调查	3. 政府对大学生创业的创业服务扶持政策占你创业动力中多大比重（ ）				
选项	A. 无关 B. 20%左右 C. 40%左右 D. 60%左右 E. 80%左右				
结果	A. 15	B. 44	C. 20	D. 12	E. 2
占比（%）	16.1	47.3	21.5	12.9	2.2
调查	6. 你认为政府对大学生创业的创业服务扶持做得如何（ ）				
选项	A. 很好 B. 好 C. 一般 D. 勉强可以 E. 不够，还有较大提升空间				
结果	A. 5	B. 9	C. 31	D. 24	E. 24
占比（%）	5.3	9.7	33.3	25.8	25.8
调查	7. 你认为政府对大学生创业的创业服务扶持最应该加强的是哪一项（ ）				
选项	A. 创业教育及培训 B. 手续便捷化 C. 创业公共服务，D. 公平市场机制 E. 创业技术服务与知识产权保护				
结果	A. 20	B. 3	C. 15	D. 24	E. 31
占比（%）	21.5	3.2	16.1	25.8	33.3

数据来源：全国抽样调查。

　　调查表4.7显示：由于创业服务政策的内容和包含面较广泛，自主创业的大学生对创业服务扶持政策的了解来自多个信息渠道，其中政府网站和创业课程是主要渠道，分别占比为28.9%和31.7%。在创业动力方面，67.3%的创业大学生认为创业服务扶持政策有20%~40%的动力，其中20%以上的学生认为有89.5%的动力。这说明政府的创业服务扶持政策对大学生自主创业还是起到了较大的鼓励作用。在创业服务扶持政策的理解方面，49.0%的学生表示容易理解，而51.0%的学生表示理解有一定的困难。这说明我们的创业服务扶持政策解释还不够清楚，或是服务政策的主体过于分散。在创业服务扶持政策的宣传方面，55.2%的学生表示满意，30.8%的学生表示一般，13.9%的学生不满意。这说明政府的创业服务扶持政策宣传工作做得还可以，反映出地方政府网络宣传、创业教育、创业培训等方面发挥了作用。在政府的创业服务扶持政策满意度方面，35.1%的学生认为政府做得好，24.0%的学生认为政府做得一般，40.8%的学生认为政府做得还不够。这说明自主创业的大学生多数希望政府加大创业服务扶持的针对性与力度。在政府的创业服务扶持政策最应该加强哪方面选项方面，39.1%的创业大学生认为是创业教育及培训，17.2%认为是手续便捷化，14.9%认为是创业公共服务，8.0%认为是公平市场机制，20.7%认为是创业技术服务与知识产权保护。这反映出，政府与高校都十分重视创业教育和技术转移应用的问题，依然是创业大学生最为关注和迫切提高的问题，值得我们深思。

调查表4.8显示：在创业动力方面，创业初创期的学生认为创业服务扶持政策有40%以上激励作用的占比是55.8%，创业发展期的占比是35.2%，创业成熟期的占比是36.6%，这说明随着创业期的延长，认为创业服务扶持政策对创业的激励作用有明显的下降，原因可能是随着创业时间的增长，创业者认为政府的税收优惠与财政投入扶持更重要些。在政府的创业服务扶持政策满意度方面，初创期的满意度是48.3%，不太满意度为16.1%，不满意度为16.7%；发展期的满意度为32.8%，不太满意度为19.8%，不满意度为23.5%；成熟期的满意度为15.0%，不太满意度为25.8%，不满意度为25.8%。满意度随创业时期的延长下滑得比较厉害。原因可能是各个创业时期，创业大学生对创业服务在需求与满足之间还有较大的差距，这与市场竞争压力与经营压力有关系。在政府创业服务扶持选项方面，不同创业时期的学生显示高度相同的选项和明显不同的选项。高度相同的选项之一是三个创业时期的大学生都认为政府需要大力加强创业教育与创业培训，占比分别为39.1%、29.6%和21.5%。这超过我们的预期，我们分析，一方面可能是我们的创业教育和创业培训可能在成效上比较欠缺，另一方面可能是在风浪中锻炼过，才知道认真学好创业技能的重要性。高度相同的选项之二是创业技术服务与知识产权保护，这容易理解，因为创业与技术转化高度相关，与知识产权保护也高度相关，也反映了政府在这方面还需要采取有效的机制与得力的措施。明显不同的选项是对市场机制的认同，创业初创期的大学生选择占比仅为8.0%，创业发展上升到16.0%，创业成熟期继续上升到25.8%。这反映出创业越深入市场，越理解公平竞争市场机制对一个企业成长的重要性。这对政府也是个明显的诉求。

4. 小结

这一节我们主要从"政府该服务的就应服务"来讨论分析和调研政府对大学的创业服务扶持问题。政府对大学生服务的内容是扶持政策中最为广泛的，包含着创业教育及培训、创业手续便捷化、创业公共服务、公平竞争的市场机制保障、创业技术服务与知识产权保护、创业的商务环境、创业文化和精神培育等方面，政府在其中起到"扶上马，送一程"的保障护航功能。

中央政府对大学生自主创业的创业服务扶持政策主要体现在框架上要求与政策上指导方面，同时有一些原则性和任务性的要求，主要包括下列几个方面：

（1）创业教育及培训服务。国务院要求各高校要广泛开展创新创业教育，将创业教育课程纳入学分管理，有关部门要研发适合高校毕业生特点的创业培训课程，根据需求开展创业培训，提升高校毕业生创业意识和创业能力（国办发〔2014〕22号）。鼓励高校开发开设创新创业教育课程，建立健全大学生创业指导服务专门机构，加强大学生创业培训。继续办好中国创新创业大赛，积极支持参与国际创新创业大赛，为投资机构与创新创业者提供对接平台。建立健全创业辅导制度，培育一批专业创业辅导师，鼓励拥有丰富经验和创业资源的企业家、天使投资人和专家学者担任创业导师或组成辅导团队。鼓励大企业建立服务大众创业的开放创新平台，支持社会力量举办创业沙龙、创业大讲堂、创业训练营等创业培训活动（国办发〔2015〕9号）。教育部要求要抓紧制定鼓励学生创新创业的学分转换、弹性学制、保留学籍休学创业等具体政策措施。要根据学生创新创业不同阶段的实际需求，不断提高指导服务的针对性和有效性（教学厅〔2016〕5号）。从2016年起所有高校都要设置创新创业教育课程，对全体学生开发开设创新创业教育必修课和选修课，纳入学分管理。要按照《普通高等学校学生管理规定》要求，制定本地本校创新创业学分转换、实施弹性学制、保留学籍休学创新创业等具体措施，支持参与创业的学生转入相关专业学习，为创新创业学生清障搭台。各地各高校要配齐配强创新创业教育专职教师，聘请各行各业优秀人才担任兼职教师，建立全国万名优秀创新创业导师人才库（教学〔2015〕12号）。科技部要求支持各类孵化器聘请天使投资人、企业家、成功创业者、技术专家、行业专家等担任创业导师，形成专业化导师队伍，为创业者提供专业性、实践性辅导服务。（国科办高〔2017〕55号）

（2）创业便捷化服务。国务院要求各地区、各有关部门要进一步落实和完善工商登记，简化工商注册登记手续（国办发〔2014〕22号）。降低创新创业门槛。深化商事制度改革，针对众创空间等新型孵化机构集中办公等特点，鼓励各地结合实际，简化住所登记手续，采取一站式窗口、网上申报、多证联办等措施为创业企业工商注册提供便利（国办发〔2015〕9号）。营造宽松便捷的准入环境。深化商事制度改革，进一步落实注册资本登记制度改革，坚决推行工商营业执照、组织机构代码证、税务登记证"三证合一"，年内出台推进"三证合一"登记制度改革意见和统一社会信用代码方案，实现"一照一码"。推动"一址多照"、集群注册等住所登记改革，推广"一个窗口"受理、网上并联审批等方式（国发〔2015〕23号）。取消和下放一批行政审批事项，深化网上并联审批和纵横协同监管改革，推行政务服务事项的"一号申请、一窗受理、一网通办"（国办发〔2016〕35号）。深化商事制度改革，全面实施企业"五证合一、一照一码"、个体工商户"两证整合"，深入推进"多证合一"。

鼓励推行商标网上申请，将网上申请由仅对商标代理机构开放扩大至对所有申请人开放。（国办发〔2017〕54号）

（3）创业公共服务。国务院要求充分发挥公共就业服务、中小企业服务、高校毕业生就业指导等机构的作用，为创业者提供项目开发、开业指导、融资服务、跟踪扶持等服务，创新服务内容和方式（国发〔2015〕23号）。强化公共就业创业服务。着力推进公共就业创业服务专业化，合理布局服务网点，完善服务功能，细化服务标准和流程，增强主动服务、精细服务意识。支持购买社会服务，为劳动者提供职业指导、创业指导、信息咨询等专业化服务。建立"互联网+"公共就业创业服务平台，推动服务向移动端、自助终端等延伸，扩大服务对象自助服务范围，推广网上受理、网上办理、网上反馈，实现就业创业服务和管理全程信息化。推进人力资源市场建设。加强人力资源市场法治化建设，逐步形成完善的市场管理法规体系。建立与经济社会发展需求相适应的人力资源供求预测和信息发布制度。（国发〔2017〕28号）

（4）公平的市场机制保障。鼓励双创示范基地结合实际整合市场监管职能和执法力量，推进市场监管领域综合行政执法改革，着力解决重复检查、多头执法等问题。加快创业投资领域信用体系建设，实现创业投资领域信用记录全覆盖（国办发〔2017〕54号）。加强人力资源市场法治化建设，逐步形成完善的市场管理法规体系。建立与经济社会发展需求相适应的人力资源供求预测和信息发布制度。开展人力资源市场诚信体系建设，加快出台人力资源市场各类标准，创新事中事后监管方式，营造规范有序的市场环境。（国发〔2017〕28号）

（5）创业技术转移与知识产权保护服务。教育部要求要进一步完善高校学生创业服务网功能，为高校学生提供项目对接、产权交易、培训实训、政策宣传等服务（教学〔2015〕12号）。建立健全科研人员双向流动机制，落实事业单位专业技术人员离岗创业有关政策，促进科研人员在事业单位和企业间合理流动（国办发〔2016〕35号）。推动科技成果、专利等无形资产价值市场化，促进知识产权、基金、证券、保险等新型服务模式创新发展，依法发挥资产评估的功能作用，简化资产评估备案程序，实现协议定价和挂牌、拍卖定价。财政资金支持形成的科技成果，除涉及国防、国家安全、国家利益、重大社会公共利益外，在合理期限内未能转化的，可由国家依法强制许可实施转化（国发〔2017〕37号）。开展知识产权综合执法，建立知识产权维权援助网点和快速维权通道，加强关键环节、重点领域的知识产权保护。将侵犯知识产权行为情况纳入信用记录，归集到全国信用信息共享平台，构建失信联合惩戒机制（国办发〔2016〕35号）。搭建集专利快速审查、快速确权、快速维权等于一体，审查确权、行政执法、维权援助、仲裁调解、司法衔接相联动的知识产权保护中心。探索建立海外知识产权维权援助机制。发挥国家知识产权运营公共服务平台枢纽作用，加快建设国家知识产权运营服务体系（国发〔2017〕37号）。

各省市地方政府在执行中央政府创业服务政策的基础上，也出台了一些有地方特色的服务政策。如黑龙江省支持大学生通过科技成果转化实现创业。大学生在校期间参与教师科研项目或自己研究取得发明专利成果，其创业成果转化成功的，可利用省科技成果转化引导基金，按照技术交易额的10%，给予不超过20万元的资金奖励。湖北省支持学生跨校组建创新创业团队，推动校际间课程互选、学分互认。山东省实施"齐鲁创新创业雏鹰计划"，每年立项支持500个优秀大学生创新创业项目。四川省取消有限责任公司最低注册资本3万元、一人有限责任公司最低注册资本10万元、股份有限公司最低注册资本500万元的限制。北京市建立完善公平竞争审查机制，加大对不利于创新创业的垄断协议和滥用市场支配地位以及其他不正当竞争行为的调查和处置力度。天津市对获奖项目的创业者获得金融机构发放的"创业卡"，无须抵押可直接获得贷款等。

从创业大学生对创业服务的满意度调研情况看，政府这些年所做的创业服务努力对大学生的创业起到了良好的鼓励作用，政府的网站宣传和创业培训服务发挥着政策解释和推广的作用。创业大学生对政府的创业服务满意度处于中等水平，这体现了创业学生对政府的更多希望及期待。创业大学生最希望改进的服务是创业教育与培训，以及技术服务与知识产权保护。

基于上述分析，课题组认为，这些年，地方政府为大学生所做的创业服务正在推动更多的大学生走向创业，也较好地满足了各时期创业大学生的创业服务需求，反映在政府创业便捷化服务、创业教育及培训、创业公共服务等的努力作为上。在创业服务政策的制定方面，我们认为中央政府的创业服务政策细分还不够明确，对创业教育、市场培育、技术服务等的政策成效上还有待于提高。

4.4 创业意愿、创业行为和创业绩效影响因素实证研究

从文献的梳理、归纳可以发现，对大学生创业问题的研究已相当丰富，但对大学生创业意愿、创业行为和创业绩效的研究主要还是集中在理论分析层面，即使涉及到实证层面的研究，通常也是以统计相关分析为主，而通过建立计量模型进行实证分析的研究并不多见。本章正是在问卷调查数据的基础上，建立多元排序选择Logit模型和双因变量Probit联合估计模型来进行实证研究。特别地，将创业行为和创业成功这两个因变量联系起来，使用双因变量Probit联合估计模型进行分析在创业研究文献中尚未见到，这可以看成是本节的一个创新。

4.4.1 研究模型、变量与数据

本节拟以政府对大学生创业的四种扶持方式为核心变量，加入一系列控制变量来研究大学生创业意愿、创业行为、创业绩效的影响因素，着重分析四种政府对大学生创业扶持模式的作用，并以此为基础提出相应的政策建议。对于大学生创业意愿，由于其作为被解释变量时取值存在一定的排序，使用普通的多元选择模型将忽视数据存在的内在排序属性，故我们在研究大学生创业意愿时，采用能将这种排序属性考虑在内的多元排序选

择Logit模型。[1] 对于创业行为和创业绩效，如果对这两个被解释变量分别进行离散选择模型建模，则可能会损失效率，这是因为创业行为与创业绩效这两件事通常是相关的（能获得创业成功必是有创业行为的学生），此时两个离散选择模型的随机扰动项之间很可能存在相关性。因此，我们在研究创业行为与创业绩效时将使用双因变量Probit联合估计模型（两个相互关联的Probit模型通过一次估计同时得到）。[2] 接下来，我们将分别对多元排序选择Logit模型和双因变量Probit联合估计模型进行简要说明。

4.4.2 多元排序选择Logit模型

假设$y^*=x'\beta+\varepsilon$（y^*为不可观测的潜变量），选择规则如下。

$$y = \begin{cases} 1, & 若 y^* \leq r_1 \\ 2, & 若 r_1 < y^* \leq r_2 \\ \cdots\cdots\cdots\cdots\cdots\cdots \\ J, & 若 r_{J-1} \leq y^* \end{cases} \tag{1}$$

其中，$r_1<r_2\cdots<r_{J-1}$为待估参数，在stata中称之为"切点"，y为可以观测到的因变量取值。假定ε服从逻辑分布，其累积分布函数为F(x)，则有：

$$p(y=1|x)=p(y^*\leq r_1|x)=p(x'\beta+\varepsilon\leq r_1-x'\beta|x)=F(r-x'\beta) \tag{2}$$

$$p(y=2|x)=p(r_1<y^*\leq r_2|x)=p(y^*\leq r_2|x)-p(y^*<r_1|x)$$
$$=p(x'\beta+\varepsilon\leq r_2|x)-F(r_1-x'\beta) \tag{3}$$

$$=p(\varepsilon\leq r_2-x'\beta|x)-F(r_1-x'\beta)=F(r_2-'\beta)-F(r_1-x'\beta)$$
$$p(y=J|x)=1-F(r_{J-1}-x'\beta) \tag{4}$$

通过如下样本的对数似然函数，可以得到系数向量β和切点向量r的极大似然估计量。

---

[1] 由于逻辑分布的累积分布函数有解析表达式，而标准正态分布没有，故Logit模型通常比Probit模型更为方便。

[2] Stata软件只提供双因变量Probit模型，而不提供双因变量Logit模型。

$$lnL(\beta,r)=\sum_{i=1}^{N}\sum_{j=1}^{J}ln(P(y_i=j \mid \chi,\beta,r)) \cdot 1(y=j) \qquad (5)$$

其中，N为样本容量，$1(y_i=j)$为示性函数，条件为真时取值为1，否则为0。

4.4.3 双因变量Probit联合估计模型

假定存在如下两个相互关联的Probit模型：

$$\begin{cases} y_1^*=x_1'\beta_1+\varepsilon_1 \\ y_2^*=x_2'\beta_2+\varepsilon_2 \end{cases} \qquad (6)$$

其中，y_1^*, y_2^*为不可观测的潜变量，两个模型的解释变量可以完全相同（$x_1=x_2$），也可以不完全相同（$x_1 \neq x_2$），随机扰动项（ε_1, ε_2）服从二维联合正态分布，期望为0，方差为1，两者的相关系数为ρ。可观测因变量y_1和y_2由以下规则确定：

$$y_1 = \begin{cases} 1,若y_1^* > 0 \\ 0,若y_1^* \leq 0 \end{cases} \qquad (7)$$

$$y_2 = \begin{cases} 1,若y_2^* > 0 \\ 0,若y_2^* \leq 0 \end{cases} \qquad (8)$$

显然，当$\rho=0$时，则此模型等价于两个单独的Probit模型；当$\rho \neq 0$时，可得到（y_1, y_2）的联合概率，然后进行极大似然估计。例如：

$$P_{11}=P(y_1=1,y_2=1)=P(y_1^*>0,y_2^*>0)=P(\varepsilon_1>x_1'\beta_1,\varepsilon_2>-x_2'\beta_2)$$
$$=P(\varepsilon_1<x_1'\beta_1,\varepsilon_2<x_2'\beta_2)=\int_{-\infty}^{x_1'\beta_1}\int_{-\infty}^{x_2'\beta_2}\phi(z_1,z_2,\rho)dz_1z_2=\Phi(x_1'\beta_1,x_2'\beta_2,\rho) \qquad (9)$$

其中$(Z_1\beta_2,P)$ $\phi(z_1\beta_2,\rho)$ 分别为标准化二维正态分布的概率密度函数和累积分布函数，期望为0，方差为1，相关系数为ρ。类似地，还可以计算P_{00}，P_{01}，P_{10}，将这些概率取对数后求和，可得对数似然函数，通过极大似然估计就能得到系数向量$\beta_1\beta_2$和相关系数ρ的极大似然估计量。

4.4.4 数据与变量

本节所使用的数据来自于2016年4-6月份对全国57所高校所做的关于"大学生创业"的问卷调查。调查共发放问卷600份，回收问卷587份，其中有效问卷551份，有效回收率为91.83%。57所高校分别来自于华东、华南、华中、华北地区的14个省区。[①]受时间、经费等因素的限制，调查问卷没能做到按高校类别、地区分布进行比例发放。

本节研究的被解释变量有3个，分别是大学生创业意愿（根据对问题"请问您的创业意愿如何？"的选择结果进行赋值。没兴趣=1，一般=2，有兴趣=3，十分迫切=4）、大学生创业行为（根据对问题"您是否有过创业行为"的选择结果进行赋值。有创业行为=1，无创业行为=0）、大学生创业绩效（对于有创业经历的大学生，根据对问题"您如何评价您的创业绩效"的选择结果进行赋值。创业成功（包括很成功、基本成功=1，否则=0）。

研究中，我们使用的解释变量分为五类：（1）大学生对政府出台的四种扶持大学生创业模式的认知，包括大学生对政府财政投入（如各种税收减免、贷款利息补贴等）、优惠政策（如落户、医疗、社会保障等）、提供创业平台和相关服务的主观评价（X_1-X_4）；（2）有创业行为的大学生客观上是否获得过政府对大学生创业的扶持，包括得到政府财政投入、税费优惠、提供创业平台和相关服务的扶持（X_5-X_8）；（3）大学生的个体特征，包括性别、所学专业、家庭居住地、父母平均受教育年限（接受大学以上教育按16年计；接受高中教育按12年计；接受初中教育按9年

---

①14个省区分别为：山东、上海、江苏、浙江、福建、广东、广西、河南、湖北、湖南、江西、安徽、北京、河北。

计；接受小学教育按6年计；文盲按0年计）、家庭年人均收入、就读高校是否为985或211高校（X_9-X_{14}）；（4）与创业相关的人力资本积累，包括参加学校社团活动情况、参加社会兼职情况、是否参加过创业模拟大赛、对创业扶持政策的了解程度、是否参加过创业教育或培训（X_{15}-X_{19}）；（5）与创业相关的客观环境，包括家人是否创业、同学或朋友是否创业、所处环境对大学生创业扶持政策的宣传力度、就读高校是否有企业孵化器等创业平台（X_{20}-X_{23}）。各解释变量的定义和统计性描述如表4.9所示。

表4.9 解释变量定义与统计性描述

变量	变量定义	均值	标准差	最小值	最大值
X_1	您认为政府财政投入是否有帮助（是=1，否=0）	0.73	0.44	0	1
X_2	您认为政府优惠政策是否有帮助（是=1，否=0）	0.66	0.47	0	1
X_3	您认为政府创业平台是否有帮助（是=1，否=0）	0.21	0.41	0	1
X_4	您认为政府创业服务是否有帮助（是=1，否=0）	0.56	0.5	0	1
X_5	您是否得到过政府财政投入扶持（是=1，否=0）	0.62	0.45	0	1
X_6	您是否得到过政府税费优惠扶持（是=1，否=0）	0.57	0.41	0	1
X_7	您是否得到过政府创业平台扶持（是=1，否=0）	0.12	0.32	0	1
X_8	您是否得到过政府创业服务扶持（是=1，否=0）	0.66	0.6	0	1
X_9	性别（男=1，女=0）	0.55	0.5	0	1
X_{10}	所学专业（经管类=1，非经管类=0）	0.3	0.46	0	1
X_{11}	家庭居住地（农村=1，乡镇=2，县级市=3，地级市=4，省会城市及以上=5）	2.3	1.29	1	5
X_{12}	父母平均受教育年限	9.69	3.22	0	19
X_{13}	家庭年人均收入	3.72	4.46	0.1	40
X_{14}	就读学校是否为985或211高校（是=1，否=0）	0.22	0.42	0	1
X_{15}	学校社团活动经历（很少参加=1，偶尔参加=2，经常参加=3，经常参加且积极参与组织活动=4）	2.48	0.87	1	4
X_{16}	社会兼职经历（无兼职经历=1，有兼职经历，但不多=2，有兼职经历，且较多=3）	2.04	0.62	1	3

变量	变量定义	均值	标准差	最小值	最大值
X_{17}	参加模拟创业大赛（是=1，否=0）	0.21	0.41	0	1
X_{18}	对政府创业扶持政策了解程度（不了解=1，了解不多=2，了解较多=3，非常了解=4）	2.09	0.75	1	4
X_{19}	参加创业教育或培训（是=1，否=0）	0.35	0.48	0	1
X_{20}	家人创业（是=1，否=0）	0.49	0.5	0	1
X_{21}	同学朋友创业（是=1，否=0）	0.72	0.45	0	1
X_{22}	政府对大学生创业扶持政策宣传力度（力度小=1，一般=2，力度大=3）	2.28	0.69	1	3
X_{23}	就读高校是否有创业平台（是=1，否=0）	0.54	0.5	0	1

资料来源：根据调查问卷整理得到。

4.4.5 创业意愿经验分析

本节将对大学生创业意愿进行经验分析，由于创业意愿的取值存在着固有的排序，因此我们采用前文所介绍的多元排序选择Logit模型对其进行估计。模型以政府对大学生创业的四种扶持模式为核心解释变量，同时也将其他对大学生创业意愿有影响的控制变量逐步引入到模型中来，估计结果如表4.10所示。其中，第（1）列给出了只含有核心解释变量（X_1–X_4）而不含其他控制变量的基准模型估计结果，其他各列在基准模型的基础上，依次加入控制变量进行估计，以检验模型的稳健性。

从表4.10第（1）列基准模型的估计结果可知，各核心解释变量的估计系数都为正，这说明学生对政府财政投入（X_1）、优惠政策（X_2）、提供创业平台（X_3）和相关服务（X_4）的肯定评价对提升大学生创业意愿有正向作用。但只有政府财政投入和税费优惠措施的这两个变量的估计系数是高度显著的，而提供创业平台和相关服务的估计系数是不显著的，这表明学生对政府财政投入和税费优惠的认可能够真正提升学生的创业意愿，即使学生认可了政府提供创业平台和相关服务，其对提升大学生创业意愿也没有实质性帮助。

在表4.10第（2）列中，我们在基准模型的基础上加入了反映大学生个体特征的相关变量（X_9-X_{14}）。估计结果表明，男生比女生有着更强的创业意愿，可能是因为男生的创新和冒险精神更强；相比于城镇学生，乡村学生更有意愿去创业，这多半是源于乡村大学生更想通过创业来改变自己的生活和社会地位；家庭人均年收入越高，学生的创业意愿就越强，主要原因有二：一是创业需要前期资金投入，二是家庭人均年收入越高，其承受创业失败所带来的负面影响的能力就越强；985或211高校比一般高校学生的创业意愿更低，可能的原因是985或211高校的学生更容易获得较好的就业机会，因此他们创业的机会成本较高。学生所学专业和父母平均受教育年限的估计系数均不显著，说明这两个变量对大学生创业意愿的影响可以忽略不计。与基准模型相比，加入大学生个体特征控制变量后，核心解释变量（X_1-X_4）估计系数的符号、大小和显著性都没有太大变化，这说明所得到的核心解释变量估计结果的稳健性较好。

在表4.10第（3）列中，我们将与创业相关的人力资本积累变量（X_{15}-X_{19}）加入到基准模型中。估计结果表明，经常参加学校社团活动、模拟创业大赛、创业教育或培训能显著提升学生的创业意愿，这是因为经常参加这些活动能提高学生的创业能力，从而提升其创业意愿；对政府创业扶持政策越是了解，就越能激发学生的创业意愿，因为对政策了解越透彻，就越能增强其创业信心。社会兼职变量的估计系数不显著，表明即使经常有社会兼职活动，对提升学生创业意愿也没有实质帮助，可能是学生的兼职活动大多都以家教为主，这对创业意愿没有什么影响。与基准模型相比，加入与创业相关的人力资本积累控制变量后，核心解释变量（X_1-X_4）估计系数的符号、大小和显著性变化都不大，表明核心解释变量的估计结果比较稳健。

在表4.10第（4）列中，我们在基准模型的基础上加入了反映创业环境的变量（X_{20}-X_{23}），估计结果表明，家人、同学或朋友创业分别在5%、10%的显著性水平上能提升学生的创业意愿，原因在于长期处于家人、同学或朋友创业的客观环境能使学生受到潜移默化的影响；政府对大学生创业扶持政策宣传力度、高校是否有创业平台则对创业意愿没有实质影响，可能是因为这两个因素无法像家人、同学或朋友创业那样对学生造成长期的、持续的影响。与基准模型相比，加入反映创业环境的变量后，核心解释变量（X_1-X_4）估计系数的符号、大小和显著性的变化基本都不大，这再次说明核心解释变量的估计结果是稳健的。

表4.10 大学生创业意愿多元排序选择Logit模型估计结果

变量	(1)	(2)	(3)	(4)	(5)
X_1	1.212★★★	1.185★★★	1.051★★★	1.143★★★	1.002★★★
	(0.241)	(0.256)	(0.246)	(0.242)	(0.252)
X_2	0.373★★★	0.484★★★	0.292★★★	0.387★★★	0.427★★★
	(0.112)	(0.122)	(0.097)	(0.127)	(0.135)
X_3	0.139	0.264	0.207	0.055	0.278
	(0.247)	(0.250)	(0.254)	(0.250)	(0.261)
X_4	0.219	0.276	0.069	0.179	0.097
	(0.210)	(0.213)	(0.215)	(0.212)	(0.219)
X_9		0.777★★★			0.810★★★
		(0.215)			(0.221)
X_{10}		0.082			0.086
		(0.225)			(0.234)
X_{11}		−0.332★★★			−0.348★★★
		(0.092)			(0.095)
X_{12}		0.007			0.002
		(0.037)			(0.038)
X_{13}		0.0533★★★			0.0346★★
X_{14}		−0.373★★			−0.556★
		(0.160)			(0.257)
X_{15}			0.369★★		0.359★★
			(0.126)		(0.135)
X_{16}			0.100		0.112

续表

变量	(1)	(2)	(3)	(4)	(5)
			(0.169)		(0.174)
X_{17}			0.584★★★		0.521★★
			(0.172)		(0.185)
X_{18}			0.378★★		0.387★★
			(0.143)		(0.148)
X_{19}			0.323★★		0.158
			(0.128)		(0.236)
X_{20}				0.311★★	0.289★
				(0.107)	(0.132)
X_{21}				0.437★	0.237
				(0.211)	(0.224)
X_{22}				0.136	0.030
				(0.149)	(0.160)
X_{23}				0.224	0.186
				(0.207)	(0.217)
切点1	−2.978	−2.496	−0.955	−2.768	−0.329
切点2	−0.969	−0.434	1.117	−0.742	1.807
切点3	0.960	1.591	3.190	1.231	3.988
Pseudo R2	0.188	0.204	0.199	0.190	0.228
观测次数	551	551	551	551	551

注：括号里的数值表示该系数对应的标准误；★★★、★★、★分别表示在1%、5%、10%的显著性水平下该系数是显著的。

最后，在表4.10第（5）列中，我们将全部控制变量加入到基准模型中。估计结果表明，核心变量和所有控制变量估计系数的符号都没有发生变化，估计系数大小则出现了些许变化。此外，控制变量中的家庭年人均收入（X_{13}）、就读学校是否为985或211（X_{14}）、是否参加过模拟创业大赛（X_{17}）、家人是否创业（X_{20}）这几个控制变量的估计系数显著性下降了，而是否参加创业教育或培训（X_{19}）、同学或朋友是否创业（X_{20}）这两个变量估计系数变得不再显著了。之所以如此，主要原因在于加入全部控制变量后，模型中各解释变量的相关性增强，导致了更高程度的多重共线性。虽然一些控制变量的显著性下降了，甚至变得不再显著，但核心解释变量的显著性却没有发生变化，这再次验证了核心解释变量估计结果是稳健的这一结论。

4.4.6 创业行为与创业绩效的经验分析

本节将分析创业行为（y_2）与创业绩效（y_3）的影响因素。与分析创业意愿时一样，我们重点关心的也是四种政府对大学生创业扶持模式的作用，故分析时以其作为核心解释变量，同时也引入其他对大学生创业行为与创业绩效有影响的控制变量。由于创业行为与创业绩效这两件事通常是相互关联的，故在经验分析时采用的是前述双因变量Probit联合估计模型。通常情况下，只有那些有创业意愿的学生才有可能进行创业和取得创业成功，因此，在联合分析创业行为与创业绩效时，所使用的样本与分析创业意愿时的样本稍有不同，这里的样本不再是所有的调查对象，而是那些有创业意愿的学生，即对于问卷中的问题"请问您的创业意愿如何"的回答结果为"一般""有兴趣""十分迫切"的学生，不再包括回答结果为"没兴趣"的学生，故样本容量也由551下降为453。此外，对于双因变量中的创业行为（y_2），其核心解释变量依然为大学生对政府出台的扶持大学生创业四种模式的主观评价变量，即X_1-X_4；而对于另一因变量创业绩效（y_3），其核心解释变量为有创业行为的大学生客观上是否获得过政府对大学生创业进行扶持的相关变量，即X_5-X_8。之所以如此安排是考虑到有创业意愿的学生不一定都会创业。因此在分析创业行为或者说是否创业时，使用客观上是否获得过政府扶持就不太合适。因为没有创业的学生客观上肯定得不到政府的扶持，故此时使用对政府扶持模式的主观评价就更合适（X_1-X_4），但在分析创业绩效时，由于此时的分析对象为有创业行为的学生，故使用客观上是否获得过政府扶持就比较合适（X_5–X_8）。表4.11给出了创业行为与创业绩效双因变量Probit联合估计结果，其中，第（1）（2）列给出了创业行为（y_2）与创业绩效（y_3）分别只含有核心解释变量的联合估计结果，第（3）（4）列为在第（1）（2）列基础上引入全部控制变量的联合估计结果。

从表4.11第（1）列的估计结果可知，对于创业行为（y_2）而言，四个核心解释变量中，只有学生对政府财政投入和提供创业平台的主观评价这两个变量的估计系数是显著的，学生对税费优惠措施和相关服务主观评价的估计系数是不显著的。这表明对政府财政投入和提供创业平台的认可有助于将学生的创业意愿转化为实际的创业行为，而对税费优惠措施和相关服务的认可则对创业意愿向创业行为的转化没有实质性的帮助。对表4.11第（2）列的创业绩效（y_3）而言，客观上是否接受过政府财政投入和相关服务这两个变量的估计系数是显著的，这说明学生如果获得过政府财政投入和相关服务的支持，对其取得创业成功有实质性帮助，而客观上是否接受过税费优惠措施和创业平台支持这两个变量的估计系数则不显著，表明即使接受过税费优惠措施和创业平台支持，也无法对学生创业成功起到实质性作用。

表4.11 创业行为与创业绩效双因变量Probit联合估计结果

变量	(1)	(2)	(3)	(4)
	y2	y3	y2	y3
X_1	0.917***		0.838***	
	(0.170)		(0.175)	
X_2	0.229		0.089	
	(0.178)		(0.197)	
X_3	0.558**		0.653**	
	(0.204)		(0.253)	
X_4	0.014		0.038	

续表

变量	(1)	(2)	(3)	(4)
	(0.160)		(0.176)	
X_5		0.415★★		0.282★★
		(0.138)		(0.113)
X_6		0.220		0.218
		(0.209)		(0.227)
X_7		0.357		0.325
		(0.266)		(0.252)
X_8		0.567★★		0.601★★
		(0.195)		(0.224)
X_9			0.413★★	0.514★★★
			(0.131)	(0.132)
X_{10}			−0.139	−0.432
			(0.187)	(0.224)
X_{11}			0.127★★	0.338★★★
			(0.049)	(0.093)
X_{12}			0.019	0.015
			(0.029)	(0.036)
X_{13}			0.0619★★★	0.0555★★
			(0.018)	(0.024)
X_{14}			0.301★★	0.471★★
			(0.112)	(0.197)
X_{15}			0.140	0.072
			(0.101)	(0.118)
X_{16}			0.265	0.159
			(0.162)	(0.171)

续表

变量	(1)	(2)	(3)	(4)
X_{17}			0.364★★★	0.896★★★
			(0.115)	(0.258)
X_{18}			0.066	0.513★★★
			(0.108)	(0.147)
X_{19}			0.431★★	0.559★★
			(0.170)	(0.189)
X_{20}			0.413★★	0.353★★★
			(0.178)	(0.102)
X_{21}			0.248	0.369★★
			−0.183	−0.157
X_{22}			0.0255	0.205
			−0.127	−0.165
X_{23}			0.428★★	0.385★★
			−0.163	−0.157
Wald test of $\rho =0$	chi2(1) = 9.62376 Prob > chi2 = 0.0019		chi2(1) = 22.1982 Prob > chi2 = 0.0000	
N	453		453	

注：括号里的数值表示该系数对应的标准误；★★★、★★、★分别表示在1%、5%、10%的显著性水平下该系数是显著的。

在表4.11第（1）（2）列的基础上，我们将其他控制变量全部引入，估计结果如第（3）（4）列所示。对于第（3）列创业行为（y_2）的控制变量而言，男生比女生更倾向于将创业意愿转化为创业行为（X_9）；相对于农村学生，城镇学生更有能力将创业意愿转化为创业行为（X_{11}），这与之前分析大学生创业意愿时，乡村学生比城镇学生更有意愿去创业的结果正好相反，这很可能是因为在有创业意愿的学生当中，城镇学生有更强的社会关系和人脉资源，从而使其创业更容易；家庭年人均收入越高，将创业意愿转化为创业行为的能力就越强（X_{13}）；相比于一般高校，985或211高校的学生更有能力将创业意愿转化为创业行为（X_{14}），这与之前分析大学生创业意愿时，985或211高校比一般高校学生的创业意愿更低的结论也正好相反，这可能是因为985或211高校比一般高校有着更好的创业资源（如信息、学校创业资金投入、学校创业平台建设、与企业合作等），使得这些高校的学生更能容易创业；参加过模拟创业大赛、创业教育或培训的学生比没有这些经历的学生更有能力创业（X_{17}、X_{19}）；相对于没有家人创业的学生，有家人创业经历的学生更有能力将创业意愿转化为创业行为（X_{20}）；就读于有创业平台高校比没有创业平台高校的学生更容易实现创业行为（X_{23}）。与第（1）列相比，第（3）列中加入全部控制变量后核心解释变量估计系数的符号、大小和显著性都没有太大变化，说明核心解释变量的估计结果比较稳健。再来看第（4）列的创业行为（y_2），与第（3）列的控制变量相似，男生（X_9）、城镇学生（X_{11}）、家庭年人均收入高的学生（X_{13}）、985或211高校的学生（X_{14}）、参加过模拟创业大赛、创业教育或培训的学生（X_{17}、X_{19}）、有家人创业环境的学生（X_{20}）、就读于有创业平台高校的学生（X_{23}）更可能取得创业成功；此外，越了解政府对大学生创业扶持政策的学生越可能获得创业成功（X_{18}）；同学或朋友有创业经历的学生获得创业成功的可能性也更大（X_{21}）。与第（2）列相比，第（4）列中加入全部控制变量后核心解释变量估计系数的符号、大小和显著性变化都不大，说明核心解释变量的估计结果也有着良好的稳健性。

在表4.11的倒数第二行，我们对模型的两个随机干扰项ε_1与ε_2之间的相关系数进行了Wald检验，结果表明，我们应该拒绝$\rho=0$的原假设，它支持了本节所采用的双因变量Probit联合估计这一方法。当然，我们也对创业行为（y_2）与创业绩效（y_3）使用Probit模型分别进行了估计。结果发现，核心解释变量和控制变量的估计系数在符号上完全一致，大小上只出现了少许变化，但在显著性上有较大变化，与双因变量Probit模型相比，其显著性有明显下降，主要原因在于单独对两个因变量分别进行估计，会忽略随机干扰项之间的相关性，这会造成估计效率的损失。[①]

4.4.7 小结

基于2016年全国551名大学生调查问卷的微观数据，本实证分别使用多元排序选择Logit模型和双因变量Probit模型对大学生创业意愿、创业行为和创业绩效的影响因素进行了实证分析，研究中重点关注了四种政府对大学生创业扶持模式的作用。我们通过研究，得到了如下结论：（1）大学生对政府财政投入和税费优惠的认可能够真正提升学生的创业意愿，即使学生认可了政府提供的创业平台和相关服务，其对提升大学生创业意愿也没有实质性作用；大学生对政府财政投入和提供创业平台的认可有助于将学生的创业意愿转化为实际的创业行为，而对税费优惠措施和相关服务的认可则对创业意愿向创业行为的转化没有帮助；获得政府财政投入和相关服务的支持，对大学生取得创业成功有实质性帮助，即使接受过税费优惠措施和创业平台支持，也无法对学生创业成功起到实质性作用。由此可见，对于提升创业意愿、促使创业意愿向创业行为转化和取得创业成功来说，政府财政投入都是扶持大学生创业的有效模式，而其他几种扶持模式的有效性则有待提高。（2）男生、农村学生、家庭年人均收入高的学生，非985或211高校的学生，经常参加学校社团活动、模拟创业大赛和创业教育或培训的学生，越了解政府对大学生创业扶持政策的学生，有家人、同学或朋友创业的学生，其创业意愿通常越强。（3）在有创业意愿的学生当中，男生、城镇学生、家庭年人均收入高的学生、985或211高校的学生、参加过模拟创业大赛和创业教育或培训的学生、家人有创业经历的学生、就读于有创业平台高校的学生更有可能将创业意愿转化为创业行为，具有这些特质的学生进行创业也更有可能获得成功。此外，越了解政府对大学生创业扶持政策的学生、同学或朋友有创业经历的学生，越有可

---

①出于节省篇幅的考虑，我们没有给出 和 这两个因变量单独估计的结果，有兴趣的读者可以向笔者索取。

能获得创业成功。

在经济增速放缓和大学生就业难的背景下，大学生创业是解决目前大学生就业困境的一个良好途径，但是，大学生创业面临的诸多困难和不确定性使得大学生创业意愿不强、创业意愿转化率低、创业成功率也更低，因此，如何提升大学生的创业意愿、促使创业意愿向创业行为转化并取得创业成功就是亟待解决的问题，本部分的研究也正是基于这个背景展开的。通过前文的经验研究得到了上述一些结论，基于这些结论，我们认为，应该做好以下几个方面的工作以解决大学生创业意愿不强、创业意愿转化率低、创业成功率低的问题。首先，由于政府财政投入扶持方式对提升大学生创业意愿、提高创业意愿转化率和成功率都有显著作用，故应继续坚持政府对大学生创业的财政投入并加大其宣传力度，同时要简化大学生创业者申请政府财政补贴的手续和流程。其次，深入调查分析政府提供的税费优惠、创业平台和相关服务这三种创业扶持方式效率不高的原因，提出有针对性的措施，并在实际工作中加以实施。再次，单独或与高校合作举办大型模拟创业大赛，以提升学生的创业兴趣和创业能力；鼓励高校、社会团体、非营利机构开展创业教育或培训活动，并给予资金、场地、人员方面的支持。最后，成立专门的机构为创业前、创业中的大学生提供尽可能详尽的创业信息、咨询和创业规划指导。

4.5 政府对大学生自主创业扶持绩效的评估体系构建及绩效评估

本节以实际问题为导向，以问卷等形式在大学生、政府管理人员、大学创业人员三个层面进行调查，建立递阶层次结构模型及判定矩阵。通过计算分析得出相应指标权重，构建政府对大学生创业扶持政策绩效评价的核心指标，有助于对现有创业政策进行诊断与评估，有助于促进政府相关部门、大学生和其他利益主体正确理解评价绩效，接受和贯彻执行大学生创业政策的现实路径，为今后制定大学生自主创业扶持政策提供价值导向与方向参考。

4.5.1 政府对大学生自主创业扶持政策绩效评价体系

1.政策绩效评价框架

对政府公共政策绩效评估主要包括政策的效益、效率和有效性三个方面。借鉴刘兰剑博士（2011）在研究区域大学生创业政策评价时提出的由创业总体竞争力评价、创业效益评价、创业服务评价等三类指标构成的大学生创业政策评价体系。[①] 本文将在总结相关文献研究[②③④⑤]和实践调研的基础上，利用政府公共政策绩效评估理论，采用包括目标评价模式、效率评价模式、顾客导向评价模式等在内的综合评价模式，这是对政策实施后政策目标实现情况、政策效果和政策认知度的评价。基于结果导向，从大学生创业竞争力评价、大学生创业成效评价和大学生创业服务评价三个方面来开展政府对大学生自主创业政策绩效评价和选取具体评价指标，确定了3个领域、45项评价指标的第一轮指标体系（详见表4.12）。

表4.12 大学生创业政策绩效评价第一轮指标体系

目标层	领域层	指标层	变量识别	问卷统计值
政府对大学生创业政策绩效评价	大学生创业竞争力	创造GDP	X1	1.2
		利润总额占比	X2	2
		税收总额占比	X3	0.5
政策绩效评价		大学生创业企业平均从业人数	X4	2.3
		创业成功率	X5	3.8
		大学生创业企业平均资产额	X6	2.7
		利润增长幅度	X7	3.3

①刘兰剑，温晓兰.大学生创业政策评价体系研究［J］.厦门理工学院学报，2011（1）：71-74.

②任爽.大学生创业政策绩效评价研究［D］.杭州电子科技大学，2012.

③吴珊.大学生自主创业的政府扶持政策研究［D］.中南大学，2012.

④刘兰剑，温晓兰.大学生创业政策评价体系研究［J］.厦门理工学院学报，2011（1）：71-74.

⑤秦建国.政府就业政策绩效评价体系研究［J］.山东财政学院学报，2012（1）：103-107.

目标层	领域层	指标层	变量识别	问卷统计值
政策绩效评价	大学生创业竞争力	市场份额增长幅度	X8	3.0
		创新成果占有率	X9	4.3
		投资回报率	X10	2.1
		区域有创业意向大学生比例	X11	4
		大学生创业企业占比	X12	3.9
		对激发创业意愿的影响	X13	3.3
		规模以上大学生创业园建成数	X14	2.7
		每年大学生新创企业数	X15	3
		创业教育普及率	X16	3.5
		对转变就业观念的影响	X17	3.1
		对吸纳人才的影响	X18	2.3
		对社会创新能力的影响	X19	2
	大学生创业成效	创业氛围带动性	Y1	3.7
		政策的成本效益比率	Y2	3.9
		政策可行性	Y3	3
		政策执行成本	Y4	2.8
		政策实施的撬动效应	Y5	3.6
		政策对资本流向的引领作用	Y6	3.3
		带动就业人数	Y7	3.8
		创业项目孵化性	Y8	3.7
	创业服务	对创业理论研究的支持	Z1	2
		对大学生创业教育的支持	Z2	3.3
		创业教育/指导服务机构数量	Z3	2
		创业信息网络的支持程度	Z4	3.2
		创业扶持政策宣传	Z5	4.5
		政府对研发及创新支持	Z6	3.2

续表

目标层	领域层	指标层	变量识别	问卷统计值
政策绩效评价	创业服务	创业项目运营跟踪服务	Z7	4.2
		对创业后继续教育服务	Z8	3
		法律法规体系满意度	Z9	2
		社会对大学生创业者的认可度	Z10	3
		自主创业保险	Z11	4.3
		创业失败关怀政策	Z12	3.0
		大学生创业基地建设	Z13	2
		小额贷款	Z14	4.1
		融资渠道	Z15	4.4
		政府软环境	Z16	4.0
		"一站式"创业服务水平（企业注册等）	Z17	3.1
		创业项目扶持系统性（项目推介、方案设计、风险评估、开业指导、融资服务、技术支持、跟踪扶持等中介机构服务）	Z18	4.6

2. 问卷设计及对象

为增强大学生创业政策绩效评价指标体系的科学性和合理性，在包括45项评价指标的指标体系上，对创业大学生进行问卷调查，我们对大学生创业企业的发展现状和大学生创业的政策体系和政策落实情况有了更深入的了解，对大学生创业政策绩效评价的指标设计也有了更清晰的认识，并且完善了和修正指标体系。问卷发放对象主要是（1）大学生创业学术研究领域内的部分专家学者。（2）大学生创业相关的政府部门负责人和工作人员。（3）优秀大学生创业的企业负责人。我们将45个指标的重要程度分为"很重要""重要""比较重要""一般重要""不重要"五个等级。共发放调查问卷200份，收回有效问卷173份。

3. 结果分析

针对五个等级，我们设计分级打分：认为"很重要"并可以作为核心影响因素的为5分，认为"重要"的为4分，认为"比较重要"的为3分，认为"一般重要"为2分，认为"不重要"为1分，认为"不需要"为0分。

为对发放并收回的有效问卷进行统计分析，统计结果以平均分值为评价标准，并按以下方式计算统计平均分值：

$$f(x_i) = \frac{k_1 \sum_{i=1}^{n} A_i + k_2 \sum_{i=1}^{n} B_i + k_3 \sum_{i=1}^{n} C_i}{n}，\text{其中n为的有效问卷数。}$$

依据上述计算函数，获得统计分析结果（详见表4.12"问卷统计值"）。

4. 绩效评价指标体系优化

设定统计分值在3.5以上为扶持政策绩效评价的核心指标，3.5以下为一般性指标。可以得出X_5（创业成功率）、X_9（创新成果占有率）、X_{11}（区域有创业意向大学生比例）、X_{12}（大学生创业企业占比）、X_{16}（创业教育普及率）；Y_1（创业氛围带动性）、Y_2（政策的成本效益比率）、Y_5（政策实施的撬动效应）、Y_7（带动就业人数）、Y_8（创业项目孵化性）；Z_5（创业扶持政策宣传）、Z_8（创业项目运营跟踪服务）、Z_{11}（自主创业保险）、Z_{15}（融资渠道）、Z_{16}（政府软环境）、Z_{18}（创业项目扶持系统性）等16个指标为政府对大学生扶持政策绩效评价核心指标。（见表4.13）

表4.13 大学生创业政策绩效评价核心指标体系

目标层	序号	领域层	指标层	变量
政府对大学生创业政策绩效评价核心指标	1	大学生创业竞争力	创业成功率	X5
	2		创新成果占有率	X9
	3		区域有创业意向大学生比例	X11
	4		大学生创业企业占比	X12
	5		创业教育普及率	X16

续表

目标层	序号	领域层	指标层	变量
政府对大学生创业政策绩效评价核心指标	6	大学生创业成效	创业氛围带动性	Y1
	7		政策的成本效益比率	Y2
	8		政策实施的撬动效应	Y5
	9		带动就业人数	Y7
	10		创业项目孵化性	Y8
	11	大学生创业服务	创业扶持政策宣传	Z5
	12		创业项目运营跟踪服务	Z8
	13		自主创业保险	Z12
	14		融资渠道	Z16
	15		政府软环境	Z17
	16		创业项目扶持系统性	Z19

5. 指标赋值及结果分析

依据层次分析法和优化指标体系，建立基于目标层—准则层—子准则层模式，提出了由1个目标、3个准则、16个观测点组成的递阶层次结构模型（见图4.3）。构建各层次的两两比较，并在专家评议打分的基础上，建立不同层次两两比较判断矩阵，计算准则层要素和子准则层要素的权重（详见表4.11）。同时计算它们的最大特征根、与此相对应的特征向量、各层次的单排序以及进行一致性检验，以确定诸因素的相对重要性。可以得出以下结论：

（1）从一致性检验情况来看，准则层 λmax 为3.0092，一致性比例为0.0088＜0.1；创业竞争力子准则层 λmax 为5.3194，一致性比例为0.0713＜0.1；创业服务子准则层 λmax 为6.4940，一致性比例为0.0784＜0.1；创业成效子准则层 λmax 为5.1508，一致性比例为0.0337＜0.1。由此说明所建立的判断矩阵均满足一致性检验要求。

（2）准则层要素对决策目标的权重排序依次为创业成效（0.5876）、

创业服务（0.3234）、创业竞争力（0.0890），说明大学生创业对扶持政策的需求最主要是看中政策对创业产生的直接经济效益及政府对大学生创业企业服务等软环境，以有效推动大学生创业行为的顺利进行。子准则层要素权重总体排序前三位依次为扶持系统性（0.2322）、撬动效应（0.2566）、创业成功率（0.3285），可以看出，对于大学生创业扶持政策的评价，最关键是政策对大学生创业企业的实际助推作用及其带来的社会综合效益。

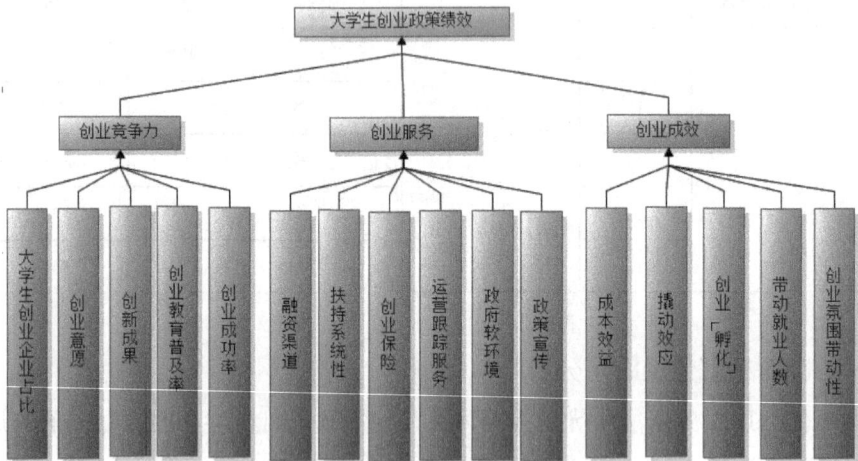

图4.3 递阶层次结构模型示意图

（3）创业竞争力方面。权重依次为创业成功率（0.3285）、创新成果（0.2978）、大学生创业企业占比（0.1347）、创业教育普及率（0.1342）、创业意愿（0.1048）。可以看出，"创业成功率"和"创新成果"两个指标在政府政策对提升大学生创业竞争力方面具有重要权重，政策应该更加关注创业项目的选择，增加项目的市场价值，提升大学生创业成功率。

（4）创业服务方面。权重依次为扶持系统性（0.2322）、融资渠道（0.1692）、创业保险（0.1540）、运营跟踪服务（0.1540）、政府软环境（0.1540）、政策宣传（0.1366）。这说明"扶持系统性"和"融资渠道"等指标在政府政策对大学生创业服务方面具有重要影响。政策扶持系统性主要包括政策延续性、关联性、整体性，如果要提升政策对大学生创业扶持系统性就需要增强政策的纵向延伸和横向耦合。

（5）创业成效方面。权重依次为撬动效应（0.2566）、成本效益（0.1942）、创业"孵化"（0.1941）、带动就业人数（0.1941）、创业氛围带动性（0.1609）。可以看出，对大学生创业扶持的政策需要更多考虑由扶持政策本身带来的系列连锁作用，更好地发挥政策带来的"乘数"效应。

表4.14 政府对大学生创业扶持政策绩效评价指标权重

准则层指标	权重w1	子准则层指标	权重w2
创业竞争力	0.0890	创业意愿	0.1048
		创新成果	0.2978
		创业成功率	0.3285
		大学生创业企业占比	0.1347
		创业教育普及率	0.1342
创业服务	0.3234	融资渠道	0.1692
		扶持系统性	0.2322
		创业保险	0.1540
		运营跟踪服务	0.1540
		政府软环境	0.1540
		政策宣传	0.1366
创业成效	0.5876	成本效益	0.1942
		撬动效应	0.2566
		创业"孵化"	0.1941
		带动就业人数	0.1941
		创业氛围带动性	0.1609

通过遴选子准则层的权重前两位，建立政府对大学生自主创业扶持绩效评估指标体系，分别由创业成功率、创新成果、扶持系统性、融资渠

道、撬动效应、成本效益等指标组成。具体见表4.15：

表4.15 政府对大学生自主创业扶持绩效评估指标体系

准则层指标	权重w1	子准则层指标	权重w2
创业竞争力	0.0890	创业成功率	0.3285
		创新成果	0.2978
创业服务	0.3234	扶持系统性	0.2322
		融资渠道	0.1692
创业成效	0.5876	撬动效应	0.2566
		成本效益	0.1942

4.5.2 政府对大学生自主创业扶持绩效评估

1. 研究方法和数据来源

利用层次分析法，在大学生创业政策绩效评价指标体系的基础上，围绕前述研究中总结的税费优惠扶持模式、财政投入扶持模式、创业平台建设扶持模式、政府服务扶持模式等四种模式，进行对比分析，优化组合。

绩效评估主要是依据调研问卷的数据开展研究。本次问卷发放对象主要是（1）大学生创业相关的政府部门负责人和工作人员。（2）优秀大学生创业的企业负责人。（3）创业平台（包括孵化园、科技园、创业基地等）相关工作人员。本次调研共发放问卷165份，回收有效问卷157份。

2. 结果与讨论

依据层次分析法，建立基于目标层—准则层—子准则层模式，提出了由1个目标、4个准则、24个观测点组成的递阶层次结构模型（见图4.4）。构建各层次的两两比较，并在专家评议打分的基础上，建立不同层次两两比较判断矩阵，计算准则层要素和子准则层要素的权重（详见表4.16）。同时计算它们的最大特征根、与此相对应的特征向量、各层次的单排序以及进行一致性检验，以确定诸因素的相对重要性。可以得出以下分析结果：

（1）从一致性检验情况来看，准则层 λmax 为4.1742，一致性比例为

0.0653＜0.1；财政扶持模式子准则层λmax为6.4956，一致性比例为0.0787＜0.1；税费优惠扶持模式子准则层λmax为6.1556，一致性比例为0.0247＜0.1；创业平台建设扶持模式子准则层λmax为6.4277，一致性比例为0.0679＜0.1；政府服务扶持模式子准则层λmax为6.1888，一致性比例为0.03＜0.1。由此说明所建立的判断矩阵均满足一致性检验要求。

（2）准则层要素对决策目标的权重排序依次为税费优惠扶持模式（0.3621）、财政投入扶持模式（0.3045）、政府服务扶持模式（0.2091）、创业平台建设扶持模式（0.1243）。

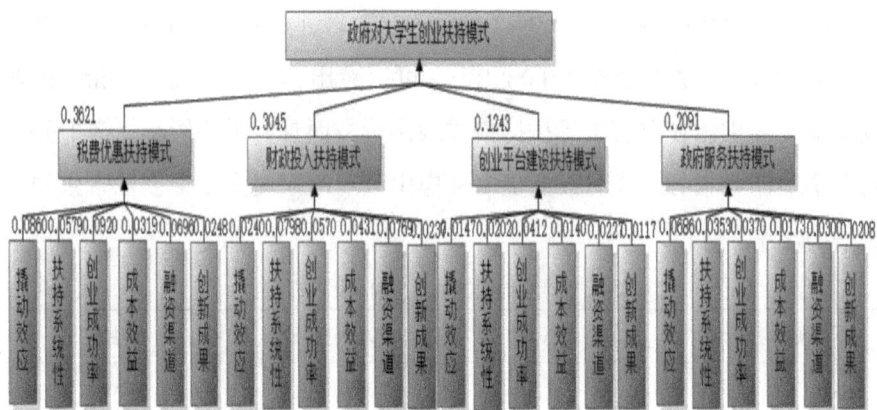

4.4 递阶层次结构模型示意图

（3）税费优惠扶持模式方面。权重依次为创业成功率（0.2540）、撬动效应（0.2374）、融资渠道（0.1921）、扶持系统性（0.1600）、成本效益（0.0880）、创新成果（0.0685）。可以看出"创业成功率"和"撬动效应"两个指标在税费优惠扶持模式的评价方面具有重要权重，政策应该更加关注扶持有市场、有带动性的创业项目。

（4）财政投入扶持模式方面。权重依次为扶持系统性（0.2620）、融资渠道（0.2524）、创业成功率（0.1872）、成本效益（0.1417）、撬动效应（0.0788）、创新成果（0.0780）。这说明"扶持系统性"和"融资渠道"等指标在财政投入扶持模式的评价方面具有重要影响。政府政策扶持中需要更加注重对大学生创业项目遴选、培育、推广、提升等系统性的财政支持，助推大学生创业全过程。

（5）创业平台扶持模式方面。权重依次为创业成功率（0.3311）、融资渠道（0.1822）、扶持系统性（0.1632）、撬动效应（0.1181）、成本效益（0.1126）、创新成果（0.0937）。可以看出，"创业成功率"和"融资渠道"在对创业平台扶持模式的评价方面具有重要影响作用。政府扶持大学生创业平台要更加关注对种子项目的金融扶持，帮助大学生开启创业活动。

（6）政府服务扶持模式方面。权重依次为撬动效应（0.3283）、创业成功率（0.1772）、扶持系统性（0.1689）、融资渠道（0.1434）、创新成果（0.0994）、成本效益（0.0828）。可以看出，"撬动效应"和"创业成功率"等指标在政府服务扶持模式的评价方面具有重要影响。政府开展对大学生创业服务工作时需要更多考虑由政府政策对大学生创业带来的牵引联动作用。

表4.16 四种模式评价指标及其权重

准则层指标	权重w1	子准则层指标	权重w2
税费优惠扶持模式	0.3621	撬动效应	0.2374
		扶持系统性	0.1600
		创业成功率	0.2540
		成本效益	0.0880
		融资渠道	0.1921
		创新成果	0.0685
财政投入扶持模式	0.3045	撬动效应	0.0788
		扶持系统性	0.2620
		创业成功率	0.1872
		成本效益	0.1417
		融资渠道	0.2524
		创新成果	0.0780

续表

准则层指标	权重w1	子准则层指标	权重w2
创业平台扶持模式	0.1243	撬动效应	0.1181
		扶持系统性	0.1632
		创业成功率	0.3311
		成本效益	0.1126
		融资渠道	0.1822
		创新成果	0.0937
政府服务扶持模式	0.2091	撬动效应	0.3283
		扶持系统性	0.1689
		创业成功率	0.1772
		成本效益	0.0828
		融资渠道	0.1434
		创新成果	0.0994

4.5.3 主要结论及优化对策

1. 本节主要结论

通过采用 AHP 分析比较结果表明，税费优惠扶持模式是四种扶持模式中的最优方案，这种模式的特点是政府在扶持中具有的牵引作用，能够快速有效地形成要素"高地"。从指标权重分析结果来看，该模式更加关注大学生创业企业的成功率。财政投入扶持模式是四种模式中唯一一个对创业企业进行直接资金投入的方案。依据权重分析，该模式更多关注对大学生创业行为的系统性扶持及财政投入带来的良性连锁反应，促进企业的快速成长。创业平台建设扶持模式和政府服务扶持模式是在评价中权重分布较低，是税费优惠扶持模式、财政投入扶持模式两种方案的有效补充。

同时，从整体子指标层的权重分布来看，融资渠道、创业成功率及扶持系统性和撬动效应四个指标，在税费优惠扶持模式、财政投入扶持模式、创业平台建设扶持模式、政府服务扶持模式的评价权重中，具有重要影响，在前三位权重中出现频率最高。

从评价指标选取分析来看，大学生创业对政府扶持政策的需求关键是要能够有效推动大学生创业行为的顺利进行；而政府（尤其是地方政府）对大学生创业的扶持过程更加关注其带来的经济效益和社会效益。

2. 创业扶持政策优化对策分析

创业是意愿、能力和机遇相结合而产生的结果。创业扶持政策应该从激发大学生创业的效果，大学生获得的创业基本知识和技能，大学生创业项目资源和必要环境及氛围支持等方面进行综合考量。结合本节研究结果，对大学生自主创业扶持政策提出以下优化对策：

（1）完善大学生创业项目及企业竞争力的提升机制。对大学生创业企业竞争力的培育性政策主要包括对创业项目的筛选、论证、培育等方面的培育扶持。目前主要通过"互联网+"创新创业大赛等一些竞赛进行引导，缺乏具有关键性的市场环节引导及论证的扶持性政策。应逐步建立大学生创业项目库、大学生创业项目论证机制和风险评估机制及大学生创业试验孵化机制等。

（2）完善大学生创业企业运营过程的指导体系。对大学生创业企业运营过程的指导性政策主要包括大学生的创业精神、市场意识、管理方法。我国政府对大学生创业扶持政策中，具有降低大学生进入障碍特点的政策日渐完备，但具有"扶上马，再送一程"效果的系统性扶持政策较少；具有大学生创业特点的信贷政策日趋合理，但大学生创业基金项目滞后，大学生创业融资渠道单一。支持大学生创业，应在普及高校创业教育的基础上，建立针对大学生创业理念、企业管理等方面的免费培训制度，为企业运营提供指导；建立大学生创业融资引导机制，树立正确融资理念，在符合市场经济正常运作规则的基础上，政府、社会、学校及金融机构等各方面要加大开发适合大学生特殊创业群体的融资渠道。

（3）完善大学生创业企业的社会保障机制。解决大学生创业企业行为的后顾之忧，制定大学生创业业失败后的保障性政策，逐步建立大学生创业保险制度，让大学生能够大胆选择创业。

（4）建立大学生自主创业扶持政策绩效评估机制。对于各级政府出台的各类针对大学生创业的扶持性政策，要从对大学生创业竞争力的扶持程度、对大学生创业过程服务的精准程度、对大学生创业成效的贡献程度等方面进行周期性评估，以便于及时调整政策，更好地扶持大学生自主创业行为。

第5章 分析和讨论

在项目立项前的2010年，我们发现：我国大学生自主创业优惠政策明显比国外少，政府对大学生的创业扶持力度并不大。项目立项后，我们开始概括性调研，有一种感觉是：项目报告比较容易写，只要把我国大学生创业扶持政策与美国、韩国等国家一比，把不足的扶持政策与模式写出来，课题就算完成。但这种感觉没过多少时间就消失了，原因是：国家对大学生自主创业扶持的政策一个接一个冒出来。这样就面临着一系列的新问题：这么多的政策如何分类？各地的扶持模式如何对比分析？如何设计调查问卷以应对不断涌现出来的创业政策？这些新出台的政策绩效如何评价？等等。

课题组讨论后，决定还是沿着原有的研究方案展开研究，同时对模式调研和实证研究部分保留机动性调整。课题的研究目标增加了新内容，即不仅要研究原有的扶持政策如何完善，还需要研究这么多新政策出台后，其作用和效果如何评价的问题，而影响扶持政策及模式绩效的内在逻辑又是什么。

5.1 关于理论研究的讨论与分析

课题的理论研究总体上比较顺利，一个难点是运用熊彼特的创新经济学，如何来解释创业及政府应加入发挥作用的机理问题。当我们找到"创新——风险——机会成本与收益"的逻辑链条时，这一问题才得到解决。按熊彼特理论，创新是一种"创造性破坏"，这种破坏存在着"破坏能否成功的风险"，即存在进入的风险成本。政府如果不提供进入的风险成本分担机制，敢进入创业的"吃螃蟹"者就会大量减少。同时，按熊彼特理论，创新还是通过企业家主导下的"新的社会生产函数"。因此，创业在带来机会成本的同时，也带来了机会收益，而且这种收益还有放大效应与正外部收益效应。这就不难理解，政府在解决创业风险"恐惧"和降低创业进入门槛时，就应该采取设立"兜底"引导基金、提供信用担保、建设创业平台、实行财税补偿等政策措施。至于机会收益，是正常收益+附加值，甚至是正常收益+超额附加值，这正是创业的魅力和能够引起政府兴趣或者是激动的地方，政府所要做的，就是准确评价这种机会收益并给予相应的"机会鼓励"政策。事实上，有利于产业结构优化和产品质量提升的机会型创业，机会收益一般都比较大，政府因此也乐于扶持，也应该投入机会成本来支持。

对于公共产品理论在创业扶持上的解释，关键点在于政府对创业正外部性如何"准确"补偿与激励的问题。是给予财政投入的直接扶持，还是给予税收优惠的相对间接一点的扶持，取决于政府对正外部性激励的补偿激励相容，即政府需要判断哪种正外部性激励比较准确和有效。有时政府无法判断正外部性补偿的准确度或真伪，这时，引入市场机制就成为必须。这需要政府和第三方机构合作并通过市场机制的方法来实现正外部性补偿，让其成为帕累托最优效率之后的次优政策措施。

5.2 关于国外经验借鉴的讨论与分析

国外经验借鉴这一部分似乎是最容易完成的子项，只要查查资料，总结分析一下就可以。但自从主持人有机会到美国与韩国考察后，特别是在美国硅谷地区近一个月的考察后，才知道这也是最容易误解和容易写偏的地方。

美国对大学生创业的扶持历史最悠久、经验最丰富、政策最完善、效果最明显，这都是大家经常听说和知道的。在没去美国考察前，课题组根据文献研究资料，都以为美国政府为大学生的创业做了很多很多，扶持政策处处发挥作用。但当主持人到美国考察后，才发现美国政府，包括联邦政府和州政府，对大学生创业的扶持所做的，远远没有大学、机构和市场做得多。虽然美国政府的确通过对创业小企业的支持立法、普遍性的创业教育、专业机构提供的创业服务、税收优惠支持、创业投资基金等金融支持等政策措施来扶持大学生创业，但相对而言，政府在大学生创业活动中总体上是站在后台"默默支持"，而活跃在大学生创业活动前台的是各个大学、富有经验的导师、创业指导中心、创客及孵化器，尤其是充满市场活力的创业投资基金。夸张一点说，没有创投基金，就没有美国大学生真正的创业。另外，美国的创业文化、创业精神和创业的社会保障机制，也是美国大学开展创业活动的基石之一。

韩国人重视创新创业，这在亚洲20多年前就出了名。韩国的大学生创新创业扶持模式整体上是向美国学习的，但却带着浓厚的儒家管理色彩，即政府在其中起到了明显的主导和帮扶作用。韩国的优惠政策与政府的创业服务显然要比美国细致得多，比如，政府就直接在许多大学中投资设立"技术转移中心"和"创业支援中心"，在市中心建立起专门为大学生创业者服务的创客中心。其他方面，可以简单概括为韩国正在追随美国的市场机制步伐。

印度政府对大学生的创业扶持方面，因为没有课题组成员在印度考察过，所以这方面的借鉴来自文献和资料的研究总结。我们有个印象是，随着这几年印度经济的快速发展，印度政府开始以更大的力度和措施来扶持大学生创业。2015年，印度总理Narendra Modi宣布发起"创业印度，崛起印度"（Start-up India and Stand-up India）计划；2016年，印度总统Shri Pranab Mukherjee进一步宣布启动由印度技术教育委员会制定的《国家学生创业政策》。可见，印度政府已不再满足于大学生在软件园创办软件企业这种单一模式，而是希望大学生们在更广阔的天地开创事业，在自我实现就业的同时，通过创业带动更多的大学生就业和提升经济层次、结构与质量。在扶持的政策措施上，印度也在学习和模仿美国模式，只是财力有限，创业的资源要素与基础设施比较薄弱。

这三国政府的大学生创业扶持对我国政府有何经验借鉴？课题组认为明显的借鉴意义在于三点：一是政府对大学生创业的扶持政策应更多转向

法律法规化和体系化，以减少政策执行过程中的不确定性与模糊性。二是政府的扶持政策应更多与大学合作，与社会中介组织或第三方机构合作，特别是与创业投资基金机构合作。三是政府的扶持应在时效性与延续性上下功夫，更多追求创业的成功率而不是短期的规模与宣传效应。四是政府的扶持政策不论在税费优惠方面，还是财政投入支持方面，都还存在进一步调整与改革的空间。

5.3 关于四种扶持模式调研结果的讨论与分析

政府对大学生自主创业的扶持模式和政策归类，无论在国外还是国内，都没有权威的划分法，都是研究者按自己理解和研究的需要去建立起模式体系和政策体系。课题组将模式划分为税费优惠、财政投入、平台建设和创业服务四种模式的"四分法"，是按照"政府该减免的就减免、该付出的就付出、该建设的就建设、该服务的就服务"这一思路来构建的，是课题组在大学生创业扶持模式研究中的分类和框架创新，其原则是政策模式不重叠。

这一部分是课题核心命题的"直观性"的研究，分为政策调研、目标模式效率与满意度调研、案例调研三部分。我们对国务院及国家相关部委2012—2017年出台的扶持大学生创业政策做了全面的梳理，按四个扶持模式来整理政策要点，从而基本上理清了这几年中央政府出台的扶持大学生创业的主要政策条款及框架。同时，我们把全国各省市出台的有各自特色的大学生自主创业扶持政策也做了相应的整理，从而对地方政府执行中央政府的大学生创业扶持政策有了具体的掌握和了解。因为不断有新的政策出来，所以这部分的工作一直处于不断更新中。项目研究的涉及面过广，这是项目研究的一个难点之一。

课题组认为，对政府扶持模式及其所涉及政策的满意度调研，是模式定性研究的第一步。对此，我们设计了简要的包含政府扶持工作效率和包含创业学生需求的调查问卷，展开了2轮全国性的随机抽样调研。同时我们努力区分了不同创业时期对创业扶持政策的需求与诉求。

政府扶持工作效率通过三个选项来调研，即政策获得的渠道、政策理解的难易和政策宣传的效果来反映。采用简单的加权平均法，对四个模式的调研数据进一步计算整理，我们得到这三个指标的整体平均值，见表5.1。

表5.1 政府对大学生自主创业四种扶持模式的工作效率指标值

调查问题	你主要从哪里了解政府对大学生创业的财政投入扶持政策（ ）				
指标选项	政府网站	创业课程	创业培训	电视报纸	亲友同学
四种模式加权占比(%)	33.1	23.2	17.8	9.6	16.4
调查问题	你认为政府对大学生创业的扶持政策宣传到位吗（ ）				
指标选项	税费优惠	财政投入	平台建设	创业服务	
"到位+还好"占比(%)	74.9	56.1	75.6	55.2	

资料来源：全国调查数据二次整理。

表5.1显示，政府对大学生扶持政策的宣传、传播和解答的媒体渠道中，政府网站是最重要的渠道，此外，创业教育与培训也是重要的渠道。在政策的解释与说明的清晰度上，财政投入和创业服务两种扶持模式的理解难度最大，需要加大政策的透明度和清晰度。在扶持政策宣传到位与否问题上，大学生的满意度还是相对比较高的，只是创业服务和财政投入模式的宣传到位率相对低一些，原因是政策过于多头或是政策内容比较广泛。

对创业学生激励和创业学生对扶持政策的满意度通过两个选项调研，即政策的鼓励动力、模式的整体满意度来测评。采用简单的加权平均法，对四个模式的调研数据进一步计算整理，可以得到这两个需求指标的整体平均值，见表5.2。

表5.2 政府对大学生自主创业四种扶持模式的需求指标值

调查问题	你认为政府对大学生创业的扶持政策对的你创业动力有多大比重（ ）			
指标选项	税费优惠	财政投入	平台建设	创业服务
加权平均值占比(%)	36.6	42.5	27.6	32.4

续表

调查问题	你认为政府对大学生创业扶持做得如何（　　　）			
指标选项	税费优惠	财政投入	平台建设	创业服务
满意占比(%)	27.4	23.7	72.4	35.1

资料来源：全国调查数据二次整理。

　　表5.2显示，在四种扶持模式中，财政投入和税费优惠对大学生创业的动力激励最强，其次是创业服务和平台建设。这与我们预期的有些不一样，结果出来之前，我们以为平台建设动力激励强些，因为创业必须要有个"根据地"才行。结果看来，刚创业的大学生首先想到的是如何筹措足够的创业融资问题，"钱"在创业动机中依然是个核心要素。对于四种扶持模式的满意度，超预期有些低，特别是在税费优惠和财政投入方面。还是"钱"的问题，与创业融资难、资金有压力有关联。

　　根据四种模式的调研结果，我们还可把最渴求改进的政策选项指标集中列表，从中可以比较观察各个政策点核心指标对创业大学生的吸引力与渴求度，见表5.3。

表5.3　自主创业大学生对政府扶持核心点政策的渴求改进度

扶持模式	核心政策点	渴求改进度（%）
税费优惠	税收优惠	22.5
	收费优惠	20.6
	投资基金	26.9
	融资贴息	26.2
财政投入	融资担保	20.5
	创业补贴	13.6
	无偿资助	12.9
	创业基地	28.2
	创客空间	25.5

续表

扶持模式	核心政策点	渴求改进度（%）
平台建设	科技园	17.2
	创业孵化器	16.1
	特色小镇	12.9
	创业教育及培训	31.7
	创业技术服务与知识产权保护	30.1
创业服务	公平市场机制	14.9
	创业公共服务	14.2
	手续便捷化	9.0

资料来源：全国调查数据二次整理。

表5.3显示，四种扶持模式中都有渴求度超过20%的政策点，这在一定程度上指明了政府对大学生自主创业扶持政策应该加强改进的方向。这些政策点中，最超出我们预期的是创业教育及培训政策点，我们以为政府已做了很多，结果看来，当前的大学生创业，政府或是大学还更多在追求规模或是影响效应，还没有真正把创业教育作为一种技能来培养，后续的跟踪帮扶也没有跟上。无偿资助也有点超过我们预期，调查显示：没有太多创业的大学生去追求这一政策，这也许是拿到政府的无偿资助的条件太高，或是代价太大。

以上三个表格整理出来的结果都是四种模式的静态数据，加入大学生创业时期的数据变化，可以发现一些扶持政策需求发生变动的规律：如随着大学生创业年限的增长，他们对税收、收费优惠的满意度在降低；在政府财政投入扶持选项方面，不同创业时期的学生还是显示不同的需求，初创期的学生对政府的无偿资助和融资担保较感兴趣，两者占比达到44.0%。而创业发展期和成熟期的学生对融资贴息和投资基金更感兴趣；在创业平台建设扶持方面，初创期的学生更倾向于创客空间和创业基地，创业成熟期的学生更倾向于创业孵化器、科技园和特色小镇；对公平市场机制的诉求方面，创业初创期的大学生选择占比仅为8.0%，创业发展期上升到16.0%，创业成熟期继续上升到25.8%。这反映出创业越深入市场竞争，越理解公平市场机制对一个企业成长的重要性。

5.4 关于实证研究的讨论与分析

项目的实证研究分为两部分，第一部分为"创业意愿、创业行为和创业绩效影响因素实证研究"。"意愿–行为–绩效"是经济学研究的一种范式，这种范式可以运用到大学生创业意愿–创业行为与创业绩效关联逻辑链上的影响因素实证研究。

通过综合创业意愿、创业行为、创业成功（创业绩效核心指标）选项问卷的有机设计，我们调研了影响大学生创业意愿的影响因素，从创业意愿转化为创业行为的影响因素，以及创业成功与否的影响因素，同时把四种扶持模式嵌入在这些影响因素中。实证结果表明：政府的财政投入和税费优惠扶持对大学生创业意愿提升达到显著水平，即有实质性的帮助，而即使学生认可了政府提供的创业平台和相关的创业服务，其对提升大学生创业意愿也没有达到显著性的作用水平；大学生对政府财政投入和提供创业平台的认可有助于将学生的创业意愿转化为实际的创业行为，而对税费优惠措施和创业服务的认可则对创业意愿向创业行为的转化没有显著性的帮助；获得政府财政投入和相关服务的支持，对大学生取得创业成功有实质性帮助，但即使接受过税费优惠措施和创业平台支持，也无法对学生创业成功起到实质性的作用。

这三个结论与我们在四个模式定性调研的结果在可比性上趋于一致，但基于调研对象与目标的不同，有些结果不具备直接的可比性，如结果三。课题组综合分析后认为，对这三个结论应作适当的理解：一是不能因此简单地否定创业平台和创业服务对大学生创业意愿的鼓励，没有达到影响的显著水平可能存在其他影响因素，如创业平台功能和档次较低，距离大学生较远等。二是从创业意愿到创业行动，也不能简单地否定税费优惠措施和创业服务的作用，没有达到影响的显著水平可能与政府的政策解释、宣传，政府服务的到位度等有关，特别是创业教育，应该是激发学生创业行动的重要因素，可能因大学或政府的创业教育过于"课程化"而失去明显的效力。三是创业平台对大学生创业的成功支持没有达到显著水平，可能与创业平台的功能或服务有关，也可能与创业平台的建设离大学生的地理距离和需求距离较远有关。

第二部分为"政府对大学生自主创业扶持绩效的评估体系构建及绩效评估"。通过对大学生、政府管理人员和大学生创业者的问卷调查，建立递阶层次结构模型及判定矩阵，构建政府对大学生创业扶持政策绩效评价的核心指标，目标包括对政府四种大学生创业扶持模式做出绩效评估。实证结果表明：1）税费优惠扶持模式是四种扶持模式中政府绩效最优的方案，有助于提升大学生创业企业的成功率。2）财政投入扶持模式更多关注对大学生创业行为的系统性扶持及带来良性连锁反应，有助于促进企业的快速成长。3）创业平台建设扶持模式和创业服务扶持模式在评价中权重分布相对较低，是税费优惠扶持模式、财政投入扶持模式两种方案的有效补充。

从这三个实证结果来看：结果一与前一节的实证结果有一定的相左，说明加入政府管理人员的经验判断后，实证结果发生了一定的改变，税费优惠政策在实践中发挥了重要的作用，这随着创业期的延长效应更明显；结果与前面的研究结果基本一致；结果三是现阶段的判断，也许与现阶段政府或大学的平台建设、创业服务的绩效有关，与模式本身的绩效还难以判断。如果政府和大学将来提升这两种模式的效率水平，真正做到贴近大学生服务，绩效可能会大幅度提升。这也反映出政府应该提升的创业扶持效率方向。

第6章 建议

6.1 课题研究的不足

根据同行专家的反馈和课题组的综合分析，我们认为课题研究存在两点不足：一是数据调查结束后，政府的扶持新政策还不断出来，这导致调查结果在解释度上存在一定的时滞和折扣。二是模式的定性研究、"意愿–行为–绩效"实证研究、"扶持模式的评价与绩效"实证研究之间，还存在一定的衔接不足的地方，可以进一步优化调查选项。

6.2 基于研究结论的政策建议

课题经过理论研究、经验借鉴研究、模式定性研究和模式实证研究，有了一些理论与实践发现，得出了定性和定量研究的基本结论。在课题组展开研究的这几年，我们切身体会到我国大学生创业及政策扶持的明显进展，表现在创业的人数、比例及成功率方面，也体现在大学越来越重视创业教育、政府建设越来越多的创业平台、给大学生越来越多的财政支持并提供更好的创业服务等方面。麦可思研究院（2017）的调查研究表明，近5年来，大学生毕业后立即创业的比例连续从2011届的1.6%上升到2017届的3.0%，接近翻了一番[1]。另外，课题组在研究中也发现：虽然经历了几年的政策密集出台，我国大学生创业扶持模式与政策还存在一些明显的不足，还需要完善。根据研究结论及发现，课题组提出下列政策建议。

---

[1]麦可思研究院. 2017年中国大学生就业报告[EB/OL]. http://www.chinanews.com/cj/2017/07–03/8267203.shtml,2017–07–03.

6.2.1 厘清政策体系，减少多头重叠

在课题研究过程中，我们发现一个常见的问题是：政府对大学生自主创业扶持政策"多而乱"，不仅每一个政策包含了"方方面面"的政策，而且每个政策之间的功能与界限也不是太清楚，导致扶持政策不易在短时间内理解清楚。调查结果也显示：大学生除了对税费优惠政策理解相对轻松外，对其他三种扶持政策不是那么容易理解和掌握。课题组的建议是按某一功能不重叠的体系对大学创业扶持政策进行分类和搭建体系，可以采用国际上通行的分类法，也可以采用课题组制定的四种模式分类法，使出台的政策清晰地落实到每一大类和某一小类的政策体系中，让有意愿创业和正在创业的大学生容易理解和掌握。

除让人感觉政策繁多外，我们在研究中还发现：大学生创业扶持政策"政出多头、重叠交加"的现象。某一区域的创业政策，如财政投入扶持政策，除国务院出台外，教育部、人社部、财政部、科技部也有出台，各省市政府还制定了各自的特色扶持政策。这样，大学生创业者对扶持政策就感觉有些凌乱和找不到"政策主人"。有些扶持政策的制定部委给人有错位的感觉，比如财政投入扶持政策，财政部出台的政策却很少；税收优惠政策，财政部出台的政策最多，而国家税务总局基本上是个政策执行单位；同样是创业平台建设，"国家级"的创客空间、科技园和创业孵化器的评审主管部门是科技部，"国家级"的创业示范基地评审主管部门是国务院，"国家级"的特色小镇评审主管部门是住建部，"国家级"的创业示范城市评审主管部门是财政部。支持的政策与力度也相差甚大。改变这种现状，必须明确界定和划清各个政府部门的创业扶持职责，使出台的政策"各有其主"，且不存在互相重叠现象。

6.2.2 减少工作指导，增加法律效力

在我们整理中央政府和地方政府的大学生自主创业扶持政策时，我们发现一个明显的特点是：很多政策的主体内容是"工作指导"，而不是部门规章或是政策条款的强制规定。这不仅增加了政策内容的"多

样性"，而且大大增加了政策理解与执行贯彻的难度。目前，我国的大学生创业扶持政策多以《意见》《通知》等行政文件形式存在，大多政策还没有上升到法律法规的层次，因此执行的弹性空间很大，约束力则较小。许多新出台的创业扶持政策还更多体现为"意见"和"要求"，而不是权威和不可违反的程序与规定。这使得政策的执行力大打折扣，大学生创业者依然面对着"政策的不确定性"。如何把创业支持政策的"意见""要求"甚至是"工作经验和方法"转变为实实在在、必须执行的法律法规，是大学创业扶持政策迫切需要改革的方向，也是增强政策执行绩效的法律化要求方向。

6.2.3 切实做好创业教育和创业培训

在我们研究的17个大学生创业扶持核心政策中，大学生创业者对创业教育及培训的改进诉求是最出乎我们意料的，诉求度排名第一，达到31.7%（见表5.3）。我们事先都认为政府和高校对创业教育已做得足够多。李亚员（2017）对全国16个典型城市4935位大学生创业者的调查也发现，大多数创业者没有接受过系统的创业教育[1]。环球创业观察中国报告（2015）显示：与全球其他地区相比，中国创业者中接受过创业教育的青年相对较少。87%的中国创业青年没有接受过系统的创业教育，而欧洲和美国等发达国家该比例为68%[2]。这些数据都反映，中国的创业教育和培训还任重而道远。表面上看，中国的创业教育及培训，不论是高校还是政府培训，都搞得"风风火火"，但实际上大多形式重过内容。目前，我国的创业教育以高校和大学生为核心，多数以选修课形式在课堂讲授创业基本知识为主，而创业教育的核心内容如创业技能、创业环境、创业文化、创业法规等较少涉及其中。高校创业教育的另一个形式是创业比赛，比如现在的"创青春"（挑战杯）与"互联网+"创业

---

[1]李亚员.当代大学生创业现状调查及教育引导对策研究.教育研究,2017(2):65-72.

[2]全球创业观察中国报告（2015）发布[N].环球网，http://finance.huanqiu.com/roll/2016-01/8465771.html，2016-01-28.

比赛。这本是一条有效的创业教育路径，但我们的比赛结果更多停留在"为比赛而比赛"的层面，有实践经验的导师全程指导得不多，真正转化成创业实体公司的项目少之又少。这里，转化机制明显出现了问题。高校创业实训方面，全国高校中提供创业孵化中心的学校不仅少，做实的也不多。许多大学的创业基地或是创业孵化中心仅仅是为大学生提供一些创业场地"练练手"，并没有校外创业导师指导，也没有专业团队和项目支撑，科技含量低，实践性不强。在创业培训方面，地方政府有时会为大学生提供一些短期课程，如SYB或SIYB项目培训等。但这些项目培训时间往往很短，课时量少，功利性较强。一方面存在着政府培训经费支出不足问题，另一方面存在着创业培训经费利用效率不高等问题，其中的根本原因还是创业培训经费的寻租问题。

课题组认为，做实我国的大学生创业教育和培训，应向美国和韩国学习。在创业意识上，应从小学和中学开始灌输创业知识和意识，增加体验感；在大学创业教育上，政府应投资设立创业教育基金，结合专业学习设立多层次的创业课程。同时，政府应投入经费支持大学建设创业孵化中心或创业服务中心，提供创业教育前期、中期、后期一条龙服务。对全国性的大学生创新创业大赛，政府应设立全国性的创投基金，引导和支持创新性强的比赛项目转化成为创业实体公司。在大学生创业培训上，政府应通过招标与有经验的社会创业培训机构合作，为有创业意愿的大学生提供较为全面的创业知识和技能培训，并加强培训过程监管，建立培训后的效果评估机制以增强培训效率。

6.2.4 税和费优惠都有较大的减免弹性空间

课题研究表明，税费优惠不仅是激发大学生自主创业的重要动力，也是扶持他们走向创业成功的重要影响因素。虽然政府近年出台了大学生创业税收优惠新政策，如初创期的股权投资抵扣税；从2017年1月1日起大学生创业成立的企业符合小型微利企业条件的减按20%的税率减半征收企业所得税。但从国际比较角度，对大学生创业的税收减免还有较大的弹性空间。近年政府对大学生创业的税收减免，主要延续小微企业的优惠政策，对所得税、增值税等多种税收的减税力度有限。对此，我们建议借鉴印度对大学生创业企业在一定期限内免除所得税的做法，对初创期的大学生创业企业实行零所得税制度。对投资大学生创业企业的资本利得部分继续投资到企业中的利润，也应予以免征资本利得税，以鼓励社会资本对大学生创业企业的股权投资。在创业投资方面，特别是在种子基金、天使基金对大学生创业的投资方面，也应借鉴美国、韩国经验，加大税费的减免力度。

6.2.5 财政投入扶持需要借助市场机构定点发力

研究结果显示，不论是对大学生创业动力的激发，还是对大学生创业企业的成长，政府的财政投入扶持都是重要的核心影响因素。在财政投入扶持的几个方面，如无偿资助、贴息贷款、融资担保、投资基金、财政补贴等，政府近年出台了大量的相关扶持政策，地方政府更是努力作为，但成效却没有想象中的显著。根据研究分析的原因，课题组提出三点建议：

一是加大贴息贷款扶持的规模与精准度。每个大学生创业者符合条件的均可获得10万元的贴息贷款政策，无疑有力地支持了广大创业大学生解决创业初期的融资难问题。但这一政策存在的问题是贷款评判的条件标准不够明确，项目筛选机制还没有建立，各个地方政府的做法也不一样。结果是一般创业的大学生不容易申请到这类贷款，即使申请到，也没有适当的担保者为其担保（父母不一定符合担保条件）。据全球创业观察中国报告（2015）调查，与全球其他地区相比，中国青年更难从银行和金融机构获得资金，更多的中国青年使用家庭积蓄开展创业活动。在中国青年创业者的资金来源中，只有9%的资金来自银行或金融机构贷款，而欧洲和美国等发达国家有23%的资金来自银行。同时，中国青年的资金来源中，有

58%的资金来自家庭积蓄，而欧洲和美国的这一比例仅为14%。[①] 要改变这一现状，除简化贷款手续和条件，扩大贷款支持规模外，更重要的是要建立起全国性的大学生创业项目评选通用标准，在此基础上，结合大学生创业竞赛筛选出确实有培养前途的创业项目给予重点支持。

二是加快设立全国性的大学生创业投资基金。虽然我国各省市地方政府已建立起多种多样的大学生创业投资基金，但是到目前为止，国家层面还没有建立起全国性的扶持大学生创业投资基金，结果是全国大学生创业竞赛中脱颖而出的一些创业项目没有等到投资支持而半途而废。应借鉴美国、韩国、印度等国经验，由中央财政负责安排预算支出，在全国范围内建立起能支持到每个大学的全国大学创业扶持投资基金，使真正优秀的创业项目得到第一时间的培育。

三是加快与社会机构合作，大力发展创业投资基金。大学生创业型企业通常面临着经营风险高、现金流不稳定等情况，因此过高的负债融资将会加大创业企业的财务风险和破产风险。与大学生创业企业风险特征相匹配的则是各类创业投资基金，包括种子基金、天使基金、风险投资基金等，这些创业投资基金基本都是股权投资资本，有特定的风险分担和退出机制，能够助推大学生创业较快成长并走向成功。根据我国大学生创业引领计划可知，我国对大学生创业的债务融资（包括担保和财政贴息）支持力度远远超过对投资基金的支持力度，这不是个良好的投融资支持结构。这从美国和韩国早期过于注重对创业企业信贷融资支持产生的大量负面作用，以致后来不得不更改为依靠创业投资基金支持的历史经验中可以得到反映。因此，我国在注重对大学生自主创业企业债务融资支持的情况下，更需要加大针对大学生创业项目的种子、天使、风险投资基金建设。可采用政府与社会资本共建创业投资基金的模式，以发挥政府投资的引导作用与社会资本高运营效率的特点。

[①]全球创业观察中国报告（2015）发布[N].环球网，http://finance.huanqiu.com/roll/2016-01/8465771.html，2016-01-28.

6.2.6 加强大学创业指导中心和创业平台的建设

创业平台是大学生创业的重要场所，是他们创业起步的重要设施。研究显示，创业平台对大学生从创业意愿转化为创业行为有显著性的帮助，是创业大学生希望政府在创业扶持政策中重点优化的政策之一。近些年，我国各地政府和大学建立了大批量的创业平台，如创业孵化基地、创业园、科技园等，为大学生创业提供了较好的基础设施。但这些创业平台的利用效果却不能让人满意。大学中的创业平台很多都用来让大学生"练练手"，社会上的平台很多也只是生存型的传统小店，离大学生创新和技术创业还有较远的距离。我们认为这里边的问题出在创业的内涵建设方面，重点是大学的创业指导中心建设跟不上时代步伐。我国的各个高校都设有招生就业处，由它负责大学生的就业和创业问题，相当比例的大学还同时设有创业学院、创业指导中心。但调研发现，这些机构更多服务于大学生从创业意愿转化为创业行为阶段，对创业后的大学生指导与服务都较少，跟踪服务和成长服务严重不足。主要原因是限于现阶段的职能设置，大学创业服务机构没有足够的人力、物力与财力来投入大学生创业全程指导，特别是没有足够的实践经验丰富的创业指导教师。因此，课题组建议，应该向韩国学习，由政府采用拨款建设或委托校方建设的方式，直接在大学中设立大学生创业指导中心，采取全创业链指导方式指导大学生创业，真正扶持他们走上创业征途。

6.2.7 政府对大学生创业支撑服务还需多方用力

政府对大学生创业的支撑服务包括创业教育与培训、技术转化平台建设、商务环境建设、知识产权保护、公平市场机制建设、创业文化培养等方面。这些方面，我国近年来都取得了较大的进步，但相对其他国家，还处于落后的状态。据我们对全球创业观察中国报告（2003—2015）的数据整理情况，中国创业环境在金融支持、政府政策、有形基础设施方面不断得到改善和提高，特别是基础设施方面改善明显。但整个创业环境及政府的创业支撑服务与其他国家相比，还存在较大差距，尤其在金融支持、政府项目、教育培训、研究开发转移、商务环境方面。课题研究发现，创业的大学生对创业教育及培训、创业的技术转化服务、知识产权保护等诉求强烈，进入创业成熟期的学生对公平市场机制的诉求度也很高。所以，课题组建议应逐渐加强和完善政府的创业服务，重点的领域与措施包括：为大学生创业出台系列维护市场公平的与有效扶持的法律法规；建立或授权专一的创业支撑机构为大学生创业提供直接服务；每年由中央和地方政府按预算出资设立全国性或地方性的政府创业引导基金，全面参与创新创业项目孵化与培育；采取"严控严打"措施保护知识产权；采取合理机制解决创业平台与服务脱节的问题等。

6.2.8 大学生创新型创业激励机制还待加强

我们整理全球创业观察中国报告（2006—2015）10年的数据发现：我国的机会型创业比率近年一直在增长，2007年前，我国的生存型创业比率大于机会型创业比率；2007年后，机会型创业比率开始超过生存型创业比率。机会型创业是创新型创业，相对于生存型创业能带来更多的就业机会、新市场机会、创新机会和企业增长机会。机会型创业比率越大，说明创业的创新性越强。2014年，我国2/3的创业者创业基于机会，即2/3创业为机会型创业。这表明我国创业者的创业贡献预期在增加。即使如此，我国创业的创新性在全球排名依然明显偏后。全球创业观察中国报告（2015）数据显示，我国2014年创业指数中，"产品采用新技术"指数为25.63，排名第50名；开发"新市场"指数为24.6，排名第69名。可见，我国的创业者对"产品的新颖性"和"市场的开拓性"追求的程度还不够，科技创新性与商业模式创新性都亟待提高。

这些数据直接体现了政府对大学师生的创新型创业激励与支持不足。课题组认为政府应在以下几点着力下功夫：一是对大学科技人员的创新创业激励。最新的政策已着力于激励高校、科研机构的科研成果转化应用，但新科技人员创业后的"转业"和"退休"问题依然是个政策遗漏点。二是对政府创办的高新技术园、科研机构和大学创办的科技园等创业孵化平台，应出台操作一致又分门别类的法规与政策。三是对天使投资、风险投资等创业投资应加强税收、降息、入股参与等激励，使创新项目对接上持续的现金流。四是建立针对不同行业科技特征创业项目的差异化补贴机制。我国现有大学生创业引领计划中，除担保贴息等少数项目考虑到创业项目的行业和科技特征外，其他均未区分行业科技特征。无差异化补贴可能会导致大学生创业项目集中于低技术含量的项目中，无法起到财政资金产业方向引导作用。五是加大对大学师生创业中创新型企业的政策、技术、人才、融资、服务等支持，使其度过"断奶期"。

附 录

附录一　中央政府2012年以来出台的扶持大学生创业的优惠政策

国务院发布的政策文件：

2014年：国务院办公厅关于做好2014年全国普通高等学校毕业生就业创业工作的通知（国办发〔2014〕22号）

2015年：国务院办公厅关于发展众创空间推进大众创新创业的指导意见（国办发〔2015〕9号）

2015年：国务院办公厅关于深化高等学校创新创业教育改革的实施意见（国办发〔2015〕36号）

2015年：国务院关于进一步做好新形势下就业创业工作的意见（国发〔2015〕23号）

2015年：国务院关于大力推进大众创业万众创新若干政策措施的意见（国发〔2015〕32号）

2015年：国务院办公厅关于印发进一步做好新形势下就业创业工作重点任务分工方案的通知（国办函〔2015〕47号）

2015年：国务院关于加快构建大众创业万众创新支撑平台的指导意见（国发〔2015〕53号）

2016年：国务院办公厅关于加快众创空间发展服务实体经济转型升级的指导意见（国办发〔2016〕7号）

2016年：国务院办公厅关于建设大众创业万众创新示范基地的实施意见（国办发〔2016〕35号）

2016年：国务院关于促进创业投资持续健康发展的若干意见（国发〔2016〕53号）

2017年：国务院关于做好当前和今后一段时期就业创业工作的意见（国发〔2017〕28号）

2017年：国务院关于强化实施创新驱动发展战略进一步推进大众创业万众创新深入发展的意见（国发〔2017〕37号）

2017年：国务院办公厅关于建设第二批大众创业万众创新示范基地的实施意见（国办发〔2017〕54号）

国务院出台的税费优惠政策要点：

对高校毕业生创办的小型微型企业，按规定落实好减半征收企业所得税、月销售额不超过2万元的暂免征收增值税和营业税等税收优惠政策。对从事个体经营的高校毕业生和毕业年度内的高校毕业生，按规定享受相关税收优惠政策。（国办发〔2014〕22号）

高校毕业生、登记失业人员等重点群体创办个体工商户、个人独资企业的，可依法享受税收减免政策。抓紧推广中关村国家自主创新示范区税收试点政策，将职工教育经费税前扣除试点政策、企业转增股本分期缴纳个人所得税试点政策、股权奖励分期缴纳个人所得税试点政策推广至全国范围。全面清理涉企行政事业性收费、政府性基金、具有强制垄断性的经营服务性收费、行业协会商会涉企收费，落实涉企收费清单管理制度和创业负担举报反馈机制。（国发〔2015〕23号）

众创空间的研发仪器设备符合相关规定条件的，可按照税收有关规定适用加速折旧政策；进口科研仪器设备符合规定条件的，适用进口税收优惠政策。众创空间发生的研发费用，企业和高校院所委托众创空间开展研发活动以及小微企业受委托或自身开展研发活动发生的研发费用，符合规定条件的可适用研发费用税前加计扣除政策。研究完善科技企业孵化器税收政策，符合规定条件的众创空间可适用科技企业孵化器税收政策。（国办发〔2016〕7号）

实行奖励和补助政策。有条件的地方要综合运用无偿资助、业务奖励等方式，对众创空间的办公用房、用水、用能、网络等软硬件设施给予补助。（国办发〔2016〕7号）

对首次创办小微企业或从事个体经营并正常经营1年以上的高校毕业生、就业困难人员,鼓励双创示范基地开展一次性创业补贴试点工作。探索适应灵活就业人员的失业、工伤保险保障方式,符合条件的可享受灵活就业、自主创业扶持政策。(国办发〔2017〕54号)

国务院出台的财政投入扶持政策要点:

发挥国家科技成果转化引导基金作用,综合运用设立创业投资子基金、贷款风险补偿、绩效奖励等方式,促进科技成果转移转化。发挥财政资金杠杆作用,通过市场机制引导社会资金和金融资本支持创业活动。发挥财税政策作用支持天使投资、创业投资发展,培育发展天使投资群体,推动大众创新创业。(国办发〔2015〕9号)

将小额担保贷款调整为创业担保贷款,针对有创业要求、具备一定创业条件但缺乏创业资金的就业重点群体和困难人员,提高其金融服务可获得性,明确支持对象、标准和条件,贷款最高额度由针对不同群体的5万元、8万元、10万元不等统一调整为10万元。鼓励金融机构参照贷款基础利率,结合风险分担情况,合理确定贷款利率水平,对个人发放的创业担保贷款,在贷款基础利率基础上上浮3个百分点以内的,由财政给予贴息。简化程序,细化措施,健全贷款发放考核办法和财政贴息资金规范管理约束机制,提高代偿效率,完善担保基金呆坏账核销办法。(国发〔2015〕23号)

将职业介绍补贴和扶持公共就业服务补助合并调整为就业创业服务补贴。(国发〔2015〕23号)

实行奖励和补助政策。有条件的地方要综合运用无偿资助、业务奖励等方式,对众创空间的办公用房、用水、用能、网络等软硬件设施给予补助。(国办发〔2016〕7号)

鼓励国家自主创新示范区、国家高新技术产业开发区设立天使投资基金,支持众创空间发展。选择符合条件的银行业金融机构,在试点地区探索为众创空间内企业创新活动提供股权和债权相结合的融资服务,与创业投资、股权投资机构试点投贷联动。支持众创空间内科技创业企业通过资

本市场进行融资。（国办发〔2016〕7号）

充分发挥国家新兴产业创业投资引导基金、中小企业发展基金作用，支持设立一批扶持早中期、初创期创新型企业的创业投资基金。引导和规范政府设立创业投资引导基金，建立完善引导基金运行监管机制、财政资金绩效考核机制和信用信息评价机制。根据国务院统一部署，支持双创示范基地按照相关规定和程序开展投贷联动、专利质押融资贷款等金融改革试点。落实好创业担保贷款政策，鼓励金融机构和担保机构依托信用信息，科学评估创业者还款能力，改进风险防控，降低反担保要求，健全代偿机制，推行信贷尽职免责制度。研究建立有利于国有企业、国有资本从事创业投资的容错机制。（国办发〔2017〕54号）

拓宽融资渠道。落实好创业担保贷款政策，鼓励金融机构和担保机构依托信用信息，科学评估创业者还款能力，改进风险防控，降低反担保要求，健全代偿机制，推行信贷尽职免责制度。促进天使投资、创业投资、互联网金融等规范发展，灵活高效满足创业融资需求。有条件的地区可通过财政出资引导社会资本投入，设立高校毕业生就业创业基金，为高校毕业生创业提供股权投资、融资担保等服务。（人民银行、国家发展改革委、财政部、人力资源社会保障部、银监会、证监会等负责）（国发〔2017〕28号）

推广专利权质押等知识产权融资模式，鼓励保险公司为科技型中小企业知识产权融资提供保证保险服务，对符合条件的由地方各级人民政府提供风险补偿或保费补贴。持续优化科技型中小企业直接融资机制，稳步扩大创新创业公司债券试点规模。支持政府性融资担保机构为科技型中小企业发债提供担保。推动国家新兴产业创业投资引导基金、国家中小企业发展基金、国家科技成果转化引导基金设立一批创业投资子基金。（国发〔2017〕37号）

对首次创办小微企业或从事个体经营并正常经营1年以上的高校毕业生、就业困难人员，鼓励双创示范基地开展一次性创业补贴试点工作。（国办发〔2017〕54号）

国务院出台的平台建设扶持政策要点：

鼓励各地充分利用现有资源建设大学生创业园、创业孵化基地和小企业创业基地，为高校毕业生提供创业经营场所支持。（国办发〔2014〕22号）

总结推广创客空间、创业咖啡、创新工场等新型孵化模式，充分利用国家自主创新示范区、国家高新技术产业开发区、科技企业孵化器、小企业创业基地、大学科技园和高校、科研院所的有利条件，发挥行业领军企业、创业投资机构、社会组织等社会力量的主力军作用，构建一批低成本、便利化、全要素、开放式的众创空间。（国办发〔2015〕9号）

落实科技企业孵化器、大学科技园的税收优惠政策，通过盘活商业用房、闲置厂房等资源提供成本较低的场所。可在符合土地利用总体规划和城乡规划前提下，或利用原有经批准的各类园区，建设创业基地，为创业者提供服务，打造一批创业示范基地。鼓励企业由传统的管控型组织转型为新型创业平台，让员工成为平台上的创业者，形成市场主导、风投参与、企业孵化的创业生态系统。（国发〔2015〕23号）

支持国家科技基础条件平台为符合条件的众创空间提供服务。符合条件的众创空间可以申报承担国家科技计划项目。（国办发〔2016〕7号）

促进众创空间专业化发展，通过龙头企业、中小微企业、科研院所、高校、创客等多方协同，打造产学研用紧密结合的众创空间。（国办发〔2016〕7号）

引导众创空间向专业化、精细化方向升级，支持龙头骨干企业、高校、科研院所围绕优势细分领域建设平台型众创空间。（国发〔2017〕37号）

试点推动老旧商业设施、仓储设施、闲置楼宇、过剩商业地产转为创业孵化基地。双创示范基地可根据创业孵化基地入驻实体数量和孵化效果，给予一定奖补。（国办发〔2017〕54号）

国务院出台的创业服务扶持政策要点：

各高校要广泛开展创新创业教育，将创业教育课程纳入学分管理，有关部门要研发适合高校毕业生特点的创业培训课程，根据需求开展创业培训，提升高校毕业生创业意识和创业能力。（国办发〔2014〕22号）

各地区、各有关部门要进一步落实和完善工商登记，简化工商注册登记手续。（国办发〔2014〕22号）

降低创新创业门槛。深化商事制度改革，针对众创空间等新型孵化机构集中办公等特点，鼓励各地结合实际，简化住所登记手续，采取一站式窗口、网上申报、多证联办等措施为创业企业工商注册提供便利。（国办发〔2015〕9号）

鼓励高校开发开设创新创业教育课程，建立健全大学生创业指导服务专门机构，加强大学生创业培训。（国办发〔2015〕9号）

继续办好中国创新创业大赛、中国农业科技创新创业大赛等赛事活动，积极支持参与国际创新创业大赛，为投资机构与创新创业者提供对接平台。建立健全创业辅导制度，培育一批专业创业辅导师，鼓励拥有丰富经验和创业资源的企业家、天使投资人和专家学者担任创业导师或组成辅导团队。鼓励大企业建立服务大众创业的开放创新平台，支持社会力量举办创业沙龙、创业大讲堂、创业训练营等创业培训活动。（国办发〔2015〕9号）

营造宽松便捷的准入环境。深化商事制度改革，进一步落实注册资本登记制度改革，坚决推行工商营业执照、组织机构代码证、税务登记证"三证合一"，年内出台推进"三证合一"登记制度改革意见和统一社会信用代码方案，实现"一照一码"。继续优化登记方式，放松经营范围登记管制，支持各地结合实际放宽新注册企业场所登记条件限制，推动"一址多照"、集群注册等住所登记改革，分行业、分业态释放住所资源，全面清理中央设定、地方实施的行政审批事项，大幅减少投资项目前置审批。对保留的审批事项，规范审批行为，明确标准，缩短流程，限时办结，推广"一个窗口"受理、网上并联审批等方式。（国发〔2015〕23号）

充分发挥公共就业服务、中小企业服务、高校毕业生就业指导等机构的作用，为创业者提供项目开发、开业指导、融资服务、跟踪扶持等服务，创新服务内容和方式。健全公共就业创业服务经费保障机制，切实将县级以上公共就业创业服务机构和县级以下（不含县级）基层公共就业创业服务平台经费纳入同级财政预算。将职业介绍补贴和扶持公共就业服务补助合并调整为就业创业服务补贴。（国发〔2015〕23号）

取消和下放一批行政审批事项，深化网上并联审批和纵横协同监管改革，推行政务服务事项的"一号申请、一窗受理、一网通办"。最大限度减少政府对企业创业创新活动的干预，逐步建立符合创新规律的政府管理制度。（国办发〔2016〕35号）

开展知识产权综合执法，建立知识产权维权援助网点和快速维权通道，加强关键环节、重点领域的知识产权保护。将侵犯知识产权行为情况纳入信用记录，归集到全国信用信息共享平台，构建失信联合惩戒机制。建立健全科研人员双向流动机制，落实事业单位专业技术人员离岗创业有关政策，促进科研人员在事业单位和企业间合理流动。（国办发〔2016〕35号）

强化公共就业创业服务。着力推进公共就业创业服务专业化，合理布局服务网点，完善服务功能，细化服务标准和流程，增强主动服务、精细服务意识。创新服务理念和模式，根据不同群体、企业的特点，提供个性化、专业化的职业指导、就业服务和用工指导。加强公共就业创业服务从业人员职业化建设，建立定期培训、持证上岗制度。落实政府购买基本公共就业创业服务制度，充分运用就业创业服务补贴政策，支持公共就业创业服务机构和高校开展招聘活动和创业服务，支持购买社会服务，为劳动者提供职业指导、创业指导、信息咨询等专业化服务。加强公共就业创业服务信息化建设，在充分利用现有平台基础上，建立"互联网+"公共就业创业服务平台，推动服务向移动端、自助终端等延伸，扩大服务对象自助服务范围，推广网上受理、网上办理、网上反馈，实现就业创业服务和管理全程信息化。

推进人力资源市场建设。加强人力资源市场法治化建设，逐步形成完善的市场管理法规体系。建立与经济社会发展需求相适应的人力资源供求预测和信息发布制度。开展人力资源市场诚信体系建设，加快出台人力资源市场各类标准，创新事中事后监管方式，营造规范有序的市场环境。推进流动人员人事档案管理服务信息化建设。大力发展人力资源服务业，实施人力资源服务业发展推进计划。简化劳动者求职手续，有条件的地区可建立入职定点体检和体检结果互认机制，尽力避免手续过于烦琐、重复体检。（国发〔2017〕28号）

建立完善知识产权运用和快速协同保护体系，扩大知识产权快速授权、确权、维权覆盖面，加快推进快速保护由单一产业领域向多领域扩展。搭建集专利快速审查、快速确权、快速维权等于一体，审查确权、行政执法、维权援助、仲裁调解、司法衔接相联动的知识产权保护中心。探索建立海外知识产权维权援助机制。发挥国家知识产权运营公共服务平台枢纽作用，加快建设国家知识产权运营服务体系。（国发〔2017〕37号）

推动科技成果、专利等无形资产价值市场化，促进知识产权、基金、证券、保险等新型服务模式创新发展，依法发挥资产评估的功能作用，简化资产评估备案程序，实现协议定价和挂牌、拍卖定价。促进科技成果、专利在企业的推广应用。财政资金支持形成的科技成果，除涉及国防、国家安全、国家利益、重大社会公共利益外，在合理期限内未能转化的，可由国家依法强制许可实施转化。（国发〔2017〕37号）

推进"多证合一"登记制度改革，将涉企登记、备案等有关事项和各类证照进一步整合到营业执照上。对内外资企业，在支持政策上一视同仁，推动实施一个窗口登记注册和限时办结。推动取消企业名称预先核准，推广自主申报。全面实施企业简易注销登记改革，实现市场主体退出便利化。建设全国统一的电子营业执照管理系统，推进无介质电子营业执照建设和应用。（国发〔2017〕37号）

鼓励双创示范基地设立专业化的行政审批机构，实行审批职责、审批事项、审批环节"三个全集中"。实施市场准入负面清单制度，出台互联网市场准入负面清单。放宽民间资本市场准入，扩大服务领域开放，推进非基本公共服务市场化、产业化和基本公共服务供给模式多元化。探索实行信用评价与税收便利服务挂钩制度，将优惠政策由备案管理和事前审批，逐渐向加强事中事后监管转变，提高中小企业优惠政策获得感。（国办发〔2017〕54号）

深化商事制度改革，全面实施企业"五证合一、一照一码"、个体工商户"两证整合"，深入推进"多证合一"。推动整合涉企证照登记和审批备案信息，建设电子营业执照管理系统，推进无介质电子营业执照应用，实现电子营业执照发照、亮照、验照、公示、变更、注销等功能。鼓励推行商标网上申请，将网上申请由仅对商标代理机构开放扩大至对所有申请人开放。扩大商标网上申请业务范围，将网上申请由仅接受商标注册申请逐步扩大至接受续展、转让、注销、变更等商标业务申请。鼓励双创示范基地结合实际整合市场监管职能和执法力量，推进市场监管领域综合行政执法改革，着力解决重复检查、多头执法等问题。加快创业投资领域信用体系建设，实现创业投资领域信用记录全覆盖。（国办发〔2017〕54号）

教育部发布的政策文件：

2014年：国家税务总局办公厅关于《国家税务总局、财政部、人力资源社会保障部、教育部、民政部关于支持和促进重点群体创业就业有关税收政策具体实施问题的公告》的解读（2014.06.13）

2015年：教育部关于做好2016届全国普通高等学校毕业生就业创业工作的通知（教学〔2015〕12号）

2016年：教育部办公厅关于促进2016届尚未就业高校毕业生就业创业的通知（教学厅函〔2016〕42号）

2016年：教育部办公厅关于进一步做好高校毕业生就业创业工作的通知（教学厅〔2016〕5号）

2016年：教育部办公厅关于做好2015年离校未就业高校毕业生就业服务工作的通知（教学厅函〔2015〕43号）

2016年：教育部办公厅关于开展首批深化创新创业教育改革示范高校认定工作的通知（教高厅函〔2016〕92号）

教育部出台的税费优惠政策要点：

2014年规定高校毕业生在学校期或者毕业规定时间内进行创业，可以持《高校毕业生自主创业证》，向当地申请创业税收优惠：在年度减免税限额内，依次扣减营业税、城市维护建设税、教育费附加、地方教育附加和个人所得税。（教育部网2014.06.13）

税收减免，毕业年度内高校毕业生从事个体经营，在3年内以每户每年8000元为限额依次扣减当年应缴纳的营业税、城市维护建设税、教育费附加、地方教育附加和个人所得税，限额标准最高可上浮20%。（教育部网2014.06.13）

教育部出台的财政投入扶持政策要点：

教育部颁布国家大学生级创新创业训练项目，包括创新训练项目、创业训练项目和创业实践项目三类。规定：在经费上，中央部委所属高校参与国家级大学生创新创业训练计划，由中央财政按照平均一个项目1万元的资助数额，予以经费支持；对中央部委所属高校创业实践项目，每个项目经费不少于10万元，其中，中央财政经费应资助5万元左右。

教育部出台的平台建设扶持政策要点：

各地各高校要建设和利用好大学科技园、大学生创业园、创业孵化基地、大学生校外实践教育基地等创新创业平台。高校实验室、实验设备等各类资源，原则上向全体在校学生开放。高校要通过合作、转让、许可等方式，向高校毕业生创设的小微企业优先转移科技成果。（教学〔2015〕12号）

大学科技园、创业园要努力创造条件为创业毕业生解决场地、资金和人力资源等问题，让毕业生敢创业、会创业、创成业。（教学厅函〔2016〕42号）

教育部出台的创业服务扶持政策要点：

从2016年起所有高校都要设置创新创业教育课程，对全体学生开发开设创新创业教育必修课和选修课，纳入学分管理。对有创业意愿的学生，开设创业指导及实训类课程。对已经开展创业实践的学生，开展企业经营管理类培训。要广泛举办各类创新创业大赛，支持高校学生成立创新创业协会、创业俱乐部等社团，举办创新创业讲座论坛。高校要设立创新创业奖学金，并在现有相关评优评先项目中拿出一定比例用于表彰在创新创业方面表现突出的学生。（教学〔2015〕12号）

　　要按照《普通高等学校学生管理规定》要求，制定本地本校创新创业学分转换、实施弹性学制、保留学籍休学创新创业等具体措施，支持参与创业的学生转入相关专业学习，为创新创业学生清障搭台。（教学〔2015〕12号）

　　各地各高校要配齐配强创新创业教育专职教师，聘请各行各业优秀人才担任兼职教师，建立全国万名优秀创新创业导师人才库。要创新服务内容和方式，为准备创业的学生提供开业指导、创业培训等服务，为正在创业的学生提供孵化基地、资金支持等服务。高校要建立校园创新创业导师微信群、QQ群等，发布创业项目指南，实现高校学生创业时时有指导、处处有服务。要进一步完善高校学生创业服务网功能，为高校学生提供项目对接、产权交易、培训实训、政策宣传等服务。（教学〔2015〕12号）

　　各地各高校要积极鼓励和支持尚未就业毕业生创新创业，高校创业指导教师要继续为准备创业的毕业生提供公司开办、创业政策咨询等指导服务，邀请他们参加学校组织的创新创业活动。高校要充分发挥科研技术优势，为创业毕业生解决产品研发、成果转化等难点问题，高校实验室、实验设备等各类资源，要为创业毕业生提供支持，并落实好通过合作、转让、许可等方式，向高校毕业生创设的小微企业优先转移科技成果政策。（教学厅函〔2016〕42号）

　　要抓紧制定鼓励学生创新创业的学分转换、弹性学制、保留学籍休学创业等具体政策措施。要根据学生创新创业不同阶段的实际需求，不断提高指导服务的针对性和有效性。（教学厅〔2016〕5号）

　　要组织举办好第二届中国"互联网+"大学生创新创业大赛和2016年全国职业院校技能大赛，通过各类大赛激发学生创新创业热情。要做好全国高校创新创业总结宣传工作，提供各类学校可借鉴的典型经验。（教学

厅〔2016〕5号）

人力资源与社会保障部发布的政策文件：

2015年：人力资源社会保障部关于做好2015年全国高校毕业生就业创业工作的通知（人社部函〔2015〕21号）

2016年：人力资源社会保障部教育部关于实施高校毕业生就业创业促进计划的通知（人社部发〔2016〕100号）

2016年：人力资源社会保障部关于做好2016年全国高校毕业生就业创业工作的通知（人社部函〔2016〕18号）

2017年：人力资源社会保障部关于开展2017年全国高校毕业生就业服务月活动的通知（人社部函〔2017〕142号）

2017年：人力资源社会保障部关于做好2017年全国高校毕业生就业创业工作的通知（人社部函〔2017〕20号）

人社部出台的税费优惠政策要点：

让符合条件的高校毕业生和用人单位都能享受到政策扶持。会同有关部门全面落实和完善鼓励小微企业吸纳高校毕业生就业社保补贴、培训补贴等政策，落实好高校毕业生创业税收优惠、小额担保贷款、离校未就业高校毕业生灵活就业社保补贴等政策，促进毕业生多渠道就业和创业；对符合条件的毕业年度高校毕业生，及时发放《就业创业证》，落实好相关政策；对申领求职补贴并符合条件的，要在离校前全部发放到位，补贴标准较低的要适当调高标准。积极推进国有企业招聘应届高校毕业生信息公开工作，加大监督检查力度，切实保障毕业生公平就业权益。（人社部函〔2015〕21号）

落实好税费减免、创业担保贷款及贴息、社保补贴、培训补贴、求职创业补贴等政策，促进毕业生多渠道就业和创。（人社部函〔2016〕18号）

提供创业经营场所支持，统筹利用资源建设大学生创业园、留学人员创业园和创业孵化基地，支持发展一批众创空间等新型平台，为高校毕业生提供低成本场所支持和孵化服务，并对符合条件的给予一定场租补贴。对持《就业失业登记证》（注明"自主创业税收政策"或附着《高校毕业生自主创业证》）人员从事个体经营的，在3年内按每户每年8000元为限额依次扣减其当年实际应缴纳的营业税、城市维护建设税、教育费附加、地方教育附加和个人所得税。限额标准最高可上浮20%，按规定给予税费减免优惠，为高校毕业生创业开辟"绿色通道。（人社部发〔2016〕100号）

人社部出台的财政投入扶持政策要点：

让符合条件的高校毕业生和用人单位都能享受到政策扶持。会同有关部门全面落实和完善鼓励小微企业吸纳高校毕业生就业社保补贴、培训补贴等政策，落实好高校毕业生创业税收优惠、小额担保贷款、离校未就业高校毕业生灵活就业社保补贴等政策，促进毕业生多渠道就业和创业；对申领求职补贴并符合条件的，要在离校前全部发放到位，补贴标准较低的要适当调高标准。（人社部函〔2015〕21号）

协调有关方面细化落实工商登记、税费减免、创业担保贷款及贴息、场地支持等创业扶持政策，并为创业大学生提供财政资金、金融资金、社会公益资金和市场创投资金等多渠道资金支持。对落实政策中"优亲厚友""将享受创业担保贷款与参加创业培训简单挂钩"等做法要及时予以纠正，帮助符合条件的创业大学生都能获得相应的政策扶持。提供资金支持，强化担保基金的独立担保功能，适当延长担保基金的担保责任期限，落实银行贷款和财政贴息，重点支持吸纳大学生较多的初创企业，设立重点支持创业大学生的天使投资和创业投资基金。（人社部函〔2016〕18号）

拓宽多元化资金支持渠道，落实创业担保贷款政策，鼓励天使基金、风险投资和创业投资基金等社会资本，以多种方式支持高校毕业生创业。（人社部发〔2016〕100号）

落实好税费减免、创业担保贷款及贴息、社保补贴、培训补贴、求职创业补贴等政策，促进毕业生多渠道就业和创。（人社部函〔2016〕18号）

人社部出台的平台建设扶持政策要点：

提供创业经营场所支持，统筹利用资源建设大学生创业园、留学人员创业园和创业孵化基地，支持发展一批众创空间等新型平台，为高校毕业生提供低成本场所支持和孵化服务，并对符合条件的给予一定场租补贴。（人社部函〔2015〕21号）

提供创业经营场所支持，统筹利用资源建设大学生创业园、留学人员创业园和创业孵化基地，支持发展一批众创空间等新型平台，为高校毕业生提供低成本场所支持和孵化服务，并对符合条件的给予一定场租补贴。（人社部发〔2016〕100号）

发挥好创业孵化基地、大学生创业园、创客空间等创业服务载体的作用，扩大创业导师队伍，为毕业生创业提供咨询辅导、项目孵化、场地支持等服务。（人社部函〔2017〕20号）

人社部出台的创业服务扶持政策要点：

开发开好创新创业教育课程，制定学分转换、弹性学制、保留学籍休学创业等措施，开展各类创业实践活动，增强大学生创新精神、创业意识和创新创业能力。加强创业培训，针对高校毕业生创业不同阶段的需求，优先安排优质培训资源，开发合适的创业培训课程，使每一个有创业意愿和培训需求的毕业生都有机会获得创业培训。落实好支持创业的便利化措施，会同有关部门简化工商登记手续，提供企业开户便利。（人社部发〔2016〕100号）

加强创业公共服务，探索建立公共服务机构与市场主体合作机制，协调有关方面构建覆盖院校、园区、社会的创业公共服务体系，建立创业服务专家队伍，组织开展创新创业大赛等活动，加强全国大学生创业服务网建设，为高校毕业生创业提供全方位支持。（人社部发〔2016〕100号）

确保符合条件的高校毕业生都能享受到各项就业创业扶持政策。要集中开展政策宣传，将政策打捆打包，通过微信、手机APP等渠道向毕业生推送。在公共就业人才服务机构大厅、招聘活动现场设立咨询台，开展政策解读，提供政策汇编，告知毕业生政策申请渠道。各地要推行一个窗口受理、一站式办理等服务，指导帮助毕业生做好材料准备和手续申报，加快审批办理进度，及时兑现政策。（人社部函〔2017〕142号）

要进一步简化政策审批办理流程，推行一个窗口受理、一站式办理、在线办理，指导帮助毕业生和用人单位做好政策申请、手续申报，加快审批和资金拨付，确保政策兑现。运用报纸、电视、互联网等各类媒体广泛开展政策宣传解读，深入高校和用人单位组织政策宣讲、咨询等活动，提高政策知晓度和覆盖面；组织高校毕业生参加创业模拟、实训等创业实践活动，帮助毕业生增强创业能力。要进一步做好创业服务工作，强化公共就业服务机构创业服务功能。（人社部函〔2017〕20号）

财政部发布的政策文件：

2014年：关于继续实施支持和促进重点群体创业就业有关税收政策的通知（财税〔2014〕39号）

2015年：关于将国家自主创新示范区有关税收试点政策推广到全国范围实施的通知（财税〔2015〕116号）

2015年：关于支持开展小微企业创业创新基地城市示范工作的通知（财建〔2015〕114号）

2016年：关于国家大学科技园税收政策的通知（财税〔2016〕98号）

2017年：关于继续实施支持和促进重点群体创业就业有关税收政策的通知（财税〔2017〕49号）

2017年：关于创业投资企业和天使投资个人有关税收试点政策的通知（财税〔2017〕38号）

财政部出台的税费优惠政策要点：

对持《就业失业登记证》（注明"自主创业税收政策"或附着《高校毕业生自主创业证》）人员从事个体经营的，在3年内按每户每年8000元为限额依次扣减其当年实际应缴纳的营业税、城市维护建设税、教育费附加、地方教育附加和个人所得税。限额标准最高可上浮20%，各省、自治区、直辖市人民政府可根据本地区实际情况在此幅度内确定具体限额标

准，并报财政部和国家税务总局备案。（财税〔2014〕39号）

对商贸企业、服务型企业、劳动就业服务企业中的加工型企业和街道社区具有加工性质的小型企业实体，在新增加的岗位中，当年新招用在人力资源社会保障部门公共就业服务机构登记失业一年以上且持《就业失业登记证》（注明"企业吸纳税收政策"）人员，与其签订1年以上期限劳动合同并依法缴纳社会保险费的，在3年内按实际招用人数予以定额依次扣减营业税、城市维护建设税、教育费附加、地方教育附加和企业所得税优惠。定额标准为每人每年4000元，最高可上浮30%，各省、自治区、直辖市人民政府可根据本地区实际情况在此幅度内确定具体定额标准，并报财政部和国家税务总局备案。（财税〔2014〕39号）

自2015年10月1日起，全国范围内的有限合伙制创业投资企业采取股权投资方式投资于未上市的中小高新技术企业满2年（24个月）的，该有限合伙制创业投资企业的法人合伙人可按照其对未上市中小高新技术企业投资额的70%抵扣该法人合伙人从该有限合伙制创业投资企业分得的应纳税所得额，当年不足抵扣的，可以在以后纳税年度结转抵扣。（财税〔2015〕116号）

有限合伙制创业投资企业的法人合伙人对未上市中小高新技术企业的投资额，按照有限合伙制创业投资企业对中小高新技术企业的投资额和合伙协议约定的法人合伙人占有限合伙制创业投资企业的出资比例计算确定。（财税〔2015〕116号）

对持《就业创业证》（注明"自主创业税收政策"或"毕业年度内自主创业税收政策"）或《就业失业登记证》（注明"自主创业税收政策"或附着《高校毕业生自主创业证》）的人员从事个体经营的，在3年内按每户每年8000元为限额依次扣减其当年实际应缴纳的增值税、城市维护建设税、教育费附加、地方教育附加和个人所得税。限额标准最高可上浮20%，各省、自治区、直辖市人民政府可根据本地区实际情况在此幅度内确定具体限额标准，并报财政部和税务总局备案。（财税〔2017〕49号）

对商贸企业、服务型企业、劳动就业服务企业中的加工型企业和街道社区具有加工性质的小型企业实体，在新增加的岗位中，当年新招用在人力资源社会保障部门公共就业服务机构登记失业半年以上且持《就业创业证》或《就业失业登记证》（注明"企业吸纳税收政策"）人员，与其签订1年以上期限劳动合同并依法缴纳社会保险费的，在3年内按实际招用人数予以定额依次扣减增值税、城市维护建设税、教育费附加、地方教育附加和企业所得税优惠。定额标准为每人每年4000元，最高可上浮30%，各省、自治区、直辖市人民政府可根据本地区实际情况在此幅度内确定具体定额标准，并报财政部和税务总局备案。（财税〔2017〕49号）

公司制创业投资企业采取股权投资方式直接投资于种子期、初创期科技型企业（以下简称初创科技型企业）满2年（24个月，下同）的，可以按照投资额的70%在股权持有满2年的当年抵扣该公司制创业投资企业的应纳税所得额；当年不足抵扣的，可以在以后纳税年度结转抵扣。（财税〔2017〕38号）

有限合伙制创业投资企业（以下简称合伙创投企业）采取股权投资方式直接投资于初创科技型企业满2年的，法人合伙人可以按照对初创科技型企业投资额的70%抵扣法人合伙人从合伙创投企业分得的所得；当年不足抵扣的，可以在以后纳税年度结转抵扣。个人合伙人可以按照对初创科技型企业投资额的70%抵扣个人合伙人从合伙创投企业分得的经营所得；当年不足抵扣的，可以在以后纳税年度结转抵扣。（财税〔2017〕38号）

天使投资个人采取股权投资方式直接投资于初创科技型企业满2年的，可以按照投资额的70%抵扣转让该初创科技型企业股权取得的应纳税所得额；当期不足抵扣的，可以在以后取得转让该初创科技型企业股权的应纳税所得额时结转抵扣，天使投资个人在试点地区投资多个初创科技型企业的，对其中办理注销清算的初创科技型企业，天使投资个人对其投资额的70%尚未抵扣完的，可自注销清算之日起36个月内抵扣天使投资个人转让其他初创科技型企业股权取得的应纳税所得额。（财税〔2017〕38号）

从2017年1月1日起至2019年12月31日，在小微企业各项税收优惠政策中，大学生创业成立的企业符合小型微利企业条件的，即工业企业年度应纳税所得额不超过50万元、从业人数不超过100人、资产总额不超过3000万元的；其他企业年度应纳税所得额不超过50万元、从业人数不超过80人、资产总额不超过1000万元的，减按20%的税率减半征收企业所得税。（财税〔2017〕43号）

财政部出台的财政投入扶持政策要点：

中央财政给予小微创业示范城市奖励支持。示范期内，计划单列市及省会城市奖励总额为9亿元，一般城市（含直辖市所属区、县）奖励总额为6亿元。示范期为3年，奖励资金分年拨付。（财建〔2015〕114号）

财政部出台的平台建设扶持政策要点：

中央财政通过中小企业发展专项资金给予示范城市奖励支持，由示范城市统筹使用。示范城市不得将中央财政奖励资金安排用于基地楼堂馆所等基建工程支出，要重点强化对创业创新基地（众创空间、小企业创业基地、微型企业孵化园、科技孵化器、商贸企业集聚区等）服务能力的支持，并以创业创新基地为载体。（财税〔2015〕114号）。

自2016年1月1日至2018年12月31日，对符合条件的科技园自用以及无偿或通过出租等方式提供给孵化企业使用的房产、土地，免征房产税和城镇土地使用税；自2016年1月1日至2016年4月30日，对其向孵化企业出租场地、房屋以及提供孵化服务的收入，免征营业税；在营业税改征增值税试点期间，对其向孵化企业出租场地、房屋以及提供孵化服务的收入，免征增值税。（财税〔2016〕98号）

财政部出台的创业服务扶持政策要点：

改进对小微企业的公共服务，并运用大数据、云计算等信息化手段，促进形成服务平台互联互通、资源共享的服务体系；协调落实支持创业就业以及鼓励创新的相关政策措施；进一步实施简政放权等。（财建〔2015〕114号）

科技部发布的政策文件：

2014年：科技部 教育部关于中国人民大学国家大学科技园等65家

国家大学科技园通过2013年度享受税收优惠政策审核的通知（国科发高〔2014〕67号）

2015年：科技部关于印发《发展众创空间工作指引》的通知（国科发火〔2015〕297号）

2016年：科技部关于公布第二批众创空间的通知（国科发火〔2016〕46号）

2017年：科技部办公厅关于印发《国家科技企业孵化器"十三五"发展规划》的通知（国科办高〔2017〕55号）

科技部出台的税费优惠政策要点：

自主创业持有《高校毕业生自主创业证》的人员从事个体经营的，在3年内按每户每年8000元为限额依次扣减其当年实际应缴纳的营业税、城市维护建设税、教育费附加、地方教育附加和个人所得税。限额标准最高可上浮20%；国家级科技企业孵化器税收具有优惠政策；取消《高校毕业生自主创业证》，毕业年度内高校毕业生从事个体经营的，持《就业创业证》（注明"毕业年度内自主创业税收政策"）享受税收优惠政策；部分参加免税审核的国家大学科技园可进行免税。（国科发高〔2014〕67号）。

科技部出台的财政投入扶持政策要点：

强化创业融资服务。利用互联网金融、股权众筹融资等方式，加强与天使投资人、创业投资机构的合作，完善投融资模式，吸引社会资本投资初创企业。拓展孵化服务模式，在提供一般性增值服务的同时，以股权投资等方式与创业企业建立股权关系，实现众创空间与创业企业的共同成长。（国科发火〔2015〕297号）

鼓励孵化器针对创业企业，设立创业投资基金；引导加速器为成长期企业设立创业投资基金、股权投资基金；推动专业孵化器配套产业创业投资基金。鼓励各类孵化器充分利用政府创业投资引导基金、科技成果转化引导基金等各类母基金建立子基金，积极与专业投资机构、金融机构等外部资本合作设立各类子基金。支持孵化器采取自投、跟投、领投等方式，投资在孵企业和毕业企业；支持科研院所、大型集团企业、上市公司、境外投资机构投资众创空间、孵化器、加速器在孵和毕业企业；吸引知名企业家、成功创业者、企业高管、行业专家和孵化器从业人员等为在孵企业提供创业投资服务。（国科办高〔2017〕55号）

建立健全由孵化器、创业企业、担保机构、投融资机构、政府机构等组成多元的投资风险分担机制。引导孵化器、加速器以联合授信、内部担保、与其他机构联合担保等方式，协助担保公司、小额贷款公司、商业银行等金融机构为在孵企业提供融资服务。探索与互联网金融服务机构合作，协助在孵企业利用股权众筹方式融资。支持孵化器与各类金融服务机构开展长期战略合作，探索包括融资租赁、知识产权质押、打包贷款、小微贷、优先股、可转换债券等针对创业企业的融资服务。（国科办高〔2017〕55号）

支持孵化器建设创业金融服务平台，提供投融资方案设计、项目对接、信息共享等一体化服务。加强孵化器联合证券公司、律师事务所、审计师事务所、会计师事务所、资产评估机构、投资银行机构等专业机构，开展上市辅导和咨询服务，推动优质在孵企业和毕业企业在各类证券交易市场挂牌。（国科办高〔2017〕55号）

科技部出台的平台建设扶持政策要点：

科技部在各地方科技管理部门推荐的基础上，对模式新颖、服务专业、成绩突出、运营良好的众创空间进行了审核，对拟备案的进行了公示。现将第二批通过备案的362家众创空间予以公布，通过备案的众创空间纳入国家级科技企业孵化器的管理服务体系。（国科发火〔2016〕46号）

推进国家自主创新示范区、国家高新区和特色产业基地合理布局专业孵化器，壮大当地特色产业、发展战略性新兴产业；引导高校、科研院所等围绕优势专业领域建设专业孵化器，促进产学研结合，加快科技成果转化；加快新型研发机构和行业龙头企业围绕产业共性需求和技术难点，建设特色产业孵化器；促进一批综合技术孵化器转型为专业孵化器，面向细分市场实施精准孵化；新建孵化器结合区域产业发展方向与当地技术、市场、产业等优势资源，建设专业孵化器。动员各方面力量，继续发展切合当地条件禀赋与实际需求的综合孵化器、留学生创业园等，推动大众创业、万众创新。（国科办高〔2017〕55号）

科技部出台的创业服务扶持政策要点：

开展创业教育培训。积极与高校合作，开展针对大学生的创业教育与培训，引导大学生科学创业。鼓励众创空间开展各类公益讲堂、创业论坛、创业训练营等活动，建立创业实训体系；建立创业导师队伍。建立由天使投资人、成功企业家、资深管理者、技术专家、市场营销专家等组成的专兼职导师队伍，制定清晰的导师工作流程，完善导师制度，建立长效机制；链接国际创新资源。（国科发火〔2015〕297号）

支持各类孵化器聘请天使投资人、企业家、成功创业者、技术专家、行业专家等担任创业导师，形成专业化导师队伍，为创业者提供专业性、实践性辅导服务。鼓励创业导师与被辅导企业形成投资关系，建立创业者与创业导师共赢机制。支持孵化器选拔优秀人才成为专职创业辅导师，加强创业辅导师培养，强化创业辅导师在创业孵化工作中的作用，打造一支精干的创业辅导师队伍。推动成立"中国火炬创业导师联盟"，进一步扩大"中国火炬创业导师行动"活动覆盖范围，向中西部地区倾斜，并促进经验交流总结、资源对接共享。落实创业导师和创业辅导师认证备案制度，建立全国创业导师和创业辅导师数据库，完善创业导师和创业辅导师评价、激励机制。（国科办高〔2017〕55号）

资料来源：国务院及相关部委网站。

附录二　各省市2012年以来出台的自主扶持大学生创业的优惠政策

北京市出台的政策文件：

2014年：北京市人民政府办公厅印发《关于做好2014年普通高等学校毕业生 就业创业工作的实施方案》的通知（京政办发〔2014〕45号）

2015年：北京市人民政府关于大力推进大众创业万众创新的实施意见（京政发〔2015〕49号）

2015年：北京高校大学生就业创业项目管理办法（京教学〔2015〕4号）

2015年：北京市人力资源和社会保障局 北京市教育委员会 北京市财政局关于做好普通高等学校毕业生求职创业补贴发放工作的通知（京人社毕发〔2015〕143号）

2015年：关于实现创业的毕业年度内高校在校生办理《就业创业证》有关问题的通知（京人社就发〔2015〕220号）

2016年：关于进一步推进创业培训有关工作的通知（京人社能发〔2016〕150号）

北京市出台的财政投入扶持政策要点：

鼓励企业、行业协会、群团组织、天使投资人等以多种方式向自主创业大学生提供资金支持，设立重点面向扶持高校毕业生创业的天使投资和创业投资基金。对支持创业早期企业的投资，符合条件的，可享受创业投资企业相关企业所得税优惠政策。（京政办发〔2014〕45号）

"北京高校示范性创业中心建设项目"按照每个高校50万元标准给予支持，主要用于示范性创业中心建设校的创业教育与指导、创业教师培训、创业工作场地建设、大学生创业场地建设、专家咨询费、劳务费、会议费、差旅费、出版。（京教学〔2015〕4号）

"支持北京高校大学生创新、创意、创业实践项目"按照每个创新创意实践团队支持额度不超过5万元、每个创业企业(团队)支持额度不超过20万元的标准补助。具体补贴项目按照大学生创业企业或团队的需求,向学校提出申请,由学校根据本校促进大学生创业的工作目标和要求确定。经费主要用于创新创业实践团队及创业企业的专用仪器设备租赁费、材料费、测试化验加工费、差旅费、会议费、劳务费、专家咨询费、出版/文献/信息传播/知识产权事务费、创业团队培训费(创业团队参加创业培训或提升创业能力而聘用的创业导师所需费用)、创业项目市场拓展费用、社会服务所需费用补贴(如中小创业团队需要聘用专业财务人员、法律顾问等,可以由专项经费中给予一定补贴。)和创业场地费用补贴(创业团队租用场地及互联网接入所需,可由支持经费中给予一定补贴)等。(京教学〔2015〕4号)

积极开展股权众筹融资试点,打造中关村股权众筹中心,支持中关村股权众筹联盟发展,争取互联网股权众筹平台等方面的优惠政策在中关村国家自主创新示范区先行先试。(京政发〔2015〕49号)

北京地区高校毕业生一次性求职创业补贴标准暂定为1000元/人(京人社毕发〔2015〕143号)

北京市出台的平台建设扶持政策要点:

打造郊区县创新创业特色园区。建设郊区县高端创新成果转化和产业化基地,聚焦纳米科技、通用航空、新能源、新能源汽车、智能制造、数字信息等重点领域,在郊区县建设一批技术支撑和创业投资能力强、专业服务水平高、领域特色鲜明的产业孵化平台和小企业创业基地。(京政发〔2015〕49号)

北京市出台的创业服务扶持政策要点:

完善公平竞争市场机制。按照国家公平竞争审查工作安排,建立完善公平竞争审查机制,加大对不利于创新创业的垄断协议和滥用市场支配地位以及其他不正当竞争行为的调查和处置力度。完善全市企业信用信息体系,建立统一共享的小微企业名录,推进统一社会信用代码工作;推动行政机关行政处罚、司法机关司法裁决,以及行业协会、商会对会员实施惩戒的信息归集到企业信用信息公示系统，完善以信用管理为基础的创新创业监管模式。完善政府和社会资本合作模式，扩大社会资本投资途径，引导社会资本参与教育、医疗、养老、文化等领域的公共产品与服务供给；鼓励非公有资本以参股、独资、合资、合作、项目融资等方式参与垄断行业经营。（京政发〔2015〕49号）

强化区域创新创业载体共建，依托京津冀"4+N"功能承接平台，支持本市制造业龙头企业新增产能在津冀地区布局，引导和推动本市部分创新创业项目向曹妃甸协同发展示范区、张(家口)承(德)生态功能区、天津滨海—中关村科技园区、新机场临空经济区等区域转移，以创新创业带动战略合作功能区共建。（京政发〔2015〕49号）

一、本通知所称实现创业的毕业年度内高校在校生是指依法从事个体经营，处于毕业年度内的本市普通高等学校、成人高等学校在校学生。（京人社就发〔2015〕220号）

二、本市实现创业的毕业年度内高校在校生免费申领《就业创业证》，可按规定申请享受税收优惠政策。本市对实现创业的毕业年度内普通高校在校生实行劳动力储备管理。（京人社就发〔2015〕220号）

三、实现创业的毕业年度内高校在校生(本市生源成人高校在校生除外)可直接向创业地区县人力资源和社会保障局（以下简称区县人力社保局）申领《就业创业证》（附件1），或委托所在高校就业指导中心向高校所在地区县人力社保局代为申领。（京人社就发〔2015〕220号）

各区人力社保局要积极探索不同群体、不同阶段、创业培训与技能培训、创业培训与区域产业相结合的培训模式，针对创业需求，开展内容丰富、针对性强的培训。创业定点培训机构要积极采取互动式教学培训方式，辅以创业实训、考察观摩、创业指导等培训方式，大力开展能力培训、知识传授、政策咨询等服务，切实提高培训的实效。各区人力社保局要指导创业定点培训机构按照《创业培训一体化教程》和《北京市大学生创业培训课程教学大纲》（试行）的要求，面向本市失业人员和农村转移就业劳动力、高校毕业生、复转军人等重点人群开展创业培训。鼓励和支持有条件的创业定点培训机构充分利用互联网、信息化实训平台等载体，试点推广"慕课""微课"等"互联网＋"创业培训新模式。各创业定点培训机构所开发的课程模块经北京市劳服管理中心组织专家进行认证后方可实施。（京人社能发〔2016〕150号）

上海市出台的政策文件：

2013年：关于进一步完善本市创业扶持政策的若干意见（沪人社就发〔2013〕38号）

2014年：关于加快上海创业投资发展的若干意见（沪府发〔2014〕43号）

2015年：关于鼓励和促进科技创业的实施意见（沪府办发〔2015〕15号）

2015年：上海市人民政府关于进一步做好新形势下本市就业创业工作的意见（沪府发〔2015〕36号）

2015年：上海市人民政府办公厅关于印发上海市鼓励创业带动就业三年行动计划（2015-2017年）的通知（沪府办发〔2015〕43号）

2015年：关于进一步落实鼓励创业带动就业行动计划有关问题的通知（沪人社就发〔2015〕44号）

2016年：关于进一步做好本市高校毕业生求职创业补贴发放工作的通知（沪人社就〔2016〕91号）

2017年：关于进一步做好本市青年就业创业见习工作的通知（沪人社规〔2017〕22号）

上海市出台的财政投入扶持政策要点：

创业前小额贷款担保的最高金额调整为15万元。（沪人社就发〔2013〕38号）

完善小额贷款担保工作：（一）符合条件的个人申请15万元及以下开业贷款担保的，可免于提供个人担保。贷款金额在15万元以上30万元及以下的，申请人应提供不低于贷款额10%的有效个人担保；贷款金额在30

万元以上50万元及以下的，申请人应提供不低于贷款额20%的有效个人担保：（二）本市小微企业法人申请开业贷款担保的，最高担保贷款金额调整为200万元。贷款金额在15万元及以下的，申请人免于个人担保；贷款金额在15万元以上30万元及以下的，申请人应提供不低于贷款额10%的有效个人担保；贷款金额在30万元以上50万元及以下的，申请人应提供不低于贷款额20%的有效个人担保；50万元以上100万元及以下的，申请人应提供不低于贷款额30%的有效个人担保；100万元以上200万元及以下的，申请人应提供不低于贷款额40%的有效担保。（沪人社就发〔2013〕38号）

对商业银行发放的小额贷款给予利息补贴：（一）在本市注册开业3年以内的劳动密集型小微企业，其企业法人或法定代表人获得本市商业银行发放的200万元及以下小额贷款，并按期还本付息的，也可按照本市有关规定申请小额贷款利息补贴：（二）小额贷款利息补贴金额根据劳动密集型小微企业吸纳本市失业、协保人员和农村富余劳动力且稳定就业的情况来确定，并按以中国人民银行公布的贷款基准利率计算的贷款利息给予补贴，但每人每年贴息最高不超过2000元，贴息期限最长不超过一年。（沪人社就发〔2013〕38号）

完善创业场地房租补贴政策：初创期创业场地房租补贴按照创业组织吸纳本市失业人员、协保人员和农村富余劳动力并稳定就业的情况来确定，每吸纳一人每年最高补贴资金不超过3000元，补贴总额以创业组织在注册地实际发生的租金为限：微型自主创业者申请经营场地房租补贴的最高补贴标准调整为每户每年3000元。（沪人社就发〔2013〕38号）

运用财税政策，支持风险投资、创业投资、天使投资等发展。扩大政府天使投资引导基金规模，建立健全创业投资引导基金持续投入机制；充分发挥上海市创业投资引导基金、上海市天使投资引导基金的引导和杠杆作用，推进"基金+基地"模式发展,打造上海创业投资和孵化器集聚区；探索建立创业投资、天使投资早期奖励机制和风险补偿机制。充分发挥上海市大学生科技创业基金支持青年大学生创业融资的积极作用。规范发展服务小微企业的区域性股权市场。开展股权众筹融资试点，推动多渠道股

权融资，积极探索和规范发展互联网金融，发展新型金融机构和融资服务机构，促进大众创业。（沪府发〔2015〕36号）

将小额担保贷款调整为创业担保贷款，对象范围扩大到本市高校毕业且在沪创业的青年大学生，并适当提高个人免担保额度。按照国家有关规定，从失业保险基金中安排一定规模的专项资金用于创业贷款担保，探索发挥市级创业孵化示范基地在担保贷款审核中的积极作用。简化程序，细化措施，健全贷款发放考核办法和财政贴息资金规范管理约束机制，提高代偿效率，完善担保基金呆坏账核销办法。（沪府发〔2015〕36号）

发挥大学生科技创业基金支持创业融资的积极作用。进一步发挥上海市大学生科技创业基金的政策效应，将基金扶持的对象范围扩大到高校毕业5年以内在沪创业的高校毕业生。研究制定港澳台大学生在沪创业资助办法。上海市大学生科技创业基金会将天使基金受理点覆盖本市各类别高等院校各大学园区及高校集中区域；进一步创新优化适合青年创业需求的资助模式，加大创业服务力度，提高创业服务效率。（沪府办发〔2015〕43号）

加大创业贷款担保和贴息政策支持力度。将小额担保贷款调整为创业担保贷款，其对象范围扩大到本市高校在校及毕业且在沪实现创业的青年大学生。符合条件的对象，按规定可以申请个人最高50万元、法人最高200万元的创业贷款担保，其中20万元以下的创业贷款免于个人担保。贷款期间稳定就业岗位的，还可根据吸纳本市就业情况，给予一定额度的利息补贴。本市小微企业、个体工商户、农民合作社、民办非企业单位等创业组织获得商业银行小额贷款公司200万元及以下小额贷款的，可根据吸纳就业情况，申请一定额度的小额贷款利息补贴。按国家有关规定，从失业保险基金中安排一定规模的专项资金用于创业贷款担保，并探索发挥市级创业孵化示范基地在担保贷款审核中的积极作用。（沪府办发〔2015〕43号）

在本市注册开业的小微企业、个体工商户、农民合作社、民办非企业单位，其法人或法定代表人（负责人）获得本市商业银行或小额贷款公司发放的200万元及以下小额贷款，并按期还本付息的，可根据吸纳本市失业人员、协保人员和农村富余劳动力且稳定就业的情况，按以中国人民银行公布的贷款基准利率计算的贷款利息给予贴息，但每人每年贴息最高不超过2000元。贴息期限最长不超过一年。（三）对于未进行工商登记注册，但在网络平台实名注册、稳定经营且信誉良好的网络商户创业者，可按规定申请最高15万元的创业前贷款担保。在贷款期限内还清贷款本息，按规定给予银行贴息扶持。（沪人社就发〔2015〕44号）

将初创期创业扶持政策对象范围，扩大到注册登记3年以内的本市小微企业、个体工商户、农民专业合作社、民办非企业单位等创业组织。对初创期创业组织新招用本市劳动力并缴纳社会保险费的，可按照规定给予创业带动就业社会保险费补贴。将初创期创业组织经营场地房租补贴对象范围，扩大到在沪创业并带动就业的所有创业者。通过组织创业计划大赛等方式，重点支持战略新兴产业领域的优秀创业项目。（沪府发〔2015〕36号）

实施初创期创业社会保险费补贴政策。青年大学生在沪创办3年以内的本市小微企业、个体工商户、农民合作社、民办非企业单位等创业组织，新招用本市劳动者并按规定缴纳社会保险费的，可按新招人数，申请社会保险费补贴。补贴标准为本市上年职工月平均工资60%作为缴费基数计算的单位缴纳社会保险费的50%，补贴期限最长3年，每个创业组织每年最多补贴2万元。所需资金从失业保险基金中列支。（沪府办发〔2015〕43号）

扩大初创期创业场地房租补贴政策范围。将创业经营场地房租补贴对象范围扩大到注册登记3年以内的本市小微企业、个体工商户、农民合作社、民办非企业单位等创业组织。符合条件的对象，可根据吸纳本市就业情况，按规定申请创业场地房租补贴，补贴资金以创业组织在注册地或经营地实际发生的租金为限。（沪府办发〔2015〕43号）

青年大学生在沪创办3年以内的小微企业、个体工商户、农民合作社、民办非企业单位等创业组织，新招用本市劳动者并按规定缴纳社会保险费满6个月后，可按新招人数申请社会保险费补贴。补贴标准为本市上年职工月平均工资60%作为缴费基数计算的单位缴纳社会保险费的50%，补贴期限最长3年，每个创业组织每年最多补贴2万元。（沪人社就发〔2015〕44号）

创业场地房租补贴标准根据创业组织吸纳本市失业人员、协保人员和农村富余劳动力并稳定就业的情况来确定，每吸纳一人每年最高补贴金额不超过3000元。补贴总额以创业组织在同一区县内注册地或经营地的实际发生租金为限。（沪人社就发〔2015〕44号）

定期组织开展上海创业计划大赛、创业新秀评选等活动，积极推荐本市创业者参加国家各类创业竞赛活动。对获得市级优胜的创业团队给予5万元的创业启动金，对获得国家级优胜的创业团队给予10万元的创业启动金。对获得市级优胜的创业组织给予10万元的助力发展金，对获得国家级优胜的创业组织给予20万元的助力发展金。所需资金从市就业专项资金中列支。（沪人社就发〔2015〕44号）

定期组织开展市级创业孵化示范基地的认定和评估工作，委托第三方社会中介机构对创业孵化成效进行分级评估。根据评估结果，对达到A级、B级、C级的创业孵化示范基地，分别给予50万元、30万元、10万元的运作经费补贴，用于补贴房租、管理费等经费支出。所需资金从市就业专项资金中列支。（沪人社就发〔2015〕44号）

对于符合创业指导站功能定位、具备一定软硬件建设条件、创业指导成效突出的高校，可以提出创业指导站启动资金和工作经费补贴的申请。由市人力资源社会保障部门和教育部门委托第三方社会中介机构开展定期评估，根据评估结果，给予高校一次性15万元的启动资金补贴。对经评估达到A级、B级、C级的高校创业指导站，分别给予15万元、10万元、5万元的工作经费补贴。所需资金从市就业专项资金中列支。（沪人社就发〔2015〕44号）

补贴标准为每人1000元，每人限领一次。各区县发放的一次性求职创业补贴列入政府收支分类科目规定的科目，所需资金在市级财政通过转移

支付划拨区县的中央就业专项资金中列支。（沪人社就〔2016〕91号）

对于直接提供见习岗位、当年见习留用率超过50%的就业见习基地，按签订一年以上劳动合同人数给予每人5000元的一次性带教费补贴，补贴发放至就业见习基地的社会保险缴费账户。经创业见习基地跟踪帮扶，见习学员在见习后六个月内实现创业的，按照实际成功创业人数给予创业见习基地每人5000元的一次性带教费补贴，补贴发放至创业见习基地的银行账户。（沪人社规〔2017〕22号）

上海市出台的平台建设扶持政策要点：

打造上海创业投资基金和孵化器集聚区。结合本市区域产业结构调整布局，探索在条件成熟的地区积极建设上海创业投资基金集聚区，让投资人、创业团队、基金管理人形成规模集聚效应，并通过市引导基金运作，积极鼓励基金加基地、孵化加投资等各类创新型基金运作模式，努力提高新兴企业孵化培育效率。鼓励有条件的区县政府为孵化器和创业投资基金集聚区制定相应的支持政策。（沪府发〔2014〕43号）

设立"创业苗圃，进一步降低科技创业门槛，支持科技创业孵化器、大学科技园、大学生科技创业基地等各类科技创业服务机构设立"创业苗圃"。科技创业者在注册成立企业前，可入驻"创业苗圃"接受预孵化。"创业苗圃"为科技创业者完善科技成果（创意）、制定商业计划、准备创业提供免费的公共服务，帮助其将科技成果（创意）实施转化并创办企业。符合条件的科技创业项目，可在"创业苗圃"内享受一定期限、免费的办公场地、基本商务服务、创业指导和咨询、专业支撑等公共孵化服务。市科委负责引导和规范全市科技"创业苗圃"的建设与发展，每年对"创业苗圃"实际培育科技创业项目数量和服务科技创业的绩效进行评估。鼓励区县政府对"创业苗圃"所提供的服务给予一定的支持。鼓励和资助创业者实施"科技创业计划"，由各区县科委在各"创业苗圃"初选的基础上，组织推荐优秀的"科技创业计划"项目。市科委统一组织专家，根据创业者团队组成、技术可行性和创新性、商业模式以及市场潜力等综合指标以及预算合理性，对推选的"科技创业计划"项目进行综合评审，对优秀的项目由市政府给予一定经费资助，每个项目资助额度一般不超过创业者自筹资金总额，资助资金与创业者承诺的自筹资金实施统筹管理。"创业苗圃"所在区县的财政、科技部门负责对所辖区域内"科技创业计划"项目的资金使用进行监管。资助经费用于支持该项目的研发和产品试制、测试等，不得用于项目人员开支。（沪府办发〔2015〕15号）

加强科技创业孵化环境建设，大力支持科技创业孵化器的建设，将符合上海产业发展导向的科技创业孵化器建设，列入政府科技创新公共基础设施建设的投资计划。在市科委的引导和支持下，由各区县结合区域定位和产业特色建设科技创业孵化器，并引导社会力量积极参与。对闲置的工业厂房、仓储用房等存量房产，在不改变建筑结构、不影响建筑安全的前提下，支持改建为科技创业孵化器，土地用途和使用权人可暂不变更。鼓励各区县对科技创业孵化器建设中发生的孵化用房改造费、创业孵化基础服务设施购置费、贷款利息，给予一定补贴。进一步健全科技创业孵化器考核评价体系，提升科技创业孵化器的服务水平和服务质量。市科委每年对科技创业孵化器上一年度的在孵企业和毕业企业数量，以及在孵企业获得知识产权数量、新增就业岗位数量、企业成长性、专业孵化功能等指标，实施考核评价。评价结果报市、区县有关部门备案，并作为享受相应政策及政府购买科技创业孵化器所提供公共服务的主要依据；对评价合格的科技创业孵化器，区县政府通过补贴的方式，购买其上一年度为科技创业企业提供的融资、培训、政策、信息、咨询等各类科技创业孵化公共服务。对评价优秀的科技创业孵化器，市政府依据其上一年度孵化毕业的企业数量等指标，给予一定奖励。（沪府办发〔2015〕15号）

鼓励各区县结合区域优势和产业特色建设科技产业化基地（科技企业加速器），为孵化毕业企业提供后续的发展空间以及包括专业技术、市场拓展、商业贷款、风险投资、上市培育等在内的各类服务，加快培育各具特色的创新集群，使各类科技产业化基地成为衔接科技创业孵化器和上海张江高新技术产业开发区的重要载体，加快完善科技创业支持体系。（沪府办发〔2015〕15号）

上海市出台的创业服务扶持政策要点：

健全居住证积分制度，加大创业人才引进政策力度。对符合一定条件的创业人才及其核心团队，直接赋予居住证积分标准分值。对经由市场主体评价且符合一定条件的创业人才及其核心团队，居住证转办户籍年限可由7年缩短为3至5年。对获得一定规模风险投资的创业人才及其核心团队，予以直接入户引进。（沪府办发〔2015〕43号）

实施"创业浦江"行动计划，推动落实全城创客、创业启明、便捷创业、安心创业、专精创业、巅峰创业、点赞创业和创业共治八大行动。（沪府办发〔2015〕43号）

重庆市出台的政策文件：

2014年：关于实施重庆市大学生创业引领计划的通知（渝人社发〔2014〕214号）

2015年：重庆市人民政府办公厅关于深化高等学校创新创业教育改革的通知（渝府办发〔2015〕136号）

2015年：重庆市人力资源和社会保障局重庆市残疾人联合会关于技师学院、特殊教育院校部分毕业生同等享受高校毕业生就业创业政策有关事项的通知（渝人社发〔2015〕205号）

2016年：重庆市人力资源和社会保障局重庆市财政局中国人民银行重庆营业管理部关于调整创业担保贷款相关政策的通知（渝文备〔2016〕452号）

2017年：重庆市人民政府关于做好当前和今后一段时期就业创业工作的实施意见（渝府发〔2017〕41号）

重庆市出台的财政投入扶持扶持政策要点：

每年以不定期举办项目推介及产品博览会等多种形式，为创业大学生搭建融资对接服务平台，鼓励企业、行业协会、群团组织、天使投资人等设立重点支持创业大学生的天使投资和创业投资基金，根据市场需求以多种方式为大学生创业提供资金支持，促进大学生创业项目启动孵化和发展

壮大。（渝人社发〔2014〕214号）

深入实施"泛海扬帆——重庆大学生创业行动"，联合中国西部人才开发基金会、泛海公益基金会，在全市每年评选100个大学生优秀创业项目，给予2万～5万元一次性创业资本金补助。大力开展"未来企业家培养青锋计划"和中国青年创业国际计划（YBC）等项目鼓励支持高校毕业生创业。（渝人社发〔2014〕214号）

创业培训补贴：对于在渝相关职校在校生，可根据需求参加GYB（创业意识）培训，取得合格证书的按500元/人标准给予实施培训单位补贴；毕业学年或登记失业的相关职校毕业生，具有一定创业条件的，可参加SYB（创办你的企业）培训和微型企业创业培训，取得合格证书并成功创业的，给予相应的培训补贴，未创业的按60%补贴；参加过SYB或微型企业创业培训并成功创业1年（含1年）以上的创业者，可参加IYB（改善你的企业）培训，取得合格证书的，按每人1500元标准给予培训补贴。（渝人社发〔2015〕205号）

贷款额度：（1）个人创业项目贷款额度上限可提高到15万元，10万元部分由中央、市、区县按规定给予贴息，超过部分由区县财政自行承担；（2）符合条件的人员合伙经营和组织起来就业的，贷款额度上限由原来每人5万元统一调整为10万元，贷款总额不超过100万元；劳动密集型小企业贷款额度上限由原来每人5万元统一调整为10万元，贷款总额最高不超过200万元；（3）允许有条件区县自行制定相关贷款贴息政策。（渝文备〔2016〕452号）

贷款期限和贷款担保管理：（一）鼓励创业带动就业，延长贷款期限，放宽贷款次数。允许创业带动就业达到1:6的个人二次贷款，二次贷款年限不超过2年；新吸纳前述五类人员就业，与其签订一年以上劳动合同，并缴纳社保的企业可多次贷款。（二）充分发挥市小微企业融资担保有限公司作用，让贷款管理更加规范。一是开展无抵押担保工作。对无抵押物或保证人的优质创业项目，建立政府、市小微企业融资担保有限公司、商业银行长效合作机制，由各区县就业经办机构向市小微企业融资担保有限公司推荐优质项目，市小微企业融资担保有限公司以市场的手段提供贷款担保，并按照相关规定收取担保费；对能够提供抵质押物或保证人的创业担保贷款，免收担保费。二是提高个人担保额度。经市小微企业融资担保有限公司与银行协商，在风险可控的前提下，适度扩大保证范围，提高保证额度。（渝文备〔2016〕452号）

拓宽融资渠道。优化完善创业担保贷款政策，鼓励有条件的区县加大财政贴息资金投入，提高贷款额度上限或贴息比例，放大政策性贷款的惠民效应。优化完善政府公共就业创业服务机构、担保公司、承贷银行三方合作的"政担银"金融服务机制，继续推行"政策性+商业性"组合贷款，对足额提供抵质押物或保证人的创业者免收担保费，满足创业者多元化的融资需求。建立健全担保基金持续补充、统筹调剂、代偿核销和创业担保贷款不良率动态监测机制，确保担保基金安全高效运行。深入开展无抵质押物、无保证人的"双无"优质创业项目信用担保试点工作，鼓励金融机构和担保机构依托信用信息，科学评估创业者还款能力，改进风险防控，降低反担保要求。设立就业创业引导基金，引导社会资本投入，为创业者提供股权投资、融资担保等服务。促进天使投资、创业投资、互联网金融等规范发展，灵活高效满足创业融资需求。（渝府发〔2017〕41号）

重庆市出台的创业服务扶持扶持政策要点：

建立完善市、区县两级创业项目库，采取社会公开征集、区县推荐、网络报名自荐等多种形式，力争2017年市级入库项目达1000个，定期向大学生发布推介创业项目。扩大市、区县两级创业指导专家志愿服务团，选聘企业家、职业经理人、天使投资人、政府部门领导、大学教授、行业专家等创业研究或实践高级人才作为专家团成员开展创业帮扶活动，其中选聘市级创业指导专家志愿服务团专家300名以上，各区县创业指导专家志愿服务团选聘不少于10名专家。各级创业专家服务团要为创业大学生提供创业辅导，同时更加注重发挥企业家带动小微企业发展的积极作用。（渝人社发〔2014〕214号）

积极组织大学生参加各类创业大赛，进一步做好"泛海扬帆杯"重庆创业大赛、重庆市大学生创业大赛、中国创新创业大赛、重庆青年创业电视大赛、"创青春"全国大学生创业大赛重庆赛区竞赛、科技创新大赛等工作，为大学生搭建创业项目展示平台。（渝人社发〔2014〕214号）

围绕我市"6+1"支柱产业、"2+10"战略性新兴产业和现代服务业、现代农业创新项目发展要求，优化高校专业结构，到2020年，建成市级特色专业点500个、特色专业群100个。推动部分普通本科院校向应用型转型。促进学术型研究生与专业学位研究生协调发展。扩大"雏鹰计划"受益范围，鼓励高校招收具有创新创业潜质的学生。（渝府办发〔2015〕136号）

深入实施"卓越计划""大学生创业引领计划""科教结合协同育人行动计划"和"大学生就业促进计划"。扩大"重庆市大学联盟"，探索主辅修制、第二专业学位制人才培养模式。开展校企、校地、校所联合招生和培养创新创业人才试点。（渝府办发〔2015〕136号）

积极吸引社会资本和国外优质教育资源投入创新创业人才培养。鼓励高校在企业设立科研基地，企业、科研院所在高校设立实验室和研发平台，支持企业与学校共建专业，并融入订单培养。（渝府办发〔2015〕136号）

推进"大类招生、分流培养"，探索建立跨院系、跨学科、跨专业交叉培养创新创业人才的新机制。鼓励高校设立创新创业教研室或教育学院（创客学院），探索举办多种形式的创新创业教育实验班。（渝府办发〔2015〕136号）

各区县（自治县）、各高校应明确全体教师创新创业教育的责任，加强对创新创业教育教师的培养与考评，在专业职务评审中予以倾斜，提高专业教师的创新创业教学能力。各高校应细化创新创业教育教师到行业企业挂职锻炼制度，对教学科研人员带领大学生创业取得突出成效的给予经费资助。将理论成果、知识产权、创业成果等业绩作为评价创新创业教育专职教师的重要指标。（渝府办发〔2015〕136号）

畅通企业人才职业发展"立交桥"，建立健全企事业单位创新创业人才职称互评互认办法，允许高校设置一定比例的流动岗位，遴选1000名技术技能专家、创业成功者、企业家、风险投资人担任高校专业课、创新创业课授课或指导教师。由市教委牵头制定具体办法。（渝府办发〔2015〕136号）

实施注册资本认缴登记制和"先照后证"制度。整合市场监管职能和执法力量，推进市场监管领域综合行政执法改革，着力解决重复检查、多头执法等问题。除法律、法规、规章明确规定的涉及人身健康、公共安全、生产安全、财产安全和环境安全的事项可进行随机检查以外，不得随意开展行政执法检查。实施柔性执法，采取建议、辅导、提示、告诫、示范、公示以及其他非强制性行政管理方式实施行政指导，规范创业者经营行为。（渝府发〔2017〕41号）

完善教育培训制度。更好发挥职业教育和职业培训作用，着力化解就业结构性矛盾。深入推进高校创新创业教育改革，加快高校学科专业结构调整优化，健全专业预警和动态调整机制，深化课程体系、教学内容和教学方式改革。紧贴全市经济社会发展需求，构建纵向衔接、横向贯通、结构合理、产教融合的现代职业教育专业体系，实施好现代职业教育质量提升计划、产教融合发展工程、高技能人才振兴计划和"巴渝工匠2020"计划。统筹普通高中和中等职业教育协调发展，大力发展技工教育，加强技师学院建设，推动职业院校全面实施毕业证书和职业资格证书"双证"制，培养大批高技能人才。加快职业技能公共实训中心、职业训练院试点建设，广泛开展岗位练兵、技术比武、技能竞赛、师徒帮教等活动，夯实全市职业技能竞赛体系，确保企业职工教育经费足额提取并合理使用。健全技能人才多元化评价机制，完善技能人才职业技能等级认定政策并做好与职业资格制度的衔接。用人单位聘用的高级工、技师、高级技师可比照相应层级工程技术人员享受同等待遇。（渝府发〔2017〕41号）

提升公共就业创业服务水平。落实政府购买基本公共就业创业服务制度，制定购买基本就业创业服务成果目录，充分运用就业创业服务补贴政策，支持公共就业创业服务机构、人力资源服务机构、创业服务机构、社会组织和高校提供专业化、精细化的就业创业服务。加强"互联网+就业"建设，依托现有平台资源整合，建设重庆市"智慧就业"综合服务平台，完善公共就业创业网上办事大厅服务功能，推行网上受理、网上办理、网上反馈，实现就业创业服务和管理全程信息化。深入开展充分就业社区（村）和就业创业服务超市创建工作，进一步优化服务水平，提升基层公共就业服务效能。依托基层服务体系，建设一批标准化农民工综合服务中心，打造农民工就业、创业、培训、公共服务等一站式综合平台。（渝府发〔2017〕41号）

重庆市出台的平台建设扶持扶持政策要点：

深入推进创业型城市创建工作，切实发挥国家级、市级创业型城市的引领示范作用，支持国家级返乡创业试点区县（自治县，以下简称区县）和返乡创业示范园区、示范街镇建设。实施"渝创渝新"创业促进行动计划，加大创业文化培育力度，创作一批具有较大影响力的创业文化艺术作品，在各类媒体开设创业创新类栏目，举办各类创业活动，营造有利于创业带动就业工作的良好氛围。（渝府发〔2017〕41号）

培育创业载体。加快推进各级各类创业园区、创业孵化基地、众创空间、微企创业园、楼宇产业园、小企业创业基地等创业载体建设。在规划许可的前提下，积极盘活商业用房、工业厂房、企业库房、物流设施，为创业者提供低成本场所。鼓励创业园区、创业孵化基地整合创业政策、创业融资、创业培训、创业孵化、创业导师等要素资源，为入驻创业主体提供全程服务。鼓励全市各级各部门以购买服务的形式，支持创业载体承接公共创业服务，提升服务质量。支持各类创业载体、龙头企业、工业商业园区、培训机构、高校及科研院所等单位试点提供公共创业实训服务。建立健全创业孵化基地年度评估和动态管理机制，对服务质量高、孵化成效好、带动就业多的创业孵化基地按规定给予一定奖补，孵化服务周期可延长至3年。对成功创建国家级创业孵化基地的，按规定给予一定的示范奖补。（渝府发〔2017〕41号）

天津市出台的政策文件:

2015年: 天津市人民政府印发关于发展众创空间推进大众创新创业政策措施的通知 (津政发〔2015〕9号)

2015年: 天津市人民政府办公厅关于进一步做好新形势下就业创业工作的实施意见 (津政办发〔2015〕73号)

2015年: 创业"津十条"来啦! (来源: 天津市人力资源发展促进中心; 发布时间: 2015-05-26)

2016年: 天津市人民政府办公厅印发贯彻落实国务院关于大力推进大众创业万众创新若干政策措施意见任务分工的通知 (津政办发〔2016〕7号)

2017年: 本市精准施策助力大学生自主创业 (来源: 天津市人力资源和社会保障局; 发布时间: 2017-9-20)

2017年: 自主创业可享哪些税收政策 (来源: 天津市人力资源和社会保障局; 发布时间: 2017-09-07)

2017年: 天津市人民政府关于做好当前和今后一段时期就业创业工作的实施意见 (津政发〔2017〕28号)

天津市出台的税费优惠政策要点:

附着《高校毕业生自主创业证》) 的人员从事个体经营的, 在3年内按定额依次扣减其当年实际应缴纳的增值税、城市维护建设税、教育费附加、地方教育附加和个人所得税。定额标准为每户每年8000元, 最高可上浮20%。(来源: 天津市人力资源和社会保障局; 发布时间: 2017-09-07)

科技型中小企业研发活动中实际发生的研发费用, 未形成无形资产计入当期损益的, 自2017年1月1日至2019年12月31日, 在按规定据实扣除的基础上, 再按照实际发生额的75%税前加计扣除; 形成无形资产的, 在上述期间按照无形资产成本的175%税前摊销。

加大税收政策支持。继续实施支持和促进重点群体创业就业的税收政策。在政策规定的期限内, 对持《就业创业证》(注明"自主创业税收政策"或"毕业年度内自主创业税收政策"）或《就业失业登记证》（注明"自主创业税收政策"或附着《高校毕业生自主创业证》）的人员从事个体经营的，在3年内按定额依次扣减其当年实际应缴纳的增值税、城市维护建设税、教育费附加、地方教育附加（以下统称相关税费）和个人所得税。定额标准为每户每年8000元，最高可上浮20%。（津政发〔2017〕28号）

天津市出台的财政投入扶持政策要点：

对经认定的众创空间，分级分类给予100至500万元的一次性财政补助，用于初期开办费用，高校众创空间补助资金由市财政负担，区县及滨海新区各功能区众创空间补助资金由市和区县财政按7：3的比例负担。引导众创空间运营商设立不少于300万元的种子基金，主要用于对初创项目给予额度不超过5万元、期限不超过2年的借款，以及收购创业者的初创成果，市财政按30%比例参股，不分享基金收益，基金到期清算时如出现亏损，先核销财政资金权益。对众创空间内企业招用高校毕业生，给予1年岗位补贴和3年社会保险补贴。大学生创业且租赁房屋的，据实给予补贴，最高不超过每月1800元，补助期为2年。（津政发〔2015〕9号）

支持天使投资、创业投资、股权投资等发展，争取开展互联网股权众筹融资试点。加大创业信贷支持力度，大学生自主创业可申请最高30万元的小额担保贷款，已成功创业且带动就业5人以上、经营稳定的创业者，可给予贷款再扶持，总额度最高不超过50万元，期限不超过2年，并给予贷款贴息。鼓励使用专利技术进行质押贷款、入股、转让。创新创业企业可纳入我市中小微企业贷款风险补贴政策范围。（津政发〔2015〕9号）

加大创业信贷支持力度，大学生自主创业可申请最高30万元的小额担保贷款，已成功创业且带动就业5人以上、经营稳定的创业者，可给予贷款再扶持，总额度最高不超过50万元，期限不超过2年，并给予贷款贴息。（来源：天津市人力资源发展促进中心；发布时间：2015-05-26）

提供创业贷款支持。将小额担保贷款调整为创业担保贷款，自主创业者可申请最高30万元的创业担保贷款，贷款期限不超过2年，按规定给予贷款贴息；对已成功创业且带动就业5人以上、经营稳定的创业者，可给予最高不超过50万元贷款再扶持。有条件的区县应建立大学生创业贷款信用担保机制。鼓励企业、行业协会、社会组织等以设立天使投资和创投基金等多种形式为自主创业者提供资金支持。（津政办发〔2015〕73号）

对在本市有固定的孵化场所、有依法建立的管理服务团队、创业孵化基地（园）建筑面积不少于200平方米、吸纳大学生创业企业10户（每户至少招用2人）的，给予30万元的资金扶持；在此基础上，每新增1户大学生创业企业，再补贴2万元；对新增企业招用2人以上的，每新增1人按照每人5000元的标准再给予补贴。每个大学生创业孵化基地（园）补助在自然年度内最高不超过500万元。（津政办发〔2015〕73号）

将大学生创业扶持期限延展为毕业前2年和毕业后5年。对成功创业的高校毕业生，给予1年的岗位补贴和3年的社会保险补贴。对大学生创办企业吸纳毕业2年内的高校毕业生并按规定缴纳社会保险费的，给予1年的岗位补贴和3年的社会保险补贴；或按其吸纳就业人数给予一次性创业带动就业补贴，标准为每人3000元，最高不超过3万元。对大学生领取营业执照且租赁房屋生产经营的，按照每月1800元的标准给予房租补助，最长不超过24个月。（津政办发〔2015〕73号）

支持符合条件的创业企业利用多层次资本市场上市挂牌，加快发展；充分利用我市各类股权投资基金聚集的优势，支持风险投资、私募股权投资等投资机构加大对我市创业企业的支持力度；拓宽创业企业直接融资渠道，通过各种直接融资工具筹集企业发展所需资金。（津政办发〔2016〕7号）

积极跟踪了解股票发行注册制改革、尚未盈利的互联网和高新技术企业到创业板发行上市制度改革、战略新兴产业板建立、"新三板"分层、全国中小企业股份转让系统与创业板转板通道、特殊股权结构创业企业在境内上市等资本市场改革的新动态、新进展，加强工作的针对性、超前性，推动企业提前筹备相关工作，争取抢抓改革先机。规范发展服务于中小微企业的区域性股权市场，推动建立工商登记部门与区域性股权市场的

股权登记对接机制，支持股权质押融资。（津政办发〔2016〕7号）

不断扩大社会资本参与新兴产业创投计划参股基金规模，做大直接融资平台，引导创业投资更多向创业企业起步成长的前端延伸。不断完善新兴产业创业投资政策体系、制度体系、融资体系、监管和预警体系，加快建立考核评价体系。加快设立新兴产业创业投资引导基金和中小企业发展基金，逐步建立支持创业创新和新兴产业发展的市场化长效运行机。（津政办发〔2016〕7号）

促进新兴产业创业投资引导基金、科技型中小企业创业投资引导基金、科技成果转化引导基金、中小企业发展基金等协同联动。（津政办发〔2016〕7号）

对在本市有固定的孵化场所、有依法建立的管理服务团队、创业孵化基地（园）建筑面积不少于200平方米、吸纳大学生创业企业10户（每户至少招用2人）的，给予30万元的资金扶持；在此基础上，每新增1户大学生创业企业，再补贴2万元；对新增企业招用2人以上的，每新增1人按照每人5000元的标准再给予补贴。对吸纳企业多，带动就业明显的大学生创业孵化基地，每年给予最高500万元的资金支持。（来源：天津市人力资源和社会保障局；发布时间：2017-9-20））

拓宽融资渠道。落实创业担保贷款政策，鼓励金融机构和担保机构依托信用信息，科学评估创业者还款能力，改进风险防控，降低反担保要求，健全代偿机制，推行信贷尽职免责制度。将面向个人的创业担保贷款期限由2年延长至3年，将现行适用于劳动密集型小企业的小额担保贷款政策扩大到所有符合条件的小微企业，贷款额度最高不超过200万元。积极探索整合壮大市级高校毕业生就业创业基金，为高校毕业生创业提供股权投资、融资担保等服务。（津政发〔2017〕28号）

天津市出台的创业服务扶持政策要点：

大学生创业扶持期由3年延长至7年，即毕业前2年和毕业后5年。外地高校毕业生在津创业的，准予落户，并给予相应政策扶持。（津政发〔2015〕9号）

定期举办创新创业大赛，获奖项目的创业者获得金融机构发放的"创业卡"，无需抵押可直接获得贷款。鼓励各类社会团体组织创新创业论坛、草根创业者大会、科技创业产品展等活动。利用夏季达沃斯论坛、融洽会、津洽会等会展活动，为创新创业者搭建交流平台。（津政发〔2015〕9号）

将大学生创业扶持期由3年延长至7年，即毕业前2年和毕业后5年。外地高校毕业生在津创业的，准予落户，并给予相应政策扶持。高校毕业生创办企业的，按照政策将放宽企业注册资本登记条件，首次出资额允许为零。（来源：天津市人力资源发展促进中心；发布时间：2015-05-26）

实施创业导师授业计划。按照自愿申请、择优选取的原则在全市遴选大学生创业导师。鼓励创业导师与有创业意愿和条件的大学生通过双向选择，按照最高1：3的比例，签订不低于6个月的创业导师授业协议，通过创业导师"传、帮、带"方式，使大学生了解创业经验、学习管理方法、掌握专业技术，提高创业成功率。协议履行完毕后，按照每人2000元的标准给予创业导师授业补贴；对半年内成功创业的，每成功创业一人再给予创业导师3000元的一次性奖励。扩大大学生创业扶持范围，对外地高校毕业生和留学回国的高校毕业生来津创业的，享受同等创业扶持政策。（津政办发〔2015〕73号）

鼓励开展各类公益讲坛、创业论坛、创业培训等活动，丰富创业平台形式和内容，支持各类创业创新大赛，定期办好中国创新创业大赛天津赛区赛事活动，加强和完善中小企业公共服务平台网络建设。（津政办发〔2016〕7号）

建设面向海内外的科技成果转化线上线下交易平台，引进培育一批国际知名技术转移服务机构和专业技术经纪人队伍，积极打造科技成果产业化示范业，推动高校、科研院所科技成果向小微企业转移转化。（津政发〔2017〕28号）

天津市出台的平台建设扶持政策要点：

发展众创空间。按照市场化原则，支持鼓励企业、投资机构、行业组织等社会力量投资建设或管理运营创客空间、创业咖啡、创新工场等新型孵化载体，打造一批低成本、便利化、全要素、开放式的众创空间。各区县、滨海新区各功能区、各高校要充分利用老旧厂房、闲置房屋、商业设施等资源进行整合和改造提升，为众创空间免费提供专门场所。对经认定的众创空间，分级分类给予100至500万元的一次性财政补贴，用于初期开办费用。到2016年，全市众创空间超过100个。（津政办发〔2015〕73号）

大力发展创新工场、车库咖啡等新型孵化器，做大做强众创空间，完善创业孵化服务，充分发挥企业的创新主体作用，鼓励和支持有条件的大型企业发展创业平台、投资并购小微企业等，支持企业内外部创业者创业，增强企业创业创新活力。为创业失败者再创业建立必要的指导和援助机制，不断增强创业信心和创业能力。（津政办发〔2016〕7号）

加快小微企业创业创新示范基地建设，"十三五"期间，每年重点培育支持10个示范基地。加大科研基础设施、大型科研仪器向小微企业开放力度，为小微企业产品研发、试制提供支持。（津政发〔2017〕28号）

广西壮族自治区出台的政策文件：

2015年：广西壮族自治区人民政府关于进一步做好新形势下就业创业工作的通知(桂政发〔2015〕29号)

2015年：广西壮族自治区人民政府办公厅关于印发大力推进大众创业万众创新实施方案的通知（桂政办发〔2015〕134号）

2016年：广西壮族自治区人民政府办公厅印发关于深化高等学校创新创业教育改革实施方案的通知（桂政办发〔2016〕50号）

2016年：广西壮族自治区人民政府办公厅印发关于简化优化公共服务流程方便基层群众办事创业工作方案的通知（桂政办发〔2016〕67号）

2017年：广西壮族自治区人民政府办公厅关于印发广西"多证合一、一照一码"登记制度改革工作实施方案的通知（桂政办发〔2017〕110号）

广西壮族自治区出台的税费优惠政策要点：

至 2017 年 12 月 31 日，增值税小规模纳税人和营业税纳税人，月销售额、营业额不超过 3 万元（含 3 万元）或季度销售额、营业额不超过 9 万元（含 9 万元）的，按国家政策规定免征增值税、营业税；对年应纳税所得额不超过 30 万元（含 30 万元）的小型微利企业，其所得减按 50% 计入应纳税所得额，按 20% 的税率缴纳企业所得税。纳税人按期缴纳税款有困难，符合税收政策规定的，可申请延期缴纳，最长可延期 3 个月。（桂政办发〔2015〕134 号）

减轻创业创新企业收费负担。失业保险费率由 3% 降至 2%，取消征地管理费、纺织品原产地证明书费、货物原产地证书费和机动车驾驶培训许可证收费等一批收费项目。降低一批涉企收费标准，房地产网络信息服务费收费标准降低 20%；产品质量监督检验收费按规定标准的 90% 执行。对创业创新小微企业免征组织机构代码证书费、环境监测服务费、计算机软件著作权登记费等 42 项全国性行政事业性收费，取消铁路运输治安联防费、道路运输证照工本费以及农作物品种审定费等地方性行政事业性收费。暂停征收部分涉企收费，包括石油（天然气）勘查开采登记费、矿产资源勘查登记费、采矿登记费、企业注册登记费、个体工商户注册登记费、工业产品许可证审查费、出口商品检验检疫费。（桂政办发〔2015〕134 号）

广西壮族自治区出台的财政投入扶持政策要点：

对获得工业新产品认定并在广西新产品推介和交易平台发布的我区工业新产品，每个产品补助 2 万元，对同一企业每年补助最高 20 万元。在同等质量和价格的条件下，对使用区内工业新产品 80% 以上的企业，项目招投标中实行 1~3 分的加分支持，政策执行期限至 2017 年底。对获得国内首台（套）重大术装备认定的区内工业企业，在实现首台（套）销售后，按首台（套）产品销售价格的 50% 给予奖励，对单户企业奖励金额最高 200 万元，对同一产品只奖励一次。对广西境内购买区内企业生产的国内首台（套）重大技术装备的用户，按照购买价格的 60% 给予补助，补助最高 100 万元。开展首台（套）重大技术装备保险补偿试点工作。落实《政府采购促进中小企业发展暂行办法》，改进采购预算编制和项目预留管理，加大对创新产品和服务的采购力度。（桂政办发〔2015〕134 号）

缓解创业创新企业的经营困难。对困难企业实施失业保险，支持企业稳定就业岗位补贴，按该企业及其职工上年度实际缴纳失业保险费总额的 50%给予稳岗补贴，所需资金从失业保险基金中列支。（桂政办发〔2015〕134 号）

支持创业创新担保贷款。扩大信贷引导资金规模，新增1.6 亿元信贷引导资金，其中自治区本级安排 0.8 亿元、各市安排0.8 亿元，扩大融资担保规模，支持中小工业企业发展。金融机构将小额担保贷款调整为创业担保贷款，统一调整贷款额度至 10 万元。各级人力资源社会保障部门积极帮助符合条件的个人申请最高单笔 10 万元的创业担保贷款，财政部门落实贴息政策。（桂政办发〔2015〕134 号）

支持创新企业直接融资。对在新三板市场成功挂牌的企业，自治区给予一次性工作经费补助 50 万元。对成功开展资产证券化和发行公司债、超短期融资券、项目收益票据新型债务融资工具的企业，自治区按实际发行金额的 0.5%给予一次性奖励，对每家企业奖励金额不超过 100 万元。对金融机构为我区企业发行股票及债务融资工具提供主承销服务的，按年度累计发行额的0.01%给予奖励，每个金融机构奖励金额不超过 100 万元。（桂政办发〔2015〕134 号）

广西壮族自治区出台的平台建设扶持政策要点：

各级人民政府要通过各种形式发展和建设一批众创空间,鼓励高校和社会各界建设各类新型众创空间。对经认定为创业孵化基地的众创空间,给予2年的房租、宽带接入费补助,所需资金从就业资金中安排。（桂政发〔2015〕29号）

入驻创业孵化基地的企业,每较上年新招用1名就业人员,并与其签订1年以上劳动合同的,按其为新增就业人员实际缴纳的基本养老保险费、基本医疗保险费、失业保险费给予1年的社会保险补贴,该项资金从各地就业资金中统筹安排;每新吸纳1名毕业年度高校毕业生就业,可按10万元的银行贷款额度及人民银行公布的贷款基准利率给予1年的财政贴息,财政贴息贷款额度每个企业最高不超过200万元,财政贴息所需资金由自治区财政安排。(桂政发〔2015〕29号)

积极推进众创空间等新型创业平台建设。切实落实对创业孵化基地的管理服务奖补政策,2016年末,全区建成14个市级创业孵化基地和14个县级创业孵化基地,重点扶持1~2家基地争创国家级创业孵化示范基地。加快推广创客空间、创业咖啡、创新工场、创业社区等新型孵化模式,鼓励以高新技术产业开发区、文化创意聚集区、大学科技园、科技企业孵化器及高校、科研院所等为载体,重点围绕我区战略性新兴产业、现代服务业、文化创意产业等重点领域,建设各类新型众创空间。2016 - 2017年,对经认定为创业孵化基地的众创空间,给予2年的房租、宽带接入费补助,所需资金从就业资金中安排。(桂政办发〔2015〕134号)

加强创新创业实践基地建设。实施好"强基创优计划""办学基本条件建设项目""高水平教学创新平台建设项目"。加强实验教学中心(专业实验室)、虚拟仿真实验教学中心、创业实验室、训练中心建设。加快发展市场化、专业化、集成化、网络化的众创空间。2016 - 2017年,对经认定为创业孵化基地的众创空间,给予2年的房租、宽带接入费补助,所需资金从就业资金中安排。推动高校、企业联合建设工程实验室、工程研究中心,促进创新创业实践教学平台的共建共享。到2020年,各高校创新创业实践基地面积,本科高校要达到3000平方米以上,高职高专要达到2000平方米以上;自治区级实验教学示范中心、虚拟仿真实验教学中心达到200个,每所高校建立创业实验室或训练中心1个以上。(桂政办发〔2016〕50号)

广西壮族自治区出台的创业服务扶持政策要点:

清理和规范收费项目和完善管理制度。建立和公开自治区政府定价或指导价的涉企经营服务收费目录清单、进出口环节涉企经营服务收费目录清单、涉企行政审批前置服务收费目录清单三项制度。开展涉企收费专项清理工作，清理规范涉企行政事业性收费和具有强制垄断性的经营服务性收费，整顿规范行业协会或商会收费。对涉企收费实行目录清单管理，各有关部门通过政府网站和公共媒体对外发布，接受社会监督。（桂政办发〔2015〕134号）

不断深化商事制度改革。积极推进"三证合一"（营业执照、组织机构代码证和税务登记证）及"一照一码"登记制度改革，建立健全相关部门协作工作机制，设立"三证合一"联办窗口，推行"一窗受理、一表填报、并联审批、限时办结"机制。全面落实"先照后证"改革事项，国务院公布的前置审批事项目录以外的项目，一律不得作为市场主体登记的前置审批项目。进一步放宽企业住所登记限制，允许市场主体"一址多照""一照多址"，推动保险营销员按照"一址多照"方式登记为个体工商户。加快推行电子营业执照和全过程电子化登记管理，在写字楼宇、银行网点、创业园区等企业密集区域内设置电脑终端机，采取一站式窗口、网上申报、多证联办等措施，为创业创新提供工商注册便利。建立市场主体简易退出机制，在依法依规前提下对个体工商户、未开业企业、无债权债务企业实行简易注销程序试点。（桂政办发〔2015〕134号）

加强高校协同创新建设，大力推进高校与高校、科研院所、行业企业、政府、社会的深度融合。在我区本科院校开设创业基础课程并纳入教学计划，创业课程不少于32学时、不低于2个学分。鼓励人力资源社会保障、财政部门认定的创业培训定点机构加强与高校合作，在高校毕业年度学生中大力开展创业培训，并按规定享受相应的创业培训补贴。深入开展群众性"讲理想、比贡献、比创新"活动，举办全区性创业创新大赛、电子商务创业大赛及青少年科技创新大赛，发挥基层科普行动计划、广西科普惠农兴村计划、十月科普大行动、城市科普行、乡村农寨万里行等科普资源平台作用，加快科普信息化建设步伐，在全区普及创业创新知识。组织举办各类创业培训师资培训班和提高班，为各市各单位培养创业培训师资。（桂政办发〔2015〕134号）

强化创新创业训练。实施好"强基创优计划""创新创业实践项目"。增加实习实训教学比重，确保人文社会科学类本科专业不少于总学分（学时）的 15%、理工农医类本科专业不少于总学分（学时）的 25%，高职高专实践性教学课时不少于总课时的50%；师范类专业实践不少于 1 个学期；专业学位硕士研究生专业实践不少于半年。深入实施大学生创新创业训练计划，力争使每一名大学生在校期间都能参与一项大学生创新创业训练计划。建立创新创业训练与学科和技能竞赛相互融合协同促进机制，积极开展校级学科和技能竞赛，积极组织学生参加各级各类创新创业竞赛，对大学生创新创业训练与学科和技能竞赛给予必要的经费支持。到 2020 年，自治区级大学生学科和技能竞赛项目要达到 50 个以上；自治区级大学生创新创业训练计划项目达到 5000 个，国家、自治区、校级大学生创新创业训练计划项目覆盖大学生 30%以上。高校要成立一批学生创新创业协会、创业俱乐部等社团，确保社团有经费、有场地、有制度、有活动。鼓励学生申请发明专利，符合条件的给予资助和奖励支持。（桂政办发〔2016〕50 号）

将部门分设的办事窗口整合，变"多头受理"为"一口受理""一窗办结"，为群众提供项目齐全、标准统一、便捷高效的公共服务。健全首问负责、一次性告知、并联办理、限时办结等制度，积极推行一窗办理、上门办理、预约办理、自助办理、同城通办、委托代办等服务。全力保障符合国家产业结构调整方向。（桂政办发〔2016〕67 号）

列入国家鼓励类产业目录、有利于自主创业和增加就业等事项办理，创新服务方式，开辟"绿色通道"，优先办理，特事特办，主动服务，专人负责。在自治区本级设立投资项目审批服务大厅和企业设立审批服务大厅，开展集中审批、集中服务，进一步降低门槛、提升服务品质，给群众和企业更大的创业空间。建立自治区、市、县三级纵向联动审批新模式，方便企业和群众办事创业。（桂政办发〔2016〕67 号）

在全面实施企业、农民专业合作社工商营业执照、组织机构代码证、税务登记证、社会保险登记证、统计登记证、印章准刻证"六证合一、一照一码"登记制度改革和个体工商户工商营业执照、税务登记证"两证整

合"。（桂政办发〔2017〕110号）

按照"互联网+政务服务"的理念，加快推进部门间数据共享和业务协同，让信息多跑路，群众和企业少跑腿；实现企业基础信息的高效采集、有效归集和充分运用，推动"一照一码"营业执照在各领域、行业互认和应用，实现企业"一照一码"走天下。（桂政办发〔2017〕110号）

浙江省出台的政策文件：

2014年：浙江省人民政府办公厅关于进一步促进普通高等学校毕业生就业创业的意见（浙政办发〔2014〕107号）

2015年：浙江省人民政府关于支持大众创业促进就业的意见（浙政发〔2015〕21号）

2015年：浙江省人民政府办公厅关于加快发展众创空间促进创业创新的实施意见（浙政办发〔2015〕79号）

2017年：浙江省人民政府关于做好当前和 今后一段时期就业创业工作的实施意见（浙政发〔2017〕41号）

浙江省出台的财政投入扶持政策要点：

政策享受范围扩大至在校大学生及毕业3年以内大学生；自主创业自筹资金不足可申请30万元小额担保贷款，全额贴息，贴息期不超过3年；对符合条件且带动3人以上就业的给予每年2000元的带动就业补助，补助期不超过3年。（浙政办发〔2014〕107号）

有条件的地区可通过财政出资、产 业基金投入等方式，设立大学生创业引导基金，引导社会资本共同 设立创业投资子基金，为大学生创业提供支持。科学评估创业者 贷款申请条件和还款能力，对个人信用记录良好的重点人群，优先 满足其创业担保贷款需求。（浙政发〔2017〕41号）

浙江省出台的平台建设扶持政策要点：

建立创业学院。创业学院设立理事会，由学校领导、相关部门负责人、合作企业、风投机构和创业教育专家等组成。依托校内二级学院、就业创业指导中心，校外地方科技园、大学生创业园和特色小镇，开展建设

创业学院探索，制定创业学院人才培养培训方案。（浙政办发〔2015〕79号）-（浙政发〔2015〕21号）

全省普通高校普遍建设创业学院，并完善相应的管理体制和运行机制。探索创业学院建设与运行新模式，选择若干所高校开展本专科"3+1""2+1"、研究生专业硕士融合创业教育等不同类型的创业教育模式改革试点。（浙政办发〔2015〕79号）

支持创业平台建设。鼓励特色小镇、科技企业孵化器、众创空间、小微企业园区、创业孵化基地等平台为创业者提供政策咨询、创业培训、创业指导、融资等服务，创业孵化基地和创业孵化企业提供孵化服务的，可按实际成效给予补贴。各地要推进创业孵化示范基地建设，到2020年，认定100家省级创业孵化示范基地，省财政按孵化数量及成效给予每家省级示范基地最高30万元的一次性奖补。（浙政发〔2017〕41号）

浙江省出台的创业服务扶持政策要点：

在试点本专科高校，开展"2＋1""3＋1""4＋2"创新创业教育改革试点，对有创业意愿的学生在完成专科二年、本科三年学习后，转入创业学院集中学习培养。在有条件的试点高校，探索将创业学院培养过程嵌入专业硕士培养过程。（浙政办发〔2015〕79号）-（浙政发〔2015〕21号）

创新职业培训模式。实施高技能人才振兴计划，广泛开展岗位练兵、技能竞赛等活动，培育大批高素质劳动者和技能人才。根据产业发展和市场需求，定期发布重点产业职业培训需求、职业资格和职业技能等级评定等指导目录。支持优质培训机构和平台开发数字培训课程，开展"互联网＋"培训试点，并纳入职业培训补贴范围。支持通过整建制购买培训项目等方式开展集中培训。依法缴纳失业保险费累计3年以上的企业职工，2017年1月1日以后取得职业资格证书或职业技能等级证书的，可在证书核发之日起12个月内，申领参保职工技能提升补贴，所需资金从失业保险基金中列支。（浙政发〔2017〕41号）

海南省出台的政策文件：

2014年：海南省人民政府办公厅关于进一步做好普通高等学校毕业生就业创业工作的意见（琼府办〔2014〕111号）

2017年：关于印发《海南省高校毕业生就业创业促进计划》的通知（琼人社发〔2017〕149号）

海南省出台的税费优惠政策要点：

对持《就业失业登记证》（注明"自主创业税收政策"或附着《高校毕业生自主创业证》）的高校毕业生及毕业年度内高校毕业生从事个体经营并符合相关规定、遵纪守法的，在3年内按每户每年9600元为限额依次扣减其当年实际应缴纳的城市维护建设税、教育费附加、地方教育附加和个人所得税。（琼人社发〔2017〕149号）

海南省出台的财政投入扶持政策要点：

强化创业培训和创业教育。落实毕业学年高校毕业生参加创业培训政策，创业培训补贴标准为1600元/人，创业培训补贴从就业专项资金列支。（琼府办〔2014〕111号）

高校毕业生自主创业符合条件的，可在创业地按规定申请创业担保贴息贷款，享受不超过10万元贷款额度的财政贴息扶持，贷款期限不超过3年。（琼人社发〔2017〕149号）

广东省出台的政策文件：

2015年：广东省人民政府《关于进一步做好新形势下就业创业工作的实施意见》（粤府〔2015〕78号）

2015年：广东省人力资源和社会保障厅广东省财政厅关于进一步加强创业孵化基地建设的意见（粤人社发〔2015〕166号）

2016年：广东省人民政府关于大力推进大众创业万众创新的实施意见（粤府〔2016〕20号）

2016年：广东省人民政府转发国务院关于促进创业投资持续健康发展若干意见的通知（粤府〔2016〕118号）

2017年：财政部 税务总局 人力资源社会保障部关于继续实施支持和促进重点群体创业就业有关税收政策的通知（财税〔2017〕49号）

2017年：广东省人民政府关于印发广东省加快促进创业投资持续健康发展实施方案的通知（粤府〔2017〕62号）

广东省出台的税费优惠政策：

落实普惠性税收政策。落实高新技术企业和创业投资企业税收优惠、研发费用加计扣除、股权奖励分期缴纳以及科技企业孵化器、大学科技园、固定资产加速折旧等创新激励税收优惠政策。落实促进高校毕业生、残疾人、退役军人、登记失业人员等创业就业税收政策。探索实施科技成果转化股权激励的个人所得税递延纳税政策、天使投资税收支持政策、新型孵化机构适用科技企业孵化器税收优惠政策。将线下实体众创空间的财政扶持政策惠及网络众创空间。切实加强对国家税收扶持政策的解读、宣传，进一步公开和规范税收优惠政策的申请、减免、备案和管理程序，加强对税收扶持政策执行情况的监督检查；丰富创业融资模式。深入推进"互联网+"众创金融示范区建设，鼓励互联网金融平台、产品和服务创新。升级建设创业创新金融街，引导互联网金融企业与创业创新资源无缝对接，实现集聚发展。鼓励互联网企业依法合规设立网络借贷平台，为投融资双方提供借贷信息交互、撮合、资信评估等服务。大力发展政府支持的融资担保机构，加大创业担保贷款支持力度，加强政府引导和银担合作，综合运用资本投入、代偿补偿等方式，促进融资担保机构和银行业金融机构为符合条件的创业企业和四众平台企业提供快捷、低成本的融资服务。探索开展二次担保贷款业务，支持有条件的地区开展"信用贷款"。

加快完善科技保险市场，探索在珠三角地区开展全国专利保险试点，支持保险公司创新科技保险产品及服务，支持符合条件的社会资本在我省设立相互保险公司。实施知识产权金融服务促进计划，编制广东省知识产权质押评估技术规范，完善知识产权估值、质押和流转体系，设立知识产权质押融资风险补偿基金，鼓励银行业金融机构推广专利权、商标权、著作权等知识产权质押贷款业务。（粤府〔2016〕20号）

附着高校毕业生创业证明的高校毕业生从事个体经营的，在3年内按每户每年8000元为限额在当年内依次扣减税费。（财税〔2017〕49号）

落实税收优惠政策。创业投资机构、天使投资个人采取股权投资方式直接投资于种子期、初创期科技型企业满2年的，按国家规定实行应纳税所得额抵扣政策。（粤府〔2017〕62号）

广东省出台的财政投入扶持政策：

将小额担保贷款调整为创业担保贷款，将个人贷款最高额度提高至20万元。完善相关政策规定，简化申请程序、降低担保及反担保要求。建立健全贷后管理、到期催收、逾期代偿追偿、呆坏账核销等工作机制，提高贷款发放、贴息及代偿效率。探索开展二次担保贷款工作。鼓励各地通过竞争性方式引入积极性高、服务质量好的银行业金融机构作为经办银行。支持有条件的地方开展信用贷款。（粤府〔2015〕78号）

各地级以上市对管理制度健全、发展前景良好、孵化效果明显的孵化基地，可认定为市级示范性创业孵化基地，由所在市按每个30万元的标准给予一次性奖补。市级示范性创业孵化基地的评价和认定办法，由各地级以上市制定并公布。省每年结合资金预算和工作推进等情况，按照"优中选优、示范引领"的原则，组织评审认定一批省级示范性创业孵化基地，并按每个50万元的标准给予一次性奖补。（粤人社发〔2015〕166号）

对经认定并按规定为创业者提供创业孵化服务的创业孵化基地，按每户不超过3000元标准和实际孵化成功户数给予创业孵化补贴；对入驻政府主办的创业孵化基地（创业园区）的初创企业，按第一年不低于80%、第二年不低于50%、第三年不低于20%的比例减免租金。落实创业培训补贴、一次性创业资助、租金补贴、创业带动就业补贴等各项扶持政策。（粤府〔2016〕20号）

创新银行支持方式。鼓励银行业金融机构针对创业创新企业资金需求和四众特点积极创新信贷产品和服务模式，发展小额贷款、债务融资、质押融资等新业务。合理配置支持小微企业再贷款额度，适当向小微型创业创新企业信贷投放力度较大的城市商业银行、农村商业银行、村镇银行倾斜，引导地方法人银行业金融机构加大对创业创新活动的信贷投入。鼓励银行业金融机构在科技资源集聚区域设立专门从事创新金融服务的科技信贷专营机构，通过建立贷款绿色通道等方式，提高科技贷款审批效率。支持银行业金融机构利用互联网、大数据、云计算等新技术，构建金融公共云服务平台，积极向创业企业提供融资理财、资金托管、债券承销、信息咨询、财务顾问、并购贷款等一站式系统化金融服务。（粤府〔2016〕20号）

加强省级财政各类专项资金保障，支持国家和省级示范基地技术研发、成果转化、人才引进以及公共服务平台建设。运用财政激励机制，引导示范基地企业普遍建立研发准备金制度，推进实施科技创新券政策。积极落实高新技术企业科技成果转化股权奖励税收政策，以及支持新型孵化机构和创业投资发展的税收优惠政策。优化财政性创业引导基金运作模式，引导创业投资加快发展。在珠三角地区全面开展科技保险和专利保险试点。按照国家部署，争取示范基地所在地市优先开展投贷联动试点。（粤府办〔2016〕108号）

建立股权债权等联动机制。积极争取国家支持，将广东列入第二批投贷联动试点地区。支持符合条件的银行业金融机构通过设立子公司开展股权投资，与创业投资机构实施投贷联动，提高对创业企业兼并重组的金融服务水平。实施股债联动，鼓励创业投资机构联合金融机构共同成立股债联动基金，为科技型企业提供股权加债权的综合性融资服务。支持创业投资企业及其股东依法依规发行企业债券和其他债务融资工具融资，增强投资能力。开展投保联动，鼓励创业投资机构与担保机构合作开展担保换期权、担保分红以及担保换股权等业务。（粤府〔2017〕62号）

建立创业投资与政府项目对接机制。建立高新技术后备培育企业信息、科技成果转化项目信息等分类信息的科技企业信息库，适时发布相关企业信息。进一步完善省级科技金融综合服务中心和各地市分中心建设，搭建创业投资与企业项目信息共享平台，为科技型企业、创业投资企业提供线上线下专业服务。（粤府〔2017〕62号）

广东省出台的平台建设扶持政策：

建设"双创"示范基地。实施省新兴产业"双创"示范基地三年行动计划，依托各类创业创新产业园区、高校和创新型企业，打造一批创业创新要素集聚、服务专业、布局优化的国家级和省级新兴产业"双创"示范基地，推动建设一批创业创新的支撑平台。争取发行"双创"孵化专项债券，加大对"双创"孵化项目支持力度。在新兴产业核心关键技术环节培育一批创业创新企业，形成一批服务完善、成效显著的众创空间。（粤府〔2016〕20号）

各地可结合实际确定重点发展的新产业，以"先存量、后增量"原则优先安排用地供应。结合供给侧结构性改革去库存工作，支持各地出台政策，引导房地产开发企业将库存工业、商业地产改造为孵化器和众创空间。利用存量房产兴办创客空间、创业咖啡、创新工场等众创空间的，可实行继续按原用途和土地权利类型使用土地的过渡期政策。鼓励开发区、产业集聚区规划建设多层工业厂房、综合研发用房等，供中小企业进行生产、研发、设计、经营多功能复合利用。鼓励各市在规划许可前提下，盘活闲置的商业用房、工业厂房、企业库房、物流设施和家庭住所、租赁房等资源，为创业者提供低成本办公场所和居住条件；有条件的可改造为创业园区，以及为园区创业者服务的低居住成本住房。鼓励各地政府通过财政补贴、发放租房券等方式，支持创业者租赁住房。简化创业用房和创业园区改造工程审批流程。（粤府〔2016〕20号）

广东省出台的创业服务扶持政策：

优化信用环境。建立健全创业投资企业、创业投资管理企业及其从业人员信用记录，实现创业投资领域信用记录全覆盖。强化创业投资领域信用信息交换共享，将企业行政处罚、黑名单等信息纳入广东省公共信用信息平台，并与企业信用信息公示系统实现互联互通。依法依规在"信用广东网"和广东省企业信用信息公示系统公示相关信息。加快建立创业投资领域严重失信黑名单制度，将严重破坏创业投资市场公平竞争秩序的相关市场主体列入黑名单，鼓励有关社会组织探索建立守信红名单制度。依托广东省公共信用信息平台，按照有关法律法规和政策规定对诚信市场主体实施联合激励和对失信市场主体实施联合惩戒，推动建立联合奖惩协同机制。探索在中国（广东）自由贸易试验区横琴新区片区率先开展创业投资、股权投资信用体系建设工作。（粤府〔2017〕62号）

严格保护知识产权。加强对创业创新早期知识产权保护，在市场竞争中培育更多自主品牌。健全知识产权侵权查处机制，依法惩治侵犯知识产权的违法犯罪行为。对严重侵犯知识产权的责任主体实施联合惩戒，并通过"信用广东网"、广东省企业信用信息公示系统公示，创造鼓励创业投资的良好知识产权保护环境（粤府〔2017〕62号）

加强行业自律。充分发挥广东省创业投资协会、风险投资促进会和科技金融促进会等行业协会在行业自律管理和政府与市场沟通中的积极作用，加强在政策对接、会员服务、信息咨询、人才培养、对外交流合作等方面的能力建设，维护有利于行业持续健康发展的良好市场秩序。鼓励具备条件的地市成立创业投资协会组织，搭建行业协会交流服务平台。（粤府〔2017〕62号）

营造创业投资氛围。做好中国风险投资论坛在广州、深圳轮流举办的各项组织工作，着力打造成为中国创业投资领域的顶尖论坛品牌。继续举办中国创新创业大赛（广东赛区、深圳赛区、港澳台大赛）、广东众创杯创业创新大赛等活动。举办行业沙龙、融资路演、企业推介、创业培训、股改辅导、创新创业嘉年华等形式多样的创业投资服务活动，营造良好氛围。鼓励各地支持创业投资龙头企业牵头投资、建设、运营"创投大厦"，吸引各类创业投资主体和中介服务机构入驻。（粤府〔2017〕62号）

健全创业投资服务体系。加强与创业投资相关的会计、征信、信息、托管、法律、咨询、教育培训等各类中介服务体系建设，逐步建立健全社会化服务体系。依托区域股权交易中心、行业协会、中介机构为创业投资企业提供技术经纪、信息交流、项目评估、资信评级等服务。（粤府〔2017〕62号）

福建省出台的政策文件：

2012年：福建省人民政府关于做好2012年普通高校毕业生就业工作的通知（闽政〔2012〕23号）

2015年：福建省人民政府关于做好2015年普通高等学校毕业生就业创业工作的通知（闽政〔2015〕13号）

2015年：福建省人民政府关于大力推进大众创业万众创新十条措施的通知（闽政〔2015〕37号）

2015年：福建省人民政府关于进一步做好新形势下就业创业工作十五条措施的通知（闽政〔2015〕44号）

2016年：福建省人民政府关于做好2016年普通高等学校毕业生就业创业工作的通知（闽政〔2016〕25号）

2016年：省财政多举措支持大众创业万众创新（发布时间：2016-11-01）（http://www.mof.gov.cn/xinwenlianbo/fujiancaizhengxinxilianbo/201605/t20160525_2014938.htm）

2017年：福建省科学技术厅关于公布2017年福建省众创空间评审结果的通知（闽科高〔2017〕13号）

2017年：关于省政协十一届五次会议20171289号提案的答复（闽科提〔2017〕91号）我省出台举措鼓励台湾青年来闽就业创业（发布时间：2017-08-07）

福建省出台的税费优惠政策：

减免规费。对初创企业免收登记类、证照类、管理类行政事业性收费。事业单位开展各类行政审批前置性、强制性评估、检测、论证等服务并收费的，对初创企业均按不高于政府价格主管部门核定标准的50%收取。（闽政〔2015〕44号）

福建省出台的财政投入扶持政策：

实施千名大学生创业扶持计划，加大YBC创业计划对大学生创业在资金贷款、导师辅导等方面的扶持力度，进一步发挥高校毕业生自主创业基金的作用。（闽政〔2012〕23号）

加大财政资金扶持力度。各地要优化和调整财政支出结构，加大支持力度，鼓励扶持高校毕业生自主创业。对首次创办小微企业或从事个体经营并正常经营1年以上的高校毕业生，鼓励地方开展一次性创业补贴试点工作，具体标准和开支渠道由各地制定。继续遴选扶持一批省级大中专毕业生创业项目，给予创业启动资金扶持。支持建设一批省级高校毕业生创业孵化基地、省级大学生创新创业基地和大学生创新创业标准园区，鼓励社会资本创建创业孵化基地（创业园），为毕业生创业提供项目孵化、场地支持等服务。对确有需要的毕业生创办企业，各类创业孵化基地（创业园）可适当延长孵化周期。根据创业孵化基地入驻实体数量和孵化效果，评选一批省级创业孵化示范基地，给予一定的资金奖补。（闽政〔2012〕23号）

提供便利。所在地政府应为创业创新提供便利条件。支持完善网络宽带设施，对众创空间投资建设、供创业企业使用、带宽达到100M以上的，可按照其年宽带资费的50%标准给予补贴；符合条件的众创空间，属政府投资建设的，可给予入驻创业企业2~5年的房租减免，非政府投资建设的，可给予每平方米每月不超过30元的房租补贴；对创投机构投资的初创期、成长期科技企业，可给予3年全额房租补贴；发展"互联网＋"创业创新服务。符合条件的众创空间，省新增互联网经济引导资金按每年实际发生的数据中心租用费的30%予以补助，年补助额度最高不超过30万元；符合条件的互联网孵化器由省科技厅从省新增互联网经济引导资金给予一次性补助30万元；省级"6·18"专项资金每年安排500万元奖励竞赛优胜者。（闽政〔2015〕37号）

二是完善众创公共服务功能。大力推动互联网创业。出台互联网创业服务实施办法，明确各地统筹使用省级补助资金基础上，对互联网创业孵化基地给予不超过100万元的补助，对农村互联网创业园给予20万元的补助。明确省级人社部门负责开发互联网经济教育培训课程，免费为互联网经济从业（创业）人员提供培训。提升"6.18"创业创新服务功能。省级预算内基建专项资金安排科技成果转化资金1亿元，其中：项目前期费用

2000万元，项目对接资金8000万元，配合有关部门办好"6.18"项目成果交易会，以6.18为平台、以院（校）企对接为手段，以引进技术发展产业为目的，在内容上更加注重新兴产业项目的对接，更加突出金融配套服务以及高端人才引进，促进企业提升竞争力。发挥各类科技创新平台作用。鼓励企业设立院士工作站、博士后工作站等，引进、培养创业创新青年高端人才。安排高层次人才专项经费 17567.5万元，重点保障高层次创业创新人才的引进和培养。落实高层次紧缺人才住房补助资金，安排省属单位高层次紧缺人才住房补助资金1047.8万元，其中：具有博士学位或用人单位聘任为副高级专业技术职务的人员为7万元；用人单位聘任为正高级专业技术职务的人员为9万元；来闽工作的两院院士为20万元。落实留学人员来闽创业启动资金。安排550万元专项经费作为留学人员创业启动资金。对经评审确定的5个重点创业项目和15个优秀创业项目，分别给予一次性创业支持资金50万元和20万元，各设区市给予配套支持。同时，鼓励有条件的设区市设立创业投资基（资）金，对符合条件的留学人员企业给予重点支持安排。健全知识产权保护和运用机制。安排专项资金3000万元支持中小微企业专利权质押贷款贴息及风险补偿专项资金，通过风险补偿机制支持中小微企业融资。（http://www.mof.gov.cn/xinwenlianbo/fujiancaizhengxinxilianbo/201605/t20160525_2014938.htm）

三是支持青年创业。支持大学生创新创业。对大中专院校（含技工院校）在校生及毕业5年内毕业生、登记失业人员以及就业困难人员租用经营场地的，可享受最长2年、不超过租金50%、每年最高3000元的创业资助。对于毕业5年内的高校毕业生创业的，创业者本人及其招用的应届毕业生享受社保补贴政策。出台政策鼓励扶持高校毕业生回乡创业，通过改善创业环境、实施财政补助、开展创业培训鼓励大学生回乡创业。省级财政安排资金500万元，对评选的60个市场前景好带动作用强的大学生项目给予补助，安排650万元支持开展万名大学生创业培训。积极支持农民工返乡创业。出台支持农民工等人员返乡创业十二条措施，健全返乡创业服务体系，强化组织协调运作，强化基础设施建设，加快产业发展带动返乡创业。（http://www.mof.gov.cn/xinwenlianbo/fujiancaizhengxinxilianbo/2016 05/t20160525_2014938.htm）

四是构建多元化金融服务体系。创新股权融资方式。2015年12月，省级产业股权投资基金已组建运行福建省创业创新天使投资基金，按市场化的原则具体由省投资开发集团负责具体投资运作。日前，有关该基金的设立方案已由省金融办印发。支持创新创业企业增强资本市场融资能力。省级财政安排中小微企业发展专项资金570万元，对2015年在"新三板"和海峡股权交易中心挂牌交易的19家小微企业予以补助。（http://www.mof.gov.cn/xinwenlianbo/fujiancaizhengxinxilianbo/201605/t20160525_2014938.htm）

五是加大财税政策扶持。推行创新券制度，省级财政新增安排专项资金2000万元通过购买服务、后补助、绩效奖励等方式，为创业者和创新企业提供仪器设备使用、检验检测、知识产权、数据分析、法律咨询、创业培训等服务。（http://www.mof.gov.cn/xinwenlianbo/fujiancaizhengxinxilianbo/201605/t20160525_2014938.htm）

六是加强创业培训辅导。推进创业教育培训，省级财政新增安排专项资金3000万元对支持大学生创新创业教育指导的高校进行奖励补助，支持高校大学生进驻创业示范基地、创业大本营、创客天地及孵化器创业。（http://www.mof.gov.cn/xinwenlianbo/fujiancaizhengxinxilianbo/201605/t20160525_2014938.htm）

省创新创业企业股权融资与交易市场加快建设，促成企业和项目融资5.5亿元。筹备成立3.75亿元的福建省科技成果转化创投基金。厦门市设立科技担保公司，2016年新增科技担保贷款11.43亿元，入选国家促进科技与金融结合试点城市。全省各类众创空间达400多家，省级众创空间113家，国家备案众创空间26家。全省众创空间孵化总面积达85万平方米，提供工位数4.2多万个，创业导师4200多人,常驻创业团队或初创企业达6360个。领域涵盖互联网+、文化创意、装备制造、旅游、电商和农业等，已成为我省"双创"的重要阵地。累计获得投融资的团队及企业的数量1067个，服务的团队及企业累计获得投资总额30.43亿元。如入驻优空间的福建冻品在线网络科技有限公司是一家专注冷冻食品B2B供应链的移动电商平台，先后获得2000多万美金的战略投资。（闽科提〔2017〕91号）

在加强基地建设方面，我省将新设一批省级台湾青年就业创业基地，对国家级、省级新批准设立的青创基地分别给予一次性50万元、30万元的奖励，对每年考评合格的基地给予10万元的奖励，进一步加强青年就业创业平台建设。（闽科提〔2017〕91号）

福建省出台的平台建设扶持政策：

创建一批创业大本营。全省各普通高等学校要利用现有教育教学资源、大学科技园、产学研合作基地、创业孵化基地等，设立不少于2000平方米的公益性大学生创业创新场所。符合条件的创业大本营，吸纳创业主体超过20户以上的，省就业专项资金给予每个不超过100万元的资金补助。（闽政〔2012〕23号）

改造一批创客天地。各地要充分利用老厂房、旧仓库、存量商务楼宇以及传统文化街区等资源改造成为新型众创空间。鼓励设立劳模、国家级技能大师工作室、农村创新驿站等。符合条件的众创空间，省科技厅给予新建每平方米100元、上限100万元，改扩建每平方米50元、上限50万元孵化用房补助；使用原属划拨国有土地，改变用途后符合规划但不符合《划拨用地目录》的，除经营性商品住宅外，可经评估后补交土地出让金，补办出让手续；利用工业用地建设的作为创业创新场所房屋，在不改变用途的前提下，可按幢、层、套、间等有固定界限的部分为基本单元进行登记，并依法出租或转让，对现有孵化器进行升级改造，拓展孵化功能，鼓励与上市公司、创投机构和专业团队合作，形成创业创新、孵化投资相结合的新型孵化器。符合条件的国家级和省级孵化器，省科技厅分别给予一次性100万元、50万元奖励。鼓励各级小微企业创业基地完善服务功能、提高服务质量、提升孵化水平，对符合条件的国家级、省级小微企业创业基地，省经信委分别给予一次性50万元、30万元补助。（闽政〔2015〕13号）

创新创业园区的建立（闽政〔2016〕25号）

加快构建各具特色的众创空间。培育一批创业示范基地。省财政安排补助资金4500万元，每家补助500万元，支持各设区市和平潭综合试验区打造1家运行模式先进、配套设施完善、服务环境优质、影响力和带动力强的示范创新中心。提升一批传统孵化器。围绕我省产业发展重点、行业布局和战略性新兴产业，建设和发展一批具有明确产业指向和区域特色的孵化器，符合条件的国家级和省级孵化器，省级财政科技专项经费中分别给予一次性100万元、50万元奖励。安排中小微企业发展专项资金1290万元，支持我省43个中小企业公共服务示范平台和小微企业创业基地的建设。新增安排专项资金200万元，对省级认定的10个创业大本营，给予每个20万元的资金补助。（发布时间：2016-11-01）（http://www.mof.gov.cn/xinwenlianbo/fujiancaizhengxinxilianbo/201605/t20160525_2014938.htm）

进一步营造我省大众创业、万众创新的良好环境，省科技厅组织开展了省级众创空间评审工作，经研究，现授予创四方园等65家众创空间。（闽科高〔2017〕13号）

福建省出台的创业服务扶持政策：

为1000名创业大学生提供孵化服务，评选资助一批优质大学生创业项目（闽政〔2016〕25号）

江苏省出台的政策文件：

2014年：省政府办公厅关于转发省人力资源社会保障厅等部门江苏省大学生创业引领计划的通知-苏政办发〔2014〕71号）

2015年：江苏省人民政府关于进一步做好新形势下就业创业工作的实施意见(苏政发〔2015〕90号)

2016年：省政府办公厅关于推进众创社区建设的实施意见（苏政办发〔2016〕150号）

2017年：省政府关于做好当前和今后一段时期就业创业工作的实施意见（苏政发〔2017〕131号）

江苏省出台的税费优惠政策：

对大学生实行取消注册资本最低限额、先照后证等改革措施，放宽住所（经营场地）登记条件，并对符合条件的创业大学生免收登记类和证照类行政事业性收费，对在校生创业提供一次性创业补贴；将从事个体经营税收抵扣额度从每户每年8000元提高到9600元，并将地方教育费附加纳入抵扣税种；月销售额不到2万元的小微企业可暂免征收增值税和营业税。（苏政办发〔2014〕71号）

对月销售额不超过2万元的小型微型企业，暂免征收增值税和营业税，符合小型微利企业条件的，可享受小型微利企业所得税优惠政策；对直接从事种植业、养殖业、林业、牧业、水产业生产的企业，其销售自产的初级农产品免征增值税；对企业从事农业、林业、牧业、渔业项目的所得，可免征或减征企业所得税；对创办的软件企业经认定后，可按规定享受软件企业相关税收优惠政策。（苏政办发〔2014〕71号）

江苏省出台的财政投入扶持政策：

落实财政补贴政策。各级人力资源社会保障部门要会同财政部门，对毕业前2年内参加创业培训的大学生按规定给予创业培训补贴；对初次创业且经营6个月以上、正常申报纳税的在校生和毕业2年内的高校毕业生，给予一次性创业补贴，并可按用工人数给予吸纳就业奖励。（苏政办发〔2014〕71号）

小额担保贷款及财政贴息政策扩大到大学生开办的"网店"，贷款额度提高到不超过10万元，合伙经营和组织起来就业的，还可适当提高贷款额度。（苏政办发〔2014〕42号）

支持创业担保贷款发展。将小额担保贷款调整为创业担保贷款。扩大创业贷款担保基金规模，各省辖市和县（市）担保基金总额要在2－3年内增加到不低于3000万元和1000万元。个人贷款最高额度统一调整为10万元，有条件的地区可适当提高。鼓励金融机构参照贷款基础利率，结合风险分担情况，合理确定贷款利率水平，对个人发放的创业担保贷款，在贷款基础利率基础上上浮3个百分点以内的，由财政给予贴息。进一步降低创业担保贷款的门槛，对信用良好的创业者经综合评估后可取消反担保。健全贷款发放考核办法和财政贴息资金规范管理约束机制，提高代偿效率，完善担保基金呆坏账核销办法。（苏政发〔2015〕90号）

加大对高校毕业生自主创业信贷支持力度，有条件的地方可适当提高担保贷款的额度，降低担保贷款的门槛，延长担保贷款的期限。对毕业2年以内的高校毕业生初次自主创业、经营6个月以上、能带动其他劳动者就业且正常申报纳税的，按规定给予一次性创业补贴。（苏政发〔2015〕90号）

拓宽投资融资渠道。落实好创业担保贷款政策，鼓励各地将个人贷款最高额度从10万元调整为不低于30万元，将支持范围从创办个体工商户、企业扩大到农民专业合作社、民办非企业单位和网络创业，合伙经营或创办企业的，可适当提高贷款额度。各设区市可根据当地实际，在有效控制风险、确保资金安全的前提下，通过适当简化贷款办理流程，提高办理效率，为创业者申请贷款提供便利。鼓励有条件的地区由经办银行直接托管担保基金，发放创业担保贷款。健全代偿机制，对贷款额度10万元以下（含10万元）的，由担保基金与经办银行按协议约定比例分担，最高全额代偿；贷款额度超过10万元的，由担保基金代偿不超过80%。推行授信尽职免责制度，对操作规范、勤勉尽责的银行授信部门和相关工作人员，在授信出现风险时，可适当免于合规责任。促进天使投资、创业投资、互联网金融等规范发展，灵活高效满足创业融资需求。放大省级新兴产业创业引导基金、天使投资引导资金效应，有条件的地方可设立高校毕业生就业创业基金，为高校毕业生创业提供股权投资、融资担保等服务。鼓励发展贷款、保险、财政风险补偿捆绑的专利权质押融资新模式，降低创业融资成本，提高融资便利性。（苏政发〔2017〕131号）

江苏省出台的平台建设扶持政策：

在全省规划建设100个大学生创业园，对批准为国家级和省级示范基地的，省给予一次性补助。教育部门要继续建设好50个省级大学生创业示范基地。（苏政办发〔2014〕71号）

推进创业载体建设。鼓励有条件的地方采取购置、置换、租赁、收回等形式，推动老旧商业设施、仓储设施、闲置楼宇、过剩商业地产转为创业孵化基地。支持乡镇和有条件的村建设农民工返乡创业园，推进高校就业创业指导站全覆盖，促进小型微型企业创业创新基地发展。落实创业孵化补贴政策，鼓励创业载体为创业者提供指导服务和政策扶持，对确有需要的创业企业，可延长孵化周期最长1年。建立县级以上创业示范基地评估认定制度，完善省级创业示范基地评估认定和跟踪管理机制。（苏政发〔2017〕131号）

江苏省出台的创业服务扶持政策：

积极开展网络创业培训试点推广工作，大力推行"1＋X"培训模式。通过政府购买公共创业培训成果等方式，推进创业培训专业化、社会化。（苏政办发〔2014〕71号）

遴选扶持5000个大学生创业项目，对其中科技含量高、潜在经济社会效益和市场前景好的优秀项目，省给予一次性奖励。（苏政办发〔2014〕71号）

强化大学生创业能力培训。以大学生创业需求为导向、以结果为目标，开展多层次的创业培训，积极开展网络创业培训试点推广工作，大力推行"1+X"培训模式，通过实行政府购买公共创业培训成果的办法，推进创业培训专业化、社会化，提高创业培训实效性。（苏政办发〔2014〕71号）

省每年评选150名创新创业标兵，省级创新创业标兵可直接推荐免试研究生或专升本。（苏政办发〔2016〕150号）

优化创新创业环境。实施全民创业行动计划，持续推进"双创"，全面落实创业扶持政策。深化"放管服"改革，全面推行"不见面审批（服务）"，确保开办企业3个工作日以内、不动产登记5个工作日以内、工业建设项目施工许可50个工作日以内完成。推进市场监管领域综合行政执法改革，全面实行"双随机一公开"。完善知识产权维权援助工作体系，打击各类知识产权违法违规行为，依法保护知识产权。推进创业型城市创建向街道（乡镇）、社区（村）、园区延伸，建设众创社区，打造农村电子商务示范镇、示范村，营造良好的创新创业生态。鼓励各地开展形式多样的创业大赛、创业论坛等活动，吸引和支持优秀创业项目和团队落地发展。（苏政发〔2017〕131号）

创新就业创业服务方式。创新服务理念和模式，根据不同群体、企业的特点，提供个性化、专业化的职业指导、就业服务和用工指导。加强公共就业创业服务从业人员职业化建设，建立定期培训、持证上岗制度。落实政府购买基本公共就业创业服务制度，充分运用就业创业服务补贴政策，支持公共就业创业服务机构和高校开展招聘活动和创业服务，支持购买社会服务，为劳动者提供职业指导、创业指导、信息咨询等专业化服务。（苏政发〔2017〕131号）

山东省出台的政策文件：

2015年：山东省人民政府关于进一步做好新形势下就业创业工作的意见(鲁政发〔2015〕21号)

2016年：山东省人民政府办公厅关于贯彻国办发〔2015〕36号文件全面深化高等学校创新创业教育改革的实施意见（鲁政办发〔2016〕13号）

2016年：山东省财政厅 山东省人力资源和社会保障厅关于印发《山东省创业带动就业扶持资金管理暂行办法》的通知（鲁财社〔2016〕69号）

2017年：关于助推新旧动能转换做好当前和今后一段时期就业创业工作的意见（鲁政发〔2017〕27号）

山东省出台的财政投入扶持政策：

完善创业担保贷款。为了解决部分创业者担保难问题，积极探索创新反担保方式，对创业园区、创业孵化基地以及大型商场、加盟连锁企业给予一定的创业贷款反担保信用额度，允许其在信用额度内为其所辖企业、商铺提供反担保。（鲁政发〔2015〕21号）

省政府每年从省级失业保险滚存结余基金中安排不少于10亿元，作为省级创业带动就业扶持资金。市级政府结合本地失业保险基金结余状况，

每年可从失业保险基金结余中安排本级创业带动就业扶持资金。（鲁财社〔2016〕69号）

第八条　创业带动就业扶持资金主要用于一次性创业补贴、一次性创业岗位开发补贴、一次性创业场所租赁补贴、创业（扶贫）担保贷款贴息及奖补、创业示范平台奖补（创业孵化补贴）、创业大学奖补、创业型城市和创业型街道（社区）奖补、职业培训补贴、创业师资培训、创业训练营补助、扶贫车间一次性奖补、创业典型人物奖励、扶持人力资源服务业发展以及省政府批准的其他支出。（鲁财社〔2016〕69号）

第九条　一次性创业补贴和一次性创业岗位开发补贴。对首次领取小微企业营业执照、正常经营并在创办企业缴纳职工社会保险费满12个月的创业人员，给予一次性创业补贴，每户企业补贴标准不低于1.2万元。对吸纳登记失业人员和毕业年度高校毕业生（不含创业者本人，下同）并与其签订1年及以上期限劳动合同，按月向招用人员支付不低于当地最低工资标准的工资报酬，足额缴纳职工社会保险费满4个月以上的小微企业，按照申请补贴时创造就业岗位数量和每个岗位不低于2000元的标准给予一次性创业岗位开发补贴。（鲁财社〔2016〕69号）

第十条　一次性创业场所租赁补贴。有条件的市对租用经营场地创业且未享受场地租赁费减免的毕业年度高等院校、技师学院毕业生和就业困难人员，可给予一次性创业场所租赁补贴。具体补贴标准、申领审核程序等由各市确定，所需资金由各地从就业补助资金和创业带动就业扶持资金中统筹安排。（鲁财社〔2016〕69号）

第十一条　创业（扶贫）担保贷款及贴息。符合条件的创业人员，可申请10万元以内（含10万元）创业担保贷款，期限最长不超过3年，利率可在贷款合同签订日贷款基础利率的基础上上浮不超过1个百分点，第一年给予全额贴息，第二年贴息2/3，第三年贴息1/3。符合条件的小微企业，可申请300万元以内（含300万元）创业担保贷款，期限最长不超过2年，按照贷款合同签订日贷款基础利率的50%给予贴息。（鲁财社〔2016〕69号）

对金融机构向符合条件的自主创业农村贫困人口及吸纳农村贫困人口就业的生产经营主体(单位)发放的创业扶贫担保贷款,按照《山东省创业扶贫担保贷款资金管理办法》(鲁财金〔2016〕6号)规定给予贴息和担保扶持。(鲁财社〔2016〕69号)

对当年新发放的创业担保贷款(含中央及省市县政府出台的扶持创业担保贷款及创业扶贫担保贷款),按照贷款总额的1%给予奖励。(鲁财社〔2016〕69)

中央财政贴息不足部分、省级贴息部分(含担保费)及奖补资金省级承担部分,由省级创业带动就业扶持资金承担。中央及省市县财政分担比例、具体扶持内容及资金申请拨付办法,根据我省修订后的创业担保贷款资金管理有关规定执行。享受创业扶贫担保贷款的生产经营主体不再重复享受创业担保贷款。(鲁财社〔2016〕69号)

第十二条 创业示范平台奖补(创业孵化补贴)。各地建设的创业孵化基地和创业园区,经评估认定为省级创业孵化示范基地、创业示范园区的,省级根据孵化基地和创业园区入驻企业个数、创业孵化成功率、存续期、促进就业人数、实现经济价值等,给予每处不超过500万元的一次性奖补,具体认定办法和资金拨付办法按照《关于印发山东省实施创业孵化基地和创业园区项目管理办法的通知》(鲁人社发〔2014〕15号)规定办理。驻鲁高校利用自有场地设立的创业孵化基地和创业园区,经评估认定为省级大学生创业孵化示范基地、创业示范园区的,给予每处不超过300万元的一次性奖补,具体认定办法和资金拨付办法按照《关于印发〈山东省实施大学生创业孵化基地和大学生创业园项目管理办法〉的通知》(鲁人社发〔2011〕97号)规定办理。(鲁财社〔2016〕69)

创业孵化基地和创业园区奖补资金主要用于为入驻企业提供就业创业服务、经营场地租金减免以及基地和园区管理运行经费,不得用于人员经费和基本建设支出。(鲁财社〔2016〕69)

各地可根据孵化基地和园区入驻企业个数、存活情况、房租减免情况、服务情况、带动就业情况等因素,对孵化基地和园区给予奖补。有条件的市可对经人力资源社会保障部门和财政部门认定的众创空间给予房租、宽带网络、公共软件等补贴，所需资金由市级创业带动就业扶持资金安排。（鲁财社〔2016〕69号）

有条件的市对原安排的创业孵化基地补助资金，可按政府购买服务原则调整支出方向，对认定的孵化基地按规定为创业者提供创业孵化服务的（不含场租减免），按实际孵化成功（注册登记并搬离基地）户数给予创业孵化补贴，具体办法由各市制定。（鲁财社〔2016〕69）

第十三条 创业大学奖补。根据《关于在全省创建创业大学的指导意见》（鲁人社发〔2014〕45号），省级对经评估认定为省级示范创业大学的，给予每处300万元的一次性奖补，所需资金从省级创业带动就业扶持资金中安排，具体认定办法和资金拨付办法按照《山东省省级示范创业大学评估认定暂行办法》（鲁人社办发〔2016〕63号）规定执行。（鲁财社〔2016〕69）

各市可根据创业大学建设运营、培训实训、创业成效等因素，对评估认定为市级示范创业大学的给予一次性奖补，所需资金由市级创业带动就业扶持资金安排。奖补资金主要用于创业大学开展培训实训、创业服务和创业大学管理运行经费，不得用于人员经费和基本建设支出。（鲁财社〔2016〕69）

第十四条 创业型城市、街道（社区）奖补。对评估认定的国家级创业型城市、省级创业型城市、省级创业型街道（乡、镇），分别给予一次性奖补100万元、50万元、20万元；对评估认定的省级"四型就业社区"，给予一次性奖补5万元，所需资金从省级创业带动就业扶持资金中安排。各市可参照省里做法，对评估认定的市级创业型县（市、区）、创业型街道（乡、镇）和"四型就业社区"给予一次性奖补，所需资金由市级创业带动就业扶持资金安排。（鲁财社〔2016〕69号）

创业型城市、街道（社区）奖补资金用于落实各项创业扶持政策和开展创业工作，不得用于人员经费和基本建设支出。（鲁财社〔2016〕69号）

第十五条　职业培训补贴。省级统筹就业补助资金和创业带动就业扶持资金，对省下达的职业培训计划，根据绩效考评结果给予补助。省级职业培训补贴申请、审核和拨付程序，按照《山东省就业补助资金管理暂行办法》有关规定执行。（鲁财社〔2016〕69号）

第十六条　创业师资培训补贴。对参加省人力资源社会保障厅组织的创业培训讲师培训、创业咨询师培训，培训合格并取得相应职业资格证书（或培训合格证书）的学员，给予每人1800元创业师资培训补贴，所需资金从省级创业带动就业扶持资金中安排。承担培训任务的机构申请创业师资培训补贴时，应提供以下材料：培训人员报名申请表、培训人员花名册和身份证复印件、培训合格证书复印件等，经省人力资源社会保障厅审核后，按规定将补贴资金支付到承担培训任务机构在银行开立的基本账户。（鲁财社〔2016〕69号）

市级人力资源社会保障部门组织的创业培训讲师培训、创业咨询师培训补贴标准参照省级补助标准执行，但不得与省级创业师资培训重复补助，所需资金由市级创业带动就业扶持资金安排。（鲁财社〔2016〕69号）

第十七条　创业训练营补助。2016-2018年，省人力资源社会保障厅每年选拔500名有持续发展和领军潜力的初创企业经营者，开展以一对一咨询、理论培训、观摩实训和对接服务为主要内容的创业训练营活动，省级创业带动就业扶持资金按照每人不超过1.5万元的标准给予补助。承担创业训练的机构申请创业训练营补助时，应提供培训人员报名申请表、培训人员花名册和身份证复印件、培训合格证书复印件等资料，经省人力资源社会保障厅审核后，按规定将补贴资金拨付到培训机构在银行开立的基本账户。（鲁财社〔2016〕69号）

第十八条　扶贫车间一次性奖补。支持扶贫任务重的县（市、区）利用乡镇、村集体闲置土地、房屋创办厂房式"扶贫车间"，或设置分散加工的居家式"扶贫车间"。对与建档立卡农村贫困人口签订承揽合同，并在12个月内给付达到当年省定贫困线标准以上报酬的"扶贫车间"，可按每人1000元的标准给予一次性奖补，所需资金由市级创业带动就业扶持资金安排。"扶贫车间"设立方向所在地人力资源社会保障部门申请奖补资金时，应提供建档立卡贫困人口花名册、承揽合同、报酬领取证明等材料，具体申领办法由各市制定。奖补资金主要用于"扶贫车间"设立和管理运行支出。（鲁财社〔2016〕69号）

第十九条　创业典型人物奖励。对省级每年新评选的"山东省十大大学生创业之星""山东省十大返乡创业农民工"，分别给予5万元奖励，对"山东省创业大赛"前十名，根据获奖等次（特等奖、一等奖、二等奖、三等奖）由高到低分别给予10万、8万、5万、3万元奖励，奖励资金由省级创业带动就业扶持资金列支。创业典型人物奖励资金经省人力资源社会保障厅审核后，按规定支付到获奖人员个人银行账户。（鲁财社〔2016〕69号）

各市可参照省里的做法，根据实际情况制定市级创业典型人物奖励办法，所需资金从市级创业带动就业扶持资金中安排。（鲁财社〔2016〕69号）

第二十条　人力资源服务业发展扶持资金。经省政府同意，每年从省级创业带动就业扶持资金中安排2000万元，用于扶持全省人力资源服务业发展。扶持资金的使用按《关于印发〈山东省省级人力资源服务业发展资金管理办法〉的通知》（鲁财社〔2014〕21号）执行。（鲁财社〔2016〕69号）

加大一次性创业补贴发放力度，有条件的市可将一次性创业补贴政策放宽到符合条件的新注册个体工商户，补贴标准不低于2000元。对高层次高技能人才、返乡农民工、就业困难人员、毕业5年内高校毕业生（含技师学院高级工班、预备技师班和特殊教育学院职业教育类毕业生）租用经营场地创业，有条件的市可给予创业场所租赁补贴。对在高附加值产业创业的劳动者，创业扶持政策要给予倾斜。定期组织举办创业大赛，在全省评选一批符合新旧动能转换方向的优秀创业项目、创业团队，给予最高20万元奖励。（鲁政发〔2017〕27号）

鼓励有条件的市对认定的孵化基地按规定为创业者提供创业孵化服务的（不含场租减免），按实际孵化成功户数给予创业孵化补贴，完善创业补贴政策。将一次性创业补贴标准提高到1.2万元，鼓励有条件的市将一次性创业补贴政策放宽到符合条件的新注册个体工商户，给予不低于2000元的补贴。为了减轻创业者创业初期负担，鼓励有条件的市对毕业年度的高等院校、技师学院毕业生和就业困难人员租用经营场地创业的，给予一次性创业场所租赁补贴。（鲁政发〔2017〕27号）

大力发展创业担保贷款，符合条件的创业人员，可申请最高不超过10万元的创业担保贷款，期限最长不超过3年；符合条件的小微企业，可申请最高不超过300万元的创业担保贷款，期限最长不超过2年，按照规定给予贴息。在网络平台实名注册、稳定经营且信誉良好的网络创业人员，可按规定享受创业担保贷款及贴息政策。有条件的市可适当放宽创业担保贷款借款人条件，提高贷款利率上限。鼓励金融机构和担保机构依托信用信息，科学评估创业者的还款能力，完善风险防控措施，降低反担保要求或取消反担保，健全代偿机制，加大对创业企业的融资支持。深化银企对接合作，探索实行投贷联动、股债结合，建立信息交换共享机制，发挥山东省融资服务网络平台作用，引导金融机构与创业投资、股权投资机构以及政府产业投资引导基金建立市场化长期合作关系，灵活高效满足创业融资需求。（鲁政发〔2017〕27号）

山东省出台的平台建设扶持政策：

高校要充分整合校内场地资源，依托现有实验实训场所、科技园、孵化基地、学生活动中心等，盘活改造其他闲置场所，加强专业实验室、虚拟仿真实验室、创业实验室和训练中心建设，建设一批低成本、便利化、全要素、开放式的高校众创空间，全天候免费向师生开放，实现创新与创业相结合、线上与线下相结合、孵化与投资相结合。从2016年起，允许学校资本、设备参与创投，除以资产盈利为主要目的的合作项目外，以校企合作育人为主要目的的学校资产利用，可不经过政府公共资源交易平台，直接采取议标形式确定合作对象和合同条款。"十三五"期间，在全省高校重点支持建设20个左右省级开放式资源共享的大型实验教学中心、100个左右省级大学生创新创业教育示范中心。（鲁政办发〔2016〕13号）

按照"政府搭台、社会主导、市场化运作"的原则，鼓励支持通过盘活老旧商业设施、仓储设施、闲置厂房楼宇、过剩商业地产等方式建设创业载体，推动建设一批返乡创业园、乡村旅游创客基地，被认定为创业孵化示范基地、创业示范园区的，按规定给予奖补。2018年前被认定为省级创业孵化示范基地、创业示范园区的，给予最高500万元的一次性奖补。发挥创业孵化基地、创业园区资源集聚和辐射引领作用，建立全省创业载体发展联盟，开展创业载体建设运营经验交流和前瞻性研究，推动全省创业载体提档升级。健全完善创业孵化机制，集成创业政策，创新孵化手段，对确有需要的创业企业，可适当延长孵化周期。各地可根据创业孵化基地入驻实体数量和孵化效果，给予一定奖补。鼓励创业孵化基地、创业园区引入专业化服务机构，提升管理运营水平。加强科技企业孵化器和众创空间建设，对孵化高新技术企业成效显著的给予奖补，培育一批品牌科技企业孵化器和众创空间。加强大学科技园建设，推动高等院校科技成果转移转化。支持各市结合本地实际，打造一批不同主题的特色小镇（街区），向创业者提供免费工位或场所。（鲁政发〔2017〕27号）

山东省出台的创业服务扶持政策：

支持省级教学指导委员会、行业企业和高校多种形式举办各类专题竞赛，鼓励高校参加各类创新创业竞赛，并将参赛情况纳入高校评估体系。对优秀竞赛项目和获奖选手、指导教师等按规定给予奖励。深入实施大学生创新创业训练计划，进一步扩大项目覆盖面。实施"齐鲁创新创业雏鹰计划"，每年立项支持500个优秀大学生创新创业项目。（鲁政办发〔2016〕13号）

每年组织20万人参加创业培训。继续开展创业助推"1+3"行动，为每一个有创业意愿且创业培训合格的城乡各类劳动者推荐一个创业项目、协助落实一处经营场地、帮助办理一笔小额担保贷款，帮助创业者成功创业。（鲁政办发〔2016〕13号）

河北省出台的政策文件：

2015年： 关于促进融资性担保行业规范发展的意见（冀政办发〔2015〕31号）

2015年：河北省人民政府 关于大力推进大众创业万众创新 若干政策措施的实施意见（冀政发〔2015〕41号））

2016年：关于印发《创业就业三年行动计划（2016–2018年）》的通知（冀人社字〔2016〕18号）

2017年：我省出台就业创业十条政策（发布时间：2017年10月13日）

2017年：人力资源社会保障部关于做好2017年全国高校毕业生就业创业工作的通知（人社部函〔2017〕20号）

2017年：河北省人力资源和社会保障厅关于申报河北省2017年高层次创业人才项目资助的通知（冀人社函〔2017〕67号）

河北省出台的税费优惠政策：

完善创新创业资金支持和政策保障体系。多渠道统筹安排资金，支持大学生创新创业教育教学及实践活动，全面落实国家、省关于大学生创业相关的优惠政策，凡到省级以上科技企业孵化器或大学生创业孵化基地创业的在校大学生，办公用房两年内免交租金，并可享受本省公共租赁住房政策待遇。重点支持大学生到新兴产业创业，并加快制定有利于互联网创业的扶持政策。实施"青年创业引领计划"，毕业5年内的高等学校毕业生，自主创业并稳定经营6个月以上的可按规定给予5000元的一次性创业补助，初次从事个体经营或创办小微企业的可按规定给予不超过3年的社会保险补贴。（冀政办发〔2015〕31号）

严格落实国家扶持小微企业、高新技术企业、技术先进型服务企业、科技企业孵化器、大学科技园、技术转让、研发费用加计扣除等税收优惠政策。对符合条件的众创空间和投向创业创新活动的天使投资等给予税收优惠支持，落实创业投资企业享受70%应纳税所得额税收抵免政策。积极争取中关村国家自主创新示范区企业转增股本、股权奖励分期缴纳个人所得税等试点政策惠及我省。（冀政发〔2015〕41号）

河北省出台的财政投入扶持政策：

创新银行支持方式。鼓励各类银行开发符合大众创业万众创新特点的结构性、复合性金融产品和服务，支持金融机构扩大知识产权、股权、仓单、订单、应收账款和票据等质押贷款规模。鼓励金融机构、投资机构在有条件的设区市设立科技支行、科技担保、科技保险等新型专营机构，支持商业银行探索为企业创新活动提供股权和债权相结合的融资服务方式。鼓励商业银行发展互联网金融业务，引导河北银行等地方性金融机构向县域及以下增设网点、延伸服务。设立省级科技型中小企业贷款风险补偿金，建立科技贷款风险补偿机制；鼓励保险业投资机构与商业银行、保险公司等开展市场化合作，推动发展投贷联动、投保联动、投债联动等新模式。发挥国有资本在创业创新中的作用，引导鼓励国有企业参与新兴产业创投基金、国有资本创业投资基金、开发区创业投资基金等。设立省天使投资引导基金，聚合天使投资人、创业孵化等社会资本和财政资金，重点支持种子期、初创期中小微企业项目。发挥电商天使投资基金作用，支持小微电商企业加快发展。放宽外商投资准入限制，支持外商投资企业来冀设立创业投资机构或开展创业投资业务；支持符合条件的创业企业在中小板、创业板、新三板、区域股权交易市场等多层次资本市场上市、挂牌融资，对上市、挂牌成功的分别给予200万、200万、150万和30万元省级奖励。鼓励创业企业利用公司债、中期票据、短期融资券等方式融资，支持符合条件的发行主体发行小微企业增信集合债等债券创新品种。支持互联网金融发展，引导和鼓励众筹融资平台规范发展，开展公开、小额股权众筹融资试点，加强风险控制和规范管理。（冀政发〔2015〕41号）

设立河北省高校毕业生创业就业引导基金。（冀人社规〔2016〕10号）

对新认定或绩效评价结果为优秀的企业技术中心、工程实验室、工程研究中心，国家级给予200万～500万元、省级分别给予50万～200万元不等的财政资金奖励。（冀人社字〔2016〕18号）

每年安排不少于1亿元的省级创业扶持资金，用于向社会购买创业服务成果，支持创业服务平台和众创空间孵化基地发展，以及其他促进创业创新的项目和专项服务活动等方面的支出。（http://www.hebgs.gov.cn/yw/yp/ygs_bszn_content.asp?articleid=67893）

加创业培训的五类人员（包括创业三年内的小微企业主），培训后取得职业资格证书，给予一定标准的职业培训补贴。五类人员每人每年只能享受一次免费职业培训补贴，不得重复享受，创业培训补贴每人最高不超过1200元。五类人员培训合格后，6个月内实现就业创业的，按职业培训补贴标准的100％给予补贴；6个月内未实现就业创业的，取得职业资格证书的，按职业培训补贴标准的80％给予补贴，其他按职业培训补贴标准的60％给予补贴。次性创业补贴。持《就业创业证》毕业5年内高校毕业生初次创业（除国家限制行业外），并持续经营6个月以上的，可向创业所在地人社部门申请一次性创业补助，补助标准为每人5000元；对符合政策规定条件的个人贷款给予全额贴息，贴息资金由地方承担部分，可从省补助的就业专项资金中列支。对符合规定条件的劳动密集型小企业给予50％贴息。（http://www.hebgs.gov.cn/yw/yp/ygs_bszn_content.asp?articleid=67893）

社会保险补贴。持有《就业创业证》毕业2年未就业的高校毕业生灵活就业后，以个人身份缴纳社会保险的，可享受社会保险补贴。高校毕业生一次性创业补贴。持《就业创业证》毕业5年内高校毕业生初次创业（除国家限制行业外），并持续经营6个月以上的，可向创业所在地人社部门申请一次性创业补助，补助标准为每人5000元。（http://www.hebgs.gov.cn/yw/yp/ygs_bszn_content.asp?articleid=67893）

小微型企业场地租金补贴。持《就业创业证》的城镇登记失业人员、毕业年度高校毕业生、城乡未继续升学的应届初高中毕业生、农村转移就业劳动者在石家庄辖区初次创办小微型企业（不包括入驻创业园区和创业孵化基地的），且租用经营场地和店铺的，正常经营12个月以上，自创办之日起3年内，可向创业所在地人社部门申请租金补贴。补贴标准为：租赁场地面积100平方米以下的，每年不超过3000元；100平方米以上的，每年不超过5000元。实际租金低于上述标准的，据实补贴。补贴期限最长不超过3年。（http://www.hebgs.gov.cn/yw/yp/ygs_bszn_content.
asp?articleid=67893）

孵化基地管理服务、场地租赁、水电费补贴。对持《就业创业证》
的城镇登记失业人员、毕业年度高校毕业生、农村转移就业劳动者自主
创业提供创业服务的创业孵化基地,对入驻高层次人才、高技能人才创业
园中的科技型小微企业,自入驻之日起给予最长不超过3年的管理服务、
场地租赁、水电费补贴。管理服务补贴标准:每年每户4000元（不足一整
年的按实际入驻天数计算）。入驻定点创业孵化基地的创业实体正常经营
满6个月的，给予孵化基地最长不超过3年的一定额度的场地租赁补贴和一
定数额的水电费补贴。（http://www.hebgs.gov.cn/yw/yp/ygs_bszn_content.
asp?articleid=67893）

场地租赁补贴标准：每平方米每天2元（不足2元的据实补贴），但每
个创业实体每年补贴最高不超过3万元；水电费补贴标准：每个创业实体
每年水费、电费补贴之和最高不超过200元。（http://www.hebgs.gov.cn/yw/
yp/ygs_bszn_content.asp?articleid=67893）

引导基金主要通过参股方式，与省内外社会资本及其他政府资金合作
设立或以增资方式参股子基金，为我省创业的高校毕业学生和以吸纳高校
毕业生就业为主的青年创业者领办的创业项目、创业企业提供强大资金支
持。引导基金首期规模8000万元，拟新设或参股若干支子基金，原则上每
支子基金最低规模不低于1000万元；小额担保贷款调整为创业担保贷款。
各地财政部门根据创业担保贷款工作需要，从当地财政预算中加大对担保
基金和贴息资金的投入。持《就业创业证》（含《就业失业登记证》）的
城镇登记失业人员、高校毕业生、进城创业农村劳动者、完全失去土地和
就地转移创业农民，以及持军人退出现役有效证件的人员，自谋职业、
自主创业或合伙经营与组织起来就业的，其自筹资金不足的，可申请最高
不超过10万元创业担保贷款。（http://www.hebgs.gov.cn/yw/yp/ygs_bszn_
content.asp?articleid=67893）

（一）资助经费。对申报并通过专家评审会确认的高层次创业人才

给予经费资助。资助标准为一般资助10万元，重点资助20万元。（二）有关待遇。对受到资助的高层次创业人才，业绩突出的，在申报省"百人计划"人选、省"三三三人才工程"人选等方面优先考虑。受资助项目列入省人力资源和社会保障厅研究项目资助计划，在职称评审时按厅级研究课题对待。（冀人社函〔2017〕67号）

河北省出台的平台建设扶持政策：

推进建设一批新兴产业"双创"示范基地。在新兴产业集聚发展区域，以众创空间、科技孵化器等发展较好、创新能力较强的高等院校、科研院所、骨干企业等为依托，发挥省市县多方积极性，借力京津创新创业资源，围绕新兴产业技术研发、成果转化、产业化及市场开拓等关键环节，推进建设一批线上、线下紧密结合的省级新兴产业"双创"示范基地。（冀人社字〔2016〕18号）

河北省出台的创业服务扶持政策：

用好政府购买服务、政府与社会资本合作机制，动员创业服务行业领军企业参与到高校毕业生创业培训和服务中来，改善创业培训和服务供给，提升创业培训和服务的水平及效率。组织举办大学生创业大赛、创业项目展示交流、创业主题宣传等活动，联手有关方面构建创业资源对接交易平台、青年创客社区等创业生态系统，努力营造鼓励毕业生创业创新的社会氛围。（人社部函〔2017〕20号）

辽宁省出台的政策文件：

2015年：辽宁省人民政府关于进一步做好新形势下就业创业工作的实施意见（辽政发〔2015〕17号）

2015年：辽宁省人民政府印发关于推进大众创业万众创新若干政策措施的通知（辽政发〔2015〕61号）

2015年:辽宁省人民政府办公厅关于印发辽宁省深化普通高等学校创新创业教育改革实施方案的通知（辽政办发〔2015〕70号）

2016年：辽宁省人民政府关于加快构建大众创业万众创新支撑平台的

实施意见（辽政发〔2016〕14号）

2017年：辽宁省人民政府关于做好当前和今后一段时期就业创业工作的实施意见（辽政发〔2017〕28号）

2017年：辽宁省人民政府关于印发辽宁省"十三五"促进就业规划的通知（辽政发〔2017〕29号）

辽宁省出台的财政投入扶持政策：

对没有进入孵化基地而自行租赁场地首次创业（指首次领取工商营业执照）的大中专学生和复员转业退伍军人，各地区要结合实际给予每年3000元至1万元的创业场地补贴，补贴期限不超过2年。（辽政发〔2015〕17号）

鼓励创业投资和天使投资参与普通高校大学科技园、产学研合作基地、创业孵化基地等建设。可将投资收益中归属政府部分的50%分配给投资管理团队。发展天使投资支持大学生自主创业。（辽政发〔2015〕17号）

支持重点园区、孵化器设立信贷担保基金（风险资金池）、过桥贷款基金等，综合运用股权投资、夹层资本、信贷风险分担补偿、投贷联动、投债联动以及绩效奖励等方式，引导创业投资机构、金融机构等金融资源投资新兴产业和高技术产业早中期的创新型企业，为创新创业企业获得首次融资创造条件。（辽政发〔2015〕61号）

落实创业担保贷款政策，扶持政策对象创业就业。推动设立第三方支付法人机构，对申请支付业务许可证的机构进行材料审核和业务验收。（人民银行沈阳分行牵头负责）（辽政发〔2016〕14号）

支持金融机构按照国家有关规定开展创新业务，优化小微企业融资环境。鼓励符合条件的金融机构在依法合规、风险可控的前提下，发行小微企业金融债券和小微企业相关信贷资产证券化产品，进一步盘活存量资产，加大小微企业信贷投放力度，增强其吸纳就业能力。（省政府金融办）（辽政发〔2017〕29号）

辽宁省出台的平台建设政策：

集聚创新创业要素，形成全过程孵化链条，建立"创业苗圃+孵化器+加速器"的梯级孵化体系；建立省级创业创新实习基地，为有意愿的大中专学生和复员转业退伍军人提供3个月的创业创新实习机会。鼓励有意愿的大中专学生和复员转业退伍军人到处于创业期的企业实习，共同体会创业感受，培育创业创新精神。比照高校毕业生就业见习补贴政策，对实习单位予以补贴。（辽政办发〔2015〕70号）

辽宁省出台的创业服务政策：

（一）创新教育培训机制。加快高校供给侧结构性改革，推进高校创新创业教育改革和学科专业布局调整优化，提高中等职业教育招生比例。实施现代职业教育质量提升计划、产教融合发展工程、高技能人才振兴计划。重点实施职业培训基础能力建设项目和技能传承技术改造研修平台建设项目，建设一批国家级高技能人才培训基地和技能大师工作室（站），广泛开展岗位练兵、技术比武、技能竞赛、师徒帮教等活动。（辽政发〔2017〕28号）

（二）健全技术技能人才多元化评价机制。充分发挥市场在资源配置中的决定性作用，减少资质资格许可和认定。鼓励企业自主评定和动态聘用工匠技师，在工匠技师中培养选拔省政府命名的辽宁工匠。引导和鼓励专业技术人员向一线岗位流动，落实国家关于建立职业资格、职业技能等级与相应职称比照认定制度，用人单位聘用的高级工、技师、高级技师可比照相应层级工程技术人员享受同等待遇。（辽政发〔2017〕28号）

（三）完善政府补贴培训制度。根据产业发展和市场需求，定期发布政府补贴培训专业指导目录和职业资格正面目录清单，加快推行企业新型学徒制、初高中毕业生劳动预备制、城乡劳动者就业技能培训、企业技师培训等政府补贴项目。在现行职业培训补贴直接补贴个人方式基础上，根据去产能企业失业人员和建档立卡贫困劳动力培训工作需要，修订完善职业培训补贴管理政策，出台由政府整建制购买培训项目和直接补贴培训机构的实施细则。依法参加失业保险3年以上、当年取得职业资格证书或职

业技能等级证书的企业职工，可申请参保职工技能提升补贴，所需资金按规定从失业保险基金中列支。（辽政发〔2017〕28号）

（四）强化公共就业创业精准服务。落实政府购买基本公共就业创业服务制度和就业创业服务补贴相关政策。持续推进基层公共就业创业服务平台建设，确保每个街道（乡镇）、社区配备1至2名公共管理和社会服务专职工作人员，将县级以下基层公共就业创业服务平台经费纳入财政预算。加强公共就业创业服务从业人员职业化建设，建立定期培训制度。整合现有公共就业管理信息系统资源，打通各地各部门信息数据壁垒，加快建设全省统一、互联互享的就业信息管理大数据平台。打造"互联网+"公共就业创业服务平台，推动服务向移动端、自助终端等延伸。（辽政发〔2017〕28号）

加快公共创业服务机构建设。推动实现乡镇服务网络全覆盖，为所有创业者提供均等化创业服务。进一步完善落实创业扶持政策，深入推进创业型城市和创业型县区创建活动，广泛搭建创业服务平台，营造更加健康、更有活力的创业生态系统。（辽政发〔2017〕29号）

实行以增加知识价值为导向的激励机制。实施人才强省战略，加大招才引智力度。深化事业单位分类改革，赋予科研单位更大的人财物支配权，改进科研项目及其资金管理，充分尊重智力劳动的价值和科研规律，激发科研人员科技创新热情。鼓励企事业单位提供资金、资源支持职工创新，营造宽容失败、勇于突破的创新创业氛围。（辽政发〔2017〕29号）

加大创业群体扶持力度。落实鼓励和支持创业创新相关政策，提供创业项目选择及孵化、场地、资金等各类扶持，提高创业成功率。吸引更多国内外高端人才来辽创业创新。支持并规范多层次、专业化创业服务平台建设，探索创业成果利益分配机制。（辽政发〔2017〕29号）

完善创新创造利益回报机制。激发经济升级和扩大就业内生动力。分类施策，支持劳动者以知识、技术、管理、技能等创新要素按贡献参与分配，实行股权、期权等中长期激励政策，以市场价值回报人才价值，全面激发劳动者创业创新热情。（辽政发〔2017〕29号）

进一步推进户籍制度改革，针对农村学生升学和参军进入城镇的人口、在城镇就业居住5年以上和举家迁徙的农业转移人口以及新生代农民工等重点群体，制定更加宽松的户口迁移政策。全面放开对高校毕业生、职业院校毕业生、留学归国人员、技术工人的落户限制。（省公安厅）（辽政发〔2017〕29号）

加大监管力度。探索运用新兴信息技术提升监管效能，实施随机抽查检查，定期开展人力资源市场秩序清理整顿专项监察执法行动，严厉查处人力资源市场违法违规行为。建立人力资源市场年度报告公示制度，对人力资源服务机构进行守法诚信等级评价，纳入诚信管理体系。充分发挥行业协会自律和社会力量的监督作用，积极推进社会协同共治。（省人力资源社会保障厅）（辽政发〔2017〕29号）

能够移交和下放给行业企业的人才评价职能权限应放尽放。引导和鼓励专业技术人员向一线岗位流动，推动技术工人和工程技术人员在职业资格和职称评定的互认互通。（省人力资源社会保障厅）（辽政发〔2017〕29号）

推进"先照后证"及企业登记全程电子化和电子营业执照改革，推进"多证合一"和个体工商户"两证整合"全面落实。（省工商局）（辽政发〔2017〕29号）

在全社会大力弘扬创业风尚，培育创业意识，落实创业失败相关政策保障措施，营造鼓励创业、宽容失败的社会氛围。（省人力资源社会保障厅）（辽政发〔2017〕29号）

全面深化高等院校创新创业教育改革，建立健全课堂教学和实践学习融为一体的高等院校创新创业教育体系。建立健全学生创新创业教育和指导服务体系，配齐配强创业创新实训条件及专职教师队伍，全面激发大学生创业创新动力。（省教育厅）（辽政发〔2017〕29号）

鼓励辽宁股权交易中心深化挂牌企业培育、提升融资效率、扩大企业挂牌规模。充分发挥辽宁股权交易中心服务功能，开展业务推介及培训，加大企业发掘培育力度，为创业企业提供挂牌、融资、项目展示等相关服

务。（省政府金融办）（辽政发〔2017〕29号）

黑龙江省出台的政策文件：

2013年：黑龙江省人民政府办公厅关于进一步促进普通高等学校毕业生就业工作的通知（黑政办发〔2013〕42号）

2015年：月黑龙江省出台大学生创业"30条"政策已落地开花–2015年10月27日（国发〔2015〕23号）

2017年：黑龙江省人民政府关于做好当前和今后一段时期就业创业工作的实施意见（黑政规〔2017〕27号）

黑龙江省出台的财政投入扶持政策：

符合条件的大学生创业企业入驻各类大学生创业孵化器，享受第一、二年免费，第三年按50%缴费的优惠扶持政策，用包括大学生创业"种子资金"在内的各类专项资金对孵化器相关费用给予补贴。（黑政办发〔2013〕42号）

凡大学生在垦区创业的，按照省人社厅关于种子资金管理办法有关规定，视其创业项目规模及安置就业人数，分别给予1–3万元的一次性创业项目补贴。（黑政办发〔2013〕42号）

级财政投入2亿元成立大学生创新创业小额贷款担保公司，每年安排1亿元作为大学生创业"种子基金"支持在校和毕业5年内的学生创新创业活动，凡在省内注册公司的大学生，无需任何抵押或保证人，靠诚信度就能申请贷款。财政厅出台了零利息政策，只要在两年内按时还款，就不收取任何利息。符合条件的借款人只需到银行网点一次办理签约手续，最短3个工作日内就可获得资金；开通"互联网+担保贷款"。为方便大学生创业者在线自助申请担保贷款业务，担保公司开通线上业务服务功能；担保公司联合哈尔滨银行推出"创业保"产品之后，再次与龙江银行共同开发出专门为大学生创业"量身定做"的新产品"莘业保。（黑政办发〔2013〕42号）

每年评选大学生优秀创业项目20个,每个给予3万元经费资助;评选大

学生重点创业项目20个,每个给予5万元经费资助。（黑政办发〔2013〕42号）

投入2亿元资金，成立了这个大学生创业担保平台。目前，平台已经与黑龙江省内多家金融机构合作，推出了"创贷保""莘业保""青贷保"等专门服务于大学生创业的金融产品，建立了服务联动和风险共担机制，力求为创业大学生提供专业、便捷、贴心的融资担保服务。（国发〔2015〕23号）

黑龙江省每年还将安排1亿元大学生创业"种子资金"，用于支持在校和毕业5年以内的大学生进行创新创业活动；每年将安排3000万元，用于支持黑龙江省科技企业孵化器为大学生创新创业辟建孵化基地。（国发〔2015〕23号）

大学生创办小微企业直接参与政府采购投标的，在评审时给予价格6%至10%的扣除；同时以营业执照注册地为准，供货100公里以内加5分，200公里以内加4分，300公里以内加3分。各级政府向社会力量购买服务项目时，同等条件优先选择大学生创业企业。（国发〔2015〕23号）

黑龙江省出台的平台建设扶持政策：

对大学科技园投入100万元引导资金建设创业示范基地，今年建设省级大学生创业基地300个；我省积极打造创新创业"梦工厂"。为提供更多创业空间，省科技厅启动孵化器建设工作，已清理出3.75万平方米非办公资产建设科技企业孵化器。（黑政办发〔2013〕42号）

三个实践载体"提升实践性。加强训练项目载体建设，设立创业基金，组织专业教师结合学生专业学习，建立创新创业项目库，学生自主选择项目和科研导师，进行立项研究。加强实践基地载体建设，学校层面建设了4000平方米的学生科技文化创业园，学院层面建有83个创新创业训练基地和技能培训基地，专业层面依托各专业实验室建立校企合作基地200余个。加强竞赛活动载体建设，建立了竞赛实训与管理机制，鼓励学生在专业教师指导下参加"挑战杯"、数学建模等各级各类竞赛，学生中有3200多人次获得省部级以上奖励。（国发〔2015〕23号）

黑龙江省出台的创业服务扶持政策：

支持大学生通过科技成果转化实现创业。大学生在校期间参与教师科研项目或自己研究取得发明专利成果，其创业成果转化成功的，可利用省科技成果转化引导基金，按照技术交易额的10%，给予不超过20万元的资金奖励。（黑政办发〔2013〕42号）

建立创新创业兼职导师库，已入库近700人。为支持大学生创新创业训练计划等项目，14所高校已设立了创新创业奖学金；深入实施了创新创业训练计划，在以往每年支持400项基础上扩展到1317项；加快发展"互联网＋"创业网络体系，建立了全省大学生创新创业网站，打造大学生创业服务体系信息网络平台。筹建高等学校创业教育指导委员会，开展高校创新创业教育的研究。（黑政办发〔2013〕42号）

支持和鼓励事业单位专业技术人员带着科研项目和成果离岗创办科技型企业或者到企业开展创新工作、兼职和在职创办企业。专业技术人员离岗创业期间，可在5年内保留人事关系，依法继续在原单位参加养老、医疗、生育等社会保险，保留住房公积金关系。创业企业或所工作企业应当依法为离岗创业人员缴纳工伤保险费，离岗创业人员发生工伤的，依法享受工伤保险待遇。离岗创业期间非因工死亡的，执行人事关系所在事业单位抚恤金和丧葬费规定。离岗创业人员离岗创业期间执行原单位职称评审、培训、考核、奖励等管理制度。离岗创业、兼职或在职创办企业期间取得的业绩、成果等，可以作为其职称评审的重要依据；创业业绩突出，年度考核被确定为优秀档次的，不占原单位考核优秀比例。（黑政规〔2017〕27号）

强化公共就业创业服务。着力推进公共就业创业服务专业化，合理布局服务网点，完善服务功能，细化服务标准和流程，增强主动服务、精细服务意识。加强社区就业和社会保障服务功能建设，提升社区经办能力，将街道、社区现有从事劳动就业社会保障服务的专职人员按照规定程序纳入社区工作者队伍。加强公共就业创业服务从业人员职业化建设，建立定期培训、持证上岗制度。落实政府购买基本公共就业创业服务制度，充分运用就业创业服务补贴政策，支持公共就业创业服务机构和高校开展招聘活动和创业服务，支持购买社会服务，为劳动者提供职业指导、创业指导、信息咨询等专业化服务。加强公共就业创业服务信息化建设，充分利用"互联网＋"公共就业创业服务平台，推动服务向移动端、自助终端等延伸，推广"就业地图"，扩大服务对象自助服务范围，推广网上受理、网上办理、网上反馈，实现就业创业服务和管理全程信息化。强化市场化人力资源供求监测机制，及时捕捉和反映市场信号，统筹使用公办和经营性人力资源服务机构数据资源，及时向劳动者和用人单位提供市场工资指导价位信息，定期发布求人倍率，按季发布"热门岗位和冷门岗位"，打破信息不对称造成的就业障碍，有效缓解结构性就业矛盾。（黑政规〔2017〕27号）

吉林省出台的政策文件：

2012年：吉林省人民政府关于进一步做好普通高等学校毕业生创业就业工作的通知（吉政发〔2012〕25号）

2013年：吉林省人民政府办公厅关于做好全省普通高等学校毕业生就业工作的通知（吉政办发〔2013〕24号）

2015年：吉林省人民政府办公厅关于深化高等学校教育教学改革促进大学生创新创业的实施意见（吉政办发〔2015〕43）

2016年：吉林省人民政府印发关于进一步促就业稳就业若干政策措施的通知（吉政发〔2016〕30号）

2016年：吉林省人民政府办公厅关于加快构建大众创业万众创新支撑平台的实施意见（吉政办发〔2016〕48号）

吉林省出台的税费优惠政策：

对高校毕业生创办的年应纳税所得额低于6万元（含6万元）的小型微利企业，其所得减按50％计入应纳税所得额，按20％的税率缴纳企业所得税；对高校毕业生注册资本在50万元以下的公司制企业，允许注册资本零首付，6个月内注册资本到位20％，其余部分2年内到位。高校毕业生自谋职业或自主创业的，可比照灵活就业困难人员享受不超过3年的社会保险补贴，2年内免收劳动人事代理费。高校毕业生创业不能提供企业经营场所产权证的，可凭银行产权抵押证明或房屋买卖合同办理相关手续。（吉政发〔2012〕25号）

学生创业园场所费用补贴，补贴标准、方式及资金来源。依据创业实体与大学生创业园签订的入园协议书，按照创业园所在地相关费用标准及场所使用面积，对创业实体场租费补贴50%；水电费按实际缴纳金额补贴50%。所需资金从省级创业带动就业专项资金中安排。（吉政办发〔2013〕24号）

吉林省出台的财政投入扶持政策：

各创业培训机构可在创业培训班结束6个月后，携带上述档案材料，填报《吉林省创业培训补贴申请表》（见附件5）向所在地人力资源社会保障部门申请创业培训补贴。对参加创业培训后取得《创业培训人员合格证》，并在6个月内实现创业的毕业学年高校毕业生，按1500元的标准给予补贴；6个月内没有实现创业的，按创业培训补贴标准的60%给予补贴。所需资金从当地就业专项资金中支出。（吉政办发〔2013〕24号）

贴息范围及资金来源。对毕业2年以内符合规定的高校毕业生自主创业，申请10万～15万元（不含10万元）小额担保贷款，从事微利项目的，由担保机构同级财政部门对超过10万元以上的部分予以贴息扶持（10万以下部分按原渠道予以贴息），所需资金从就业专项资金中支出。（吉政办发〔2013〕24号）

加大创业担保贷款力度。简化创业担保贷款程序，精简企业和个人贷款申请材料，取消个人贷款合同公证等手续。创业担保贷款额度在原有规定5万、8万、10万元的基础上，分别提高到15万、18万、20万元；对已享受2年财政贴息政策的，按时偿还贷款后可继续申请不超过2年的创业担保贷款。对提高额度的贷款贴息资金按省和市县财政各50%的比例承担；对二次发放的贷款，由各市（州）、县（市、区）政府自行确定是否给予贴息。（吉政办发〔2016〕48号）

吉林省出台的平台建设扶持政策：

依托大学生创业园打造5个新业态的众创咖啡和创客空间；新认定32个省级创业创新实训基地，每个基地给予80万元支持，所需资金从省级创业专项资金支出。（吉政发〔2016〕30号）

吉林省出台的创业服务扶持政策：

构建"大创计划"和学科竞赛三级实施体系。建立国家级、省级、校级创新创业训练计划及学科和技能竞赛三级实施体系。积极完善"大创计划"、学科和技能竞赛项目开展模式，建立教研结合、项目驱动、多部门协同的实施格局。（〔2015〕43号）

山西省出台的政策文件：

2015年：山西省人民政府关于印发山西省大力推进大众创业万众创新实施方案的通知（晋政发〔2015〕49号）

2015年：山西省人民政府办公厅关于发展众创空间推进大众创新创业的实施意见（晋政办发〔2015〕83号）

2016年：山西省人力资源和社会保障厅山西省财政厅关于做好新形势下失业保险促进就业创业相关工作的通知（晋人社厅发〔2016〕1号）

2016年：山西省人民政府办公厅关于印发山西省深化高等学校创新创业教育改革实施方案的通知（晋政办发〔2016〕129号）

2017年：山西省促进创业投资持续健康发展 若干政策措施（晋政发〔2017〕32号）

2017年：山西省人民政府办公厅关于建设省级大众创业万众创新示范基地的实施意见（晋政办发〔2017〕109号）

山西省出台的税费优惠政策：

对符合条件的创业投资企业采取股权投资方式投资未上市的中小高新技术企业2年以上的，可以按照其投资额的70%在股权持有满2年的当年抵扣该创业投资企业的应纳税所得额，当年不足抵扣的，可在以后纳税年度结转抵扣。在全省147个办税服务厅开通服务就业创业网上受理、预约咨询、网上办税的便捷渠道，针对性解决自主创业复转军人和大学毕业生等人群的涉税事宜，使其在最短的时间内享受到国家税收优惠政策，并提供跟踪服务，全程辅导。（晋政发〔2015〕49号）

山西省出台的财政投入扶持政策：

积极求职创业的失业人员，可在享受失业保险待遇期间，一次性领取1000元的求职创业补贴。（晋人社厅发〔2016〕1号）

对高校毕业生在高新技术领域实现自主创业的，贷款额度可提高到20万元。各地要在整合各类担保基金基础上，充实创业贷款担保基金，并根据年度业务量和绩效考核结果建立持续补充机制，每年增加投入。建立创业贷款担保基金绩效考评机制，实行贷款发放考核奖励办法。完善担保基金呆坏账核销办法，将基金代偿率提高到25%。依托创业园区、众创空间等创业创新平台，推行联保互保创业贷款担保方式。加快山西省创业扶持小额贷款有限责任公司和山西省创业融资服务中心的启动运营。政策性小额贷款公司符合规定的享受相关优惠政。（晋人社厅发〔2016〕1号）

拓宽创业创新融资渠道。落实创业投资发展的税收优惠 政策,营造创业投资、天使投资发展的良好环境。规范设立和发展 政府引导基金,丰富双创投资和资本平台,支持创业投资、创新型 中小企业发展。鼓励金融机构针对创业创新企业资金需求,积极 创新信贷产品和服务模式,设立专门从事创新金融服务的科技信 贷专营机构。鼓励利用互联网、大数据、云计算等新技术,构建金融公共云服务平台。（晋政办发〔2017〕109号）

山西省出台的平台建设扶持政策：

加强创新创业示范基地建设。2015年底前，省级建设一个集创业孵化、创业园区、创业服务、创业培训和创业实训等功能于一体的创新创业示范基地，每个设区市建设一个综合性创业示范基地。2016年6月底前，创业型城市创建县（市、区）各建设一个创业孵化示范基地和创业示范园区。省级每年认定10个创业孵化示范基地和创业示范园区，并根据入驻实体个数、创业孵化成功率、促进就业人数、实现经济价值等从省级创业资金中给予200万～300万元的一次性补助，补助资金主要用于为入驻企业提

供就业创业服务、房租减免及基地和园区管理运行经费，不得用于人员经费和基本建设支出。（晋政发〔2015〕49号）

建立一个集创业孵化、创业园区、创业服务、创业培训和创业实训等功能于一体的创新创业示范基地，每个市都要建设一个综合性创业示范基地。（晋人社厅发〔2016〕1号）

山西省出台的创业服务扶持政策：

组织、发动我省创新创业企业、创客参加各类创业创新大赛山西赛区比赛，择优推荐优秀组织、团队参加国家级赛事。鼓励企业、社会组织利用自有创业场所、资金、技术、项目、队伍等资源,对有创业意愿人员开展不超过6个月的创业实训。对参加创业实训人员在实训后6个月内实现创业且稳定经营半年以上的，可给予5000元的创业实训补贴。（晋政发〔2015〕49号）

遴选支持1000项大学生创新创业项目和500项左右研究生教育创新创业项目。组织开展大学生课外科研和科技创新竞赛活动，以10项大学生创新创业竞赛项目、职业院校技能大赛和"互联网+"大学生创新创业大赛为核心，带动大学生创新创业竞赛的全面发展，推动大学生创新创业能力的。（晋政发〔2015〕49号）

完善职务发明制度，高等院校、科研院所和国有企业转让和转化职务发明成果所得净收益，可按至少50%的比例划归参与研发与转化的科技人员及其团队拥有；创办企业并以专利技术或科技成果出资入股的，作价金额最高可达公司注册资本的70%。（晋政发〔2015〕49号）

优化信用环境。建立健全创业投资企业、创业投资管理企业及其从业人员信用记录，实现创业投资领域信 用记录全覆盖。推动创业投资领域信用信息纳入省信用信息 共享平台，并与国家企业信用信息公示系统（山西）实现互联互通。依法依规在"信用山西"网站和国家企业信用信息 公示系统（山西）公示相关信息。加快建立创业投资领域严重失信"黑名单"制度，按照有关法律法规和政策规定实施 守信联合激励和失信联合惩戒。建立健全创业投资行业信用 服务机制，推广使用信用产品。（省发展

改革委、省工商局、人行太原中心支行。（晋政发〔2017〕32号）

严格保护知识产权。进一步完善商标知识产权保护相关法规和制度建设，积极引导创业投资企业和创业投资管理企业注册商标，培育自主品牌，鼓励其争创山西省著名商标，指导符合驰名商标认定条件的创业投资企业积极申报。严厉打击恶意抢注商标行为，加大商标专用权保护力度。健全知识产权侵权查处机制，依法惩治侵犯知识产权的违法犯罪行为，将企业行政处罚、"黑名单"等信息纳入省信用信息共享平台，对严重侵犯知识产权的责任主体实施联合惩戒，并通过"信用山西"网站、国家企业信用信息公示系统（山西）等进行公示，营造创业投资良好的知识产权保护环境。（晋政发〔2017〕32号）

强化知识产权保护和管理。在示范基地内探索落实商业模式等新形态创新成果的知识产权保护机制。依法实施严格的知识产权保护和维权行动，开展知识产权综合执法，建立知识产权维权援助网点和快速维权通道，加强关键环节、重点领域的知识产权保护。将侵犯知识产权行为情况纳入信用记录，归集到全国信用信息共享平台，构建失信联合惩戒机制，支持企业家专心创新创业。（晋政办发(2017〕109号）

全面落实《中华人民共和国促进科技成果转化法》，落实科研人员成果转化收益、股权激励等政策，落实完善科研项目资金管理等改革措施，赋予高校和科研院所更大自主权。加强科技创新平台建设，打通科技成果转化通道。推进政产学研协同合作，组建创新战略联盟和协同创新中心，支持与国内外一流科研团队合作，加快创新成果在省内转化。加大创新产品和服务的政府采购力度，支持创新成果转化应用。（晋政办发(2017〕109号）

加强双创文化建设。加大双创宣传力度，培育和倡导"鼓励创新、宽容失败"系列创业精神。发挥双创活动周引领带动作用，开展省级双创示范基地主题活动，持续扩大双创影响力。遵循创新规律，建立双创容错纠错机制。加强创业人员社保支持，解除创业者后顾之忧。强化全社会创业创新素质教育，树立创业创新榜样，通过双创大赛、创响山西、创新创业论坛、创业培训等形式多样的活动，营造"崇尚科学、敢于创新"的氛围。加强与主流媒体合作，在更高层面、更深层次、更大范围推广双创。（晋政办发〔2017〕109号）

安徽省出台的政策文件：

2015年：财政部、工信部、农业部、证监会联合解读就业创业新政策给劳动者更多实惠（2015-06-17）（索引号：002986299/201506-00168）

2016年：安徽省财政厅关于提前下达2017年中小企业发展专项资金（小微企业创业创新基地城市示范）的通知（财建〔2016〕1817号）

2017年：安徽省人民政府关于印发安徽省"十三五"促进就业规划的通知（皖政〔2017〕103号）

2017年：高层次人才在安徽创新创业最高可获1000万元支持（文号：88f36e1facfe47ba9ec245b0de5bcd18；索引号：002986088/201705-00009；生成日期：2017-05-03）

2017年：安徽省人民政府关于印发支持科技创新若干政策的通知（发布时间：2017-05-11）（皖政〔2017〕52号）

安徽省出台的财政投入扶持政策：

提前下达你市2017年中小企业发展专项资金9000万元（预算科目列"2150199-其他资源勘探业支出"，提前下达追加市县指标014号），专项用于小微企业创业创新基地城市示范工作，结合小微企业实际需求，将专项资金主要用于提供创业创新空间、改进公共服务、融资支持等，不得用于基地楼堂馆所工程支出。专项资金要做到专款专用，对于违规行为，一经查实，将采取收回专项资金等处理措施。（财建〔2016〕1817号）

高校毕业生个人自主创业将获5000元补助，如果合伙经营，将按合伙人数按每人2000元给予补助，最高不超过1万元；辖内多家银行为毕业生办理透支额度在500～5000元不等的学生优惠卡(即低额度信用卡)，免收短信服务、工本费、年费、小额账户管理费、账户间异地转账等手续费。至4月末已发放信用卡超过19000张，累计透支规模超5000万元。（皖政

〔2017〕103号）

　　求职创业补贴。对享受城乡居民最低生活保障家庭、残疾、获得国
家助学贷款的毕业年度高校毕业生，按照每人800元的标准发放一次性求
职创业补贴；校园招聘会补贴。高校举办免费大型公益性校园招聘会（不
得收取学生和用人单位费用），并向所在地人力资源社会保障部门报送签
订三方就业协议的毕业生信息，根据签约毕业生人数按照每人40元标准给
予高校补贴。创业扶持补贴。高校毕业生初次创办的科技型（电子信息、
光机电一体化、生物工程、节能环保、新型材料等）、现代服务型（现代
物流业、高技术服务、设计咨询、商务服务业、电子商务、工程咨询、人
力资源、文化产业、旅游业、健康服务、法律服务、家庭服务业、养老服
务业等）小型微型企业，工商注册登记之日起正常运营6个月以上并缴纳
社会保险费的，可领取一次性5000元创业扶持补贴。（皖政〔2017〕103
号）

　　我省扶持高层次人才团队在皖创新创业、转化科技成果。每年审核
选择一批携带具有自主知识产权的科技成果，在皖创办公司或与省内企业
共同设立公司，开展科技成果转化活动的科技团队，在市（县）先行投入
支持的基础上，省以债权投入或股权投资等方式，按类别分别给予1000万
元、600万元、300万元支持。科技团队可自主选择申请债权投入或股权投
资方式。省政府委托省高新技术产业投资公司作为出资人，按照相关法律
法规和政策规定，与有关科技团队及其他投资主体共同签订债权投入或股
权投资协议。（文号：88f36e1facfe47ba9ec245b0de5bcd18）

　　加快设立国家新兴产业创业投资引导基金。目前，中央财政已吸引
地方政府、社会资金共同设立超过200只创业投资基金，扶持了一大批企
业。财政部、发展改革委正在积极推动设立战略性新兴产业创业投资引导
基金，将通过政府引导、市场化运作、专业化管理进一步吸引社会出资，
加大融资力度。（索引号：002986299/201506-00168）

　　高校院所与企业在2017年以后联合成立的股份制科技型企业，高校院
所以技术入股且股权占比不低于30%的，按其科技研发、成果转化和企业

产品（技术）销量（营业额）增长等绩效情况，省一次性给予最高可达50万元奖励。（发布时间：2017-05-11）（皖政〔2017〕52号）

对省内高校院所在皖实施转移转化、产业化的科技成果，按其技术合同成交并实际到账额（依据转账凭证），省给予10%的补助，单项成果最高可达100万元。对在皖企业购买省外先进技术成果并在皖转化、产业化的，按其技术合同成交并实际支付额（依据转账凭证），省给予10%的补助，单个企业最高可达100万元。开展新型研发机构认定管理，依据绩效情况，省给予最高300万元奖励。对省级技术转移服务机构，依据绩效情况，省给予20万~50万元奖励。（发布时间：2017-05-11）（皖政〔2017〕52号）

安徽省出台的创业服务扶持政策：

认定和支持建设一批青年创业园，重点扶持大学生等青年群体创办工业设计、动漫设计、电子商务、人力资源等生产性服务业企业，鼓励大学生村官等服务基层项目人员引领农民创业，每年重点扶持100名左右大学生村官创业。引导退役军人、城镇失业人员等其他各类人员创业。（皖政〔2017〕103号）

江西省出台的政策文件：

2013年：江西省人民政府办公厅关于做好普通高等学校毕业生就业工作的通知（赣府厅字〔2013〕96号）

2014年：江西省人民政府办公厅转发国务院办公厅关于做好2014年全国普通高等学校毕业生就业创业工作的通知（赣府厅发〔2014〕24号）

2015年：江西省人民政府办公厅关于深化种业体制改革提高创新能力的实施意见（〔2015〕28号）

2015年：江西省人民政府关于进一步做好新形势下就业创业工作的实施意见（赣府发〔2015〕51号）

2017年：江西省人民政府关于做好当前和今后一段时期就业创业工作的实施意见（赣府发〔2017〕33号）

江西省出台的税费优惠政策：

对高校毕业生创办的小微企业，按规定落实减半征收企业所得税，月销售额或月营业额不超过2万元的暂免征收增值税和营业税等政策（赣府厅发〔2014〕24号）

各市、县（区）财政要按规定落实对劳动密集型小企业25%、对促进就业基地75%的地方配套贴息资金；提高创业费用补贴标准。对入驻创业孵化基地的企业、个人，在创业孵化基地3年内发生的物管费、卫生费、房租费、水电费等给予补贴，补贴标准由原来不超过50%提高到60%，所需资金由就业资金统筹安排。（赣府发〔2015〕51号）

江西省出台的财政投入扶持政策：

对已进行就业失业登记并参加社会保险的自主创业高校毕业生，人力资源和社会保障部门可按照灵活就业人员待遇给予社会保险补贴，补贴缴费基数按当地上年度在岗职工平均工资的60%计算，养老保险补贴12%，医疗保险补贴3%，失业保险补贴1%，期限最长不超过3年；鼓励有创业意愿的应届高校毕业生参加创业培训，根据其获得创业培训合格证书或创业情况，按规定给予人均1000～1600元的创业培训补贴；加强创业孵化基地建设，对高校毕业生创办的入驻企业、个人在创业孵化基地内发生的物管费、卫生费、房租费、水电费，三年内按季支付每月不超过实际费用50%的补贴。（赣府厅字〔2013〕96号）

强化财政资金杠杆作用，运用"财园信贷通""财政惠农信贷通"等融资模式，强化对创业创新企业、新型农业经营主体的信贷扶持。通过省级小微企业创业园创业风险补偿引导基金，择优筛选部分小微创业园启动小微企业创业风险补偿金试点，引导金融机构为入园小微企业、科技创新型企业提供流动资金贷款。建立完善金融机构、企业和担保公司等多方参与、科学合理的风险分担机制。（赣府发〔2015〕36号）

加强创业担保贷款扶持。将小额担保贷款调整为创业担保贷款，个体创业担保贷款最高额度为10万元；对符合二次扶持条件的个人，贷款最高限额30万元；对合伙经营和组织起来创业的，贷款最高限额50万元；对劳动密集型小企业（促进就业基地）等，贷款最高限额400万元；降低创业担保贷款反担保门槛，对创业项目前景好，但自筹资金不足且不能提供反担保的，通过诚信度评估后，可采取信用担保或互联互保方式进行反担保，给予创业担保贷款扶持；对获得国家和省有关部门、单位联合组织的创业大赛奖项并在江西登记注册经营的创业项目，给予一定额度的资助，其中获得国家级大赛奖项的，每个项目给予10万元～20万元；获得省级大赛前三名的，每个项目给予5万元～10万元。对创业大赛评选出的优秀创业项目，给予创业担保贷款重点支持，鼓励各种创投基金给予扶持。（赣府发〔2015〕36号）

将求职补贴调整为求职创业补贴，对象范围扩展到已获得国家助学贷款的毕业年度高校毕业生，一次性求职补贴标准由每人800元提高到1000元。对符合条件的大学生（在校及毕业5年内）给予一次性创业补贴，补贴标准由2000元提高到5000元。对已进行就业创业登记并参加社会保险的自主创业大学生，可按灵活就业人员待遇给予社会保险补贴。（赣府发〔2015〕51号）

高校学生休学创业最多可保留7年学籍，财政每年注入1000万元资金充实青年创业就业基金，重点支持1000名大学生返乡创业。（赣府厅字–2016）

鼓励各地推荐评选一批优秀创业项目建立项目库，项目库中的项目被创业者采用后成功创业的（稳定经营1年以上），对项目提供者按每个项目5000元奖励。支持举办形式多样的创新创业大赛，对获得国家和省有关部门、单位联合组织的创业大赛奖项并在江西登记注册经营的创业项目，由登记注册经营所在地给予一定额度的资助，其中获得国家级大赛奖项的，每个项目资助20万元；获得省级大赛前三名的，每个项目资助10万。（赣府发〔2017〕33号）

江西省出台的平台建设扶持政策：

高校毕业生创办的入驻企业、个人在创业孵化基地内发生的物管费、卫生费、房租费、水电费，三年内按季支付每月不超过实际费用50%的补

贴；省里重点支持打造5～6个国家级或省级创业孵化示范基地。（赣府厅字〔2013〕96号）

允许创业者依法将家庭住所、租借房、临时商业用房等作为创业经营场所。建设"创业咨询一点通"服务平台。依托企业信用信息公示系统建立小微企业名录，增强创业企业信息透明度；在确保公平竞争前提下，鼓励对众创空间等孵化机构的办公用房、用水、用能、网络等软硬件设施给予适当优惠，减轻创业者负担；实施新兴产业"双创"三年行动计划，建立一批新兴产业"双创"示范基地，引导社会资金支持大众创业完善融资政策；打造60个以高校为主的包括"创业咖啡""创新工场""创新创业实验室"在内的各种形式众创空间，鼓励所在高校提供不少于100平方米工作场所。对省级科技企业孵化器等优秀众创空间给予100万元支持，所需资金从省企业技术创新基地（平台和载体）建设工程专项资金中统筹安排；全面推动高校建立大学生创业孵化基地，对符合条件的大学生项目享受创业优惠政策。省直有关单位每年评估10个左右省级创业创新带动就业示范基地，每个给予100万元的一次性奖补；对达到国家级示范性基地建设标准的，每个给予200万元的一次性奖补，所需资金由就业资金统筹安排。（赣府发〔2015〕28号）

与南昌市政府、南昌市高新区管委会签订共建江西省国家级大学生创新创业示范基地协议，遴选50多个大学生创新创业团队入驻；与省委统战部、国资委、工商联等部门一起，从企业、科研机构和高校评聘47名优秀企业家、科研人员、资深教授担任大学生创新创业导师；鼓励支持高校创办了76个创业学院等专门的创新创业教育机构。（赣府发〔2017〕33号）

多渠道多形式建设创业孵化基地、农民工返乡创业园、众创空间等新型创业平台，既可在土地利用总体规划确定的城镇建设用地范围内经审批立项新建，也可利用符合条件的现有经济技术开发区、工业园区、高新技术园区、大学科技园区、小企业孵化园等挂牌或共建，还可通过利用老旧商业设施、仓储设施、闲置楼宇、过剩商业地产进行转型建设。整合部门资源，发挥孵化基地资源集聚和辐射引领作用，通过建立创业公共服务平台、开辟"绿色通道"、开展"一站式"服务等方式，提供信息咨询、融资支持、人力资源及商务代理等综合服务。加大创业孵化基地建设资金投入力度，对评为全国创业孵化示范基地的给予一次性补助200万元，被评为省级创业孵化示范基地的给予一次性补助100万元。（赣府发〔2017〕33号）

建成20家左右覆盖全省的知识产权（专利）孵化中心。对高端人才创办企业入驻创业孵化基地或具有孵化功能的"众创空间""创业孵化器"等新型创业平台发生的物管费、卫生费、房租费、水电费进行补贴，补贴标准按其每月实际费用的60%给予补贴，补贴期限不超过3年。（赣府发〔2017〕33号）

河南省出台的政策文件：

2013年：河南省人民政府办公厅关于做好2013年普通高等学校毕业生就业工作的实施意见（豫政办〔2013〕62号）

2015年：河南省人民政府关于进一步做好新形势下就业创业工作的实施意见（豫政〔2015〕59号）

2016年：河南省人民政府关于大力推进大众创业万众创新的实施意见（豫政〔2016〕31）

2016年：河南省人民政府办公厅关于支持大中型工业企业开展大众创业万众创新的若干意见（豫政办〔2016〕206号）

2017年：河南省人民政府办公厅关于支持大众创业万众创新基地建设的实施意见（豫政办〔2017〕28号）

河南省出台的税费优惠政策：

落实普惠性税收政策。认真落实国家支持创新创业的各项税收优惠政策。对符合条件的月销售额不超过3万元(季销售额不超过9万元)的增值税小规模纳税人免征增值税。对符合条件的小型微利企业减按20%的税率征收企业所得税;自2015年10月1日起至2017年12月31日，对年应纳税所得额低于30万元(含30万元)的小型微利企业，其所得减按50%计入应纳税所得额，按20%的税率缴纳企业所得税，并将享受范围扩大到核定征收企业。高校毕业生、登记失业人员等重点群体创办个体工商户、个人独资企业的，可按国家规定享受税收最高上浮限额减免等政策。对一般纳税人销售自行开发生产的软件产品，依照规定实行增值税超税负即征即退;对营改增试点纳税人提供技术转让、技术开发和与之相关的技术咨询、技术服务，符合条件的免征增值税。（豫政〔2016〕31）

河南省出台的财政投入扶持政策:

大中专学生、退役军人、失业人员、返乡创业农民工创办的实体在创业孵化基地内发生的物管、卫生、房租、水电等费用，3年内给予不超过当月实际费用50%的补贴，年补贴最高限额10000元。大中专学生初创企业，正常经营3个月以上的，可凭创业者身份证明及工商营业执照、员工花名册、工资支付凭证等资料，申请5000元的一次性开业补贴，补贴从就业专项资金中列支。领取失业保险金期间的失业人员自主创业的，可凭工商营业执照及其他有效证明，按规定程序申请领取5000元的一次性创业补助，同时也可一次性领取剩余期限的失业保险金。创业补助由失业保险基金列支。（豫政〔2015〕59号）

完善失业保险基金补充创业贷款担保基金的操作办法，不断扩大担保基金规模。总结推广我省扩大失业保险基金使用范围支持创业试点工作做法，在坚持财政筹集担保基金主渠道、保证失业保险待遇正常支付的前提下，统筹地区每年可按需借用部分失业保险基金补充创业贷款担保基金。（豫政〔2015〕59号）

对大学生初创企业，正常经营3个月以上的，可申请5000元的一次性开业补贴。（豫政〔2016〕31）

鼓励各地设立创业投资引导基金和创业券等支持创新创业。发挥省小型微型企业信贷风险补偿资金作用，对省内银行业金融机构小微企业贷款增速不低于各项贷款平均增速、增量不低于上年同期、申贷获得率不低于上年同期的，对其小微企业贷款增量部分按不高于0.5%的比例给予补偿奖励;对设立小微企业信贷风险补偿资金的省辖市、县(市、区)，按到位资金规模总量不高于30%给予一次性奖励。对企业利用专利权质押融资发生的贷款利息、评估费、担保费等相关费用给予一定比例补贴。对发行债务融资工具实现融资的企业，按照实际发行金额给予一定比例的发行费补贴。完善政府采购促进中小企业创新发展的政策措施，将小微企业技术先进、节能环保、创新性产品和服务纳入政府采购范围，鼓励采用首购、订购和购买服务等方式，促进创新产品研发和规模化应用。（豫政〔2016〕31）

将小额担保贷款调整为创业担保贷款，个体创业担保贷款最高额度为10万元;对合伙经营和组织起来创业的，贷款最高限额50万元;对劳动密集型小企业，贷款最高限额200万元。对创业项目前景好，但自筹资金不足且不能提供反担保的，通过诚信度评估后，可采用联保或担保机构认可的其他反担保方式，符合条件的，可按规定给予创业担保贷款扶持。完善失业保险基金补充创业贷款担保基金操作办法，不断扩大创业贷款担保基金规模。在坚持财政筹集创业贷款担保基金主渠道、保证失业保险待遇正常支付的前提下，统筹地方每年可按需借用部分失业保险基金补充创业贷款担保基金。对符合条件的城镇登记失业人员、就业困难人员、复员转业退役军人、高校毕业生、返乡农民工、农村网商、刑释解教人员以及劳动密集型小微企业使用的创业担保贷款给予一定贴息补贴。（豫政〔2016〕31）

河南省出台的平台建设扶持政策：

支持高校利用现有建筑建设大学生创业孵化平台。重点建设中国中原大学生创业孵化基地、河南省电子商务创业孵化基地，采用PPP(政府与社会资本合作)模式，打造贴近高校、方便学生的河南大学生创业孵化平台。大力发展创业训练营、创业咖啡等新型孵化平台，为创业者提供低成本、便利化的孵化服务。指导各地每年认定一批示范性创业孵化基地和新型孵化平台，对达到市级标准的，由所在省辖市给予一次性奖补;达到国家和省级标准的，省给予50万元的一次性奖补。（豫政〔2015〕59号）

对各类主体利用闲置楼宇构建众创空间，按其改造费用50%比例(最高不超过200万元)给予补贴。采用政府购买服务方式，对"众创空间"提供的宽带网络、公共软件服务费用，按照50%比例给予补贴。对新认定的国家级科技企业孵化器、省级以上大学科技园，省财政给予一次性300万元奖补;对新认定的省级科技企业孵化器，给予一次性100万元奖补。鼓励孵化器设立孵化资金，支持利用孵化资金对在孵企业进行投资和资助。对省级科技企业孵化器投入的种子基金按不高于20%的比例给予配套支持。落实支持新产业新业态发展、促进大众创业万众创新的用地政策。积极盘活闲置的商业用房、工业厂房、企业库房、物流设施和家庭住所、租赁房等资源，为创业者提供低成本办公场所和居住条件。（豫政〔2016〕31）

(一)统筹三种类型双创基地建设。依托双创资源集聚的区域、高校科研院所和骨干企业，布局建设三种类型的双创基地，集成高校、科研院所、企业和社会力量，强化双创要素投入，加大政策支持力度，探索形成不同类型的双创模式。（豫政办〔2017〕28号）

(二)统筹双创基地区域布局。根据全省各地双创发展情况和双创资源禀赋，先期依托郑洛新国家自主创新示范区和省辖市中心城区内的高新技术开发区、经济技术开发区、产业集聚区、商务中心区和特色商业区、城乡一体化示范区布局建设区域双创基地，根据发展需要，逐步向县(市)延伸布局。（豫政办〔2017〕28号）

(三)统筹双创资源和工作基础。充分发挥双创基地现有资源作用，加快整合提升现有载体功能和公共服务能力，进一步优化双创生态。充分发挥现有双创工作机制作用，鼓励各部门按照渠道不变、各尽其责、各立其功的原则，加强对双创基地的政策支持，形成协同效应。（豫政办〔2017〕28号）

(四)统筹有序分批推进。按照自愿申报、统筹考虑、分批推进的原则，首批双创基地优先选择在双创资源比较丰富、体制机制基础较好、示范带动能力较强的区域和单位先期布局。在此基础上，逐步完善制度设计，有序扩大布局范围。（豫政办〔2017〕28号）

(五)统筹国家和省级双创基地建设。支持郑州航空港经济综合实验区、中信重工机械股份有限公司建设国家双创示范基地，探索形成一批可复制、可推广的典型经验，力争走在全国前列。支持省级双创基地加快建设，优先推荐其纳入国家双创示范基地范围。（豫政办〔2017〕28号）

湖北省出台的政策文件：

2014年：湖北省人民政府办公厅关于进一步做好普通高等学校毕业生就业创业工作的通知（鄂政办发〔2014〕33号）

2014年：湖北省人力资源和社会保障厅等九部门关于实施湖北省大学生创业引领计划的通知（鄂人社发〔2014〕37号）

2014年：湖北省人力资源和社会保障厅湖北省财政厅关于做好大学生一次性创业补贴和高校毕业生灵活就业社会保险补贴发放工作的通知（鄂人社发〔2014〕38号）

2015年：湖北省人民政府关于做好新形势下就业创业工作的实施意见(鄂政发〔2015〕46号)

2016年：湖北省关于加快构建大众创业、万众创新的实施意见（鄂政发〔2016〕45号）

2017年：湖北省人民政府办公厅关于建设省级大众创业万众创新示范基地的实施意见（鄂政办发〔2017〕27号）

湖北省出台的税费优惠政策：

落实税费减免优惠政策。毕业年度内高校毕业生从事个体经营，在3年内以每户每年9600元为限额依次扣减当年应缴纳的营业税、城市维护建设税、教育费附加、地方教育附加和个人所得税。对大学生创办小微企业月销售额不超过2万元的，暂免征收增值税和营业税；对大学生创办年应纳税所得额低于10万元（含）的小型微利企业，其所得减按50%记入应纳税所得额，按20%的税率缴纳企业所得税。（鄂人社发〔2014〕37号）

实行行政事业性费用免缴政策。对在校大学生和毕业3年以内的高校毕业生从事个体经营和创办小型微型企业的（除限制行业外），自其在首次办理工商登记之日起3年内免收属于登记类、证照类、管理类的各项行政事业性收费。（鄂人社发〔2014〕37号）

湖北省出台的财政投入扶持政策：

大学生创业扶持项目，拿出3000万元资金为每个通过评审的项目提供2万~20万元的资金扶持。扶持876个大学生创业项目，每个项目给予2万~20万元的无偿资金扶持。（鄂政办发〔2013〕37号）

2013年，从省级就业专项资金中安排2000万元，继续实施高校毕业生创业扶持项目，对高校毕业生自主创业给予无偿资金扶持。积极推进创业孵化基地建设，鼓励创业孵化基地为高校毕业生提供良好的创业场所和服务，2013年从省级就业专项资金中安排2000万元，对自主创业的高校毕业生等创业者给予场租、水电费补贴。各地也要结合本地实际，对高校毕业生创业和创业孵化基地给予资金支持，进一步加大政策倾斜力度，为自主创业高校毕业生提供项目开发、开业指导、融资服务、跟踪扶持等"一条龙"创业服务。（鄂政办发〔2013〕37号）

给予大学生一次性创业补贴。对高校毕业生（含非本地户籍）自毕业学年起3年内在我省初次创办小微企业或从事个体经营，领取工商营业执照正常经营6个月以上、带动就业3人以上的，可在创业地申请5000元的一次性创业补贴。（鄂人社发〔2014〕37号）

给予大学生创业培训补贴。鼓励有创业要求和培训愿望的大学生参加创业培训，毕业学年大学生和高校毕业生参加创业培训，培训时间不少于10天的，按规定给予800~1200元的一次性创业培训补贴。（鄂人社发〔2014〕37号）

给予大学生创业孵化基地资金扶持。鼓励各地建设创业孵化基地，为大学生创业给予场租、水电减免。在校大学生和毕业5年内的高校毕业生在省级大学生创业孵化示范基地创办企业（除国家限制行业外），依法办理工商税务登记，注册资本不超过50万，成立时间2年内，正常开展生产经营半年以上的，按照每个创业企业补贴面积不超过50平方米，每天每平方米补贴1元的标准，给予场租、水电费补贴，补贴期限不超过3年。（鄂人社发〔2014〕37号）

给予大学生创业项目无偿扶持。在校大学生和毕业3年内的高校毕业生，在我省自主创业，依法登记注册，吸纳3人（含3人）以上就业的，根据创业项目吸纳就业能力、科技含量、经济社会效益等因素，可申请2万元至20万元的无偿资金扶持。省教育厅实施"金种子"大学生创业扶持项目，重点支持在校大学生开展创业活动。省科技厅实施"湖北省大学生科技创业专项"，重点支持大学生在省级以上科技企业孵化器科技创业。各地、各有关部门要结合本地实际，加大对大学生创业的资金支持力度。留学回国的高校毕业生自主创业，符合条件的可享受现行高校毕业生创业扶持政策。（鄂人社发〔2014〕37号）

提供小额担保贷款及贴息支持。自主创业的高校毕业生，均可在创业地申请小额担保贷款。高校毕业生从事个体经营的小额担保贷款额度最高不超过10万元；合伙经营或创办小型微型企业的，可按每人不超过10万元、总额不超过50万元的额度实行"捆绑式"贷款。小额担保贷款的期限一般不超过2年，在贷款期限内给予全额财政贴息。对高校毕业生参加创业培训取得合格证书或创业项目经信用社区推荐的，可取消反担保。鼓励和支持高校毕业生从事网络创业，对在电子商务平台开办"网店"的高校毕业生，可享受小额担保贷款及贴息等扶持政策。高校毕业生创办符合贷款条件的劳动密集型小企业，可按规定申请不超过200万元的小额担保贷款，由财政部门按中国人民银行公布的贷款基准利率的50%给予贴息。（鄂人社发〔2014〕37号）

对高校毕业生（含非本地户籍）自毕业学年起3年内在我省初次创办小型微型企业或从事个体经营，领取工商营业执照正常经营6个月以上、带动就业3人以上的，可给予5000元的一次性创业补贴。一次性创业补贴在创业地申请，从就业专项资金列支。（鄂人社发〔2014〕38号）

鼓励大学生在鄂创新创业。深入实施大学生创业引领计划。对大学生自毕业学年起3年内在我省初次创业，符合规定条件的，可在创业地申请5000元的一次性创业补贴。加强大学生创业孵化基地、创业示范基地和大学生创新创业俱乐部建设。对港澳台籍、留学回国和外省籍大学生在我省自主创业，可按规定享受现行大学生创业扶持政策。（鄂政发〔2015〕46

号）

项目化推进各类群体创业。针对不同群体实施创业扶持项目。继续实施大学生创业扶持项目，对大学生自主创业，按规定给予2万元至20万元的无偿扶持。实施大学生科技创业专项、残疾人就业创业计划、农民工回归创业工程，以及民间技能传承创业、农家乐创业、妇女"巾帼创业"等项目。（鄂政发〔2015〕46号）

完善创业投融资机制。运用市场机制和财税政策，支持风险投资、创业投资、天使投资等发展，引导社会资金和金融资本支持创业活动，壮大创业投资规模。支持社会资本和地方政府设立天使投资基金，省创业投资引导基金给予支持。实施中小企业信贷客户培植工程。（鄂政发〔2015〕46号）

大力发展创业担保贷款。将小额担保贷款调整为创业担保贷款。在我省依法开办个体工商户，自主、合伙经营及创办小微企业的城乡劳动者，以及吸纳就业达到规定条件的小企业，均可申请创业担保贷款。对个体经营的创业担保贷款额度不超过10万元，合伙经营、创办小微企业或组织起来就业的，可按每人不超过10万元、总额不超过50万元的额度实行"捆绑式"贷款，在贷款期限内给予全额财政贴息。（鄂政发〔2015〕46号）

湖北省出台的平台建设扶持政策：

各地要充分利用大学科技园、经济技术开发区、工业园、农业产业园、科技企业孵化器、城市配套商业设施、闲置厂房等现有资源，建设大学生创业园和孵化基地，为大学生提供创业场所。定期举办创业大讲堂、创业俱乐部、创业沙龙、创业咖啡、创业论坛等交流活动，搭建大学生创业交流平台，为自主创业大学生及时了解政策和行业信息、学习积累创业经验、寻找合作伙伴和投资创造条件。积极搭建项目与企业对接平台，加大优秀项目推介力度，积极引导社会资金和投资机构进行项目投资。（鄂人社发〔2014〕37号）

在全省高校建设一批省级示范创新创业学院和创新创业教育实验班；推进省级"一中心、两基地"建设，建成省级实验教学示范中心500个、省级实习实训基地500个、省级创新创业示范基地100个，实现创新创业"一校一基地"、本科高校院（系）实验教学和实习实训"一院一中心一基地"。新建一批省级研究生工作站。鼓励各地建设大学生创业园、校园科技创业孵化器，鼓励东湖国家自主创新示范区、省级以上高新区、大学科技园设立"零房租"大学生创业专区。（鄂政发〔2016〕45号）

湖北省出台的创业服务扶持政策：

毕业学年大学生和高校毕业生参加创业培训，可按规定享受800－1200元/人的创业培训补贴。（鄂政办发〔2014〕33号）

高校建立办学联盟，支持学生跨校组建创新创业团队，推动校际间课程互选、学分互认。支持校地、校企通过共建非独立设置二级学院、面向基层和行业一线劳动者定向招生等形式，联合开展技术技能型人才培养。（鄂政发〔2016〕45号）

继续实施大学生创新创业训练计划，每年遴选支持1000项国家级、省级大学生创新创业训练项目。组织开展大学生学科竞赛、创新创业大赛、职业技能大赛，支持学生参加各类科技创新、创意设计、创业计划等专题竞赛；建立学生创新创业档案和成绩档案，对创新创业成绩突出的学生在校内转专业、评优评先、奖助学金、研究生推免等方面予以倾斜（鄂政发。（鄂政发〔2016〕45号）

鼓励和支持网络创业。鼓励有条件的地区设立电子商务创业园区和孵化基地。对网络商户从业人员，经工商登记注册的，同等享受各项就业创业扶持政策；未进行工商登记注册的，可认定为灵活就业人员，参加社会保险及享受灵活就业人员扶持政策，其中在网络平台实名注册、稳定经营且信誉良好的网络商户创业者，可享受创业担保贷款及贴息政策。（鄂政发〔2015〕46号）

（一）加速科技成果转化。全面落实促进科技成果转化法，完善科技成果、知识产权归属和利益分享机制。落实完善科研项目资金管理等改革措施，赋予高校和科研院所更大自主权。在省属高校探索实行科技成果转化备案制，建立"谁创新、谁受益，谁转化、谁负责"的创新激励机制。

创新知识产权定价机制，支持职务科技成果根据市场需求确定交易价格。推进高校院所考核评价制度改革，根据学科特点、岗位要求等，建立差异化的评价标准，综合考虑技术转移、成果转化等方面工作成效。（鄂政办发〔2017〕27号）

（二）加强协同创新和开放共享。推动示范基地内各创新主体打破壁垒开展深度合作，进一步打通"政产学研用"协同创新通道。发挥湖北省大型科学仪器协作共享平台作用，推进示范基地内的重大科研基础设施、科研仪器向社会开放共享。鼓励互联网企业、行业领军企业通过网络平台向各类创业创新主体开放技术、开发、营销、推广等资源，构建开放式创业创新体系。（鄂政办发〔2017〕27号）

（三）促进创业创新人才流动。鼓励示范基地制定更具竞争力的人才引进政策。建立健全科研人员双向流动机制，落实事业单位专业技术人员离岗创业有关政策，促进科研人员在事业单位和企业间合理流动。加快推进社会保障制度改革，完善跨城市社保关系转移接续办法。开展外国人才永久居留及出入境便利服务试点，建设海外人才离岸创业基地。（鄂政办发〔2017〕27号）

（四）强化知识产权保护。加强互联网、电子商务、大数据等新业态、新模式的知识产权保护，在示范基地内探索落实商业模式等新形态创新成果的知识产权保护办法。完善知识产权快速维权援助机制，缩短确权审查、侵权处理周期，依法提高对知识产权侵权类案件的损害赔偿标准。建立知识产权涉外应对和援助机制，加大海外知识产权维权力度。（鄂政办发〔2017〕27号）

（五）营造公平开放的市场环境。支持示范基地深入推进审批制度改革和商事制度改革，先行试验一批重大行政审批改革措施。取消和下放不符合全面深化改革要求、能够激发市场活力的审批事项。按照非禁即入、公平公开原则，在企业名称登记、企业投资资格、市场主体住所等领域探索负面清单管理。加强社会信用体系建设，推进信用信息资源共享，完善信用联合奖惩机制，对诚实守信的创业创新主体设立"绿色通道"。（鄂

政办发〔2017〕27号）

湖南省出台的政策文件：

2013年：湖南省人民政府办公厅关于做好2013年全省普通高等学校毕业生就业工作的通知（湘政办发〔2013〕40号）

2013年：财政部 人力资源社会保障部 中国人民银行关于加强小额担保贷款财政贴息资金管理的通知（财金〔2013〕84号）

2015年：湖南省发展众创空间推进大众创新创业实施方案（湘政办发〔2015〕74号）

2015年：湖南省人民政府办公厅关于印发《湖南省大众创业万众创新行动计划（2015—2017年）》的通知（湘政办发〔2015〕89号）

2016年：湖南省人民政府办公厅关于加快众创空间发展服务实体经济转型升级的实施意见（湘政办发〔2016〕74号）

2017年：湖南省人民政府关于促进创业投资持续健康发展的实施意见（湘政发〔2017〕30号）

湖南省出台的税费优惠政策：

企业建设众创空间投入符合规定条件的，享受研发费用税前加计扣除政策。众创空间及入驻的小微企业发生的研发费用，企业和高校院所委托众创空间开展研发活动发生的研发费用，符合规定条件的，适用研发费用税前加计扣除政策。众创空间的研发仪器设备符合规定条件的，按照税收有关规定适用加速折旧政策。进口科研仪器设备符合规定条件的，适用进口税收优惠政策。完善科技企业孵化器税收政策，符合规定条件的众创空间适用科技企业孵化器税收等优惠政策。推动股权投资企业税收优惠政策在长株潭国家自主创新示范区先行先试，对符合一定条件的股权投资企业的自然人有限合伙人，其从有限合伙企业取得的股权投资收益，按照《中华人民共和国个人所得税法》及其实施条例的规定，符合"利息、股息、红利所得"的应税项目，按20%税率计算缴纳个人所得税。（湘政办发〔2016〕74号）

湖南省出台的财政投入扶持政策：

各高校设立了大学生创业扶持资金，实行"一先三保"鼓励政策。（湘政办发〔2013〕40号）

财政贴息资金支持的小额担保贷款额度为，高校毕业生最高贷款额度10万元，妇女最高贷款额度8万元，其他符合条件的人员最高贷款额度5万元，劳动密集型小企业最高贷款额度200万元。对合伙经营和组织起来就业的，妇女最高人均贷款额度为10万元。（财金〔2013〕84号）

财政贴息资金支持的个人小额担保贷款利率为，中国人民银行公布的同期限贷款基准利率的基础上上浮不超过3个百分点。财政贴息资金支持的小额担保贷款期限最长为2年，对展期和逾期的小额担保贷款，财政部门不予贴息。（财金〔2013〕84号）

开设求职创业补贴标准，按照每人800元标准给予一次性求职创业补贴，所需资金从就业专项资金中列支。（湘政办发〔2015〕89号）

对众创空间内企业和团队获得国内授权的发明专利按每件3000元标准给予一次性资助，对择优评定的重点发明专利按其上年实际交纳的发明专利维持费50%予以资助，对专利权质押融资评估费予以补贴。（湘政办发〔2016〕74号）

针对大学生创业资金短缺困难，成立了湖南省大学生就创业基金会，并注册成立了2000万元的大学生就创业基金，专门用于扶持大学生创新创业。针对大学生创业融资困难，设立了"湖南青年大学生创业专板"股权市场，为大学生创业项目搭建了资金对接平台。（湘政办发〔2016〕74号）

大力培育和发展合格投资者。在风险可控、安全流动的前提下，鼓励地方国有企业、保险公司、大学基金等各类机构投资者参股创业投资企业和创业投资母基金。鼓励产业园区、地方政府融资平台与知名创业投资机构合作发起设立各类创业投资企业，创新产业投资与招商引资模式，为地方培育专业投资团队。在风险可控的前提下，支持信托公司和运作规范、实力较强的担保公司以自有资金设立创业投资子公司，为创业企业提供综

合性、个性化金融和投融资服务。支持具有风险识别和风险承受能力的个人参与投资创业投资企业。（湘政发〔2017〕30号）

建立股权债权等联动机制。支持符合条件的国家自主创新示范区和银行申请国家投贷联动试点，支持试点机构依法申请设立具有投资功能的子公司，通过"股权+债权"的业务模式，为科技型创业企业提供持续资金支持。加快制定投贷联动的扶持政策，建立创业投资企业与各类金融机构长期性、市场化合作机制。推动发展投贷联动、投保联动、投债联动等新模式，不断加大对创业投资企业的投融资支持力度。同等条件下，优先将符合政策要求的创业投资企业所投资企业纳入省重点上市后备企业资源库。支持创业投资企业及其股东依法依规通过发行企业债券和其他债务融资工具、发行资金信托、募集资产管理计划和保险资金等方式拓展融资渠道。（湘政发〔2017〕30号）

建立健全财政性引导资金投入机制。鼓励有条件的市州、县市区按照"政府引导、市场化运作"原则设立创业投资引导基金。充分发挥湖南高新科技成果转化基金、省新兴产业投资基金等财政性引导基金作用，引导社会资本投资转化科技成果的科技型、创新型创业企业。积极支持社会资本与优秀基金管理团队合作，申报国家新兴产业创业投资引导基金、国家中小企业发展基金和国家科技成果转化引导基金等，申报中涉及需要省级出资作为配套或参与国家基金的，省新兴产业投资基金等省级基金优先予以支持。探索建立初创期创业投资风险补偿机制。充分运用政府出资适当让利于社会出资的方式，鼓励各类财政性引导基金参股的创业投资企业投向创新创业企业。建立并完善创业投资引导基金中政府出资的绩效评价制度。（湘政发〔2017〕30号）

湖南省出台的平台建设扶持政策：

引导市州依托高新区、经开区创建大学生科技创业实习基地和大学生创业服务中心；筹建网上大学生创业孵化基地，为注册项目提供品牌服务和咨询指导。依托中南大学创建全国首家大学生创新创业服务网站"中国大学生创业网"，搭建创业信息交流平台。引进和开发专业软件，组织学

生开办模拟公司，为学生接受创业模拟训练搭建网络课堂；大学生就业创业示范校。（湘政办发〔2013〕40号）

针对大学生自主创业需求，省教育厅建立了面积达到5000 的湖南省大学生创新创业孵化基地，遴选全省高校优秀的大学生创业项目入驻孵化。成立由创业专家和工商、法律、税务等专家组成的创业导师库，定期对入驻项目进行"一对一"精准指导，扶持大学生创新创业。开展全省高校大学生创新创业示范基地评建工作，推动全省所有本科高校和大部分高职院校均建立了校级创新创业孵化基地，在此基础上，组建湖南省大学生创新创业孵化基地联盟，实现资源共享、项目互融、成果互惠，精准帮扶大学生创新创业。（湘政办发〔2013〕40号）

1. 开展众创空间示范。依托湖南省工业设计创新平台、长沙高新区创业服务中心、中南大学学生创新创业指导中心等，在互联网应用、智能制造、工业设计、生物医药等领域，构建10个左右有影响力的众创空间示范基地，带动全省众创空间建设。（责任单位：省科技厅）（湘政办发〔2015〕74号）

2. 推动科技企业孵化器转型升级。制定湖南省众创空间认定管理办法，推动创业服务中心、生产力促进中心、大学科技园、中小企业创业基地等科技企业孵化机构优化运营机制和业务模式，转型升级为投资促进型、培训辅导型、专业服务型和创客孵化型等各具特色的众创空间。支持园区和县市区建设众创空间，促进省、市、县联动。（湘政办发〔2015〕74号）

依托省内高等院校建立一批大学生创业培育示范基地，组建湖南省大学生创业基地联盟。支持高等院校开设创新创业课程，加强创业培训。组建由成功创业者、天使投资人、知名专家等为主的创业导师队伍。组织创业导师编辑出版创业辅导培训教材和政策汇编，开展"创业学院""创业大讲堂""创业培训班"等各类创业培训。支持湖南省大学生创新创业孵化基地、大学科技园等平台为大学生创业提供场所和公共服务。加大对大学生、青年科技人才等群体创新创业支持力度。在校大学生休学创业时间

可视为参加实践教育时间。（湘政办发〔2015〕74号）

打造创业投资企业集聚区。加快基金小镇建设。支持条件成熟的地区和各类投资机构，依托创新创业园区、创业孵化基地和众创空间，建设创业投资企业集聚区，成立创业投资联盟或其他公益性服务平台。（湘政发〔2017〕30号）

湖南省出台的创业服务扶持政策：

构建社会创业培训服务网络，通过举办SIYB、KAB、GYB专题班等途径为大学生提供专业化的创业实践培训。（湘政办发〔2013〕40号）

推进创新创业公共服务体系建设。依托湖南科技成果转化平台、湖南省农村农业信息化综合服务平台、湖南省中小企业公共服务平台网络、湖南省大学生创新创业孵化基地、湖南省知识产权交易中心等平台，整合服务资源，完善服务功能，构建全方位的创业公共服务体系，为创业者提供法律、知识产权、财务、咨询、检验检测认证和技术转移等"一站式"创业服务。搭建军民两用技术转化平台，促进军民深度融合。研究探索创新券应用试点工作，推动众创空间各项创新活动有效开展。（湘政办发〔2015〕74号）

举办创新创业系列活动。办好"湖南省创新创业大赛""湖南省青年创新创业大赛""湖南省大学生创新创业大赛"、湖南省大学生"挑战杯"等创新创业赛事，举办创新创业活动和展会。鼓励众创空间针对不同的创客群体，举办各类创新沙龙。（湘政办发〔2015〕74号）

以"互联网+"模式实现资源共享。立足云计算、大数据等技术，建立湖南省创新创业信息共享平台，充分集成科技成果、人才、资金、机构和政策等信息，实现与现有科技资源及信息系统的有机衔接，实现线上线下紧密互动，资源共享，积极为创新创业主体提供创新服务，释放服务潜能。（湘政办发〔2015〕74号）

吸引省外专业机构来湘设立创业投资企业。放宽外商投资准入，简化管理流程，吸引境外专业机构来湘设立创业投资管理机构和创业投资企业。外资创业投资企业与内资创业投资企业同等享受相关政策。鼓励综合实力雄厚、募资能力强、投资管理经验丰富的创业投资管理机构来湘发展。针对投资界湘籍人士开展"引资引智"对接活动，鼓励回湘设立创业投资企业或区域性总部机构。各级政府在新设产业发展基金、产业引导基金时，原则上应公开招募优秀基金管理机构进行管理。（湘政发〔2017〕30号）

陕西省出台的政策文件：

2015年：陕西省财政厅、陕西省国家税务局、陕西省地方税务局关于税收等优惠政策相关事项的通知（陕财办预〔2015〕68号）

2016年：陕西省人民政府关于大力推进大众创业万众创新工作的实施意见（陕政发〔2016〕10号）

2016年：陕西省人民政府办公厅关于印发《陕西省支持众创空间服务实体经济转型升级实施方案》的通知（陕政办发〔2016〕96号）

2017年：陕西省创业担保贷款实施方法（西银发〔2017〕53号）

2017年：陕西省人民政府关于进一步加强就业创业工作的实施意见（陕政发〔2017〕49号）

陕西省出台的税费优惠政策：

减免规费。对初创企业免收登记类、证照类、管理类行政事业性收费。事业单位开展各类行政审批前置性、强制性评估、检测、论证等服务并收费的，对初创企业按不高于政府价格主管部门核定标准的50%收取。（陕政发〔2016〕10号）

陕西省出台的财政投入扶持政策：

大学生自主创业可申请最高10万元创业担保贷款，合伙创业可申请最高50万元创业担保贷款。大学生回原籍创业，可获不高于2万元的一次性创业补贴（陕政发〔2016〕10号）

支持科技成果孵化和各类人才创业，对初创项目给予额度不超过5万元、期限不超过2年的贷款，鼓励各类基金收购和转化初创成果。（陕政发〔2016〕10号）

引导天使投资、创业投资基金等支持众创、众包、众扶、众筹平台发展，鼓励符合条件的企业在创业板、新三板等上市挂牌。对于符合要求的种子基金，省科技成果转化引导基金可采取股权投入形式予以支持（投资金额不超过基金规模的10%，单个基金支持金额不超过1500万元）。到2017年，全省创业风险投资基金数量达到100支以上，资金规模超过100亿元。拓宽创客融资渠道，鼓励银行等金融机构为创客提供个人担保贷款、知识产权质押贷款、股权质押贷款等融资服务。建立知识产权质物处置机制，对以专利权质押获得贷款并按期偿还本息的创业企业，按同期银行贷款基准利率的30%～50%（总额最高不超过50万元）予以贴息。（陕政发〔2016〕10号）

通过市场化方式引导和调动社会资本支持创业示范基地、创客天地、新型孵化器等众创空间发展。社会资本投资建设的"众创空间"孵化基地，对其相关硬件建设给予不超过30万元的补贴，并根据运行情况、新入驻企业的数量、获得种子基金或者天使基金投资等择优给予不超过20万元的奖励。对于基地内孵化项目形成的专利，给予代办费70%的补助。（陕政发〔2016〕10号）

支持符合条件的众创空间承担科技计划项目，支持众创空间内的团队申报科技计划项目。更好发挥省科技成果转化引导基金作用，引导和鼓励各类天使投资、创业投资等与众创空间深度结合，完善投融资模式。支持投贷联动，鼓励银行推出适合众创空间的新型科技金融贷款产品、知识产权质押等业务，突破传统贷款障碍；鼓励支持众创空间参加科技保险，不断扩大保险险种和保费补贴范围；探索设立校园微种子、微天使基金，推进高等院校科技成果转化。（陕政办发〔2016〕96号）

经办银行向借款人发放的创业担保贷款额度和期限按照以下标准办理：个人借款人贷款额度最高不超过10万元，合伙创业或组织起来共同创业的借款人贷款额度最高不超过50万元，贷款期限最长不超过3年；企业借款人贷款额度最高不超过200万元，贷款期限最长不超过2年。（陕政办发〔2016〕96号）

更好发挥小微企业推动就业转型作用。扩大小微企业享受减半征收所得税优惠范围，年应纳税所得额上限由30万元提高到50万元。实施"小微企业创新创业基地建设行动计划"，对认定的省级小微企业创业创新示范市（县）、示范基地分别给予不低于400万元和50万元奖励资金。扶持培育省级中小微企业创新研发中心，推行科技创新券，实施中小微企业"专精特新"培育行动，鼓励科技成果向小微企业转移，支持小微企业协同创新。（陕政发〔2017〕49号）

支持新兴业态发展带动就业转型。改进新兴业态准入管理，加强事中事后监管。促进科技与产业、技术与成果对接，落实对初创期科技型中小企业给予20万元～40万元无偿支持政策。鼓励商业模式创新和服务产品创新，培育壮大服务业新型业态和新兴产业。推动生活服务众包，支持创新产品开展实物众筹，鼓励县（市）建设城市综合体，加快金融保险、科技服务、信息服务等新兴服务业发展。鼓励各类在陕金融机构实施适合新兴业态企业的产品设计、授信审批、信用评级、客户准入和利率定价制度，为新兴业态企业发展提供差异化融资支持。政府部门要带头购买新兴业态企业产品和服务。（陕政发〔2017〕49号）

陕西省出台的平台建设扶持政策：

各地要积极争取国家小微企业创业创新基地城市示范，充分发挥战略性新兴产业集聚区、高新技术产业园区（基地）、高技能人才培养示范基地和创新型龙头企业等优势，依托现有机构或引进国内外高层次创业运营团队，各打造1家运行模式先进、配套设施完善、服务环境优良、影响力和带动力强的示范创业创新中心。每个市（区）至少建立1家以上科技企业孵化器（包括孵化大楼、孵化工场、孵化园区等），在全省加速形成"创业苗圃+孵化器+加速器+产业园"阶梯形孵化体系。（陕政发〔2016〕10号）

提升一批传统孵化器。建立"众创空间"孵化基地认定体系。对由省科技厅牵头组织认定的省级以上孵化器，由省科技厅给予20万～50万元奖励。鼓励各级小微企业创业基地完善服务功能、提高服务质量、提升孵化

水平（陕政发〔2016〕10号）

支持科技特派员投身特色产业创业，加强特派员创业基地建设，打造农业农村领域的众创空间——"星创天地"。（陕政办发〔2016〕96号）

托条件成熟、功能完备、特色鲜明的省级众创空间孵化基地，在互联网应用、智能制造、工业设计、生物医药等领域，建设20个左右有影响力的示范众创空间，并以补贴、后补助等方式给予每个50万元～100万元支持。支持西咸新区建设国家双创示范基地。（陕政办发〔2016〕96号）

制定众创空间分类评价标准，开展众创空间绩效评价，按年度给予奖励补贴。对年度评价"优秀"的省级众创空间给予不高于10万元的奖励，主要支持众创空间购买供创业团队使用的公共设备、服务或者开展创新创业类活动；成功备案为国家级众创空间的追加补贴经费10万～20万元。对省级以上开发区与高等院校、科研院所共建的众创空间给予一定补贴。（陕政办发〔2016〕96号）

各级人社部门要全面落实《陕西省创业担保贷款实施办法》（西银发〔2017〕53号），完善经办管理系统，对创贷扶持的高校毕业生单独归类统计，重点向毕业生提供创业担保贷款支持。省人社厅围绕"厅校合作计划"，指导西安交通大学、陕西师范大学、西北农林科技大学、西北工业大学、西北大学5所高校积极创建省级创业孵化示范基地，示范引领有条件、有能力的企业、高校等各类市场主体积极参与创业孵化工作，以大学生为主要孵化对象，提供低成本或零成本的场地、设施和服务，量身定制创业实训，有效发挥孵化作用。（西银发〔2017〕53号）

将创业孵化基地补贴调整为创业孵化补贴，增加投入，各地可按照10%的比例从就业专项资金中列支创业孵化补贴资金，主要用于孵化基地运营、创业项目资源库运行维护、创业指导专家聘请、创业典型表彰奖励、创业系列活动开展等。省级每年评选一批"创业明星"，并给予每人5000元的一次性奖励。对国家表彰的创业型城市和创建成功的省级创业型城市，给予一次性资金奖励。"创业明星"和"创业型城市"的一次性奖励资金，从创业孵化补贴资金中列支。对在就业创业工作中取得显著成绩

的单位和个人，按国家有关规定予以表彰奖励。（西银发〔2017〕53号）

加强创业孵化。鼓励龙头骨干企业（单位）围绕主营业务，优化配置资源，建设创业孵化基地，突出提供个性化、差异化、精细化创业服务，到2020年全省建设100个左右的省级创业孵化示范基地。根据当期孵化成功创业实体数量和吸纳就业人数，给予创业孵化项目补贴，对被认定为省级、国家级创业孵化示范基地的，再给予一次性创业孵化奖补资金。支持开发区、工业集中区、高校和各类投资人创办创业创新基地，加快培育创新工场、创客空间、星创天地等各类创新孵化器，打造特色创业创新聚集区。创业创新基地和各类创业园区可参照创业孵化基地享受奖补政策。（陕政发〔2017〕49号）

陕西省出台的创业服务扶持政策：

对于符合条件的科技创业导师授予陕西"众创空间"创业导师证书；每年评选全省优秀创业导师10名，分别给予1万元奖励，特别优秀的导师可给予重奖。（陕政发〔2016〕10号）

强化创业培训。实施高校毕业生创业培训专项计划，各级人力资源社会保障部门（以下简称人社部门）要充分调动高校、职业院校（含技工院校）等优质资源面向毕业生开展创业培训，2017—2020年，全省每年组织高校毕业生创业培训不少于2万人。针对毕业生创业不同阶段的需求，将市场调研、创业指导和创业政策讲解纳入培训内容，提高培训针对性。鼓励符合条件的在校大学生参与"试创业"实践活动和电子商务培训活动，并按规定给予创业培训补贴。鼓励高校与公共就业人才服务机构合作开展创业培训，在高校培养一批SIYB创业培训教师，增强高校创业培训师资力量。（陕政发〔2016〕10号）

在校或者毕业不满两年的大学生自主创办社会服务机构且属于公益慈善类和城乡社区服务类的，可向县级登记管理机关申请直接登记，受理机关应减免开办资金，优先安排创业实训。鼓励科研项目单位吸纳高校毕业生参与研究，按规定将社会保险补助纳入劳务费列支，劳务费不设比例限制。合理安排机关事业单位考录（招聘）和高校毕业生基层服务项目招募时间，创造条件帮助高校毕业生离校前确定就业岗位。各类用人单位均可接收高校毕业生见习，按规定享受就业见习补贴。国家级贫困县、艰苦边远县可将就业见习对象范围扩大到毕业两年内未就业的中职毕业生。将求职创业补贴补助范围扩展到建档立卡贫困家庭高校毕业生。大力引进人才，建立人才分类标准和认定程序，分类给予奖励补贴和生活保障待遇，完善落实各类人才在大中城市落户政策，强化项目聚才、社团荐才、专场招才、中介服务、以才（团队）引才等多渠道引才方式，促进高校毕业生等各类人才来陕就业创业。认真实施留学人员回国创新创业支持计划，简化留学人员学历认证等手续，降低服务门槛。（陕政发〔2017〕49号）

贵州省出台的政策文件：

2012年：省人民政府办公厅关于印发贵州省促进创业投资加快发展的指导意见(试行)的通知（黔府办发〔2012〕17号）

2014年：贵州省高校毕业生就业创业政策摘编-2014-11-26 12:47:33（http://www.gz.hrss.gov.cn/art/2014/11/26/art_101_7909.html）

2016年：省人民政府关于大力推进大众创业万众创新的实施意见（黔府发〔2016〕25号）

2017年：省人民政府办公厅关于全面实施"多证合一、一照一码"登记制度改革的通知（黔府办函〔2017〕149号）

贵州省出台的税费优惠政策：

记注册政策。高校毕业生申办企业可不受出资额限制，申办公司注册资本实行分期到位的原则。高校毕业生申办个体工商户、民营企业，免收管理类、登记类、证照类等有关行政事业性收费。放宽企业住所登记条件，高校毕业生创业不能提交住所(经营场所)产权证明的，可以提交市场开办者、各类园区管委会、村(居)委会、高校、各类大学生创业孵化基地出具的同意在该场所从事经营活动的相关证明，办理工商注册登记。税收优惠政策。持《就业失业登记证》(注明"自主创业税收政策"或附着《高校毕业生自主创业证》)的高校毕业生在毕业年度内(即毕业前一年7月至毕业年7月)从事个体经营的，3年内按每户每年9600元为限额依次扣减其当年实际应缴纳的营业税、城市维护建设税、教育费附加和个人所得税。对高校毕业生创办的小型微型企业，按规定落实好减半征收企业所得税、月销售额或营业额不超过2万元的暂免征收增值税或营业税。从2014年10月1日至2015年12月31日，将月销售额或营业额2至3万元的也纳入暂免征税范围。（人力资源–2014.11.26）（http://www.gz.hrss.gov.cn/art/2014/11/26/art_101_7909.html）

贵州省出台的财政投入扶持政策：

创业投资机构实行奖励补贴政策。对在我省设立的创业投资机构，注册资金达到5000万元及以上，且设立的创业投资企业，注册资金在3000万元以上、5000万元以下的，给予一次性5万元的开办费补贴。（黔府办发〔2012〕17号）

创业投资企业投资带动社会资金在我省投资规模达到2亿元以上的，参照相应享受对金融机构的奖励补贴政策，返还注册登记时的有关费用，给予最高不超过10万元一次性开办费补贴;对符合备案管理要求在我省新于种子期、初创期的项目，在发生全额损失或所投企业破产清算时，经认定可按创业投资企业投资额的一定比例给予补偿。省、市(州)、县(市、区)财政按照7：1：2比例对实收资本达到5000万元以上、实际投资于科技型创业项目的创业投资企业，按实际投资额的3%给予风险补助，补助额最高不超过300万元。允许经备案的创业投资企业按不高于实际投资额1%的比例提取风险补偿金，提高创投企业的抗风险能力。（黔府办发〔2012〕17号）

设立创业投资引导基金，设立省级创业投资引导基金，2012年基金规模为2亿元，以后视财力增长情况逐年增加。通过参股、提供融资担保、跟进投资或其他方式支持创业投资企业的设立和发展，发挥政府资金的杠杆放大效应，大力吸引一流创业投资管理团队，带动更多的社会资本投向政府鼓励项目和符合国家产业政策的领域。同时，做好向国家发改委申请创业投资资金的配套。省级创业投资引导基金管理办法由省发展改革委会商省财政厅等有关部门研究提出。各市(州)人民政府可以根据创业投资发展需要和财力状况设立创业投资引导基金；鼓励境内外各类企业、社会团体及自然人在我省设立创业投资企业，鼓励境内外创业投资企业来我省设立分支机构。大力吸引境内外股权投资基金、创业投资基金、社保基金和证券公司、保险公司、信托投资公司等投资机构在我省依法开展创业投资业务。支持具有一定规模的创业投资企业开展融资创新，通过发行企业债券、推动企业上市等方式增强投融资能力，努力形成多元化的创业投资资本来源渠道。（黔府办发〔2012〕17号）

创业补贴政策。高校毕业生领办创业项目并带动就业，连续正常经营1年以上，一次性给予5000元创业补贴。创业经营场所符合规划、安全和环保要求的，每月按300元标准给予经营场所租金补贴，对实际月租金低于300元的，据实补贴，补贴期限最长不超过3年。（人力资源-2014.11.26）（http://www.gz.hrss.gov.cn/art/2014/11/26/art_101_7909.html）

"3个15万元"政策。高校毕业生创办微型企业可优先享受"3个15万元"扶持政策。即投资者出资达到10万元后，政府给予5万元补助，15万元税收奖励，15万元额度的银行信贷支持。小额担保贷款扶持政策。高校毕业生自主创业，可在创业地按规定申请不超过10万元的小额担保贷款，合伙经营和组织起来就业的，可享受每人不超过10万元、总额不超过200万元的小额担保贷款；从事微利项目的，可享受不超过10万元贷款额度的财政贴息扶持。对毕业生从事电子商务经营或开办"网店"并通过网上交易平台实名注册认证，诚信经营，信用良好，连续从事网络经营6个月及以上，平均月营业额在3000元及以上的，可享受小额担保贷款和贴息政策。大学生科技创业扶持。省科技厅设立1000万的创业扶持引导专项资金，用于扶持大学生创业，支持广大有创业意向和创业潜力的大学生积极开展科技创业，培育一批具有成长潜力的科技型种子企业，鼓励探索创新发展模式，促进创新成果、创意构想转化落地，实现产业化。（人力资源-2014.11.26）（http://www.gz.hrss.gov.cn/art/2014/11/26/art_101_7909.

html）

贵州省出台的平台建设扶持政策：

加快培育"四众"平台。制定实施"贵州省关于加快构建大众创业万众创新支撑平台行动计划"。培育扶持一批低成本、便利化、全要素、开放式的众创空间，培育一批满足大规模标准化产品订单、社区生活服务需要的众包平台，培育一批助推小微企业和创业者成长的众扶平台，打造一批促进中小微企业成长的互联网众筹平台。对具备一定条件的"四众"平台给予20万元至100万元的财政性资金支持，并减免1～3年的宽带、房租等费用。支持建立一批以大学生创业创新俱乐部、大学生创业场、创业沙龙为代表的创业苗圃。支持建设一批"孵化+创投""互联网+创新工场"等新型孵化器，在全省逐步形成"创业苗圃+孵化器+加速器+产业园"阶梯形孵化体系。（黔府发〔2016〕25号）

贵州省出台的创业服务扶持政策：

强化政策指导。"多证合一"涉及面广、关联度高、社会影响大，全省在"五证合一"基础上增加了13项率先实施的涉企证照整合事项（见附件），各地政府要切实做好实施指导，确保各整合事项不折不扣落实到位。各市(州)和县(市、区、特区)政府、贵安新区管委会可依据本地区经济发展特点及区域内产业发展情况，另行增加涉企证照整合事项，省工商局要同步加强工作指导，最大限度推动大众创业万众创新、加快培育发展新动能。（黔府办函〔2017〕149号）

统筹提升窗口建设能力。各级政府政务服务部门和登记机关要围绕"多证合一、一照一码"改革要求，进一步加强综合业务培训，使办事窗口工作人员准确把握改革核心要点，熟练掌握业务流程和工作规范，提高服务效率。按照"合并同类、保留必需、优化简化"的原则，加快办事窗口服务标准化、规范化建设，突出问题导向，进一步整合优化窗口服务功能，真正实现"一个窗口"对外、"一站式"办结，统筹解决"最先一公里"和"最后一公里"问题。（黔府办函〔2017〕149号）

云南省出台的政策文件：

2015年：云南省人民政府关于进一步做好新形势下就业创业工作的实施意见（云政发〔2015〕53号）

2015年：云南省财政厅关于做好2015年度创业园区 众创空间校园创业平台申报认定有关工作的通知（云人社发〔2015〕300号）

2016年：云南省人民政府办公厅关于加快众创空间发展服务实体经济转型升级的实施意见（云政办发〔2016〕65号）

2016年：云南省人民政府关于加快构建大众创业万众创新支撑平台的实施意见（云政发〔2016〕86号）

2016年：云南省人力资源和社会保障厅关于进一步做好2016年高校毕业生就业创业工作的通知（云人社发〔2016〕158号）

云南省出台的税费优惠政策：

毕业学年高校毕业生和毕业后办理《就业失业登记证》1年内的高校毕业生自主创业，不受最低出资额限制，创业注册资本在20万元以内的小微企业实行实际出资额"零首付"（2年内到位）。（云政发〔2015〕53号）

高校毕业生新办小微企业的，可实行试营业备案制度，除国家明确限制的特殊行业和需要前置审批的经营范围外，经工商部门备案后允许试营业1年，试营业期内可不办理工商注册登记，1年后如需继续经营的，按照规定申请办理工商注册登记。（云政发〔2015〕53号）

对应届高校毕业生创办的小微企业年应纳税所得额6万元以下的，其所得额按50%计入应纳税所得额，是扶持高校毕业生自主创业，按20%的税率缴纳企业所得税。（云政发〔2015〕53号）

云南省出台的财政投入扶持政策：

在云南省内高校就读的毕业学年或毕业5年内、在我省创业的大学生个人或团队经营实体，经项目评审后，给予3万~5万元一次性无偿资金资助。（云政发〔2015〕53号）

自主创业的毕业生，创业注册资本在20万元以内的小微企业实行实际出资额"零首付"。

大学生创业场租补贴，对在云南省内高校就读的毕业学年或毕业1年内、在我省创业的大学生个人，未享受大学生创业园区孵化的经营实体，经审核，给予5000元的一次性场租补贴。（云政发〔2015〕53号）

大学生创业网店补贴，对在云南省内高校就读的毕业学年或2014年后毕业、在我省创业的大学生个人或团队，在电子商务网络平台上开展电子商务的经营形式（其所依托的电子商务网络平台企业应在商务部门公示的电子商务示范企业名单之内），持续经营半年以上，且月收入超过当地最低工资标准，无违法违规交易行为，经认定后，给予2000元的一次性网店补贴。（云人社发〔2015〕300号）

云南出台"贷免扶补"新模式，对有创业能力的高校毕业生、农民工、复转军人、留学回国人员等提供5万元的创业小额贷款（其中，大学生申请创业贷款的额度放宽到10万元。

对首次创业并稳定1年以上的，给予1000元至3000元创业补贴；实施"两个10万元"微型企业培育工程。带动5人以上就业，投资达10万元以上且实际货币投资7万元以上的，每户给予3万元补助，有贷款需求的，给予10万元以下银行贷款支持；二次贷款贴息，对经"贷免扶补"或小额担保贷款政策扶持，稳定经营2年以上、带动就业5人以上、偿还贷款记录良好、并按期纳税的优秀大学生经营实体，经过评审后，每年评审1000个，协调金融机构再次给予2年期50万元以内的贷款扶持，按照人民银行公布的同期贷款基准利率的60%给予贴息。（云人社发〔2015〕300号）

省财政增加5000万元投入，全省创业专项资金规模达到1.5亿元；二次贷款贴息，对经"贷免扶补"或小额担保贷款政策扶持，稳定经营2年以上、带动就业5人以上、偿还贷款记录良好、已还清全部贷款、并按期纳税的优秀大学生经营实体，通过项目评审后，金融机构再次给予2年期50万元以内的贷款扶持，并按人民银行公布的贷款基准利率的60%给予贴息。（云人社发〔2015〕300号）

建立省级高校毕业生就业创业基金，开展毕业生年度内大学生创业

培训，加大大学生创业园区建设力度，云南省设立了1个亿的创业资金。（云人社发〔2015〕300号）

续评选200个大学生创业实体，按规定给予3万元到5万元的无偿资助；在全省评选优秀大学生创业实体，按规定给予两年期50万元以内的"二次贷款"扶持；对未享受创业园区扶持的大学生创业实体给予5000元的创业场租补贴；对从事网店创业的大学生创业者给予2000元网店创业补贴。对高校、技工院校毕业生和在校高年级学生创办的科技型小微企业，创业担保贷款额度由10万元提高到20万元并按规定享受贴息政策。2017年通过"贷免扶补"、创业担保贷款扶持高校毕业生、技工院校毕业生创业比例力争达到10%。（云人社发〔2015〕300号）

云南省出台的平台建设扶持政策：

资金拨付机制。创业园区、众创空间、校园创业平台项目资金实行分期按比例拨付、省级人社、财政部门组织评审认定后拨付项目资金的70%、半年后经人社、财政部门复审合格的，拨付剩余补助资金。（云人社发〔2015〕300号）

全省已建成的创业园、众创空间、校园创业平台，要对所有大学生开放并提供免费孵化服务，落实好创业帮扶"1+3"跟踪服务措施，帮助毕业生提高创业能力和市场运营能力，实现稳定创业。（云人社发〔2016〕158号）

配套建立"1+3"跟踪服务机制让不少创业者生获益匪浅。建立大学生"村官"创业园。（云人社发〔2016〕158号）

在省内10所高校建立的"云南省毕业年度高校毕业生创业培训基地"，计划组织5000名高校毕业生参加创业培训。为入住全省45个大学生创业园区创业的大学生，提供工商、税务等"一站式"服务。（云人社发〔2016〕158号）

2017年省级创业平台建设补助资金将采取"项目预拨 跟踪审核"的方式，结合各地申报情况按70%比例预拨补助资金，支持创业平台建设，预拨资金的使用情况将纳入评审范围。省级创业平台认定6个月后，省人社厅、财政厅将实施复审，复审合格后拨付剩余30%补助资金，对未能通过复审的"创业平台"，按规定收回已拨付资金。（云人社发〔2017〕26号）

四川省出台的政策文件：

2014年：四川省人民政府办公厅关于加大力度促进高校毕业生就业创业的意见（川办发〔2014〕26号）

2015年：四川省人民政府关于全面推进大众创业、万众创新的意见（川府发〔2015〕27号）

2015年：四川省人民政府关于进一步做好新形势下就业创业工作的意见（川府发〔2015〕38号）

2017年：四川省关于支持返乡下乡人员创业创新促进农村一二三产业融合发展的实施意见（川办发〔2017〕32号）

2017年：四川省人民政府关于做好当前和今后一段时期就业创业工作的实施意见（川府发〔2017〕53号）

四川省出台的税费优惠政策：

对于进入省级小企业创业示范基地的科技型小微企业，给予企业50%的厂房租金补助。切实落实好对小微企业等的税收优惠政策和普遍性降费政策。（川办发〔2017〕32号）

四川省出台的财政投入扶持政策：

从2014年1月1日起，对在校大学生和毕业5年内的高校毕业生，在高校创业园、孵化园、科技园、创新创业俱乐部等创新创业平台内孵化的创业项目，经学校和有关部门确认，对创业团队或项目给予1万元创业补贴。同一领创主体有多个创业项目的，最高补贴可达到10万元。所需资金由省财政从高校毕业生创业补贴资金中安排。（川办发〔2014〕26号）

对在校大学生和毕业5年内的高校毕业生在上述高校创新创业平台内通过工商注册或民政登记的创业主体（含其他依法设立、免于注册或登记的创业主体，如在电子商务网络平台开办"网店"、农业职业经理人等），给予1万元创业补贴。所需资金由省财政从高校毕业生创业补贴资金中安排。在上述高校创新创业平台以外进行工商注册或民政登记的创业主体（含其他依法设立、免于注册或登记的创业主体，如在电子商务网络平台开办"网店"、农业职业经理人等），由所在地市或县级人民政府给予1万元创业补贴，省财政从高校毕业生创业补贴资金中补助地方政府一半。（川办发〔2014〕26号）

大学生创业实体吸纳就业并按规定缴纳社会保险费的，可向创业所在地公共就业服务机构申请一次性奖励。招用3人（含3人）以下的按每人2000元给予奖励，招用3人以上的每增加1人给予3000元奖励，总额最高不超过10万元。（川办发〔2014〕26号）

对小型、微型企业新招用毕业年度高校毕业生，签订1年以上劳动合同并按时足额缴纳社会保险费的，当地政府从就业专项资金中对企业给予1年的社会保险补贴，政策执行期限暂定至2015年底。科技型小微企业招收高校毕业生达到一定比例的，可申请不超过200万元的小额贷款，并享受财政贴息。（川办发〔2014〕26号）

求职创业补贴：对在毕业年度有就业创业意愿并积极求职创业的低保家庭、残疾及获得国家助学贷款的高校毕业生，给予一次性800元补贴。（川办发〔2014〕26号）

对在校大学生和毕业5年内的高校毕业生，在工商部门注册或民政部门登记，以及其他依法设立、免于注册或登记的创业实体（如开办网店、农业职业经理人等），给予1万元创业补贴。在高校或地方各类创业园区（孵化基地）内孵化的创业项目，每个项目给予1万元补贴。同一领创主体有多个创业项目的，最高补贴可达到10万元。（川府发〔2015〕27号）

组织实施"四川青年创业促进计划"，向符合条件并通过评审的创业青年发放3万～10万元免息、免担保的创业资金贷款，贷款周期为3年，并一对一匹配专家导师开展创业帮扶。科技型小微企业招收高校毕业生达到一定比例的，可申请不超过200万元的小额贷款，并享受财政贴息。加强银行业机构与团委合作，鼓励银行业机构创新设计"青年创业"贷

款。落实小额担保贷款政策，加大对创业青年的金融支持力度。（川府发〔2015〕27号）

设立四川省创新创业投资引导基金，发挥财政资金杠杆作用，通过市场机制引导社会资金和金融资本支持创新创业，重点支持初创期、种子期及成长期的科技型中小微企业。积极争取设立国家参股新兴产业创投基金，通过设立创业投资子基金、贷款风险补偿等方式支持科技型中小企业发展。用好中小企业发展专项资金、电子商务财银联动资金，运用风险补助和投资保障等方式，引导创业投资机构投资于科技型中小微企业。发挥财税政策作用，支持天使投资、创业投资发展，培育发展天使投资群体。（川府发〔2015〕27号）

励各地开展创新券补助政策试点，支持科技型中小微企业利用创新券，向高等学校、科研机构、科技中介服务机构及大型科学仪器设施共享服务平台购买所需科研服务，相关科研服务机构持创新券到政府部门兑现补贴。省科技、财政部门根据上一年度各地的补助额度，给予适当补助。（川府发〔2015〕27号）

加大政策扶持力度。全面落实支持和促进重点群体创业就业的财政扶持、税收优惠等政策。对首次创办小微企业或从事个体经营并正常经营1年以上的就业困难人员，给予创业补贴。对在高附加值产业创业的劳动者，给予创业扶持政策倾斜。农民工等人员返乡下乡创办或领办农民合作社、种养大户、家庭农场、建筑业小微作业企业、传统工艺（非遗产品）工作坊、"扶贫车间"等生产经营主体，依法办理工商登记注册的可按规定享受小微企业扶持政策。实施"互联网+"现代农业行动，加强创业培训、创业指导和服务对接，促进电商与农村经营主体有机结合，拓展经营空间。统筹推进"双创"示范基地建设，着力构建"校、地、企"创业主体协同推进格局。鼓励各地整合资源，加快建设一批市场化、专业化、集成化、网络化众创空间，打造一批资源集聚能力强、辐射范围广、具有区域特色的创业孵化基地，为创业者提供全方位、高质量的创业指导和服务。各地可根据创业孵化基地入驻实体数量和孵化效果，给予一定奖补。

对确有需要的创业企业，可适当延长孵化周期。（川府发〔2017〕53号）

鼓励银行业金融机构在现有法律框架下，积极探索开展外部投贷联动业务，提升对科技创新企业金融服务能力。支持企业改制上市、挂牌，利用主板、中小板、创业板、"新三板"、天府（四川）联合股权交易中心及国外资本市场实现融资。促进天使投资、创业投资、互联网金融等规范发展，灵活高效满足创业融资需求。（川府发〔2017〕53号）

四川省出台的平台建设扶持政策：

经评审符合条件的创新创业俱乐部，可申请100万～300万元左右的资金补助，用于创新创业培训、项目孵化和设备购置等。规模较大、成效突出的创新创业俱乐部，经项目验收合格的，可申请连续资金补助。经评审符合条件的大学生创新创业园，根据其规模和发展情况，可申请100万～500万元的资金补助，主要用于基础设施建设、孵化平台建设、创新创业团队及项目资助、创新创业辅导培训等。（川府发〔2015〕27号）

利用工业用地建设的科技企业孵化器，在不改变科技企业孵化服务用途的前提下，其载体房屋可按幢、层等有固定界限的部分为基本单元进行产权登记并出租或转让。对申报国家高新区的省级高新区孵化器和各市（州）重点建设的孵化器给予专项支持500万～1000万元。对新认定的国家级孵化器给予专项项目支持50万～100万元。（川府发〔2015〕27号）

建立一批以创新创业活动中心（俱乐部）、创业场、创业沙龙为代表的创业苗圃，建立一批科技企业孵化器（包括孵化大楼、孵化工场、孵化园区等）和"孵化+创投"、创新工场等新型孵化器，加快建设一批创新创业园，在全省逐步形成"创业苗圃（前孵化器）+孵化器+加速器+产业园"阶梯形孵化体系，为科研人员、大学生、返乡农民工、失业人员等各类创业者提供服务。鼓励地方政府对众创空间的房租、宽带网络、公共软件等给予适当补贴，或通过盘活商业用房、闲置厂房等资源提供成本较低的场所。可在符合土地利用总体规划和城乡规划前提下，或利用原有经批准的各类园区建设创业基地，打造一批创业示范基地。（川府发〔2015〕38号）

四川省出台的创业服务扶持政策：

开展电子营业执照和全程电子化登记，实施简易注销登记，不断简化办事程序，优化创业环境。积极推进市场监管领域综合行政执法改革，进一步减少执法层级，推进执法重心下移，着力解决重复检查、多头执法等问题。深入实施"创业四川七大行动"，打造"天府杯"等四川创业大赛品牌，加快科技成果转化，提升创新创业服务能力，充分激发科技人员、高层次人才、青年大学生和返乡农民工等各类草根能人创新创业活力。（川府发〔2017〕53号）

开展企业"三证合一""五证合一"登记改革，除法律、行政法规另有规定外，取消有限责任公司最低注册资本3万元、一人有限责任公司最低注册资本10万元、股份有限公司最低注册资本500万元的限制。放宽无产权证明房屋作为经营性用房的企业住所或经营场所登记限制，对利用家庭住宅或租用居民住宅申请从事电子商务、设计等不影响居民正常生活的创新型企业，经利害关系人同意，允许将其住宅登记为经营场所。（川办发〔2017〕32号）

甘肃省出台的政策文件：

2014年：甘肃省人民政府办公厅关于做好2014年普通高等学校毕业生就业创业工作的通知(甘政办发〔2014〕103号)

2015年：甘肃省人民政府关于进一步做好新形势下就业创业工作的实施意见（甘政发〔2015〕63号）

2015年：甘肃省人民政府关于印发甘肃省大力推进大众创业万众创新实施方案的通知（甘政发〔2015〕98号）

2016年：中国人民银行 财政部 人力资源社会保障部关于实施创业担保贷款支持创业就业工作的通知(银发〔2016〕202号)

2017年：甘肃省人民政府关于印发甘肃省深入推进"互联网+政务服务"工作方案的通知（甘政发〔2017〕14号）

2017年：甘肃省人民政府关于做好当前和今后一段时期就业创业工作

的实施意见（甘政发〔2017〕47号）

甘肃省出台的税费优惠政策：

对高校毕业生创办的小型微型企业，其所得减按50%计入应纳税所得额，按20%的税率缴纳企业所得税；月销售额不超过2万元的暂免征收增值税和营业税。在电子商务网络平台开办"网店"的高校毕业生，可享受小额担保贷款和贴息政策。（甘政办发〔2014〕103号）

将企业吸纳就业税收优惠的人员范围由失业1年以上人员调整为失业半年以上人员，各类企业在新增加的岗位中，当年新招用持《就业创业登记证》半年以上的失业人员，符合相关条件的，按实际招用人数予以定额依次扣减营业税、城市维护建设税、教育费附加、地方教育附加、价格调节基金和企业所得税，定额标准为每人每年5200元。高校毕业生、登记失业人员等重点群体创办个体工商户、个人独资企业，符合相关条件的，可依法享受税收减免政策，按每户每年9600元为限额依次扣减其当年实际应缴纳的营业税、城市维护建设税、教育费附加、地方教育附加、价格调节基金和个人所得税。各级政府要全面清理涉企行政事业性收费、政府性基金、具有强制垄断性的经营服务收费和行业协会、商会涉企收费，对涉企收费项目清单通过政府网站和公共媒体定期对外公开。（甘政发〔2015〕63号）

全面落实重点群体和退役士兵创业就业定期限额扣减税收优惠、小微企业增值税起征点优惠、小型微利企业所得税减半征收优惠、创业投资企业按投资额的一定比例抵扣应纳税所得额优惠以及安置残疾人员工资加计扣除等各类税收优惠政策，减轻企业创业初期税收负担，支持企业创业发展带动社会就业。（甘政发〔2017〕47号）

落实税费优惠政策。全面落实重点群体和退役士兵创业就业定期限额扣减税收优惠、小微企业增值税起征点优惠、小型微利企业所得税减半征收优惠、创业投资企业按投资额的一定比例抵扣应纳税所得额优惠以及安置残疾人员工资加计扣除等各类税收优惠政策，减轻企业创业初期税收负担，支持企业创业发展带动社会就业。（甘政发〔2017〕47号）

甘肃省出台的财政投入扶持政策：

经办银行对符合条件的个人发放的创业担保贷款最高额度为10万元。对符合条件的借款人合伙创业或组织起来共同创业的，贷款额度可适当提高，最高不超过50万元。面向个人发放的创业担保贷款期限最长不超过3年；贷款经经办银行认可，可以给予最多1年展期；享受财政贴息的个人创业担保贷款，贷款利率可在贷款合同签订日贷款同期基准利率的基础上上浮一定幅度，具体标准为58个片区贫困县上浮不超过2个百分点，其他县（市、区）上浮不超过1个百分点。实际贷款利率由经办银行在上述利率上限内与创业担保贷款担保基金运营管理机构协商确定。各经办银行不得以任何形式变相提高个人创业担保贷款实际利率或额外增加贷款不合理收费；经办银行根据小微企业实际招用符合条件的人数合理确定创业担保贷款额度，最高不超过200万元。贷款期限最长不超过2年。贷款利率由经办银行根据借款人的经营状况、信用情况等与借款人协商确定。（银发〔2016〕202号）

在网络平台实名注册、稳定经营且信誉良好的网络商户创业者，可按规定享受创业担保贷款及贴息政策。指导新兴业态企业改善用工管理，新招用劳动者符合相关条件的，按规定给予就业创业支持。（甘政发〔2017〕47号）

积极发挥省级战略性新兴产业创业投资基金、战略性新兴产业创业投资引导基金、中小企业发展基金、兰白试验区科技创新创业引导基金、兰白试验区科技投资基金等各类政府引导基金和投资基金的作用，吸引金融资金、创投资金、社会资本进入新兴经济领域，多渠道为早中期、初创期创新型企业提供融资支持，进一步推动新兴业态就业创业；充分发挥省级创业带动就业扶持资金的作用，对省级返乡创业示范县、国家级和省级创业型城市、国家级和省级创业就业孵化示范基地（园区）、入孵初创企业，以及符合条件的初创高校毕业生或返乡创业人员创业项目、创业典型等给予资金扶持。建立资金使用绩效评估机制，提高资金使用效益。充分利用甘肃省高校大学生创新创业专项资金，继续实施高校大学生就业创业能力提升工程，夯实大学生就业创业基础。对首次创办小微企业或从事个体经营并正常经营1年以上的高校毕业生、就业困难人员，鼓励有条件的市州、县区开展一次性创业补贴试点工作。研究制定甘肃省创业担保贷款实施办法，进一步创新创业担保贷款模式，在政策允许和风险可控的前提下，降低反担保要求，推动金融机构对符合条件的个人发放创业担保贷款，最高额度为10万元。对符合条件的借款人合伙创业或组织起来共同创业的，贷款额度可适当提高。根据小微企业实际招用人数合理确定创业担保贷款额度，最高不超过200万元。开展创业创新金融服务试点工作，持续推动创业创新金融服务平台建设，不断加大对全省各类双创示范区支持力度。促进天使投资、创业投资、互联网金融等规范发展，灵活高效满足创业融资需求。有条件的地方可通过财政出资引导社会资本投入，设立高校毕业生就业创业基金，为高校毕业生创业提供股权投资、融资担保等服务。（甘政发〔2017〕47号）

积极发挥省级战略性新兴产业创业投资基金、战略性新兴产业创业投资引导基金、中小企业发展基金、兰白试验区科技创新创业引导基金、兰白试验区科技投资基金等各类政府引导基金和投资基金的作用，吸引金融资金、创投资金、社会资本进入新兴经济领域，多渠道为早中期、初创期创新型企业提供融资支持，进一步推动新兴业态就业创业。（甘政发〔2017〕47号）

研究制定甘肃省创业担保贷款实施办法，进一步创新创业担保贷款模式，在政策允许和风险可控的前提下，降低反担保要求，推动金融机构对符合条件的个人发放创业担保贷款，最高额度为10万元。对符合条件的借款人合伙创业或组织起来共同创业的，贷款额度可适当提高。根据小微企业实际招用人数合理确定创业担保贷款额度，最高不超过200万元。开展创业创新金融服务试点工作，持续推动创业创新金融服务平台建设，不断加大对全省各类双创示范区支持力度。促进天使投资、创业投资、互联网金融等规范发展，灵活高效满足创业融资需求。有条件的地方可通过财政出资引导社会资本投入，设立高校毕业生就业创业基金，为高校毕业生创

业提供股权投资、融资担保等服务。（甘政发〔2017〕47号）

甘肃省出台的平台建设扶持政策：

各级人社、工信部门要充分利用现有资源积极推进大学生创业园、创业孵化基地和小企业创业基地建设，力争今年省上新建7个省级创业示范园、2个留学人员创业示范园、4个大学生创业示范园、8个创业孵化基地。（甘政办发〔2014〕103号）

实施陇原"双创"千亿元产业行动计划，创建国家新兴产业"双创"示范基地、小微企业创业基地示范城市，加快兰州市城关区等省级"双创"示范县（区、市）建设。组织实施创业创新平台、创业创新示范园、大学科技创新园建设及农村创业富民和信息惠民新业态培育发展等5大工程，打造线上线下相结合的大众创业、万众创新载体。（甘政发〔2015〕98号）

加快推动双创示范区（基地）、创业孵化基地（园区）建设，鼓励利用各类园区、老旧商业设施、仓储设施、闲置楼宇、过剩商业地产建设创业孵化基地。就业创业孵化基地实行分级负责、动态管理，优胜劣汰。2020年前，建成100个省级创业就业孵化示范基地（园区），对符合条件的省上给予每个60万元奖励补助。加快发展专业性众创空间，形成线上与线下、孵化与投资相结合的开放式综合服务载体，为中小企业发展提供低成本、便利化、全要素服务。整合部门资源，发挥孵化基地资源集聚和辐射引领作用，为创业者提供指导服务和政策扶持，对确有需要的创业企业，可适当延长孵化周期。（甘政发〔2017〕47号）

优化创新创业平台。加快推动双创示范区（基地）、创业孵化基地（园区）建设，鼓励利用各类园区、老旧商业设施、仓储设施、闲置楼宇、过剩商业地产建设创业孵化基地。就业创业孵化基地实行分级负责、动态管理，优胜劣汰。2020年前，建成100个省级创业就业孵化示范基地（园区），对符合条件的省上给予每个60万元奖励补助。加快发展专业性众创空间，形成线上与线下、孵化与投资相结合的开放式综合服务载体，为中小企业发展提供低成本、便利化、全要素服务。整合部门资源，发挥孵化基地资源集聚和辐射引领作用，为创业者提供指导服务和政策扶持，对确有需要的创业企业，可适当延长孵化周期。（甘政发〔2017〕47号）

甘肃省出台的创业服务扶持政策：

未进行工商登记注册的网络商户从业人员，可认定为灵活就业人员，享受灵活就业人员扶持政策，其中在网络平台实名注册、稳定经营且信誉良好的网络商户创业者，可按规定享受创业担保贷款及贴息政策。指导新兴业态企业改善用工管理，新招用劳动者符合相关条件的，按规定给予就业创业支持。（甘政发〔2017〕47号）

优化创业环境。全面落实创业扶持政策，深入推进简政放权、放管结合、优化服务改革。深化商事制度改革，全面实施企业"五证合一、一照一码"、个体工商户"两证整合"，部署推动"多证合一"。进一步规范行政审批行为，继续取消调整和下放行政审批事项，大力推行并联审批，推广"互联网+行政审批""一个窗口办理""一站式"审批等模式，提高审批效率。加快甘肃政务服务网建设，创新服务方式，推动更多部门将实体政务大厅向网上办事大厅延伸。总结推广统一市场监管试点经验，按照中央安排，积极推进我省统一市场监管领域综合执法体制改革，切实解决重复检查、多头执法等问题。（甘政发〔2017〕47号）

规范网上政务服务平台建设。推进各级各部门业务系统与甘肃政务服务网的互联互通，加强平台间对接联动，统一身份认证，按需共享数据，做到"单点登录、全网通办"。各市州、各部门新建涉及社会管理、公共服务、市场监管等职能的网上政务服务信息系统原则上要依托甘肃政务服务网建设，已经建成的网上政务服务信息系统要做好与甘肃政务服务网的对接工作。继续完善甘肃政务服务网网站群、行政权力事项管理、行政审批及电子监察等相关业务系统，建立统一公共支付平台、电子材料管理系统、政务服务监督考核系统等政务服务管理系统，形成权威、便捷的一体化网上政务服务平台。加快建设统一的电子政务网络、云平台、数据共享交换平台、安全保障体系等电子政务公共基础设施，通过政府购买服务等方式，积极推进电子政务云平台计算、存储等能力按需扩容，为网上政务

服务提供支撑和保障。（甘政发〔2017〕14号）

青海省出台的政策文件：

2015年：青海省人民政府关于进一步做好新形势下就业创业工作的实施意见（青政〔2015〕63号）

2015年：青海省人民政府办公厅关于印发青海省深化高等学校创新创业教育改革实施方案的通知（青政办〔2015〕194号）

2016年：关于做好2016年全省高校毕业生就业创业工作的通知（青人社厅函〔2016〕190号）

2017年:青海省促进高校毕业生就业创业政策问答(http://zczsk.qhhrss.gov.cn/QhWeb/zcfg/zcfgxx.action?rid=ef8c14e85a6f95b7015bad735acf0002)

青海省出台的财政投入扶持政策：

对高校毕业生创办的小微企业参加省级以上政府举办的国家级大型会展或国外知名会展的给予2000元展位补贴，单个企业每次可补贴两个展位。对创业成功正常经营1年以上的高校毕业生及时兑现5000元一次性创业奖励。（青政〔2015〕63号）

对登记失业的高校毕业生，其自主创业、取得营业执照并正常经营三个月以上的(2015年8月20日以后登记注册)给予一次性创业补贴。其中：对自主创业的给予2000元的补贴，对两人及以上合伙创业的给予3000元的补贴；对2015年1月1日以后登记注册，创业成功且正常经营1年以上的高校毕业生给予10000元一次性创业奖励。（青政〔2015〕63号）

参加就业创业培训补贴，享受创业培训补贴的还包括创业初期(开业5年以内或者长期经营不善的人员)的创业者。高校学生(包括技师学院高级工班、预备技师班和特殊教育学院职业教育类学生)在校期内均可参加创业培训，享受高校毕业生培训补贴政策。城乡未就业人员每年享受一次培训补贴，不得重复申请。（青政〔2015〕63号）

补贴标准：一年以上培训按照物价部门核定的学费标准确定。其中，培训一至两年的，给予一年补贴，三年及以上的给予两年补贴。一年以内短期培训按省人社、财政部门核定的培训课时和标准补贴。补贴按以下规定测算：属于鉴定工种的取得职业资格证明，不属于的取得培训合格证，并在6个月内实现就业的，按100%给予补贴；取得证书，6个月内没有实现就业，或者未取得证书，但6个月内实现就业的，均按80%给予补贴；未取得证书，且未在6个月内实现就业的，按70%给予补贴；未完成培训的不予补贴。一年以上培训，年度内培训仍在继续的，按实际参训人数全额兑付当年补贴，培训的最后年度补贴额按上述比例和要求测算。（青政〔2015〕63号）

初次创业的高校毕业生可申请最高不超过10万元为期2年的小额担保贷款并给予财政贴息；对合伙经营或组织起来就业的，按人均10万元、总额50万元以内给予为期2年的小额担保贷款并给予财政贴息；合伙经营两年以上的小额担保贷款可扩大到100万元以内。同时，各银行业金融机构要进一步完善通过抵押、质押、联保、保证和信用贷款等多种方式，多途径为大学生解决反担保难问题，切实落实银行贷款和财政贴息。（青政〔2015〕63号）

开展大学生创业信用贷款。坚持"家长知情、学校认可、组织确认"的原则，创业高校毕业生在提交家长知情同意书、毕业学校出具鉴定证明的前提下，由大学生创业孵化中心初审、就业部门审核，并在1名公职人员保证下，银行业金融机构给予创业高校毕业生一般不超过3万元的信用贷款，贷款期限一般不超过2年；建立"小额信用贷款＋信用社区建设＋创业培训"联动工作机制，鼓励金融机构对信用社区的高校毕业生提供小额信用贷款。（青政〔2015〕63号）

接受再担保的各融资性担保机构10%以上的业务量应为支持高校毕业生创业等政策性业务。各银行业金融机构对个人或合伙创办经营项目申请小额担保贷款的，反担保比例不超过实际贷款额的50%。（青政〔2015〕63号）

各州（市）、县创业担保基金、支农担保基金、中小企业担保基金要积极参与鼓励高校毕业生创业担保业务。建立职责明确的贷款风险分担

机制，按比例承担贷款风险，小额担保贷款基金承担70%，经办银行承担25%，担保公司承担5%。（青政〔2015〕63号）

设立省级创业促就业扶持资金，每年从失业保险基金滚存结余中按10%比例提取。（青政〔2015〕63号）

将小额担保贷款调整为创业担保贷款，贷款额度统一调整为10万元，合伙创业的可以累加。对个人发放的创业担保贷款，在基础利率上上浮3个百分点以内的，由财政给予贴息。（青政〔2015〕63号）

城镇登记失业人员、农牧区转移就业劳动者、毕业年度和未就业高校毕业生、城乡未继续升学应届初高中毕业生等各类城乡未就业劳动力，包括服刑、强制戒毒人员，及企业新招用人员。享受创业培训补贴的还包括创业初期（开业5年以内或者长期经营不善的人员）的创业者。高校学生（包括技师学院高级工班、预备技师班和特殊教育学院职业教育类学生）在校期内均可参加创业培训，享受高校毕业生培训补贴政策。(http://zczsk.qhhrss.gov.cn/QhWeb/zcfg/zcfgxx.action?rid=ef8c14e85a6f95b7015bad735acf0002)

青海省出台的平台建设扶持政策：

加快高校大学生创业园建设。青海大学、青海师范大学、青海民族大学要加快大学生创业园建设，尽快投入使用，届时，省人力资源和社会保障厅将统一授名挂牌。在此基础上，各高校结合各自情况制定管理办法，规范创业园管理，切实发挥带动大学生创业的效应。省人力资源和社会保障厅将不定期进行督促检查，分类指导、管理、扶持和服务，通过阶段性评价和等级认定，提升创业园对入驻企业和创业大学生服务水平，推动高校创业园健康发展。（青人社厅函〔2016〕190号）

青海省出台的创业服务扶持政策：

实施大学生创业引领计划。各市（州）要将实施大学生创业引领计划纳入各级"双创"工作总体安排，会同有关部门做好沟通协调，加大人力财力投入，切实抓好各项政策措施的贯彻落实，为高校毕业生提供全方位创业服务，提高精准帮扶效率，促进其尽早实现创业。2016年，全省共扶持1000名高校毕业生自主创业，具体任务分解为：省人才交流中心120人，西宁市220人，海东市180人，海西州130人，海南州100人，海北州90人，黄南州80人，果洛州40人，玉树州40人。2016年，全省组织2200名大中专毕业生参加创业培训，具体任务分解为：省人才交流中心200人，西宁市550人，海东市550人，海西州200人，海南州100人，海北州100人，黄南州200人，果洛州200人，玉树州100人。（青人社厅函〔2016〕190号）

实施未就业大中专毕业生专项就业培训工程。各市（州）要按照《关于印发〈2016年全省城乡劳动力技能培训实施方案〉的通知》（青政办〔2016〕16号）安排，抓好2016年度未就业大中专毕业生就业专项培训，确保各项培训任务的全面完成。同时，要加强培训机构的管理，注重培训效果的跟踪评估，不断增强培训针对性和实效性，确保专项培训取得实效。年内全省计划培训6840人，其中，组织4840名未就业大中专毕业生进行能力素质专项和产业技能人才培训；组织2000名未就业大中专毕业生进行创业培训。（青人社厅函〔2016〕190号）

做好高校毕业生就业创业宣传工作。各市（州）要加快公共就业服务信息化建设，重视网络传播移动化、信息服务个性化的发展趋势，运用新媒体技术优势，积极打造更适合高校毕业生等青年群体的宣传平台。要充分利用大数据、微信、微博、客户端等新技术，和报纸、广播、电视、网络、手机短信、LED显示屏等平台，通过印发政策宣传手册、张贴宣传海报、制作宣传片、制播公益性广告等形式，全方位宣传国家及我省促进高校毕业生就业创业政策措施、高校毕业生就业创业典型事例，帮助高校毕业生了解就业形势、熟悉就业政策、知晓就业信息，做好充分的就业创业准备。要认真总结高校毕业生"换脑筋、闯市场"主题宣教活动实施两年来取得的经验，结合新形势下高校毕业生就业创业特点，按照主题宣教活动总体部署，将今年的主题宣教工作规划好、内容安排好、活动开展好，确保主题宣传教育专项活动顺利推进。要抓住高校毕业生求职的关键期和不同类别、不同阶段高校毕业生的求职意向，要加强舆情收集、分析和研

判，密切关注高校毕业生就业形势变化和热点问题，及时回应社会关切，做好舆论引导。（青人社厅函〔2016〕190号）

宁夏回族自治区出台的政策文件：

2014年：自治区人民政府办公厅关于做好全区普通高等学校毕业生就业创业工作的通知（宁政办发〔2014〕180号）

2016年：宁夏回族自治区人力资源和社会保障厅 财政厅关于做好2016年普通高校毕业生就业创业工作的通知（宁人社发〔2016〕87号）

2016年：关于开展全区高等学校创新创业教育改革项目申报工作的通知（宁教高办〔2016〕106号）

2017年：自治区人民政府关于促进创业投资持续健康发展的实施意见（宁政发〔2017〕43号）

宁夏回族自治区出台的税费优惠政策：

认真落实税费优惠政策。对毕业年度内的高校毕业生创办的小微企业，在工商注册登记之日起3年内，免收登记类、证照类和管理类等行政事业性收费；同时，月销售额或营业额低于2万元的，暂免征收增值税或营业税；符合条件的小微企业享受有关企业所得税优惠政策。对毕业年度内从事个体经营的高校毕业生，月销售额或营业额不超过2万元的，按次销售或营业额不超过500元的，免征增值税或营业税；同时在3年内按每户每年9600元为限额依次扣减其当年实际应缴纳的营业税、城市维护建设税、教育费附加和个人所得税。（宁政办发〔2014〕180号）

应届高校毕业生首次创办个体工商户、个人独资企业的，自登记之日起3年内免缴登记类、管理类和证照类的各项行政事业性收费，依法享受地方各项税收优惠政策。对自主创业的，月销售额、营业额不超过3万元的，免征增值税、营业税。在2016年12月31日前，对持有《就业创业证》（注明"自主创业税收政策"或"毕业年度内自主创业税收政策"）人员从事个体经营的，3年内按每户每年9600元为限额依次扣减其当年实际应缴纳的增值税、城市维护建设税、教育费附加、地方教育费附加和个人所得税；对商贸企业、服务型企业、劳动就业服务企业中的加工型企业和街道社区具有加工性质的小型企业实体，在新增加的岗位中，当年新招用持《就业创业证》已登记失业半年以上人员，与其签订1年以上劳动合同并依法缴纳社会保险费的，在3年内按实际招用人数每人每年5200元定额标准依次扣减增值税、城市维护建设税、教育费附加、地方教育附加和企业所得税。（宁人社发〔2016〕87号）

完善创业投资税收政策。参照自治区党委《关于融入"一带一路"加快开放宁夏建设的意见》（宁党发〔2015〕22号），对在宁投资新办且从事国家允许或鼓励发展产业的创投企业，其自用土地的城镇土地使用税和自用房产的房产税实行"三免三减半"优惠；依法享受国家"西部大开发"各项优惠政策，除减按15%税率征收企业所得税外，从其取得第一笔生产经营收入所属纳税年度起，第1年至第3年免征企业所得税地方分享部分，第4年至第6年减半征收企业所得税地方分享部分。创业投资企业采取股权投资方式投资于未上市的中小高新技术企业2年以上的，符合国家相关规定的，可按其投资额的70%，在股权持有满2年的当年抵扣该创业投资企业的应纳税所得额，当年不足抵扣的，可以在以后纳税年度结转抵扣。鼓励有条件的市县、园区为创业投资机构提供财政、购房等补贴政策，支持创业投资机构向科技、金融集聚区聚集。（宁政发〔2017〕43号）

宁夏回族自治区出台的财政投入扶持政策：

认真落实创业补贴扶持政策。鼓励各地充分利用现有资源建设大学生创业园、创业孵化基地和小企业创业基地，为高校毕业生提供创业经营场所支持。应届高校毕业生从事创业项目并带动就业且连续正常经营1年以上的，经人力资源社会保障、财政等部门认定，自治区财政一次性给予6000元创业补贴。（宁政办发〔2014〕180号）

发挥小微企业就业主渠道作用。各地要将落实小微企业扶持政策与做好高校毕业生就业工作结合起来，鼓励小微企业及各类非公有制经济组织积极吸纳高校毕业生就业。科技型小微企业招收毕业年度高校毕业生达到企业现有在职职工总数20%（超过100人的企业达10%）以上，并签订1

年以上劳动合同、依法缴纳社会保险费的，可按规定申请最高不超过200万元的创业担保贷款，并享受财政贴息。对小微企业（包括民办非企业单位）新招用毕业年度高校毕业生，签订1年以上劳动合同并缴纳社会保险费的，给予1年社会保险补贴，所需资金从就业专项资金中列支。（宁人社发〔2016〕87号）

应届高校毕业生从事创业项目带动就业，连续正常经营1年以上的，一次性给予6000元创业补贴，所需资金从就业专项资金中列支。（宁人社发〔2016〕87号）

经费按照创新创业学院每年30万元和创客空间每年20万元的2倍额度、创新创业教育教学改革研究项目2万元编制项目预算经费，其中，创新创业学院和创客空间建设项目学校要按照1:1比例配套经费。学校项目主管部门要审核项目经费预算，严格执行经费使用范围，保证项目的顺利实施。（宁教高办〔2016〕106号）

大力培育和发展合格投资者。支持上市公司、国有企业、担保公司等具备一定资本实力的机构投资者投资创业投资企业和创业投资母基金。支持保险资金对创业投资出资，发挥我区法人保险公司的重要作用，引导其优先参与我区创业投资。鼓励符合条件的金融机构遵循价值投资和长期投资理念，充分发挥既能进行创业投资又能发放贷款的优势，积极探索新产品、新模式，为创业企业提供综合化、个性化金融投融资服务。培育合格个人投资者，支持具有风险识别和风险承受能力的个人参与投资创业投资企业。（宁政发〔2017〕43号）

宁夏回族自治区出台的平台建设扶持政策：

创新创业学院建设项目、创客空间建设项目和创新创业教育教学改革研究项目的建设周期为3年，建设期内实行绩效考核和动态调整机制。按照目标管理和年度考核的要求，我厅每年10月下旬对项目建设进行阶段性考核，考核合格的继续资助建设，不合格的限期整改并核减下一年度建设经费，对连续两年考核不合格的终止项目建设。（宁人社发〔2016〕87号）

建成1个国家新兴产业"双创"示范基地，2～3个自治区级"双创"示范县（区、市），创建一批自治区示范性创业孵化基地。建成自治区级3个以上"双创"平台，五市各建成2个以上"双创"平台，各县（区）各建成1个以上"双创"平台，全区形成30个以上市场化、集成化、专业化、网络化、开放式的众创空间。进一步建设完善宁夏大学科技创业园等，建成10个以上大学生就业创业实训基地。建设30个以上小微企业创业基地。（宁教高办〔2016〕106号）

加强培育优质项目源。支持我区高校、科研院所充分利用大学生创业园、工程技术研究中心、重点实验室等创新载体，培育创新创业项目。建设银川区域性创业创新城市，加快推进石嘴山小微企业创业创新基地城市建设。提升iBi育成中心和银川TMT育成中心孵化功能，打造"宁夏创业谷"，继续创建一批国家级、自治区级创业孵化基地，依托各级科技园区或科技示范基地，培育快速成长型科技企业、高新技术企业，为创业投资提供强大的投资主体。支持骨干企业创新发展，推进重大科技成果产业化应用。设立自治区科技成果转化基金，逐步形成初创期风险补偿贷款支持、成长期科技金融和成果转化基金共同支持的科技金融服务模式。积极开展科技保险，大力发展科技型小微企业贷款保证保险等险种，为创新创业企业提供全方位风险保障，提升创新创业企业吸引创业投资的能力。（宁政发〔2017〕43号）

宁夏回族自治区出台的创业服务扶持政策：

每所高校只能申报创新创业学院或创客空间中的一个项目。创新创业教育教学改革研究项目，宁夏大学可申报4项，宁夏医科大学和北方民族大学可申报3项，其他高校可申报2项，鼓励教师联合企业创业导师共同申报，项目向创新创业教育专兼职青年教师和一线教师倾斜，参与人员不超过3个。（宁人社发〔2016〕87号）

将网络创业培训纳入职业培训体系；建立创业投资与创新创业项目对接机制。通过举办中国创新创业大赛（宁夏赛区）、双创活动周、创新成果和创业项目展示推介、路演、投资洽谈等活动，建立创业投资与科技型企业、高校创客空间的对接平台，为创业投资与创新创业项目提供便利的沟通渠道，打通双方之间的通道。（宁政发〔2017〕43号）

新疆自治区出台的政策文件：

2016年：新疆维吾尔自治区人民政府关于进一步做好新形势下就业创业工作的实施意见（新政发〔2016〕85号）

2016年：关于大力推进大众创业万众创新若干政策措施的实施意见（新政发〔2016〕88号）

新疆自治区出台的财政投入扶持政策：

扶持大学生创新创业。深入实施"大学生创业引领计划"，重点支持高校学生到新兴产业领域创业，切实落实小微企业减税降费、创业培训补贴等扶持政策。深入实施大学生创新创业训练计划，扩大覆盖面，促进项目落地转化。将求职补贴调整为求职创业补贴，一次性补贴标准由每人500元提高到800元。（新政发〔2016〕85号）

加强创业担保贷款扶持。将小额担保贷款调整为创业担保贷款。城镇登记失业人员、返乡农民工、就业困难人员、高校毕业生、复员转业退役军人和其他有创业意愿、需要帮扶的人员，依法注册个体工商户、创办小微企业或通过网络创业认定的，可在创业地申请最高额度不超过10万元的创业担保贷款。对合伙经营或组织起来创业的，可按照人均不超过10万元、总额不超过100万元的标准申请创业担保贷款。对符合创业担保贷款条件的劳动密集型小企业，最高贷款额度200万元，贷款期限最长为2年，期间财政承担贷款贴息。到期确需展期的，可展期1年，展期不贴息。鼓励银行业机构发放创业担保贷款。进一步简化反担保手续，放宽贷款抵(质)押品及反担保范围。对采取第三人担保的创业担保贷款，除现有公务员、事业单位工作人员、企业法定代表人外，将第三方保证人员范围扩大到金融、邮政、电信、电业及上市公司等单位正式工作人员；采取财产抵押的，可以直接用房产证办理抵押登记手续，不再对资产进行评估；对创业者创业项目参加创业大赛进入自治区级总决赛或国家级半决赛并获得相应

获奖证书的,在办理创业担保贷款手续时可免除反担保条件,直接办理创业担保贷款。(新政发〔2016〕85号)

新疆自治区出台的平台建设扶持政策:

搭建创业创新服务平台。推广创客空间、创业咖啡、创新工场等新型孵化模式,打造一批低成本、便利化、全要素、开放式的众创空间。加快构建众创空间、星创天地和科技企业孵化器、科技兴新众创基地等创业创新服务平台。力争5年内,全区培育自治区级众创空间60家,建设自治区级星创天地40家,自治区级科技企业孵化器数量达到30家,建立50个科技兴新众创基地,按规定给予相应政策支持。大力扶持创业孵化基地建设,力争5年内打造20家自治区级创业孵化示范基地。(新政发〔2016〕85号)

提供创业平台支持。有条件的地区要在人口聚集度高的乡镇新建或改(扩)建农牧民创业一条街或集贸交易市场,对有意愿开办小商店、小吃店、小作坊、小摊点、微电商等各类微创业的贫困家庭劳动力,给予优先安排,符合条件的,按规定给予创业担保贷款及贴息支持。对新建或改(扩)建的农牧民创业一条街和集贸交易市场,纳入创业孵化基地政策享受范围,符合条件的,可给予创业引导性资金支持。(新政发〔2016〕85号)

西藏自治区出台的政策文件:

2017年:《关于促进高校毕业生就业创业的若干意见》(http://www.xzedu.com.cn/zwgk/zcfg/dffg/201706/20170605192641.shtml

西藏自治区出台的财政投入扶持政策:

经营场所补贴。利用政府投资建设的营业场所自主创业的,对其5年内免收租金;租用其他经营场所自主创业的,对其给予场地租金和水电费月度补贴,每年最高可支持2.4万元,补贴时间最长可达5年。(http://www.xzedu.com.cn/zwgk/zcfg/dffg/201706/20170605192641.shtml)

离校未就业的高校毕业生进入自治区级创业孵化基地、众创空间和创客空间开展创业孵化的,对其给予每年2万元的基本生活补助，补助时间最长可达2年。（http://www.xzedu.com.cn/zwgk/zcfg/dffg/201706/20170605192641.shtml）

社会保险和住房公积金补贴。对高校毕业生自主创业1年以上的，给予社会保险和住房公积金补贴，其中创办企业的，按企业为其缴纳的数额给予补贴；创办个体经济，按其以个体身份缴纳的数额给予补贴。补贴时间10年，其中1~5年期间给予100%补贴，6~8年期间给予50%补贴，9~10年期间给予30%补贴。

（http://www.xzedu.com.cn/zwgk/zcfg/dffg/201706/20170605192641.shtml）

启动资金支持。高校毕业生凡是自主创业或返乡创业的，经审核并签署相关协议的，对其每人给予5万元、每户最高可达20万元的一次性启动资金支持。

（http://www.xzedu.com.cn/zwgk/zcfg/dffg/201706/20170605192641.shtml）

金融贷款支持。自治区财政筹集设立担保基金，建立创业担保贷款、风险代偿机制，对每位创业人员最高可担保贷款50万元，金融机构对其最高可按照1∶10倍数进行放贷。贷款时间可达10年以上，执行西藏扶贫贷款利率，前3年由政全额贴息。

（http://www.xzedu.com.cn/zwgk/zcfg/dffg/201706/20170605192641.shtml）

西藏自治区出台的平台建设扶持政策：

支持具备条件的高校、职校、经开区、高新区、企业、行业等，建立自治区级创业孵化基地、众创空间和创客空间，对经自治区人力资源社会保障、财政、科技、团委等部门认定的自治区级孵化基地、众创空间和创客空间，根据孵化企业户数、吸纳就业人数等条件，对其给予300万元至800万元的一次性建设资金扶持，建成后每年最高给予200万元的运行管理费用补贴，补贴时间最长可达5年。（http://www.xzedu.com.cn/zwgk/zcfg/dffg/201706/20170605192641.shtml）

西藏自治区出台的创业服务扶持政策：

学费和国家助学贷款代偿。对从毕业当年起自主创业满3年的高校毕业生，按照每学年学费和国家助学贷款代偿，本专科生代偿金额最高可达8000元，研究生代偿金额最高可达12000元。

（http://www.xzedu.com.cn/zwgk/zcfg/dffg/201706/20170605192641.shtml）

内蒙古自治区出台的政策文件：

2015年：内蒙古自治区人民政府办公厅关于印发"创业内蒙古"行动计划（2016—2020年）的通知（内政办发〔2015〕145号）

2015年：内蒙古自治区人民政府关于大力推进大众创业万众创新若干政策措施的实施意见（内政发〔2015〕120号）

2017年：内蒙古自治区人民政府办公厅关于建设大众创业万众创新示范基地的实施意见（内政办发〔2017〕1号）

内蒙古自治区出台的财政投入扶持政策：

（1）落实创业担保贷款政策。凡在自治区境内创业的登记失业人员、高等学校毕业生、就业困难人员、复员转业退役军人、刑释解教人员、农牧民自主创业的城乡劳动者，均可享受贷款期2年的贷款扶持政策。高等学校毕业生单笔贷款最高额度50万元；其他人员单笔贷款最高额度统一调整为10万元，对带动就业人数增长多的创业项目和贷款担保基金、贴息资金充足的地区单笔贷款最高额度可提高到30万元。创业项目带动就业10人以上，有二次贷款需求，扩大经营规模并再次吸纳带动就业人数占员工总数30%以上的，可给予首次贷款额一倍以上的贷款扶持。符合条件的劳动密集型小企业单笔贷款最高不超过200万元。贴息政策执行国家和自治区的规定。在确保按时足额支付失业保险待遇（最少留足36个月额度）并落实好援企稳岗政策的前提下，失业保险统筹地区，按照上年度当期失业保险基金结余额度50%的比例调剂补充用于促进就业的资金，也可适当用于补充创业担保贷款担保基金。各地区要优化创业贷款流程，健全贷款发放考核办法，提高代偿效率，完善担保基金呆坏账核销办法，规范担保基金运行。落实自治区降低创业担保贷款反担保门槛政策，进一步完善降低反担保门槛、扩大反担保范围的办法和措施。（内政办发〔2015〕145号）

（2）加快建立创业发展资金。加大就业创业资金投入，设立创业发展资金，主要用于创建国家级和自治区级创业型城市奖励、扶持高等学校毕业生创业、创业培训和创业服务、创业带动就业奖励和宣传、创业服务体系建设、创业园创业孵化基地奖励补助、创业典型奖励、创业创新大赛经费等。（内政办发〔2015〕145号）

（3）建立多元的创业筹资机制。进一步发挥财政资金杠杆放大效应，鼓励和引导资金进入我区创业投资领域，支持风险投资、天使投资等发展，研究制定鼓励风险投资、天使投资的相关配套政策，加大对种子期和成长期的创新创业项目、初创企业和高技术产业等支持力度。鼓励有条件的盟市探索通过创业券、创新券等方式对创业者提供创业服务，降低企业创新投入成本，促进产学研合作，激发创新活力。（内政办发〔2015〕145号）

落实大学生创业奖补机制。到2020年，打造100个高等学校毕业生创业品牌，通过"以奖代补"项目给予资金扶持。毕业5年内的高等学校毕业生（含毕业年度在校大学生），在旗县级以上人民政府认定的创业孵化基地成功创业，并稳定经营1年以上的，给予不低于1万元的创业补贴。上述奖补资金从各级创业发展资金中列支。（内政办发〔2015〕145号）

建立和完善创业投资引导机制。在自治区重点产业发展基金总量中安排5亿元组建自治区新兴产业创业投资引导基金，与国家新兴产业创业投资引导基金形成配套，引导社会资本支持大众创业、万众创新，快速扩大自治区创业投资基金规模。创新京蒙合作专项资金投资方式，研究设立京蒙合作基金。鼓励各盟市设立创业投资引导基金，各盟市发起设立的创业投资基金和天使投资基金，可申请自治区新兴产业创业投资引导基金参股。促进自治区新兴产业创业投资引导基金、重点产业发展基金、服务业发展基金、科技协同创新基金等协同联动，形成促进创业创新的合力。推动组建自治区创业投资行业协会，加强行业自律，促进创业投资企业规范健康发展。（内政发〔2015〕120号）

内蒙自治区出台的平台建设扶持政策：

（1）加强众创空间建设。组织实施众创空间建设项目，通过推广创客空间、创业咖啡、创新工场等新型孵化模式，引导社会资本参与，加快构建一批低成本、便利化、全要素、开放式的众创空间。采取与创业投资机构、专业化创业服务机构合作共建、委托管理等模式，在盟市建成10个以上市场化、专业化、集成化、网络化、示范性的众创空间。（内政办发〔2015〕145号）

（2）完善众创空间功能。推进众创空间实现创新与创业、线上与线下、孵化与投资相结合，使其成为创业者的综合服务平台和发展空间。支持行业领军企业凭借技术优势和产业整合能力，在我区开展互联网、大数据、云计算、节能环保等新兴技术领域的产业孵化。鼓励科技企业发挥创客培育和创业孵化功能，倡导"企业平台化、员工创客化"的企业发展模式。（内政办发〔2015〕145号）

（3）落实众创空间扶持政策。各级人民政府应对众创空间的房租、宽带网络、公共软件等给予适当补贴。落实国家关于小微企业、孵化机构、股权激励分期缴纳个人所得税及投向创新活动的天使投资税收政策；贯彻落实科技企业转增股本等规定。（内政办发〔2015〕145号）

推进创业园和创业孵化基地建设。鼓励各地区盘活商业用房、工业厂房、物流设施、家庭住所等资源，为创业者提供低成本办公和居住场所。加快推进创业园和创业孵化基地建设，到2020年，力争打造100个以上特色突出、功能完备、承载力强、具有示范和带动效应，与区域优势产业高度契合的创业园和创业孵化基地。在创业园和创业孵化基地建设基础上，打造20个以上集培训指导、项目对接、孵化融资等服务功能为一体的自治区级示范性创业园和创业孵化基地。（内政办发〔2015〕145号）

（2）加快打造"互联网+"创业园。依托"互联网+"信息技术，整合资源，科学布局，建设"互联网+"创业园，着力构建"一总部、N园、两平台"的电子商务产业集聚发展促进创业就业的新格局。在呼和浩特市打造"互联网+梦想浩特"电子商务创业就业综合体，成为我区电子商务创业园总部。同时，在包头市和通辽市先行试点，各盟市整体推进，到2020年，建成一批各具特色、功能齐全、具有示范带动作用的电子商务创业园；引进和培养一批特色商品专业交易平台和电子信息产业交易平台。（内政办发〔2015〕145号）

（3）建立健全创业园建设奖励机制。采取先建后奖的办法，将各类创业园和创业孵化基地纳入财政"以奖代补"范围，奖励资金由各级创业发展资金列支。奖励资金主要用于创业服务平台建设、购置与创业相关的设施设备和提供创业相关服务等。（内政办发〔2015〕145号）

加快创业孵化体系建设，重点打造包头稀土高新区科技创业服务中心、内蒙古软件园、留学人员创业园、内蒙古大学科技园、赤峰蒙东云计算科技企业孵化器等50个国家级和自治区级科技企业孵化器。鼓励和引导各地区盘活闲置的商业用房、工业厂房、企业库房、物流设施和家庭住所、租赁房等资源，大力发展创新工场、车库咖啡、创客空间等新型孵化器，推动建设100个众创空间，为创业者提供低成本办公场所和居住条件。整合各类创业创新载体，研究制定科学规范的创新创业孵化标准，对符合标准的创新创业载体集中给予政策扶持，提升创新创业孵化功能。鼓励和引导天使投资、创业投资机构在各类创业孵化器开展投资业务，完善投融资模式。支持社会力量开展创业培训等服务，对达到一定规模和标准的创业培训可享受自治区创业培训相关补贴政策。制定出台自治区促进科技服务业发展的政策措施，加快发展研究开发、技术转移、知识产权、检验检测认证、创业孵化、科技咨询、科技金融、科学技术普及等科技服务业以及企业管理、财务咨询、市场营销、人力资源、法律顾问、现代物流等第三方专业化服务。（内政发〔2015〕120号）

启动自治区双创示范基地建设。分两批启动20个双创示范基地建设。2017年启动首批10个双创示范基地建设，2018年启动第二批10个双创示范基地建设。双创示范基地结合自身特点，研究制定具体工作方案，明确各自建设目标、建设重点、时间表和路线图，在完善制度体系的基础上，加快示范基地建设，探索可推广、可复制的双创模式和典型经验，在全区范围内推广，自治区发展改革委会同相关部门组织对首批自治区双创示范基地建设情况开展督促检查和第三方评估，及时总结建设经验，完善制度设计。对于成熟的可推广可复制的双创模式和典型经验，积极在全区范围内推广。在此基础上逐步扩大示范基地范围，适时组织开展后续示范基地建设。（内政办发〔2017〕1号）

到2018年底前，推动建设20个自治区双创示范基地，争取1至2个国家双创示范基地试点，通过双创示范基地建设，在创新双创体制机制、完善双创政策体系、推动双创政策落地、扶持双创支撑平台、构建双创发展生态、激发双创主体活力等方面取得突破，探索形成适合我区实际和不同区域特点的双创模式和典型经验，初步构建有利于双创蓬勃发展的政策环境、制度环境和公共服务体系，促进新技术、新产品、新业态、新模式发展，为培育发展新动能提供支撑。（内政办发〔2017〕1号）

内蒙古自治区出台的创业服务扶持政策：

（1）加强创业创新教育。深化高等学校创业创新教育改革，促进专业教育与创业创新教育有机结合，调整专业课程设置，挖掘和充实各类专业课程的创业创新教育资源，加强创业创新教育。高等院校要面向全体学生开设创业基础、就业创业指导等方面的必修课，纳入学分制管理。加强创业创新教育和创业就业指导专职教师队伍建设，建立全区高等学校百名优秀创业导师人才库。（内政办发〔2015〕145号）

（2）强化创业培训。开发引进针对不同群体、创业活动不同阶段特点的培训项目。推广通过创业能力测评进行学员筛选的做法，提高创业培训的针对性和有效性。建立一支1000人以上、高水平创业培训师资队伍。创业培训要覆盖有创业愿望的所有人群，参加创业培训合格的，按照自治区有关规定给予创业培训补贴。积极探索创业培训、创业模拟训练、创业基地实训一体化的培训模式，加强创业实训基地建设，在旗县级以上地区普遍建立创业实训基地。（内政办发〔2015〕145号）

（3）打造创业服务平台。鼓励运用现代信息技术建立一批具有地域和行业特色的创业服务网络平台，推进面向全区的互联网融合创新服务平台、公共技术服务平台、中小企业信息化服务平台建设。按照统一建设、区级集中、业务协同、资源共享的原则，建设自治区创业服务门户网站及移动客户端，通过购买服务方式委托第三方运营维护，为创业者提供政策咨询、培训报名、能力测评、项目推介、开业指导、孵化融资对接和在线交流等互联网服务。按照政府部门、高等院校和企业共建的方式，在有条件的高等学校挂牌建设5所以上创业大学，开展创业培训、创业项目孵化、创业融资等服务。（内政办发〔2015〕145号）

继续实施大学生创业引领计划。进一步完善支持以高等学校毕业生（包括毕业年度在校大学生）为主体的青年创业政策体系，集成落实普及创业教育与培训、提供资金支持、提供创业场所扶持、落实税费减免等一系列政策。进一步健全创业服务体系，推进符合青年创业特点的大学生创业园和创业孵化基地建设，完善创业服务功能；落实青年创业辅导制度，建立以企业家、职业经理人和投资人为主体的青年创业导师队伍，为其提供针对性、个性化的创业辅导；搭建青年创业交流服务平台，成立创业俱乐部、创业联盟等组织，开展创业论坛、创业沙龙、创业大讲堂、创业训练营等活动。（内政办发〔2015〕145号）

建立健全创业创新人才培养与流动机制。自治区财政通过整合现有专项资金，加大对人才引进与培养的支持力度，积极争取国家"千人计划"、"万人计划"、中科院"百人计划"等人才计划支持，大力实施"人才强区"工程和"草原英才"工程，壮大创业创新群体。加快完善创业创新课程设置，自治区各高校要面向全体学生开发开设研究方法、学科前沿、创业基础、就业创业指导等方面的必修课和选修课，纳入学分管理。加强创业实训体系建设，各高校要积极开展大学生创业创新培训计划，探索创业培训、创业模拟训练、创业基地实训一体化的创业培训模式。加强创业导师队伍建设，组织实施自治区创业导师计划，建立健全创业辅导制度，聘请知名科学家、创业成功者、企业家、风险投资人担任专业课、创新创业课授课或指导教师，建设全区千名优秀创新创业导师人才库。推动人才自由顺畅流动，结合事业单位养老保险制度改革，制定出台科研人员在企业事业单位之间流动社保关系转移接续政策措施。（内政发〔2015〕120号）

附录三　调查问卷之一

一、税费优惠扶持模式调查问卷

您好！我们是国家社科基金一般项目"政府对大学生自主创业扶持模式及绩效研究"课题组调研成员，为使课题数据翔实、准确，特进行此次匿名调查，请如实回答下列问题。谢谢您的真诚合作！

性别（　　），年龄（　　　），籍贯（　　　）

就读或毕业高校（　　　），专业（　　　），年级（　　　）

1. **你与你的同伴自主创业已有几年（　　）**

A. 1年以内　B　2年以内　C. 3年以内　D. 4年以内　E. 5～6年

2. **你主要从哪里了解政府对大学生创业的税费优惠政策（　　）**

A. 政府网站　B. 创业课程　C. 创业培训

D. 电视报纸　E. 亲友同学

3. **你认为政府对大学生创业的税费优惠政策占你创业动力中多大比重（　　）**

A. 无关　B. 20%左右　C. 40%左右　D. 60%左右　E. 80%左右

4. **你认为政府对大学生创业的税费优惠政策容易理解吗（　　）**

A. 容易　B. 还好　C. 勉强可以　D. 不容易

5. **你认为政府对大学生创业的税费优惠政策宣传到位吗（　　）**

A. 到位　B. 还好　C. 勉强可以　D. 不到位

6. **你认为政府对大学生创业的税收优惠做得如何（　　）**

A. 很好　B. 好　C. 一般　D.勉强可以　E.不够，还有较大提升空间

7. **你认为政府对大学生创业的收费优惠做得如何（　　）**

A. 很好 B. 好　C. 一般　D. 勉强可以　E. 不够，还有较大提升空间

二、财政投入扶持模式调查问卷

您好！我们是国家社科基金一般项目"政府对大学生自主创业扶持模式及绩效研究"课题组调研成员，为使课题数据翔实、准确，特进行此次匿名调查，请如实回答下列问题。谢谢您的真诚合作！

性别（　　），年龄（　　），籍贯（　　）

就读或毕业高校（　　），专业（　　），年级（　　）

1. 你与你的同伴自主创业已有几年（　）

A. 1年以内 B. 2年以内 C. 3年以内 D. 4年以内 E. 5年以内

2. 你从哪里了解政府对大学生创业的财政投入支持政策（　）

A. 政府网站 B. 创业课程 C. 创业培训 D. 电视报纸 E. 亲友同学

3. 你认为政府对大学生创业的财政投入政策占你创业动力中多大比重（　）

A. 无关 B. 20%左右 C. 40%左右 D. 60%左右 E. 80%左右

4. 你认为政府对大学生创业的财政投入支持政策容易理解吗（　）

A. 容易 B. 还好 C. 勉强可以 D. 不容易

5. 你认为政府对大学生创业的财政投入支持政策宣传到位吗（　）

A. 到位 B. 还好 C. 勉强可以 D. 不到位

6. 你认为政府对大学生创业的财政投入支持做得如何（　）

A. 很好 B. 好 C. 一般 D. 勉强可以 E. 不够，还有较大提升空间

7. 你认为政府对大学生创业的财政投入支持最应该加强的是哪一项（　）

A. 无偿资助 B. 融资担保 C. 融资贴息 D. 投资基金 E. 创业补贴

三、平台建设扶持模式调查问卷

您好！我们是国家社科基金一般项目"政府对大学生自主创业扶持模式及绩效研究"课题组调研成员，为使课题数据翔实、准确，特进行此次匿名调查，请如实回答下列问题。谢谢您的真诚合作！

性别（　　　），年龄（　　　　），籍贯（　　　　）
就读或毕业高校（　　　　　），专业（　　　　　），年级（　　　）

1. 你与你的同伴自主创业已有几年（　　　）
A. 1年以内　B. 2年以内　C. 3年以内　D. 4年以内　E. 5年以内
2. 你从哪里了解政府对大学生创业的平台建设扶持政策（　　　）
A. 政府网站　B. 创业课程　C. 创业培训　D. 电视报纸　E. 亲友同学
3. 你认为政府对大学生创业的平台建设政策占你创业动力中多大比重（　　　）
A. 无关　B. 20%左右　C. 40%左右　D. 60%左右　E. 80%左右
4. 你认为政府对大学生创业的平台建设支持政策容易理解吗（　　　）
A. 容易　B. 还好　　C. 勉强可以　D. 不容易
5. 你认为政府对大学生创业的平台建设支持政策宣传到位吗（　　　）
A. 到位　B. 还好　　C. 勉强可以　D. 不到位
6. 你认为政府对大学生创业的平台建设支持做得如何（　　　）
A. 很好　B. 好　C. 一般　D. 勉强可以　E. 不够，还有较大提升空间
7. 你认为政府对大学生创业的财政投入支持最应该加强的是哪一项（　　　）
A. 创客空间　B. 创业基地　C. 创业孵化器　D. 科技园　E. 特色小镇

四、创业服务扶持模式调查问卷

您好！我们是国家社科基金一般项目"政府对大学生自主创业扶持模式及绩效研究"课题组调研成员，为使课题数据翔实、准确，特进行此次匿名调查，请如实回答下列问题。谢谢您的真诚合作！

性别（　　　），年龄（　　　），籍贯（　　　）

就读或毕业高校（　　　），专业（　　　），年级（　　　）

1. 你与你的同伴自主创业已有几年（　　　）

A. 1年以内　B. 2年以内　C. 3年以内　D. 4年以内　E. 5年以内

2. 你从哪里了解政府对大学生创业的创业服务扶持政策（　　　）

A. 政府网站　B. 创业课程　C. 创业培训　D. 电视报纸　E. 亲友同学

3. 你认为政府对大学生创业的创业服务政策占你创业动力中多大比重（　　　）

A. 无关　B. 20%左右　C. 40%左右　D. 60%左右　E. 80%左右

4. 你认为政府对大学生创业的创业服务支持政策容易理解吗（　　　）

A. 容易　B. 还好　　C. 勉强可以　D. 不容易

5. 你认为政府对大学生创业的创业服务支持政策宣传到位吗

（　　　）

A. 到位　　B. 还好　C. 勉强可以　D. 不到位

6. 你认为政府对大学生创业的创业服务支持做得如何（　　　）

A. 很好　B. 好　C. 一般　D. 勉强可以　E. 不够，还有较大提升空间

7. 你认为政府对大学生创业的财政投入支持最应该加强的是哪一项（　　　）

A. 法律保护　B. 公平竞争　C. 手续便捷化　D. 信用环境，E. 创业培训

附录四　调查问卷之二

课题调查问卷

您好！我们是国家社科基金一般项目"政府对大学生自主创业扶持模式及绩效研究"课题组调研成员，为使课题数据翔实、准确，特进行此次匿名调查，专门为国家政策与立法服务。谢谢您的真诚合作！

性别（　　），年龄（　　），籍贯（　　），家庭年人均收入（　　）

就读或毕业学校（　　　　），专业（　　　　），年级（　　　）

1. **家庭居住地（　　　）**

A. 农村 B. 小城镇 C. 城市郊区 D. 省会以下城市

E. 省会及以上城市

2. **老家户口（　　　）**

A. 农村户口　　B. 城镇户口

3. **请问您对创业的渴望程度是怎样的（　　　　　）**

A.没兴趣　B.无所谓　　C.一般　　D.十分迫切.

4. **您认为哪些因素有可能会阻止你创业欲望（　　　　）（可多选）**

A. 资金不足 B. 没有好的项目 C. 心态问题，不愿冒险 D. 知识或能力不足，缺乏经验 E. 父母不支持 F. 没有合作伙伴 G. 其他

5. **您父亲的年龄（　　　），您母亲的年龄（　　　　）**

6. **您父亲教育程度（　　　），您母亲教育程度（　　　）**

A. 小学以下 B. 小学 C. 初中 D. 高中 E. 大学 F. 研究生以上

7. **您参加过多少次创业方面的讲座或培训（　　　）**

A.0次 B.1~2次 C.3~5次 D.5次以上

8. 您在大学期间，符合下列哪些选项（　　　）（可多选）

A. 班干部　B. 学生会或团委干部　C. 入党积极分子

D. 入党　　E. 都不是

9. **您的家庭成员是否有过创业经历**（　　　）

A. 有　　　B. 没有

10. **您的同学朋友是否有过创业经历**（　　　）

A. 有　　　B. 没有

11. **在校期间，你是否参加过社团活动**（　　　）

A. 没有参加过　B. 偶尔参加　C. 经常参加

D. 经常参加，且积极参与组织各种社团活动

12. **您是否有过社会兼职经历**（　　　）

A. 没有　　　B. 有，但经历不多　C. 有，且经历较多

13. **您从事兼职的原因**（　　　）（可多选）

A. 锻炼自己的能力　B. 尽早接触社会　C. 改善自己的经济状况　D. 认识不同的人　E. 打发时间　F. 其他　G. 没有除家教以外的其他兼职经历

14. **您是否参加过模拟创业大赛等活动**（　　　）

A. 是　　　B. 否

15. **政府对大学生的创业扶持政策您了解多少**（　　　）

A. 根本不了解　B. 了解不多　D. 了解较多　E. 非常了解

16. **您认为政府对大学生的创业扶持政策对大学生成功创业有多大帮助**（　　　）

A. 没有帮助　B. 有帮助，但帮助不大　C. 有一定帮助

D. 有较大帮助

17. **您就读的大学是否是985或211高校吗？**（　　　）

A. 是　　　B. 否

18. **大学期间，您得过几次奖学金**（　　　）

A. 1次　B. 2次　C. 3次　D. 4次　E. 4次以上　F. 没有得过

19. **您对大学生创业扶持政策的了解渠道有哪些**（　　　）（可多选）

A. 大学创业教育 B. 有关部门会发放有关资料 C. 通过新闻来了解
D. 通过网络来了解 E. 通过朋友介绍 F. 通过有关政府网站来了解

20. **您认为学校对大学生创业扶持政策的宣传到位吗（   ）**

A. 经常有创业扶持政策的宣传活动 B. 很少有创业扶持政策的宣传活动 C. 没有发现有关宣传活动

21. **您所在高校是否有企业孵化器或创业基地等帮助学生创业的机构吗（   ）**

A. 是　　　B. 否

22. **您参加过以下哪种形式的创业教育或培训（   ）（可多选）**

A. 成功人士的创业讲座 B. 系统的创业课程教育 C. 政府组织的创业大赛 D. 到创业成功企业实地参观考察 E. 参加学校组织的创业实践活动 F. 与创业导师团队交流和分享创业的想法或点子 G. 没参加过

23. **您认为您所参加过的创业教育或培训对您的创业意愿有何影响（   ）**

A. 影响很大 B. 有些影响 C. 一般 D. 影响不大 E. 基本没有影响
F. 没参加过

24. **如果曾经创业或正在创业，请回答此题，否则跳过此题。您的创业项目来源于（   ）**

A. 自己开发或自己琢磨出来的 B. 家庭提供 C. 学校提供 D. 社会有关中介机构提供 E. 政府有关部门提供 F. 自己在市场上购买 G. 其他

25. **如果曾经创业或正在创业，请回答此题，否则跳过此题。您的创业属于以下哪种（   ）**

A. 个体户，一个小摊位或小店：卖菜、卖服装等 B. 开网店，在淘宝或阿里巴巴等网站上开网店卖东西 C. 开小型公司或加盟连锁店等
D. 开工厂，生产产品，然后销售 E. 专门做贸易 F. 找到好点子或好项目，组建了大型公司的胚子 G. 其他

26. **如果曾经创业或正在创业，请回答此题，否则跳过此题。您**

创业的原因是什么（　　　　）

A. 被逼无奈，找不到工作　B. 劳动力市场提供的工作都不是自己想要的　C. 深思熟虑，早就有想法，根本不想打工　D. 有好的创业点子，看到了市场机会　E.政府、学校和社会对创业的支持与扶持　F.其他

27. 如果曾经创业或正在创业，请回答此题，否则跳过此题。到目前为止，你如何评判自己的创业成绩（　　　　）

A. 创业很成功　B. 创业基本成功　C. 创业基本走上正轨，成功的希望很大　D. 创业前景目前仍不明朗，困难较多，但应该有希望　E. 创业目前处于困惑阶段，运转出现问题，失败的可能性很大　F. 创业已经失败，等待下一次机会　G. 创业已经失败，目前休养中，以后的路看情况再说　H. 创业已经失败，以后不再创业，打工或考公务员等

28. 如果曾经创业或正在创业，请回答此题，否则跳过此题。您创业的时间为（　　　）

A. 1年以下　B. 1～2年　C. 2～3年　D. 3年以上

29. 如果曾经创业或正在创业，请回答此题，否则跳过此题。您的创业启动金是从以下哪些渠道获得的（　　　　）（可多选）

A. 自己积累　B. 获得亲友资助　C. 银行担保贷款

D. 向政府部门申请资金

30. 如果正在创业，请回答此题，否则跳过此题。您创业所在地是__

_____省_____市，上年销售额_____（元），上年利润_____（元），上年税收_____（元），员工数量_____（人）。

31. 如果正在创业，请回答此题，否则跳过此题。现阶段您在创业过程中遇到的最大困难是什么（　　　）（可多选）

A. 相关知识缺乏　B. 资金缺乏　C. 经验不足　D. 政策落实不到位

E. 对市场了解程度不够　F.缺乏核心技术　G.其他

32. 您认为以下哪种政府对创业的扶持方式对创业有帮助（可多选）（　　　）

A. 税收减免及退还　B. 新企业的审批条件放宽　C. 新企业审批程序的简化　D. 大学生科技创业基金支持　E. 学校提供的各类创业教育和培训　F. 政府提供的各类创业教育和培训　G. 政府提供全部或部分创业启动资金　H. .融资条件的放宽　I. 提供低息或免息的创业贷款　J. 政府提供创业场所　K. 政府提供创业项目　L. 政府提供租金减免或租金补贴　M. 学校提供创业导师　N. 政府提供创业孵化场所　O. 政府提供专业化管理服务机构以服务于大学生创业　P. 政府对大学生创业减少有关管制　Q. 政府为创业提供的信息咨询、融资便利与担保　R. 其他＿＿＿＿＿＿＿＿＿＿＿＿＿＿＿＿

33. 如果学校开设创业指导课程，您希望课程内容更注重哪些方面（　　　）（可多选）

A. 市场营销　B. 财务税收　C. 个性化辅导　D. 人际交流与沟通技巧

E. 创业案例分析　F. 创业机会和环境分析

G. 政府出台创业优惠政策解读　H. 其他＿＿＿＿＿＿＿＿＿＿

附录五　调查问卷之三

一、"政府对大学生自主创业扶持绩效的评估体系"
调查问卷

您好！我们是国家社科基金一般项目"政府对大学生自主创业扶持模式及绩效研究"课题组成员，为使课题数据翔实、准确，特进行此次匿名调查，谢谢您的真诚合作！

性别（　　），年龄（　　），籍贯（　　）

家庭年人均收入（　　），工作单位或创办企业名称（　　）

1. **您的单位性质（　　）**

A. 政府大学生创业管理及服务部门　B. 自创企业

C. 高校　D. 研究机构

2. **您的单位所在地（　　）**

A. 省会城市　　B. 地市级城市　　C. 县城　D. 乡村（含镇）

3. **请问您对大学生创业的总体态度是怎样的（　　）**

A. 非常鼓励　　B. 积极支持　　C. 一般　　D. 无所谓

4. **您认为哪些方面是评价政府对大学生自主创业扶持政策时需要重点考量的地方？（　　）（可多选）**

A. 大学生创业竞争力　B. 大学生创业成效　C. 大学生创业服务

5. **您认为下列影响因子在评价政府对大学生自主创业扶持政策绩效中的重要程度如何？请在对应栏目中打"√"。**

序号	影响因子	很重要	重要	比较重要	一般重要	不重要
1	创造GDP					
2	利润总额占比					

续表

序号	影响因子	很重要	重要	比较重要	一般重要	不重要
3	税收总额占比					
4	大学生创业企业平均从业人数					
5	创业成功率					
6	大学生创业企业平均资产额					
7	利润增长幅度					
8	市场份额增长幅度					
9	创新成果占有率					
10	投资回报率					
11	区域有创业意向大学生比例					
12	大学生创业企业占比					
13	对激发创业意愿的影响					
14	规模以上大学生创业园建成数					
15	每年大学生新创企业数					
16	创业教育普及率					
17	对转变就业观念的影响					
18	对吸纳人才的影响					
19	对社会创新能力的影响					
20	创业氛围带动性					
21	政策的成本效益比率					
22	政策可行性					
23	政策执行成本					
24	政策实施的撬动效应					
25	政策对资本流向的引领作用					
26	带动就业人数					
27	创业项目孵化性					
28	对创业理论研究的支持					

序号	影响因子	很重要	重要	比较重要	一般重要	不重要
29	对大学生创业教育的支持					
30	创业教育/指导服务机构数量					
31	创业信息网络的支持程度					
32	创业扶持政策宣传					
33	政府对研发及创新支持					
34	创业项目运营跟踪服务					
35	对创业后继续教育服务					
36	法律法规体系满意度					
37	社会对大学生创业者的认可度					
38	自主创业保险					
39	创业失败关怀政策					
40	大学生创业基地建设					
41	小额贷款					
42	融资渠道					
43	政府软环境					
44	"一站式"创业服务水平（企业注册等）					
45	创业项目扶持系统性（项目推介、方案设计、风险评估、开业指导、融资服务、技术支持、跟踪扶持等中介机构服务）					

6. 您认为还有哪些影响因子需要在评价政府对大学生自主创业扶持政策绩效中进行重点考虑。具体如下：

_____

_____

二、"政府对大学生自主创业扶持绩效评价"调查问卷

您好！我们是国家社科基金一般项目"政府对大学生自主创业扶持模式及绩效研究"课题组成员，为使课题数据翔实、准确，特进行此次匿名调查，谢谢您的真诚合作！

性别（　　　），年龄（　　　），籍贯（　　　）

工作单位或创办企业名称（　　　　　　）

1. 您的单位性质（　　　）

A. 政府大学生创业管理及服务部门 B. 自创企业 C. 高校

D. 创业平台（包括孵化园、科技园、创业基地等）

2. 您的单位所在地（　　　）

A. 省会城市　　B. 地市级城市　C. 县城　D. 乡村（含镇）

3. 您认为下列政府扶持模式在对大学生自主创业的扶持绩效评价的重要性如何？请在对应栏目中打"√"。

序号	扶持模式	很重要	重要	比较重要	一般重要	不重要
1	税费优惠扶持模式					
2	财政投入扶持模式					
3	创业平台扶持模式					
4	政府服务扶持模式					

4. 您认为下列影响因子在评价政府对大学生自主创业扶持政策绩效中的重要程度如何？请在对应栏目中打"√"。

序号	扶持模式	影响因子	很重要	重要	比较重要	一般重要	不重要
1	税费优惠扶持模式	撬动效应					
2		扶持系统性					

续表

序号	扶持模式	影响因子	很重要	重要	比较重要	一般重要	不重要
3	税费优惠扶持模式	创业成功率					
4		成本效益					
5		融资渠道					
6		创新成果					
7	财政投入扶持模式	撬动效应					
8		扶持系统性					
9		创业成功率					
10		成本效益					
11		融资渠道					
12		创新成果					
13	创业平台扶持模式	撬动效应					
14		扶持系统性					
15		创业成功率					
16		成本效益					
17		融资渠道					
18		创新成果					
19	政府服务扶持模式	撬动效应					
20		扶持系统性					
21		创业成功率					
22		成本效益					
23		融资渠道					
24		创新成果					

5. 您认为还有哪些扶持模式需要在评价政府对大学生自主创业扶持政策绩效中进行重点考虑。具体如下:

_____

_____

参考文献

［1］DemsetZ，H.Bajr. TierstoEntry[J].The Ameriean Eeonomie Review，1982(l).

［2］Allen，DN，and Rahma S.Small. Business lneubators: A Positive Environment for Enire PreneurshiP [J]. Journal of Small Business Management，1985(23).

［3］Gilbert，BA，Audretseh，DB，and MeDOugall，P. The Emergenee of Entre Preneurshi PPolicy [J]. Small Business Eeonomies，2004(22).

［4］Cassar. G.T efinaneing of business start. Up [J]. Journal of Business Venturing，2004(19).

［5］Gentry，WM，and Hubbard. RGl' axpoliey and Entre Preneurial Entry[J]. The Ameriean Economic Review，2000(2).

［6］蔡莉等. 我国风险投资公司宏观支撑环境与运作机制[M].北京:中国人民大学出版社，2006.

［7］高建等. 中国城市创业观察报告[M].北京: 清华大学出版社，2007.

［8］高铁梅. 计量经济分析方法与建模[M].北京:清华大学出版社，2006.

［9］顾颖,马晓强. 中小企业创业管理[M].北京:中国社会科学出版社，2006.

［10］贺小刚,李新春. 企业家能力与企业成长:基于中国经验的实证研究[J].经济研究，2005(10).

［11］The report to the president by SBA——the small business economy for date year 2006[R].United States Government Printing Office Washington,

2007（12）.

［12］莫荣,王莹莹. 美国如何支持创业[J].中国人力资源社会保障，2015（12）.

［13］左泉.韩国创业政策简介[J].科技创业月刊，2011（4）.

［14］丘文敏. 如何在印度创业[J].大经贸，2009（2）.

［15］P. A. Samuelson. the pure theory of public expenditures[J]. Review of Economics and Statistics, November 1954.

［16］[美]道格拉斯·C·诺思.经济史上的结构和变迁[M].北京：商务印书馆，1992.

［17］陶丘山.机会收益论[M].第十二次资本论学术研讨会论文集，2004-9.

［18］王广金等.机会收益——水权转换中一个值得关注的理论和实践问题[J].农业科学研究，2009（4）.

［19］董志霞.中国高校创业教育政策探析:1999—2010[J].北京航空航天大学学报（社会科学版），2012（1）.

［20］陈秀丽,李博浩.中国创业政策的历史变迁[J].改革与战略，2014（3）.

［21］全球创业观察中国报告（2015）发布[N].环球网，http://finance. huanqiu.com/roll/2016-01/8465771.html，2016-01-28.

［22］麦可思中国大学生就业报告（2015）[N].中国教育报，2015-07-23.

［23］李剑平.大学生创业将破除成功率"魔咒" [N].中国青年报，2015-05-15.

［24］谭远发,邱成绪.中国创业十年变迁及其政策研究——基于全球创业观察视野[J].中国劳动，2013（10）.

［25］陈炳瑞. 美国大学生创业支持政策基本状况及其启示[J]. 文教资料，2017(06).

［26］赵璐诗. 美国、荷兰政府对大学生创业政策扶持经验及启示[J].

商业经济,2013(01).

　　［27］赵树瑶. 为什么美国大学生创业率高[N]. 光明日报,2014-08-07(015).

　　［28］寇文淑. 美国政府扶持大学生创业的政策及启示[J]. 学园,2015(23).

　　［29］王巍.大学生创业模式研究[D].吉林大学,2004.

　　［30］谭福河. 韩国政府对大学生创业支援之借鉴意义[J]. 经济研究导刊，2007(10).

　　［31］安桂颖. 韩国大学生创业教育对我国的启示[J]. 开封教育学院学报，2015,35(12).

　　［31］张广贤. 中韩大学生创业情况比较及启示[J]. 中国成人教育,2012(05).

　　[32］徐小洲,李娜. 印度高校创业教育发展动因与模式[J]. 比较教育研究，2013,35(05).

　　［33］徐汇宽. 美国、日本、印度三国大学生创业教育的比较与启示[J]. 中国市场,2016(22).

　　［34］赵观石. 美国、瑞典、印度三国大学生创业教育比较及启示[J].教育学术月刊,2009,(05).

　　［35］谭福河.韩国政府对大学生创业支援之借鉴意义[J].山西教育,2005(5).

　　［36］陈婷.中韩大学生创业教育比较研究[D].沈阳师范大学，2015.

　　［37］张觅觅.韩国大学生的创业潮[J].教育旬刊，2009（7）.

　　［38］丁钟佑，李水山.韩国大学生创业教育及其启示[J].世界农业,2011(5).

　　［39］李水山.韩国怎样支持大学生创业[N].中国教育报，2009(3).

　　［40］张立艳.印度大学创业教育的缘起和发展特色[J].教育评论,2005(3).

　　［41］任泽中，李洪波.印度高校创业教育研究[J].教育与职业,

2011(9).

〔42〕陈浩凯,徐平磊.印度和美国的创业教育模式对比与中国的创业教育对策〔J〕.中国高教研究，2006（9）.

〔43〕于超，金涛.韩国创业投资中的政府行为[J].中国创业投资与高科技，2005(8).

〔44〕左泉.韩国创业政策[J].科技创业月刊,2011(14).

〔45〕康青松.韩国中小企业政策性金融体系及其启示[J].亚太经济，2016(3).

〔46〕印度创业悄然而起[J].金桥时代，2017（3）.

〔47〕侯彦全，侯雪，程楠.印度版与中国版"双创计划"的对比与启示[J].工业经济论坛，2016(4).

〔48〕李志广.借鉴印度经验，建立和完善我国中小企业政策性金融支持体系[D].河北大学,2009.

〔49〕房汉廷.印度创业投资的发展与启示[J].中国创业投资与高科技，2003(6).

〔50〕T·Youn-ja Shim. Korean Entrepreneurship-The Foundation of the Korean Economy〔M〕.palgrave macmillan，December，2010.

〔51〕Jason Booth. Korean community characterized by entrepreneurship〔M〕.Los Angeles Business Journal.

〔52〕Prabhu, Jaideep; Jain, Sanjay. Innovation and entrepreneurship in India: Understanding jugaad [M].Asia Pacific Journal of Management,2015(4).

〔53〕Pamela Meil;Hal Salzman. Technological entrepreneurship in India[M].Journal of Entrepreneurship in Emerging Economies ,2017(1).

〔54〕Vishal Vyas; Sonika Raitani; Vidhu K. Mathur. Social entrepreneurship and institutional environment in an emerging economy[M]. International Journal of Social Entrepreneurship and Innovation.2014(2).

〔55〕成蓉.美国、日本中小企业融资支持政策的演进——兼论对浙江省建设中小企业金融中心的启示[J].生产力研究，2011(11).

［56］东北师范大学. 中国大学生就业创业年度发展报告2015-2016[EB/OL]. http://www.jl.chinanews.com/kjww/2016-12-13/11321.html,2016-12-13.

［57］樊勇,张苏,曾峥. 财政政策激励与大学生创业:来自调查的证据[J].财政研究，2013(3).

［58］贾天明,雷良海. 构建创业失败补偿机制的探讨——以上海市大学生创业现状为例[J].上海经济研究，2016(2).

［59］李炳安. 地方政府资助大学生创业类型研究[J].学术论坛,2011(1).

［60］李晓伟,臧树伟. 我国创业投资引导基金的制度供给、运行偏差及制度改进[J].中国科技论坛，2012(9).

［61］李亚员. 当代大学生创业现状调查及教育引导对策研究[J].教育研究，2017(2).

［62］廖中举,黄超,程华. 基于共词分析法的中国大学生创业政策研究[J].教育发展研究，2017(1).

［63］刘小元,林嵩.地方政府行为对创业企业技术创新的影响——基于技术创新资源配置与创新产出的双重视角[J].研究与发展管理，2013(5).

［64］麦可思研究院. 2017年中国大学生就业报告[EB/OL]. http://www.chinanews.com/cj/2017/07-03/8267203.shtml,2017-07-03.

［65］肖潇,汪涛. 国家自主创新示范区大学生创业政策评价研究[J].科学研究，2015,(10).

［66］中国青少年网络协会,腾讯网,中国传媒大学调查统计研究所.大学生创业调研报告[EB/OL]. http://edu.qq.com/a/20110309/000246.htm,2011-03-09.

［67］Alperovych, Y., Hübner, G.,Lobet, F. How does governmental versus private venture capital backing affect a firm's efficiency? Evidence from Belgium.Journal of Business Venturing,2014,30(4).

［68］Henrekson,M.,Rosenberg,N. Designing efficient institutions for science-based entrepreneurship: lesson from the us and Sweden. The Journal of

Technology Transfer, 2001,26.

［69］Jones, R.S.,Kim, M. Promoting the Financing of SMEs and Start-ups in Korea,OECD Economics Department Working Papers,2014.

［70］Wonglimpiyarat,J. Challenges for China's banks: Investment policies to support technology-based start-ups. Technology in Society,2016,46.

［71］贾生华，王敏，潘岳奇，邬爱其. 创业投资对企业成长促进作用研究综述［J］. 江西社会科学, 2009(6).

［72］李刚. 大学生创业"卡"在资金不足，调查显示上海六成大学生有意创业［N］. 中华工商时报, 2007-11- 26.

［73］王玉君.大学生创业融资制度环境调查报告［D］. 兰州大学法学院, 2008.

［74］郭伟威. 大学生创业融资模式研究［D］. 山西财经大学, 2010.

［75］江华. 政府引导基金发展对策的研究［D］.安泰经济与管理学院, 2013.

［76］Daniel Strachman, Richard Bookbinder, Fund of Funds-Investing A Roadmap to Portfolio Diversification,John Wiley & Son, Inc.2009

［77］Venture Support Systems Project: Angel Investors. MIT Entrepreneurship Center.2000.2

［78］Shane Scott, Venkataraman Sankaran. The Promise of Entrepreneurship as a Field of Research *[J]. Academy of Management Review, 2000,25(1).

[79] Baker Ted, Nelson Reed E. Creating Something from Nothing: Resource Construction through Entrepreneurial Bricolage[J]. Administrative Science Quarterly, 2005,50(3).

[80] Wiklund Johan, Baker Ted, Shepherd Dean. The age-effect of financial indicators as buffers against the liability of newness [J]. Journal of Business Venturing, 2010,25(4).

[81] 于晓宇, 李雅洁, 陶向明. 创业拼凑研究综述与未来展望[J]. 管理学报, 2017(02).

[82] 张炜, 邢潇. 高技术企业创业孵化环境与成长绩效关系研究[J]. 科学研究, 2007(01).

[83] 黄继. 高科技创业平台的形成机理及运行模型[J]. 科技进步与对策, 2008(07).

[84] 李婧, 余音. 创业孵化器的投融资模式浅析[J]. 财务与会计, 2015(01).

[85] 乔辉, 吴绍棠. 众创空间对创业孵化器功能影响研究[J]. 商业经济研究, 2016(05).

[86] 黄宾. 创业生态要素、创业聚集与创业发展——中国四类草根创业平台的实证比较[J]. 技术经济, 2016(07).

[87] 王雨帆. 基于现代学徒制的城市云创业平台构建研究[J]. 浙江工商大学学报, 2016(05).

[88] 刘杰, 孙谦. 创业孵化平台建设的供给侧管理[J]. 中国劳动关系学院学报, 2016(05).

[89] 张鲁彬, 柳进军, 刘学. 基于生命周期的创业孵化模式研究[J]. 科技进步与对策, 2016(05).

[90] 唐炎钊, 韩玉倩, 李小轩. 科技创业孵化链条的运作机制研究——孵化机构与在孵企业供需匹配的视角[J]. 东南学术, 2017(05).

[91] 李占平, 王宪明, 赵永新. 高校大学生创新创业教育新模式——云创业平台模式研究[J]. 国家教育行政学院学报, 2012(11).

[92] 王鸿铭. 科技创业孵化器对大学生创业绩效影响实证分析[J]. 科技进步与对策, 2013(16).

[93] 代君, 张丽芬. 大学生创业孵化基地的建设模式[J]. 江西社会科学, 2014(11).

[94] 叶未央, 胡新根, 朱家德. 大学生小微园创业平台探究——以温州市和温州高校为例[J]. 中国高校科技, 2014(09).

[95] 庄小将, 笪建军. 创业孵化器模式下高职学生创业能力培养路径研究[J]. 职业技术教育, 2014(11).

[96] 宋江洪, 蒋金, 田超. 依托大学科技园构建大学生创业平台——以四川大学国家大学科技园为例[J]. 中国高校科技, 2014(Z1).

[97] 江汉, 李卉, 何媛玲. 学生创业孵化服务体系建设及探索——以东南大学国家大学科技园为例[J]. 中国高校科技, 2015(05).

[98] 金玲, 殷春华. 大学生创新创业孵化基地建设模式研究[J]. 中国高校科技, 2015(04).

[99] 吴小明. 高等院校大学生创业孵化器管理模式与实践研究——以南京财经大学为例[J]. 现代管理科学, 2017(01).

[100] 杨卫军, 李选芒, 何奇彦. 以校内创业平台为载体提升高职学生三维资本的探索[J]. 中国职业技术教育, 2017(23).

[101] Djankov Simeon, La Porta Rafael, Lopezdesilanes Florencio, et al. The Regulation of Entry[J]. Quarterly Journal of Economics, 2002,117(1).

[102] Collins Jock. Cultural diversity and entrepreneurship: policy responses to immigrant entrepreneurs in Australia[J]. Entrepreneurship & Regional Development, 2003,15(2).

[103] Audretsch David B. The Emergence of Entrepreneurship Policy[M]. Cambridge University Press, 2003.

[104] Degadt Jan. For a more effective entrepreneurship policy. Perception and feedback as preconditions[J]. 2004.

[105]肖陆军. 健全创业政策体系对策探讨[J]. 人民论坛, 2014(32).

[106] 常荔, 向慧颖. 创业政策对科技型中小企业创业活动影响的实证研究[J]. 经济与管理研究, 2014(11).

[107] 王辉, 吴新中, 董仕奇. 效能视域下大学生创业政策优化策略[J]. 科技进步与对策, 2015(16).

[108] 徐德英, 韩伯棠. 政策供需匹配模型构建及实证研究——以北京市创新创业政策为例[J]. 科学学研究, 2015(12).

[109] 张再生, 李鑫涛. 基于DEA模型的创新创业政策绩效评价研究——以天津市企业孵化器为分析对象[J]. 天津大学学报(社会科学版), 2016(05).

[110] 刘刚, 张再生, 吴绍玉, 等. 我国创业政策体系探索性分析:行动逻辑与策略选择[J]. 经济问题, 2016(06).

[111] 刘忠艳. 中国青年创客创业政策评价与趋势研判[J]. 科技进步与对策, 2016(12).

[112] 张成刚, 廖毅. 创业能带动就业发展吗?——一个文献综述的视角[J]. 浙江工商大学学报, 2017(04).

[113] 宁德鹏, 葛宝山. 我国大学生创业政策满意度分析——基于全国百所高校的实证研究[J]. 社会科学家, 2017(05).

[114] 宁德鹏, 葛宝山. 我国创业政策满意度对创业意向影响的研究——以创业激情为中介的大样本实证考察[J]. 华中科技大学学报（社会科学版）, 2017(03).

[115] 宁德鹏, 葛宝山, 金志峰. 我国创业政策执行中的问题与对策研究[J]. 中国行政管理, 2017(04).

[116] Acemoglu, Daron. 2009. Introduction to Modern Economic Growth[M]. Princeton University Press, 293–295.

[117] Aidis R, Estrin S, Mickiewicz T. 2008. Institutions and entrepreneurship development in Russia: A comparative perspective [J]. Journal of Business Venturing, 23(6).

[118] Baliamoune-Lutz M, Garello P. 2014. Tax structure and entrepreneurship[J]. Small Business Economics, 42(1).

[119] Cagetti M, Nardi M D. 2009. Estate Taxation, Entrepreneurship, and Wealth[J]. American Economic Review, 99(1).

[120] Domar E D, Musgrave R A. 1944. Proportional Income Taxation and Risk-Taking[J]. Quarterly Journal of Economics, 58(2).

[121] Faccio M. 2006. Politically Connected Firms[J]. Social Science

Electronic Publishing，96(1).

[122] Gentry W M, Hubbard R G. 2005. "Success Taxes," Entrepreneurial Entry, and Innovation[J]. Innovation Policy & the Economy 5(Volume 5).

[123] Giri ū nien G, Giri ū nas L. 2016. SUSTAINABLE DEVELOPMENT AND TAX SYSTEM: IT'S IMPACT ON ENTREPRENEURSHIP[J]. 4(3).

[124] Keuschnigg C, Nielsen S B. 2000. Tax policy, venture capital, and entrepreneurship[C].

[125] Keuschnigg C, Nielsen S B. 2000. Tax policy, venture capital, and entrepreneurship[C].

[126] Nastase C, Moro an–D nil L. 2016. TAXATION IMPLICATIONS ON ENTREPRENEURSHIP IN ROMANIA[C].

[127] Paunov C. 2016. Corruption's asymmetric impacts on firm innovation ☆[J]. Journal of Development Economics 118.

[128] 李后建.市场化、腐败与企业家精神[J]. 经济科学，2013 (1).

[129] 李玮，任强.进一步完善我国创业投资税收政策[J]. 涉外税务，2010(08).

[130] 李炜光.大众创业与税收的关系[J]. 经济研究参考，2016(06).

[131] 刘健钧. 促进创业投资企业发展税收政策评述[J]. 证券市场导报，2007(04).

[132] 刘健钧.促进创业投资企业发展税收政策解读[J]. 宏观经济管理，2007(04).

[133] 刘仁和，余志威. 完善我国创业投资基金的税收政策[J]. 税务研究，2010(06).

[134] 龙英锋. 关于高新技术、创业投资税收优惠指控的分析[J]. 税务研究，2009(12).

[135] 栾福明，王雨佳，韩平飞. 完善支持大众创业的税收政策探讨[J]. 经济纵横，2016 (02).

[136] 骆祖春.促进创业投资发展的税收激励政策探讨[J]. 科技管理研

究，2007(02).

[137] 孟耀，张弥.税负水平对中国投资、创业和就业的影响[J]. 经济与管理，2010(02).

[138] 南旭光.官僚作风和行政腐败对创业及融资的影响[J]. 系统工程理论与实践，2009 (11).

[139] 申嫦娥. 我国创业投资的税收激励政策研究[J]. 财政研究,2010 (11).

[140] 史达，朱荣.小微企业税负感、社会网络关系对创业绩效影响的实证研究[J]. 财政研究，2013 (2).

[141] 王宝顺，Minford Lucy. 创业、经济增长与税收政策[J]. 中南财经政法大学学报，2017(03).

[142] 王震.我国当前阻碍创业或投资的税收制度研究[J]. 湖南社会科学，2013 (06).

[143] 吴珊，李青. 当前我国企业宏观税负水平与结构研究——企业宏观税负的国际比较及政策启示[J]. 价格理论与实践，2017(1).

[144] 余泳泽，张少辉，杨晓章. 税收负担与"大众创业、万众创新"——来自跨国的经验证据[J]. 经济管理，2017(06).

[145] 张克中，陶东杰. 推动大众创业的税收政策探析[J]. 税务研究，2015(12).

[146] 张双志，张龙鹏. 教育财政支出对创业的影响[J]. 教育与经济，2016(3).

[147] 张涛，聂雅.中外创业投资产业税收激励政策比较及思考[J]. 开发研究，2009(02).

[148] 周培岩.创业视角下的中国税收政策研究[J]. 社会科学战线，2010 (08).

[149] 陶健. 我国静脉产业政策绩效评价体系研究［J］. 特区经济，2013（1）.

[150] 周培岩，杨艳.创业税收政策研究综述[J]. 学习与探索，2011(06).

[151] 周煊，刘燕红，刘然.中国创业投资企业税收政策现状、问题及政策建议[J].财政研究,2012 (07).

［152］周业安，程栩，赵文哲，等.地方政府的教育和科技支出竞争促进了创新吗?——基于省级面板数据的经验研究[J].中国人民大学学报，2012 (04).

［153］樊鹏,李忠云,胡瑞.我国大学生创业政策的现状与对策[J].高等农业教育，2014(6)

［154］初汉芳,朱燕空.大学生创业孵化园的建设与探索[J].实验技术与管理，2015(1).

［155］叶映华.大学生创业政策的困境及其转型[J].教育发展研究，2011(1).

［156］左殿升,李兆智,刘泽东.国内外大学生创业教育比较研究[J].山东青年政治学院学报，2010(3).

［157］田永坡，王鹤昕.国外大学生创业状况及影响因素分析[J].经济学动态，2011 (9).

［158］宁亮. 促进创业活动的政府行为研究［M］.南昌:江西人民出版社，2009.

［159］国务院关于大力推进大众创业万众创新若干政策措施的意见［Z］.

［160］周劲波,陈丽超.我国创业政策类型及作用机制研究［J］.经济体制改革，2011 (1).

［161］高校毕业生创业政策（2015年版），教育部网站.

［162］李炳安.地方政府资助大学生创业类型研究［J］.学术论坛，2011(1).

［163］高校毕业生就业创业政策全集纳,教育部网站，2015,3.

［164］夏人青,罗志敏,严军.中国大学生创业政策的回顾与展望（1999-2011年）［J］.高教探索，2012(1).

［165］高丹. 论我国大学生创业政策的完善［J］.重庆科技学院学报

（社会科学版）,2011（18）.

［166］秦建国. 政府就业政策绩效评价体系研究［J］. 山东财政学院学报，2012（1）.

[167] Thurik R A, Carree M A, Andre V S, Audretsch B. Dose Self-employment Reduce Unemployment? [J]. Journal of Business Venturing, 2008, 5(23).

［168］Blanchflower D G, Meyer B. A Longitudinal Analysis of Young Entrepreneurs in Australia and the United States[J]. Small Business Economics, 1994, 6(1).

［169］Loayza N, Rigolini J. Informality Trends and Cycles[R]. Policy Research Working Paper, World Bank 2006.

［170］Baumgartner H J, Caliendo M. Turing Unempolyment into Self-employ: Effectiveness and Efficiency of Two Start-up Promgarmmes[R]. German Institute for Economic Research Discussion Paper, No.671, Berlin, 2007.

［171］Fiess N M, Fugazza M, Maloney W F. Informal Self-employment and Macroeconomic Fluctuations[J]. Journal of Development Economic, 2010, 91(2).

［172］Linan F, Chen Y W. Development and Cross-cultural Application of A Specific Instrument to Measure Entrepreneurial Intentions[J]. Entrepreneurship Theory and Practice,2009, 33(3).

［173］Mitchell R K, Busenitz L, Lant T. Toward A Theory of Entrepreneurial Cognition:Rethinking the People Side of Entrepreneurship Research[J]. Entrepreneurship Theory and Practice,2002,27(2).

［174］Baron R A, Ward T B. Expanding Entrepreneurial Cognition's Toolbox: Potential Contributions from the Field of Cognitive Science[J]. Entrepreneurship Theory and Practice,2004,28(6).

［175］Chen X P,Yao X, Kotha S. Entrepreneur Passion and

Preparedness in Business Plan Presentations: A Persuasion Analysis of Venture Capitalists' Funding Decisions[J]. Academy of Management Journal, 2009, 52(1).

［176］Cardon M S, Gregoire D. A., Stevens C. E. Measuring Entrepreneurial Passion：Conceptual Foundations and Scale Validation[J]. Journal of Business Venturing, 2013, 28(3).

［177］周秋红. 试论新时期大学生创业意识的养成[J]. 国家教育行政学院学报，2009(3).

［178］袁泉. 大学生创业意识培养途径初探[J]. 扬州教育学院学报，2008 (4) .

［179］蔡颖，李永杰. 大学生创业意愿影响因素研究——基于多元排序选择Logit模型的发现[J]. 华南师范大学学报（社会科学版），2015（6）.

［180］中国青少年研究中心课题组.中国青年就业创业状况研究报告[J].中国青年研究，2010(8.

［181］Alvarez S A, Barney J B, Anderson P. Forming and exploiting opportunities: The implications of discovery and creation processes for entrepreneurial and organizational research[J]. Organization Science, 2013, 24(1).

［182］Watson J. Modeling the Relationship between Networking and Firm Performance[J]. Journal of Business Venturing, 2007, 22(6).

［183］李雯，夏清华. 大学衍生企业的创业支持网络研究——构成要素及有效性[J]. 科学学研究，2013（5）.

［184］ Ozgen E, Baron R A. Social Sources of Information in Opportunity Recognition: Effects of Mentors, Industry Networks, and Professional Forums[J]. Journal of Business Venturing, 2007, 22(2).

［185］Burt R S. The Network Structure Of Social Capital[J]. Research in Organizational Behavior, 2000, 22(3).

［186］王贤芳. 大学生创业行为的经济人纳什均衡分析[J]. 湖北社会科学，2013（9）.

［187］张秀娥，方卓. 大学生创业行为影响机制研究[J]. 吉林师范大学学报（人文社会科学版），2015（4）.

［188］Markman G D, Baron R A. Person-entreprenerurship fit: why some people are more successful as entrepreneurs than others[J]. Human Resource Management Review, 2003, 13 (1).

［189］金超帆，郑云龙，董若涵，郑明远，钟月玥. 大学生创业成功要素实证研究[J]. 北方经济，2011（4）.

［190］Welpe I M, sparrle M, Grichnik D. Emotion and Opportunities: the Interplay of Opportunity Evaluation, Fear, Joy and Anger as Antecedent of Entrepreneurial Exploitation[J]. Entrepreneurship Theory and Practice, 2012, 36(1).

［191］谭福成. 大学生创业成功影响要素及有效规避风险的路径[J].继续教育研究，2016（5）.

［192］王伟. DEMATEL／ISM方法影响大学生创业成功因素的应用分析[J]. 安徽工程大学学报，2016（1）.

［193］任爽.大学生创业政策绩效评价研究［D］.杭州电子科技大学，2012.

［194］吴珊. 大学生自主创业的政府扶持政策研究［D］. 中南大学，2012.

［195］麦克思研究院.《中国大学生就业报告》［R］.社会科学文献出版社，2016.

［196］中国行政管理学会课题组.政府公共政策绩效评估研究［J］.中国行政管理，2013（3）.

［197］王玉明. 美国构建政府绩效评估指标体系的探索与启示［J］.兰州学刊，2007（6）.

［198］LUNDSTROM A, STEVENSON L. Entrepreneurship Policy for

the Future[R]. Swedish Foundation for Small Business Researeh, Irwin, 2002.45

［199］陈成文,孙淇庭. 大学生创业政策:评价与展望［J］. 高等教育研究，2009（7）.

［200］叶映华. 大学生创业政策的困境及其转型［J］. 教育发展研究，2011（1）.

［201］胡伟，池阿海. 中小城市大学生创业面临的问题及对策[J].生产力研究，2009(12).

［202］刘兰剑，温晓兰.大学生创业政策评价体系研究［J］. 厦门理工学院学报，2011（1）.

后　记

　　本书是国家社科基金规划项目（教育学）"政府对大学生自主创业扶持模式及绩效研究"（项目号：BIA110068）的最终研究成果。项目主持人为王万山教授，参与者包括汤明、洪勇、刘平、许礼生、曹钟安和张康华。项目研究起步于2011年夏，在走进2017年秋之时才得于全部完成。项目研究经历了理论机理解释、国外经验借鉴、扶持模式调研、因素实证研究、绩效评价、结论分析和对策建议阶段，全部完成了课题预先设定的研究任务。

　　项目的完成是课题组成员几年来共同努力的结晶，是对我国大学生自主创业扶持模式与扶持政策研究的一次创新性分析与总结。项目研究按照从"现状→理论→经验→核心命题→定性调研→实证检验→结论与对策"的层层递进逻辑展开。经历了文献与政策整理研究、理论创新研究、国外经验分析与总结、大学生自主创业的政策资料收集与分类、模式及政策实施调研、相关影响因素数据调研及实证研究、模式绩效评价数据调研及验证等阶段。完成了"基于公共产品理论和熊彼特创新理论的创业扶持经济学解释""美、韩、印三国对大学生创业扶持的实践经验总结及借鉴""政府四种创业扶持模式的全部政策整理与满意度调研和分析""大学生创业中意愿-行为-绩效的影响因素实证研究""政府对大学生自主创业扶持绩效的评估体系构建及评估实证研究"等核心内容。先后进行了三轮调研，以正确的科研态度和时效性的数据保证研究结论与当前的政策没有矛盾和冲突，并具有指导性的应用意义。研究报告中的数据资料主要来自政府部门公开的政策资料、统计资料和项目组成员外出调研及组织学生外出调研的资料。在此对全体参加项目调研的九江学院教师和同学们表示感谢，他们是廖康礼、许松涛、黄磊、杨缨、程爱林、刘冬林、李志明等老师，研究生周火梅，本科生于占炅、彭琳、曾绍雄、杨长晋及经管学院多名本科生，校友唐正荣、王昆、黄志翔等。由于本书出版时间较为紧迫，因此不可避免存在一些错误和不足之处，课题组真诚欢迎同行专家和学者们批评指正。

主持人王万山教授在项目的研究和专著的写作中承担组织研究和写作的主要任务，确定总报告的研究思路和体系框架，指导各个子课题展开研究，并提出修改意见。本书的写作执笔，除"创业意愿、创业行为和创业绩效影响因素实证研究"部分由洪勇博士完成、"政府对大学生自主创业扶持绩效的评估体系构建及绩效评估" 部分由汤明副教授完成外，其余部分均由项目主持人王万山教授执笔完成。教育部学位与研究生教育发展中心原主任、中国教育发展战略学会副会长、《中国研究生》杂志执行主编王立生教授为本书作序，在此深表感谢！

课题组

2017年10月